高等院校大机械系列实用规划教材·汽车系列

汽车试验学

主　编　赵立军　白　欣
副主编　刘清河　鞠晓丽
　　　　刘　涛　王彦岩
参　编　宋宝玉　崔智全
　　　　佟钦智　赵松高

内 容 简 介

本书全面系统地介绍了汽车试验学的基本理论与试验方法,从基础知识到应用技术逐步深入进行讲解,涵盖了试验数据测量的基本知识(如数据的分析处理、测量仪表的特性、信号的传输和采集等)、汽车工作状况基本参数(如温度、压力、流量、转速和功率等)的测量、汽车典型总成及整车的性能试验、汽车公害及检测等内容。本书侧重阐述方法和理论,并介绍了近年来在汽车试验中应用的新技术。

本书内容丰富,可供高等院校汽车工程相关专业学生作为汽车试验学相关课程的教材,也可供从事汽车试验的工程技术人员作为培训教材。

图书在版编目(CIP)数据

汽车试验学/赵立军,白欣主编.—北京:北京大学出版社,2008.8
(高等院校大机械系列实用规划教材·汽车系列)
ISBN 978-7-301-12358-4

Ⅰ.汽… Ⅱ.①赵…②白… Ⅲ.汽车试验—高等学校—教材 Ⅳ.U467

中国版本图书馆 CIP 数据核字(2007)第 083157 号

书　　　　名:	汽车试验学
著作责任者:	赵立军　白　欣　主编
策 划 编 辑:	童君鑫
责 任 编 辑:	魏红梅
标 准 书 号:	ISBN 978-7-301-12358-4/TH·0019
出　版　者:	北京大学出版社
地　　　址:	北京市海淀区成府路 205 号　100871
网　　　址:	http://www.pup.cn　http://www.pup6.com
电　　　话:	邮购部 62752015　发行部 62750672　编辑部 62750667　出版部 62754962
电 子 邮 箱:	pup_6@163.com
印　刷　者:	北京虎彩文化传播有限公司
发　行　者:	北京大学出版社
经　销　者:	新华书店
	787 毫米×1092 毫米　16 开本　17 印张　390 千字
	2008 年 8 月第 1 版　2021 年 12 月第 8 次印刷
定　　　价:	39.00 元

未经许可,不得以任何方式复制或抄袭本书之部分或全部内容。
版权所有,侵权必究　　举报电话:010-62752024
　　　　　　　　　　　电子邮箱:fd@pup.pku.edu.cn

专家编审委员会

主 任 委 员 崔胜民

副主任委员 （按拼音排序）

江浩斌　王丰元　杨建国　赵桂范

委　　　员 （按拼音排序）

韩同群　姜立标　林　波　凌永成

刘瑞军　刘　涛　刘占峰　鲁统利

罗念宁　肖生发　谢在玉　于秋红

张京明　张黎骅　赵立军　赵又群

前　言

汽车试验学是对汽车的构造、设计及理论知识的强化和验证。随着汽车工业水平的提高和测试理论、方法、手段的进步，汽车试验学也得到了快速的发展。现代汽车试验学理论体系包括汽车试验与测试的基本原理和常用方法、整车及零部件的试验设备及测试方法。

全书共分为12章。第1~5章阐述关于试验数据测量的基本知识，包括测量数据的分析处理、测量仪表的技术特性、传感器信号的传输和采集等知识；第6~9章阐述汽车的基本参数测量，包括温度、压力、流量、转速和功率测量等；第10~11章阐述汽车典型总成及整车使用性能试验；第12章介绍汽车公害及检测的基本知识。

本书的特点是适应产学合作的需要，理论与实践紧密结合，具有较强的实用性和完整性。书中涉及知识广泛，考虑到读者自学的方便性和作为教材的逻辑性，每章内容的知识结构中都涵盖了原理和结构的理论知识。此外，各章后附有小结和习题，适合学生独立完成以巩固各章节的重点内容。

本书的内容体系适合高等院校汽车相关专业的学生学习，符合高等院校车辆工程相关专业"汽车试验学"课程的教学要求。同时本书也可作为汽车职业学校及汽车工程技术人员的参考用书。

考虑到各院校条件和学生培养方向的不同，讲授时可依据学时情况对内容适当取舍。

本书建议授课的总学时为60学时，各章内容及学时分配见下表。

章　节	授课学时	章　节	授课学时
第1章　测量误差分析及数据处理	4	第7章　压力测量与示功图测录	4
第2章　测量仪表的技术特性	6	第8章　流量测量	4
第3章　传感器	4	第9章　转速和扭矩的测量	6
第4章　信号的中间变换与传输	6	第10章　汽车典型总成试验与测试	6
第5章　试验数据采集系统	6	第11章　汽车整车使用性能试验	6
第6章　温度测量	4	第12章　汽车公害及检测	4

本书由赵立军、白欣任主编，刘清河、鞠晓丽、刘涛、王彦岩任副主编。具体写作分工如下，第1章、第6~8章由白欣和鞠晓丽合作编写，第2~5章由刘清河和刘涛合作编写，第9章由白欣和宋宝玉编写，绪论、第10~11章由赵立军、王彦岩和佟钦智合作编写，第12章由白欣、崔智全和赵松高合作编写。

本书整体脉络参考了哈尔滨工业大学宋宝玉教授编写的《汽车与拖拉机试验及测试技术》。在本书编写过程中，得到许多同行的指导与支持，在此对他们深表感谢，另外对所引用的众多参考文献的作者表示感谢，同时还要对许多老师和研究生的大力帮助表示深深的谢意！哈尔滨工业大学崔胜民、赵桂范两位教授对本书的编写给予了大力的支持，哈工大的赵飞翔、胥永宫、伊永亮、林起釜以及辽渔集团大连湾新港港务公司的赵松高等人为本书的出版做了许多工作，在此对他们深表谢意！

受编者能力和水平所限，书中难免有疏漏之处，欢迎广大读者批评指正，以便再版时修正。

编者邮箱：lijun7422@263.net。

编 者
2008 年 6 月

目　录

绪论 …………………………………… 1

第1章　测量误差分析及数据处理 …… 6

1.1　误差的概念与分类 …………… 6
　　1.1.1　误差的概念 ……………… 6
　　1.1.2　误差的分类 ……………… 7
　　1.1.3　3类误差间的联系 ……… 8
1.2　误差的分析与处理 …………… 8
　　1.2.1　系统误差 ………………… 8
　　1.2.2　随机误差 ………………… 10
1.3　试验数据的处理 ……………… 16
　　1.3.1　有效数字 ………………… 17
　　1.3.2　可疑数据的剔除 ………… 17
　　1.3.3　试验数据表示法 ………… 18
小结 …………………………………… 21
习题 …………………………………… 21

第2章　测量仪表的技术特性 ………… 23

2.1　测量仪表及其特征 …………… 23
　　2.1.1　测试系统的组成 ………… 23
　　2.1.2　主要特征 ………………… 24
2.2　测量仪表的静态特性 ………… 24
2.3　测量仪表的动态特性 ………… 26
　　2.3.1　典型测试装置的分类 …… 26
　　2.3.2　一阶系统 ………………… 27
　　2.3.3　二阶系统 ………………… 27
2.4　测量仪表在典型输入下的动态响应 ………………………… 29
　　2.4.1　单位阶跃输入系统的响应 ……………………… 29
　　2.4.2　单位脉冲输入和测试系统的脉冲响应 …………… 30
2.5　测试装置动态特性的测定 …… 31
　　2.5.1　频率响应法求测试系统的动态特性 ……………… 32
　　2.5.2　阶跃响应法求测试系统的动态特性 ……………… 32
小结 …………………………………… 35
习题 …………………………………… 35

第3章　传感器 ………………………… 36

3.1　电阻式传感器 ………………… 36
　　3.1.1　应变式传感器 …………… 36
　　3.1.2　滑变电阻式传感器 ……… 37
3.2　电感式传感器 ………………… 38
　　3.2.1　工作原理 ………………… 39
　　3.2.2　自感计算及特性分析 …… 40
3.3　电容式传感器 ………………… 41
3.4　磁电式传感器 ………………… 45
　　3.4.1　磁电感应式传感器 ……… 45
　　3.4.2　霍尔式传感器 …………… 47
3.5　压电式传感器 ………………… 49
3.6　热电式传感器 ………………… 50
　　3.6.1　热电偶传感器 …………… 50
　　3.6.2　热电阻传感器 …………… 51
　　3.6.3　热敏电阻传感器 ………… 52
小结 …………………………………… 53
习题 …………………………………… 54

第4章　信号的中间变换与传输 ……… 55

4.1　电桥 …………………………… 55
　　4.1.1　直流电桥 ………………… 55
　　4.1.2　交流电桥 ………………… 60
4.2　滤波器 ………………………… 61
　　4.2.1　滤波器分类 ……………… 62
　　4.2.2　实际滤波器 ……………… 62
4.3　放大器 ………………………… 65

4.3.1 信号源与放大器的阻抗匹配 …………………… 65
4.3.2 放大器与负荷的阻抗匹配 …………………… 66
小结 ……………………………………… 67
习题 ……………………………………… 67

第 5 章 试验数据采集系统 ………… 68

5.1 数据采集技术基础 …………………… 68
5.1.1 采样过程 ……………………… 68
5.1.2 采样定理 ……………………… 68
5.1.3 采样方式 ……………………… 70
5.1.4 量化与量化误差 ……………… 71
5.2 计算机数据采集系统 ………………… 71
5.2.1 数据采集系统基本构成 … 71
5.2.2 主要器件 ……………………… 72
5.2.3 系统设计 ……………………… 75
小结 ……………………………………… 81
习题 ……………………………………… 82

第 6 章 温度测量 ………………………… 83

6.1 基本概念 ……………………………… 83
6.1.1 温度 …………………………… 83
6.1.2 温标 …………………………… 83
6.1.3 测温方法分类 ………………… 85
6.2 稳态温度的测量 ……………………… 86
6.2.1 膨胀式温度计 ………………… 86
6.2.2 电阻式温度计 ………………… 87
6.2.3 热电偶式温度计 ……………… 88
6.2.4 温度测量误差分析 …………… 93
6.3 瞬态温度测量 ………………………… 94
6.3.1 辐射测温的基本原理 ………… 94
6.3.2 部分辐射温度计 ……………… 95
6.3.3 全辐射温度计 ………………… 98
6.3.4 红外测温仪 …………………… 98
6.4 零部件温度的测量 …………………… 99
6.4.1 电测法 ………………………… 99
6.4.2 非电测法 ……………………… 101
小结 ……………………………………… 102
习题 ……………………………………… 102

第 7 章 压力测量与示功图测录 ……… 103

7.1 稳态压力测量 ………………………… 103
7.1.1 液柱式压力计 ………………… 103
7.1.2 弹性式压力计 ………………… 104
7.2 最高压力测量 ………………………… 106
7.2.1 机械式 ………………………… 106
7.2.2 气电式 ………………………… 107
7.2.3 电子式 ………………………… 108
7.3 动态压力测量 ………………………… 108
7.3.1 压电式压力传感器 …………… 108
7.3.2 电容式压力传感器 …………… 109
7.3.3 压磁式压力传感器 …………… 109
7.4 测压仪表的标定 ……………………… 110
7.4.1 静态标定 ……………………… 110
7.4.2 动态标定 ……………………… 111
7.5 示功图的测录及误差分析 …………… 111
7.5.1 上止点及曲轴转角信号的测定 …………………………… 111
7.5.2 示功图测录装置 ……………… 114
7.5.3 示功图的测量误差分析及处理 ……………………………… 115
小结 ……………………………………… 118
习题 ……………………………………… 118

第 8 章 流量测量 ………………………… 119

8.1 基本概念 ……………………………… 119
8.1.1 流体、流量 …………………… 119
8.1.2 流量计及其分类 ……………… 119
8.2 空气流量测量 ………………………… 121
8.2.1 节流式流量计 ………………… 121
8.2.2 双扭线流量计 ………………… 125
8.2.3 卡门涡街式流量计 …………… 125
8.2.4 层流式流量计 ………………… 127
8.3 燃油消耗量的测量 …………………… 127
8.3.1 质量法 ………………………… 127
8.3.2 容积法 ………………………… 129
8.3.3 排气法 ………………………… 129
8.3.4 转子流量计法 ………………… 130
8.4 机油消耗量和冷却水量的测量 … 132

8.4.1 机油消耗量的测量 …… 132
8.4.2 冷却水消耗量的测量…… 134
8.5 流量计的标定 ……………… 135
8.5.1 液体流量计的标定 …… 135
8.5.2 气体流量计的标定 …… 135
小结 …………………………………… 136
习题 …………………………………… 136

第9章 转速和扭矩的测量 …… 137

9.1 转速的测量 ……………… 137
9.1.1 转速测量仪的分类 …… 137
9.1.2 电子式转速仪 ………… 139
9.2 扭矩的测量 ……………… 143
9.2.1 传递法测扭矩 ………… 144
9.2.2 平衡力法测扭矩 ……… 146
小结 …………………………………… 155
习题 …………………………………… 155

第10章 汽车典型总成试验与测试 …………………… 156

10.1 发动机磨合试验 ………… 156
10.1.1 试验测试用驱动及加载装置 ……………… 157
10.1.2 试验台的结构方案 … 158
10.2 无外载测功 ……………… 160
10.2.1 瞬时加速功率测量 … 160
10.2.2 平均加速功率测量 … 161
10.2.3 加速测功仪的逻辑方案 ……………… 161
10.3 变速器总成试验 ………… 162
10.3.1 变速器试验项目 …… 163
10.3.2 变速器传动效率试验 … 163
10.3.3 变速器疲劳寿命试验 … 165
10.3.4 变速器噪声试验 …… 169
10.4 驱动桥总成试验 ………… 170
10.4.1 道路试验 …………… 170
10.4.2 驱动桥总成磨合试验 … 171
10.4.3 驱动桥总成的综合性试验 ……………… 171

10.4.4 驱动桥的疲劳寿命试验 ……………… 173
10.4.5 驱动桥壳的刚度试验与静强度试验 …………… 175
10.5 转向器试验 ……………… 176
10.6 汽车传动轴试验 ………… 177
10.6.1 试验项目 …………… 177
10.6.2 传动轴静扭转强度试验 ……………… 178
10.6.3 传动轴扭转疲劳试验 … 178
10.6.4 传动轴万向节总成磨损试验 ……………… 180
10.7 离合器总成试验 ………… 181
10.7.1 离合器的基本工作状况 ……………… 181
10.7.2 惯性式离合器综合性能试验台 …………… 182
10.7.3 惯性式离合器性能试验台试验项目 ………… 183
10.8 减振器试验 ……………… 184
10.8.1 减振器的工作特点及其要求 ……………… 184
10.8.2 试验项目 …………… 184
10.8.3 试验方法 …………… 185
小结 …………………………………… 187
习题 …………………………………… 187

第11章 汽车整车使用性能试验 …… 188

11.1 通用试验条件 …………… 188
11.2 汽车参数测量 …………… 189
11.2.1 汽车主要尺寸的测量方法 ……………… 189
11.2.2 汽车最小转弯直径的测定试验 …………… 191
11.2.3 车轮滚动半径测定试验 ……………… 192
11.2.4 汽车质量参数的测定试验 ……………… 193
11.2.5 汽车质心高度的测定试验 ……………… 193
11.3 汽车动力性试验 ………… 195

11.3.1 滑行试验及滑行阻力系数测定试验 …………………… 195
11.3.2 最低稳定车速试验 …… 197
11.3.3 最高车速试验 ………… 197
11.3.4 加速性试验 …………… 197
11.3.5 爬坡性能试验 ………… 199
11.3.6 汽车牵引性能试验 …… 200
11.4 汽车燃油经济性试验 ………… 201
11.4.1 概述 …………………… 201
11.4.2 等速行驶燃料消耗量试验 …………………… 201
11.4.3 多工况燃料消耗量试验 …………………… 202
11.4.4 直接挡全负荷加速燃料消耗量试验 …………… 204
11.4.5 限定条件下的平均使用燃料消耗量试验 ……… 205
11.5 汽车制动性试验 ……………… 206
11.5.1 试验项目 ……………… 206
11.5.2 制动系试验方法 ……… 206
11.5.3 制动系时间特性测定试验 …………………… 208
11.5.4 驻车制动试验方法 …… 210
11.6 汽车操纵稳定性试验 ………… 211
11.6.1 稳态回转试验 ………… 211
11.6.2 转向瞬态响应试验 …… 213
11.6.3 转向瞬态转向试验 …… 214
11.6.4 转向回正试验 ………… 215
11.6.5 转向轻便性试验 ……… 217
11.6.6 蛇形试验 ……………… 219

11.7 汽车平顺性试验 ……………… 219
11.7.1 概述 …………………… 219
11.7.2 随机输入行驶试验 …… 220
11.7.3 脉冲输入行驶试验 …… 221
11.8 汽车通过性能试验 …………… 222
小结 ……………………………………… 223
习题 ……………………………………… 223

第12章 汽车公害及检测 …………… 224
12.1 汽车公害的分类 ……………… 224
12.2 汽车排气的检验与测量 ……… 226
12.2.1 试验规范 ……………… 226
12.2.2 排气分析的取样方法 … 233
12.2.3 分析仪器 ……………… 236
12.2.4 气相色谱分析法(GC) … 239
12.2.5 烟度测试 ……………… 240
12.3 噪声测量 ……………………… 241
12.3.1 噪声测量中的基本声学概念 …………………… 241
12.3.2 噪声测量中的声级计算 …………………… 245
12.3.3 噪声评定值 …………… 246
12.3.4 声压和声强测量的基本原理 …………………… 248
12.3.5 噪声源的声功率测量 … 250
12.3.6 噪声测量仪器 ………… 253
小结 ……………………………………… 256
习题 ……………………………………… 256

参考文献 …………………………………… 258

绪　　论

教学提示：理论以试验为基础，试验需要理论作指导，两者密切结合，相辅相成，共同完成工程技术问题的研究。

汽车试验学研究汽车性能试验方法，主要是整车试验方法、各种参数的测量方法、用于汽车整车或部件试验的设备及数据分析方法。

教学要求：本章主要应掌握汽车试验的类型和汽车试验的意义，正确认识汽车试验学的意义，了解汽车试验学的发展过程。

1. 汽车试验学的发展

汽车工业作为综合性工业已发展成为衡量一个国家工业水平的重要标志。随着经济建设和社会建设的发展，我国汽车工业发展迅速且前景广阔。特别是近年来，国家对汽车产业的政策调整和全社会对汽车工业的支持，使我国汽车的繁荣时代已经到来。

汽车工业的特点是产量大、品种多、使用条件复杂、要求可靠性高。要使汽车产品较好地适应以上要求，必须对汽车的性能、制造工艺、成本、生产使用效果等进行严格的科学的产品试验研究。

汽车产品在使用或投放市场以前，必须经过试验、检验，以确定其是否满足设计要求，达到预期使用性能，即通过实践证实理论、发展理论。汽车试验对发展汽车工业和汽车科学理论起着重要的作用，成为汽车工业的一个重要组成部分，两者相互促进而且共同发展。

汽车试验的目的是在实际使用中或特定条件下，考核汽车设计、制造工艺、装配性能、维修等方面是否达到预期的要求，以确定合理的设计和最佳的运行情况，不断提高汽车的设计要求和汽车产品的质量。

汽车试验从产生发展到今天，大致可分为以下 3 个阶段。

第一阶段是汽车试验的初步阶段。

这一阶段大致从第一辆汽车问世到第二次世界大战结束，主要包括：基本试验台（设备）的建立、基本试验标准和试验规范的形成。19 世纪末，随着汽车的问世，形成了一个新的产业部门——汽车业。由于汽车同工业、农业、国防和人民的日常生活密切相关，汽车产品的质量便引起了人们的重视。20 世纪初期，汽车工业首先创立了流水作业的生产方式，使劳动效率大幅度提高，生产成本下降，使用范围和产量急剧扩大，随之汽车的可靠性、寿命和使用性能等方面的问题暴露了出来，客观上要求进行试验研究工作，这样，汽车试验作为一门学科便应运而生了。由于当时生产上的专业化和协作生产的需要，从事汽车工业的人们开始制定各种标准，其中包括汽车试验的方法和规范。这期间的试验先是借用其他相关工业比较成熟的试验技术和设备，而后随着科学和技术的发展，汽车生产者们逐渐研制出了自己的试验方法、设备等，如典型的转鼓试验台、闭式试验台等，这些试验台除了控制和结构方面有所改进外，其方法和原理一直沿用到现在。尽管这期间所进行的试验都比较简单，规模也不大，试验主要限于在台架和一般道路上进行，但汽车试验的基本方法和最初的思想是在这一时期形成的。

第二阶段是汽车试验的发展时期。

从第二次世界大战后到20世纪70年代，汽车试验理论、试验设备、试验标准和法规都在很大程度上得到了发展，形成了较完整、较系统的一门学科。这既是汽车工业自身发展的需要，又是相关工业、相邻学科发展和渗透的结果。汽车空气动力特性、车辆地面力学、车辆结构强度与载荷、车辆实际工作过程等方面的研究，都涉及多方面的试验理论、试验技术，如系统理论、相似理论及误差理论、随机数据处理等。这些理论的研究和发展有力地推动了汽车试验技术的发展。20世纪60年代，随着电子技术、传感器的发展，出现了各种自动测试控制等方面的仪器，由传感器采集各有关信息，进而进行放大、整形、存储、处理，获得最后的参数。电测技术的发展，可以使人们借助变换器把各种非电量的信号（如应变、位移等）变换成电量，从而实现多参数同步测量，并且易于传输放大、记录，使试验设备日趋自动化，而设备的完善进一步使试验测试技术得到了发展。

第三阶段是日臻完善的阶段。

此阶段的主要标志是电子计算机在汽车试验中的应用和大型试验设备的应用，同时试验理论、标准、法规进一步完善，测试手段更加先进，特别是20世纪70~80年代，随着单片机、单板机及系统机的普遍使用，为汽车试验提供了快速准确的运算工具，同时也提供了先进的试验手段，可以容易地完成数据采集、处理和试验分析。高度自动化设备——模拟道路状态的电子液压振动试验台、电控转鼓试验台以及现代化风洞、试验场等大型设备、设施的应用和建立，使汽车试验技术无论在方法上还是在设备上都达到了空前完善的程度。

我国汽车试验起步较晚，汽车工业及汽车试验都是随着20世纪50年代第一汽车制造厂的建立而发展起来的，虽有50余年的发展历史，但真正在各方面取得进步的是20世纪80年代以来的事。经济建设和汽车工业的蓬勃发展为汽车试验提供了大量的强度、寿命和性能方面的试验方法，并进行了试验方法的研究和试验法规的制定，还进行了许多基础性的研究工作，如车身车架的有限元分析、路面谱、载荷谱、车辆地面力学、操纵稳定性、随机数据的处理、可靠性研究等，在试验的基础建设上除了积极引进国外先进的技术和设备外，我国还自力更生创造了不少有自己特点的试验设备和仪器、仪表，建立了大型现代化试车场，为我国汽车工业的进一步发展提供了有力的试验手段和可靠的理论依据。

2. 汽车试验的类型

(1) 根据试验目的不同，汽车试验可分为产品检验性试验和科学研究性试验。

① 产品检验性试验。对于汽车产品的检验性试验，根据其任务不同可分为以下两种情况。

其一是质量检查性试验，即是对目前汽车产品定期进行检查，确定产品质量的稳定性，及时检查出产品中存在的问题。该试验较简单，通常是针对用户意见进行检查，并做出检查结论，每种产品有具体的检查试验规范，试验时应按此（既定）规范进行。

成批生产的检查性试验是一种定期考核试验，主要是对产品的性能、质量与使用情况等进行抽样检查，一般是有针对性地进行重点项目的检验。

其二是产品鉴定试验。汽车新产品在投产之前，必须按国家有关试验标准和规程进行全面的性能鉴定试验,同时在不同地区(如我国的华南、亚热带、西藏高原、东北寒冷地区等)进行适应性和使用性试验,其鉴定内容有产品的主要参数、基本性能、可靠性与耐久性、维修保养的方便性以及特殊条件的适应性等,这种试验均由国家主管部门组织试验组进行,国家根据试验结论确定其是否可以代替老产品、组织成批生产。

另外,试验样品的试验属产品改进性试验,如整车或部分总成的改进、改装的变型车均属这类。通过这种试验确定试验样品的发展前途,故而也称为发展性试验。此试验较多地带有对比性、反复性,为了尽量缩短试验和样品试制的周期,可以采用由室内台架(各总成台架)试验和道路试验相结合的方法来进行。在允许的条件下,也可以适当地强化试验条件,便于尽早发现薄弱环节,其试验内容以测量其主要参数及基本性能为主,当各项基本性能达到设计要求时,再进行耐久性试验和使用试验。

② 科学研究性试验(简称科研性试验)。实质上,发展性试验也属于科研性试验。科研性试验的范围极其广泛,它主要研究汽车与行驶介质(如道路、土壤等)之间的相互作用、相互制约的规律性,以及研究新结构、新工艺、新材料在一定工况下的应用效果,以寻求改进现有产品或开发研制新产品而进行的试验,寻求提高汽车产品的设计水平与使用寿命的新途径,从而建立汽车学科中的基本理论。另外,新的试验方法和测试技术的探讨、试验标准的制定也是科研性试验的一部分。

当前,提高汽车功率、降低油耗、减少废气公害、消除和限制噪声与振动、改善高速行驶的安全性、提高越野行驶的能力(主要是国防与农业)、应用电子技术等都已成为汽车技术发展中的重大课题。科研性试验可以在室内台架上进行,也可以在专设的试验跑道、试验场或特殊地带进行。科研性试验的条件方法往往与鉴定性试验有较大的差异。

科研性试验与产品检验性试验的区别在于:前者的过程、方法、项目、规范等是根据具体的试验项目而定的,较灵活,试验项目的深度、广度较大,测试精度要求高,一般所用的设备和仪器精度高且较为先进;而产品检验性试验的方法、试验过程、项目、规范等必须根据国家和有关部门规定的标准来进行,目的是使被试对象有可比性,能够进行定量分析,使试验工作有章可循。

(2) 按试验对象不同,汽车试验可分为零部件试验、机构总成试验和整车性能试验。

① 零部件试验:对某零部件进行试验,考核其设计和工艺的合理性,测试其刚度和强度、磨损和疲劳寿命,以及研究材料选择的合理性等,如齿轮副、滑动花键等试验。

② 机构总成试验:主要考核机构总成的工作性能和耐久性,如测试发动机功率,变速箱各挡的传动效率,悬挂装置特性及其结构强度、疲劳寿命、耐久性等试验。

③ 整车性能试验:由于汽车的使用条件十分复杂,因此,汽车在道路上或试验室进行整车试验是汽车试验中不可缺少的重要环节。汽车整车试验特别是汽车道路试验,既是一项科学试验工作,又是一种典型的汽车使用实践,它相对于其他汽车试验更接近实际使用情况,也更能发现汽车在使用中可能出现的情况或可靠性问题,考验汽车的设计和制造水平。

考虑到汽车在交通、运输业中的广泛应用和使用条件的复杂多样,对汽车提出的要求亦就各不相同。这样在评价汽车的完善程度时,不能以其某一结构特征为准,而需结合具体使用条件,综合地利用一般使用性能来进行评价,强调使用性能也就是强调整车试验的重要性。

整车试验的基本目的是了解或鉴定新设计的、已生产的或经改进的汽车是否符合使用要求,是否适应使用条件,发现存在的缺点与问题,通过比较和反复试验找到改进和提高的措施。

整车试验的基本内容是:整车性能试验,适应性、可靠性、耐久性试验。汽车的使用性能是指汽车能适应使用条件而发挥最大工作效率的能力。而性能试验主要包括:动力性能(牵引)、燃油经济性、制动效能、热稳定性、通过性(越野性)、操纵轻便性与稳定性、行驶平顺性、密封性、车内外噪声测定等试验。

适应性试验包括寒冷气候条件下的起动性能、驾驶室采暖与除霜能力、非金属材料与制动液冷却液的适应性、在酷热气候条件下的抗气阻性能、驾驶室的通风隔热性能等。可靠性试验包括总成部件的强度、工作可靠性及各项基本性能的稳定性、汽车维修保养的方便性等。

(3) 按试验方法分类,汽车试验可分为室内台架试验、室外道路试验和试车场试验。

① 室内台架试验。室内台架试验是指在试验室内对整车和零部件进行的参数测定以及性能和可靠性试验,一般在专用的台上进行。室内台架试验的特点是试验条件易控制、数据离散小、试验精度高、可比性好、试验周期短、能消除无需研究之因素的影响等。近年来,计算机在汽车试验中得到了广泛的应用,利用计算机控制,在室内进行台架试验时,模拟实际道路试验的工况,可以代替一部分道路试验,这样既可以提高试验精度,也可以大大缩短试验周期。

② 室外道路试验。室外道路试验是目前整车试验主要采取的方式,要求被试汽车装备完整,在专用试车场或选定的典型使用路程上进行整车性能和可靠性试验。因为道路试验是在实际使用道路条件下进行的,可全面评价考核汽车的技术性能,所以是最为普遍的试验方法。特别是各种高性能的小型传感器、电子仪器及磁带记录仪的应用和摇控系统的出现,使道路试验日趋完善。

③ 试车场试验。试车场试验是按预先制定的试验项目规范,在规定的行驶条件下进行的,试车场可设置比实际道路更恶劣的行驶条件和各种典型道路与环境,可以进行可靠性、寿命及环境试验,也可强化试验、缩短试验周期、提高试验结果的对比性。

汽车试验场集中了典型的汽车实际使用情况,而且在不失真的情况下加以强化,比一般行驶条件下的考验更科学、更严格、更迅速。设计和建造汽车试验场是发展产品、提高质量的一项重要技术措施。

3. 汽车试验的意义

汽车试验是汽车科学和汽车工业发展的重要手段,汽车工业的发展是与汽车试验技术的不断发展和完善分不开的,试验是改善汽车性能、提高产品质量不可缺少的重要环节,且随着汽车工业的发展,汽车试验在汽车工业中所处的地位也将不断加强,两者相互促进,全面发展。

汽车试验的重要性表现在以下几个方面。

(1) 汽车产量大,应用领域广,涉及国民经济的各个部门,与国家的工业、农业、国防以及人民生命财产的安全都有着直接的关系。工业、农业、国防使用的各种专车要求具有较高的可靠性和适应性,这就在客观上要求进行全方位试验考核。

(2) 汽车使用条件复杂,不同的使用条件对汽车性能要求不同,无论设计时考虑得多么周到,也不可能把所有因素都考虑在内,设计制造的好与坏都必须通过试验来验证。

(3) 通过试验来验证和设计产品,提出改进产品性能、提高产品质量的方法。

(4) 汽车试验技术的发展,为汽车理论研究工作提供手段,为建立系统的理论基础提供依据,如汽车操纵稳定性、车辆地面力学等基本理论的研究都是以汽车试验为基础的。

小　　结

汽车试验学是与汽车工业相互促进而共同发展起来的。汽车试验学的理论、试验手段、技术水平等也因相关行业的进步和提高而阶段性地发展起来,现代汽车试验因其目的和对象而分为多种类型,这也正是汽车试验学的特点。

第 1 章　测量误差分析及数据处理

教学提示：任何测量都存在误差，误差分析是试验最基本也是最重要的环节。误差分析是将试验所得到的原始数据经过数值修约、换算、统计及归纳演绎等处理，最后以图表及公式等方式表达试验结果。

教学要求：了解误差的定义、分类及其各自的特点，明确三类误差的区别与联系，掌握随机误差的计算方法。了解有效数字的运算规则、试验数据的表达方式，理解最小二乘法确定经验公式的基本原理。

1.1　误差的概念与分类

1.1.1　误差的概念

1. 误差的定义

各项科学研究中所涉及的每一项参数的测量，都是测试人员使用一定的仪器在特定的环境下按某种测试方法进行的。这些待测的物理量虽然其数值是未知的，但在一定条件下它们是客观存在的确定值，这个值称为真值。利用各种测量方法而得到的值就是测量值。由于受到测量仪表、环境条件、测量方法及测试者的观察能力等因素的影响，测量值与真值之间都存在着一定的差值，这个差值称为测量误差。任何测量都存在误差，因此说误差是绝对的，不可避免的。

2. 误差的表示方法

误差的表示方法有多种形式，最常用的是绝对误差、相对误差及允许误差。

1) 绝对误差

绝对误差又称绝对真误差，可表示为：

$$\Delta = x - x_0 \tag{1-1}$$

式中：Δ 为绝对误差；x 为测量值；x_0 为真值。测量值是广义的测量值，它既包括仪表的示值、量具或元件的标称值，也包括近似计算的近似值。

真值是被测物理量客观存在的值，它是一个理论概念。由于各种因素的影响，通过测量永远得不到真值，因此实际中常把下面几种情况规定为真值。

(1) 理论真值：比如平面三角形的内角和恒为 180°。

(2) 规定真值：通常是由国际会议约定的，比如单位时间秒(s)是铯原子基态的两个超精细能级之间辐射周期的 9192631770 倍的持续时间。

(3) 相对真值：高一级标准仪器的误差是低一级标准仪器的误差的 1/20～1/3，则可认为前者是后者的相对真值。

绝对误差为正值或负值。

2) 相对误差

绝对误差无法确切地反映出测量的准确程度，需要引出相对误差的概念。相对误差是绝对误差与真值之比，实际中由于真值无法准确获得，而测量值与真值接近，可近似用绝对误差与测量值之比作为相对误差，通常用百分比表示，即：

$$\delta = \frac{\Delta}{x_0} \approx \frac{\Delta}{x} \quad (1-2)$$

由于绝对误差为正值或负值，故相对误差也可正可负，相对误差通常用于衡量测量的准确度。

3) 允许误差

允许误差也称应用误差，它是一种简化和实用方便的相对误差，通常用于划分仪表准确度等级。允许误差的定义为测量值的最大绝对误差与仪表的量程之比，即：

$$\delta_j = \frac{\Delta_{\max}}{A_a - A_b} \times 100\% \quad (1-3)$$

式中：A_a 和 A_b 分别为仪表量程的上、下限。

由允许误差的定义可知，对于某一确定的仪表，它的允许误差也就确定了，这为仪器的准确度划分提供了方便，如允许误差为 $\pm 2.5\%$ 的仪器即为 2.5 级。通常工程用仪表为 $0.5 \sim 4$ 级，实验室用仪表为 $0.2 \sim 0.5$ 级。

1.1.2 误差的分类

在测量过程中，产生误差的因素很多，根据这些因素的特点及对测量结果的影响程度，可将测量误差分为 3 类。

1. 系统误差

在相同条件下，对同一物理量多次测量，其误差的大小和符号保持恒定；在条件改变时，误差遵循一定规律变化，这种误差成为系统误差。由于产生系统误差的因素确定，从而可以采取措施对它们加以控制，或者根据它们的影响程度对测量结果加以修正。因此系统误差是可以消除的，在正确的测量结果中不应含有系统误差。

2. 随机误差（偶然误差）

在相同条件下，对同一物理量多次测量，其误差的大小和符号均以不可预测的方式变化，这种误差称为随机误差。随机误差是由许多偶然的因素引起的综合结果，这些因素出现与否以及它们的影响都难以确定。随机误差在数值上可正可负、可大可小，其产生原因无法确定，因而无法在测量过程中加以控制和排除。随机误差就个体而言，无规律可循，它是无法预先估计的、不可控制的。但在等精度条件下（同一测量者用同一仪器按同一方法进行测量）的多次测量，若测量次数足够多，其总体服从统计规律。实验证明，随机误差的统计特性大多数服从正态分布。

3. 过失误差（粗大误差）

由于测量者在测量过程中的过失而产生的明显偏离真值的误差称为过失误差。过失误差就大小而言，通常明显超过正常测量条件下的系统误差和随机误差，因而具有易被发现的特点。含有过失误差的测量值称为坏值或异常值，含有坏值的测量结果是不能采用的，必须对坏值予以剔除。过失误差虽然无规律可循，但只要测量者思想集中、细心操作，这类误差是完全可以避免的。

1.1.3　3类误差间的联系

上述3类误差的划分不是绝对的，而是具有一定的相对性。在实际测量中，3类误差并非一成不变，而是在一定条件下可以相互转化。较大的系统误差或随机误差可当做过失误差来处理，即使同一因素对测量结果的影响，也要视其影响的大小及对这种影响规律掌握的程度而定。比如环境温度对测量的影响，当温度影响较小时，以致与其他因素的影响不易区分时，则这种影响产生的误差当做随机误差处理；当温度对测量结果影响较明显或该影响规律便于掌握时，可将这种影响产生的误差视为系统误差；当温度的影响较大，测量值严重偏离真值时，则这种影响造成的误差就视为过失误差。

任何一次有意义的测量其结果都存在一定的误差，称之为误差公理。也就是说，由于上述3类误差的存在，测量结果与真值之间必然存在偏差。为了便于分析误差，通常采用测量装置的精密度、准确度和精确度来衡量测量值与真值的接近程度。

（1）精密度表示对同一输入量进行多次测量，各测量值之间的接近程度或分散程度，反映了随机误差对测量值影响的大小，与系统误差无关。随机误差波动范围越大，测量值越离散，测量的精密度越低。

（2）准确度是指测量值与真值接近的程度，它反映了系统误差对测量值影响的大小。系统误差越大，测量的准确度越低。

（3）精确度简称为精度，是精密度和准确度的综合反映，表示测量装置的总误差，即随机误差与系统误差的大小。

为了形象化，常用打靶事例来区分精密度、准确度和精确度，如图1.1所示。图1.1(a)表示随机误差大而系统误差小，故精密度低；图1.1(b)表示随机误差小而系统误差大，故精密度高而准确度低；图1.1(c)表示随机误差和系统误差均小，故精确度高，这也是实际测量中希望获得的结果。

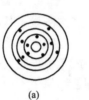

图1.1　精密度、准确度和精确度三者关系图

1.2　误差的分析与处理

测量中，既然误差不可避免地存在，那么试验所得到的测量结果就必须指出其误差范围，否则测量结果毫无意义。下面分析误差的性质、产生原因及处理原则。

1.2.1　系统误差

如前所述，在实际测量中系统误差和随机误差往往同时存在于测量数据中，不易被发现，多次测量又无法减小它对测量结果的影响，可见系统误差较随机误差对测量精度的影响更大。为此，有必要研究系统误差的特征及规律性，从而能够及时发现和减小、消除系统误差。

1. 系统误差的分类

系统误差按其来源可分为以下 5 种。

(1) 仪器误差：仪器本身不完善或老化所产生的误差，如等臂天平的臂不等、仪器随时间的不稳定等。

(2) 安装误差：测量仪器的安装、调整及使用不当等引起的误差。

(3) 环境误差：环境方面因素（如温度、湿度、磁场等）引起的误差，如测量时实际温度对标准温度有偏差而引起的误差。

(4) 方法误差：测量方法的不正确或不完善及被测量定义不明确等而引起的误差，如采用近似的测量方法或近似的计算公式等。

(5) 人为误差：测量人员先天缺陷或观察习惯等引起的误差，如测量者对刻度上估计读数的习惯（偏大或偏小）等。

上述分类并不十分严格，但重要的是系统误差的出现是有一定规律的，是可以发现的。为了提高测量精度，应尽可能设法预知系统误差的产生原因并采取措施来减小或消除。

2. 消除系统误差的方法

为使测量结果准确，应尽力把系统误差消除。消除系统误差有以下几个基本方法。

1) 消除产生系统误差的根源

采用完善的测量方法，正确地安装和使用仪器设备，保持稳定的测量条件，防止外界的干扰，测量人员应具备较高的素质并严格按照操作规范使用仪器，定期检定仪器设备等，可避免系统误差的产生。

2) 对测量值引入修正值

测量前预先对测量系统进行校正，将测量仪器的系统误差检定或计算出来，取得仪器示值与准确值之间的关系，制作误差曲线或确定误差公式。取与误差大小相同、符号相反的数值作为修正值，将实测值加上修正值，即可得到不包含系统误差的测量结果。由于修正值本身也会带有误差，因此不可能完全修正，会残留少量的系统误差，可将这部分误差按随机误差处理。

3) 利用抵消法补偿系统误差

在测量中，选择适当的方法使系统误差相互抵消。可以改变某些测量条件（如测量位置、测量方向等），使两次测量的误差大小相等、符号相反，取其平均值可消除系统误差。

3. 系统误差的计算

1) 代数综合法

若各系统误差分量的大小、符号均已知，就可采用各分量的代数和来求得总系统误差。

绝对误差为：$\qquad \Delta = \Delta_1 + \Delta_2 + \Delta_3 + \cdots + \Delta_n = \sum_{i=1}^{n} \Delta_i \qquad$ (1-4)

相对误差为：$\qquad \delta = \delta_1 + \delta_2 + \delta_3 + \cdots + \delta_n = \sum_{i=1}^{n} \delta_i \qquad$ (1-5)

2) 算术综合法

若各系统误差分量的大小已知、符号未知，就可采用各分量的±绝对值之和来求得总系统误差。

绝对误差为：
$$\Delta = \pm(|\Delta_1|+|\Delta_2|+|\Delta_3|+\cdots+|\Delta_n|) = \pm\sum_{i=1}^{n}|\Delta_i| \tag{1-6}$$

相对误差为：
$$\delta = \pm(|\delta_1|+|\delta_2|+|\delta_3|+\cdots+|\delta_n|) = \pm\sum_{i=1}^{n}|\delta_i| \tag{1-7}$$

3) 几何综合法

若各系统误差分量的大小、符号均未知，就可采用各分量的平方求和再开方来求得总系统误差。

绝对误差为：
$$\Delta = \pm\sqrt{\Delta_1^2+\Delta_2^2+\cdots+\Delta_n^2} = \pm\sqrt{\sum_{i=1}^{n}\Delta_i^2} \tag{1-8}$$

相对误差为：
$$\Delta = \pm\sqrt{\delta_1^2+\delta_2^2+\cdots+\delta_n^2} = \pm\sqrt{\sum_{i=1}^{n}\delta_i^2} \tag{1-9}$$

1.2.2 随机误差

1. 随机误差的统计特性

前已提及，随机误差就整体而言服从正态分布的统计规律，具有正态分布的特点，具体表现如下。

(1) 单峰性：绝对值小的误差出现的概率大，而绝对值大的误差出现的概率小。

(2) 对称性：绝对值相等的正负误差出现的概率相同。

(3) 有限性：在一定条件下，绝对值无限大的误差出现的概率近于0，即误差的绝对值实际上不会超过一定的界限。

(4) 抵偿性：对同一被测量的多次等精度测量中，随机误差的代数和趋近于0，即具有相互抵消的特性。抵偿性是随机误差最本质的性质，也就是说凡具有抵偿性的误差，原则上都可认为是随机误差。

以上4点性质均从大量的观察统计中获得，已经被人们公认，称其为随机误差分布的4条公理。

1795年高斯(C. F. Gauss)提出了正态分布的随机误差及测量值概率密度函数的表达式为：

$$p(\delta) = \frac{1}{\sigma(\delta)\sqrt{2\pi}} e^{-\frac{\delta^2}{2\sigma^2}} \tag{1-10}$$

或

$$p(x) = \frac{1}{\sigma(x)\sqrt{2\pi}} e^{-\frac{(x-\overline{X})^2}{2\sigma^2}} \tag{1-11}$$

式中：$p(\delta)$为随机误差为δ的概率密度；δ为随机误差；$\overline{X}$为测量值的均值；σ为标准误差(或称均方根误差)，$\sigma = \sqrt{\dfrac{\sum_{i=1}^{n}(x_i-\overline{X})^2}{n}}$；$p(x)$为测量值的概率密度。

式(1-10)和式(1-11)描述的两种概率密度分布曲线图如图 1.2 所示。由图 1.2 可知，当测量数据的随机误差呈正态分布时，测量值对称地分布在被测量的均值两侧，绝对值小的随机误差出现的概率大，绝对值大的随机误差出现的概率小，即测量值存在一个实际界限，而测量数据分散的程度与标准误差 σ 有关，如图 1.3 所示。

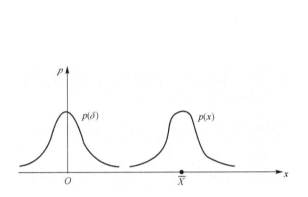

图 1.2 概率密度分布曲线图　　　　图 1.3 不同值的误差分析曲线

由图 1.3 可知，σ 越小，概率密度曲线越尖锐，意味着小误差出现的概率大，即测量装置的精度越高，反之，曲线越平坦，测量精度越低。需要说明的是：σ 并非一个具体的误差，它的大小仅说明在一定条件下进行一系列等精度测量时随机误差出现的概率密度分布情况。

在实际中，人们感兴趣的并不是某一误差出现的概率的大小，而是误差的取值范围或该取值范围内分布的概率密度的多少。为此，提出了某误差区间 $(-\Delta,+\Delta)$ 内的分布概率，即：

$$p(-\Delta,+\Delta)=\int_{-\Delta}^{+\Delta}\frac{1}{\sigma(\delta)\sqrt{2\pi}}e^{-\frac{\delta^2}{2\sigma^2}}d\Delta \tag{1-12}$$

这一积分表示在 $(-\Delta,+\Delta)$ 区间范围内概率曲线下的面积，如图 1.4 所示。由以上分析可知，误差 Δ 在某区间的概率与标准误差 σ 密切相关，为此常把区间界限取为 σ 的倍数，即：

$$\Delta=k\sigma \tag{1-13}$$

将式(1-13)代入式(1-12)，计算结果见表 1-1。

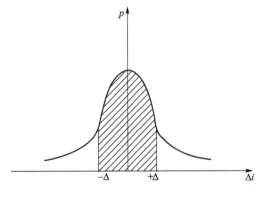

图 1.4 正态分布概率密度分布曲线

表 1-1 计算结果

k	p
0.6745	0.5=50%
1.0000	0.6827=68.27%
2.0000	0.9545=95.45%
3.0000	0.9973=99.73%

由表1-1可以看出，当$k=3$时，对应于置信区间$\pm 3\sigma$的概率为99.7%，也就是说被测量值落在$\pm 3\sigma$范围之内的概率已接近100%，而落在这个范围之外的概率极小，可以认为不存在，因此将误差$\pm 3\sigma$定义为极限误差，即：

$$\Delta_{\lim}=\pm 3\sigma \tag{1-14}$$

2. 随机误差的表示方法

1) 有限次测量的标准误差

根据统计学理论，当测量次数无限多时，测量值的最佳值（即最接近真值的数值）为算术平均值。但是由于在实际测量中，无法进行无限次测量，因而有必要分析有限次测量的误差。以后在无特别说明时均为有限次测量。有限次测量的标准误差可表示为：

$$\hat{\sigma}=\sqrt{\frac{\sum_{i=1}^{n}v_i^2}{n-1}} \tag{1-15}$$

式中：n为有限次测量的测量次数。

2) 算术平均值的标准误差

按同样的测试方法、测量手段、测量条件以及测试者按同样的仔细程度，对某被测量进行的重复测量称为等精度测量。对于m列n次等精度测量，则有m个标准误差$\hat{\sigma}_j$和算术平均值$X_j(j=1,2,\cdots,m)$，则有$\hat{\sigma}_1=\hat{\sigma}_2=\cdots=\hat{\sigma}_m=\hat{\sigma}$。由于随机误差的存在，各列算数平均值$X_j$不等，当m足够大时，$X_j$也服从正态分布。根据统计学理论可以证明，算术平均值的标准误差S与标准误差$\hat{\sigma}$存在以下关系：

$$S=\frac{\hat{\sigma}}{\sqrt{n}}=\sqrt{\frac{1}{n(n-1)}\sum_{i=1}^{n}v_i^2} \tag{1-16}$$

式(1-16)表明算术平均值X的标准误差是一列测量值标准误差$\hat{\sigma}$的$1/\sqrt{n}$，即增加测量次数可以减小随机误差对测量结果的影响。

3) 算术平均值的极限误差

与式(1-14)类似，算术平均值的极限误差$\lambda_{\lim}$为其标准误差S的3倍，即：

$$\lambda_{\lim}=\pm 3S \tag{1-17}$$

3. 直接测量误差的计算

测量中，对某一物理量进行n次等精度测量后，得到n个测定值$x_1', x_2', \cdots, x_n'$，这些测量值可能同时含有系统误差、随机误差和疏忽误差，首先根据1.2.1节中系统误差的处理方法修正后，得到不存在系统误差的n个值$x_1, x_2, \cdots, x_n$，然后按照下述步骤计算被测量的值，并给出误差范围。

(1) 计算算术平均值为：

$$X=\frac{\sum_{i=1}^{n}x_i}{n}$$

(2) 计算偏差为：

$$v_i=x_i-X$$

(3) 计算标准误差和极限误差为：

$$\sigma = \sqrt{\frac{\sum_{i=1}^{n} v_i^2}{(n-1)}}, \quad \Delta_{\lim} = \pm 3\sigma$$

(4) 计算算术平均值的标准误差和极限误差为：

$$S = \frac{\hat{\sigma}}{\sqrt{n}} = \sqrt{\frac{\sum_{i=1}^{n} v_i^2}{(n-1)n}}$$

$$\lambda_{\lim} = \pm 3S$$

$$\delta_{\lim} = \lambda_{\lim}/X \times 100\%$$

(5) 得出被测量的值为：

$$X \pm \lambda_{\lim} \text{ 或 } X \pm \delta_{\lim}$$

(6) 检测 v_i 中大于 $\Delta_{\lim}$ 者，则认为该测量值含有过失误差予以剔除，然后按上述步骤重新计算。

4. 间接测量误差的计算

间接测量误差的大小不仅与有关的各直接测量值的误差有关，还与两者之间的函数关系有关。那么，直接测量对象的误差如何影响间接测量对象的误差，这就是间接测量误差分析的任务。

1) 单次测量时，间接误差的计算

受各种条件的限制，试验时经常遇到对被测量只进行一次测量的情况，这时只能根据所采用的测量仪表的允许误差来估算测量结果中所包含的极限误差，看其是否超过所规定的误差范围。测量值可能出现的最大相对误差为：

$$\delta_{\max} = S \times \frac{A_0}{A} \tag{1-18}$$

式中：S 为仪器的等级；A_0 为仪表的量程；A 为实测时仪表所示的读数。

由式(1-18)可知，采用同一量程的仪器测量小示值的相对误差要大于测量大示值的相对误差，在选择测量仪器的量程时，应尽量使示值接近于满刻度，通常取满刻度的 2/3 以上。

间接测量中，各直接测量值的误差如何影响测量结果的误差称为误差传递，下面推导误差传递的基本公式。

设间接测量中的被测量为 Y，随机误差为 y；直接测量的被测量为 $X_1, X_2, \cdots, X_n$，随机误差为 $x_1, x_2, \cdots, x_n$，Y 与 $X_1, X_2, \cdots, X_n$ 之间存在下列函数关系：

$$Y = f(X_1, X_2, \cdots, X_n) \tag{1-19}$$

考虑到误差后，则有：

$$Y + y = f[(X_1 + x_1), (X_2 + x_2), \cdots, (X_n + x_n)] \tag{1-20}$$

将式(1-20)用泰勒级数展开并忽略高阶项后得：

$$f[(X_1 + x_1), (X_2 + x_2), \cdots, (X_n + x_n)]$$
$$= f(X_1, X_2, \cdots, X_n) + \frac{\partial Y}{\partial X_1} x_1 + \frac{\partial Y}{\partial X_2} x_2 + \cdots + \frac{\partial Y}{\partial X_n} x_n \tag{1-21}$$

比较式(1-19)、式(1-20)和式(1-21)可得：

$$y = \frac{\partial Y}{\partial X_1} x_1 + \frac{\partial Y}{\partial X_2} x_2 + \cdots + \frac{\partial Y}{\partial X_n} x_n \qquad (1-22)$$

式(1-22)称为间接测量的误差传递公式。

利用误差传递公式可实现间接测量值的误差计算,同时也可根据被测量的允许误差来分配各直接测量值的误差,并以此进行测量仪表的选择。为了方便,将常用函数的绝对误差和相对误差列于表 1-2 中。

表 1-2 常见函数的绝对误差和相对误差

序号	函数	绝对误差 Δy	相对误差 δ_y
1	$y = u_1 + u_2$	$\pm(\Delta u_1 + \Delta u_2)$	$\pm \dfrac{\Delta u_1 + \Delta u_2}{u_1 + u_2}$
2	$y = u_1 - u_2$	$\pm(\Delta u_1 + \Delta u_2)$	$\pm \dfrac{\Delta u_1 + \Delta u_2}{u_1 + u_2}$
3	$y = u_1 u_2$	$\pm(u_1 \Delta u_2 + u_2 \Delta u_1)$	$\pm \left(\dfrac{\Delta u_1}{u_1} + \dfrac{\Delta u_2}{u_2} \right)$
4	$y = u_1 u_2 u_3$	$\pm(u_1 u_2 \Delta u_3 + u_2 u_3 \Delta u_1 + u_1 u_3 \Delta u_2)$	$\pm \left(\dfrac{\Delta u_1}{u_1} + \dfrac{\Delta u_2}{u_2} + \dfrac{\Delta u_3}{u_3} \right)$
5	$y = u^n$	$\pm n u^{n-1} \Delta u$	$\pm n \dfrac{\Delta u}{u}$
6	$y = \sqrt[n]{u}$	$\pm \dfrac{1}{n} u^{\frac{1}{n}-1} \Delta u$	$\pm \dfrac{1}{n} \dfrac{\Delta u}{u}$
7	$y = \dfrac{u_2}{u_1}$	$\pm \dfrac{u_1 \Delta u_2 + u_2 \Delta u_1}{u_1^2}$	$\pm \left(\dfrac{\Delta u_1}{u_1} + \dfrac{\Delta u_2}{u_2} \right)$
8	$y = au$	$\pm a \Delta u$	$\pm \dfrac{\Delta u}{u}$
9	$y = \log u$	$\pm 0.43429 \dfrac{\Delta u}{u}$	$\pm 0.43429 \dfrac{1}{u} \dfrac{\Delta u}{y}$
10	$y = \sin u$	$\pm \cos u \Delta u$	$\pm \cot u \Delta u$
11	$y = \cos u$	$\pm \sin u \Delta u$	$\pm \tan u \Delta u$
12	$y = \tan u$	$\pm \dfrac{\Delta u}{\cos^2 u}$	$\pm \dfrac{2 \Delta u}{\sin 2u}$
13	$y = \cot u$	$\pm \dfrac{\Delta u}{\sin^2 u}$	$\pm \dfrac{2 \Delta u}{\sin 2u}$

2) 多次测量时,间接误差的计算

设函数:

$$Y = f(X_1, X_2, \cdots, X_n)$$

式中:Y 为间接测量值;$X_1, X_2, \cdots, X_n$ 为直接测量值,它们之间相互独立。

设在测量中对 $X_1, X_2, \cdots, X_n$ 做了 m 次测量,则可算出 m 个 Y 值为:

$$\begin{cases} Y_1 = f(X_{11}, X_{21}, \cdots, X_{n1}) \\ Y_2 = f(X_{12}, X_{22}, \cdots, X_{n2}) \\ \vdots \\ Y_m = f(X_{1m}, X_{2m}, \cdots, X_{nm}) \end{cases} \qquad (1-23)$$

则每次的测量误差分别为：

$$\begin{cases} y_1 = \dfrac{\partial Y}{\partial X_1}x_{11} + \dfrac{\partial Y}{\partial X_2}x_{21} + \cdots + \dfrac{\partial Y}{\partial X_n}x_{n1} \\ y_2 = \dfrac{\partial Y}{\partial X_1}x_{12} + \dfrac{\partial Y}{\partial X_2}x_{22} + \cdots + \dfrac{\partial Y}{\partial X_n}x_{n2} \\ \vdots \\ y_m = \dfrac{\partial Y}{\partial X_1}x_{1m} + \dfrac{\partial Y}{\partial X_2}x_{2m} + \cdots + \dfrac{\partial Y}{\partial X_n}x_{nm} \end{cases} \quad (1-24)$$

根据误差的分布规律，等值的正、负误差分布相等，故式(1-24)各项平方和的非平方式可以抵消，得：

$$\sum y_i^2 = \left(\frac{\partial Y}{\partial X_1}\right)^2 \sum_{i=1}^{n} x_{1i}^2 + \left(\frac{\partial Y}{\partial X_2}\right)^2 \sum_{i=1}^{n} x_{2i}^2 + \cdots + \left(\frac{\partial Y}{\partial X_n}\right)^2 \sum_{i=1}^{n} x_{ni}^2 \quad (1-25)$$

上式左右两边同除以 $m-1$，得：

$$\frac{\sum y_i^2}{m-1} = \left(\frac{\partial Y}{\partial X_1}\right)^2 \frac{\sum_{i=1}^{n} x_{1i}^2}{m-1} + \left(\frac{\partial Y}{\partial X_2}\right)^2 \frac{\sum_{i=1}^{n} x_{2i}^2}{m-1} + \cdots + \left(\frac{\partial Y}{\partial X_n}\right)^2 \frac{\sum_{i=1}^{n} x_{ni}^2}{m-1} \quad (1-26)$$

即

$$\sigma_y^2 = \left(\frac{\partial Y}{\partial X_1}\right)^2 \sigma_1^2 + \left(\frac{\partial Y}{\partial X_2}\right)^2 \sigma_2^2 + \cdots + \left(\frac{\partial Y}{\partial X_n}\right)^2 \sigma_n^2 \quad (1-27\text{a})$$

$$\sigma_y = \sqrt{\left(\frac{\partial Y}{\partial X_1}\right)^2 \sigma_1^2 + \left(\frac{\partial Y}{\partial X_2}\right)^2 \sigma_2^2 + \cdots + \left(\frac{\partial Y}{\partial X_n}\right)^2 \sigma_n^2} \quad (1-27\text{b})$$

式中：$\sigma_1, \sigma_2, \cdots, \sigma_n$ 为各直接测量值的标准误差。

则间接测量值多次测量值的极限误差为：

$$(\Delta_{\lim})_y = \pm 3\sigma_y \quad (1-28)$$

同理可推导出下列用以计算间接测量值最佳值，即算术平均值 X_y 的标准误差 S_y、算术平均值的极限误差$(\lambda_{\lim})_y$、相对误差的$(\delta_{\lim})_y$公式，即：

$$S_y = \sqrt{\left(\frac{\partial Y}{\partial X_1}\right)^2 S_1^2 + \left(\frac{\partial Y}{\partial X_2}\right)^2 S_2^2 + \cdots + \left(\frac{\partial Y}{\partial X_n}\right)^2 S_n^2} \quad (1-29)$$

$$(\lambda_{\lim})_y = \pm 3 S_y \quad (1-30)$$

$$(\delta_{\lim})_y = \frac{(\lambda_{\lim})_y}{X_y} \quad (1-31)$$

【例1.1】 在等精度测量条件下，对某管道内压力进行了7次测量，数据见表1-3，试进行必要的数据分析和处理，并写出最后结果。

表1-3 例1.1附表

测量序号	1	2	3	4	5	6	7
测量值(MPa)	0.665	0.678	0.60	0.660	0.672	0.682	0.675

解：本题属于直接测量误差的计算问题。

由于是等精度测量，所以数据3为坏值，剔掉。

算术平均值为:
$$X = \frac{1}{6}\sum_{i=1}^{6} x_i = 0.672 \text{ (MPa)}$$

标准误差为:
$$\hat{\sigma} = \sqrt{\frac{\sum_{i=1}^{6} v_i^2}{6-1}} = 0.008 \text{ (MPa)}$$

由于 $|v_i| < 3\hat{\sigma}$,该6次数据无坏值。

算术平均值的标准误差为:
$$S = \frac{\hat{\sigma}}{\sqrt{6}} = 0.0033 \text{(MPa)}$$

算术平均值的极限误差为:
$$\lambda_{\lim} = \pm 3S = 0.010 \text{(MPa)}$$

最后测得结果为 0.672 ± 0.010(MPa)。

【例1.2】 某柴油机负荷特性试验中,同时对标定工况下的转矩 T 及转速 n 各进行了6次等精度测量,所测数据列于表1-4中,试求该工况下的有效功率 P 及其误差(已知 $P = Tn/9550$)。

表1-4 例1.2附表

各次测量值						
n(r/min)	3002	3000	3005	3002	2998	3000
T(N·m)	15.2	15	15.3	15	15.4	15.1

解:本题属于间接测量误差的计算问题。

$$L_n = 3001 \text{r/min} \quad L_T = 15.1 \text{N·m}$$
$$S_n = 0.97 \text{r/min} \quad S_T = 0.07 \text{N·m}$$
$$(\lambda_{\lim})_n = 2.91 \text{r/min} \quad (\lambda_{\lim})_T = 0.21 \text{N·m}$$

由 $P = \dfrac{Tn}{9550}$,得:

$$\frac{\partial P}{\partial T} = \frac{n}{9550}, \quad \frac{\partial P}{\partial n} = \frac{T}{9550}$$

$$L_P = \frac{L_T L_n}{9550} = \frac{15.1 \times 3001}{9550} = 4.74 \text{ (kW)}$$

$$S_P = \sqrt{\left(\frac{\partial P}{\partial T}\right)^2 S_T^2 + \left(\frac{\partial P}{\partial n}\right)^2 S_n^2}$$
$$= \sqrt{\left(\frac{3001}{9550}\right)^2 \times 0.07^2 + \left(\frac{15.1}{9550}\right)^2 \times 0.97^2}$$
$$= 0.022 \text{ (kW)}$$

$$(\lambda_{\lim})_P = \pm 3S_P = \pm(3 \times 0.022) = \pm 0.066 \text{ (kW)}$$

所以结果为:
$$P = (4.74 \pm 0.066) \text{kW}$$

1.3 试验数据的处理

试验中所采集到的原始数据往往无法直接说明试验结果或解答试验所提出的问题,需要将原始数据经过数值修约、换算、统计分析及归纳演绎等处理，最后得到能够反映试验目的的数据、公式、图表等，这一系列的过程就是数据处理。

1.3.1 有效数字

在测量和数据计算中，正确地确定有效数字即确定测量值或计算结果的位数是数据处理的基础，它直接影响试验结果的准确度。

1. 概念

有效数字是指在测量中所得到的有实际意义的数字，它取决于测量的方法和仪器的精度，可见计算结果不能把准确度提高到超过测量所能达到的限度。测量值正确的表示为：除末位数字是可疑或不确定外，其余各数字应该是准确的。除特殊规定外，通常认为有效数字可疑不超过正、负一个单位的偏差。

2. 运算规则

1) 数值的舍入修约规则

在处理数据的过程中，涉及的各测量数据的有效数字位数往往不同，需要按照某些运算规则来确定各数据的有效数字位数，并舍弃后面多余的数字。舍弃后面多余数字的过程称为数字修约，目前一般采用"四舍六入五成双"规则。

"四舍六入五成双"规则规定：当测量数据满足条件"被修约数位是5并且5后所有数位无任何有效数值"时，判断5前数位，若是奇数则进位，若是偶数直接舍掉；当测量数据不满足条件则进行普通的四舍五入，根据这一规则，将下列数字修约为两位有效数字，结果见表1-5。

表 1-5 数据修约规则

测量值	3.15	3.25	3.251	3.235	3.275
修约值	3.2	3.2	3.3	3.2	3.3

2) 计算规则

在数据处理中，常常需要运算一些有效数字位数不一致的数据，此时需要按照一定规则计算，这样，既可节约时间，又可避免因计算过繁引起的错误，其基本计算规则如下。

（1）进行加减时，和与差的有效数字位数的保留与小数点后位数最少的那个数相同。

（2）进行乘除时，乘与除的有效数字位数的保留与各数据中相对误差最大或有效数字位数最少的那个数相同。

（3）在对数运算中，所取对数的尾数应与其真数的有效数字位数相同。

（4）进行乘方与开方运算时，有效数字位数与其底数的有效数字位数相同。

（5）在多步计算中，中间各步可暂时多保留一位数字，以免多次四舍五入造成误差的积累，最终结果只能保留应有的位数。

1.3.2 可疑数据的剔除

含有疏失误差的测量值称坏值，这种数据会歪曲实验的结果，必须将其剔除。发现坏值的方法有物理判别法和统计判别法。在实验过程中读错、记错、仪器突然跳动、振动等现象发生时，可随时发现随时剔除，这就是物理判别法。有时整个实验做完后也无法确定坏值，这时可用统计判别法去检验各测量数据。

统计判别法的基本思路是：给定一个置信概率和一个置信区间，凡超过该界限的误差就认为不属于随机误差范畴，而是疏失误差，应予以舍弃。下面介绍两种常用的统计判别法。

1. 3倍标准误差(3σ)准则

前面已经讲过，当误差$\delta \geqslant 3\sigma$时，在$\pm 3\sigma$范围内，误差出现的概率$P=99.7\%$，即误差$\delta > 3\sigma$的概率为$1-P=0.3\%$，也就是说300次测量中才有可能出现一次。在大量的试验中，当某个测量值的绝对值大于3σ时，该数据即可舍去。

3σ准则适用于测量次数n足够大的情况。如果测量次数比较少（如少于20次）其结果就不一定可靠，这种情况下可采用格拉布斯(Grubbs)准则。

2. 格拉布斯准则

格拉布斯准则按照数理统计理论计算出按危险率及子样容量求得的格拉布斯准则用表，若子样某个体的T函数超过标准表中的值，该数据即该剔除，否则就该保留。判定异常数据的步骤简述如下。

(1) 将实验数据按其从小到大重新排列得x_1，x_2，$x_3\cdots$，求其子样平均值$\overline{X}$、子样标准误差σ。

(2) 计算T值，若x_i为可疑值，则：

$$T_{xi} = \left| \frac{x_i - \overline{X}}{\sigma} \right| \tag{1-32}$$

(3) 选定危险率。危险率是指按本准则判定为异常数据而实际上并非异常数据，这种犯错误（即误剔除）的概率。危险率α不应太小，因为α太小时，虽然能够把非可疑数据判为可疑数据的概率减小，但也可能把可疑数据判为非可疑数据的错判概率增大。危险率α也不应太大，一般可取5%、2.5%和1.0%。

(4) 根据n和α在表1-6中查出相应的$T(n, \alpha)$值。

(5) 判断T_{xi}是否大于$T(n, \alpha)$，当$T_{xi} \geqslant T(n, \alpha)$，则数据$x_i$为可疑数据并予以剔除。

表1-6 $T(n, \alpha)$值

α \ n	3	4	5	6	7	8	9	10	11	12
5%	1.15	1.46	1.67	1.82	1.94	2.03	2.11	2.18	2.23	2.29
2.5%	1.15	1.48	1.71	1.89	2.02	2.13	2.21	2.29	2.36	2.41
1.0%	1.15	1.49	1.75	1.94	2.10	2.22	2.32	2.41	2.48	2.55

1.3.3 试验数据表示法

为了对试验数据进行更深入的分析，以便获得各参数之间的联系通常采用列表法、图示法和经验公式法等，来表达试验结果，工程中，可以根据需要选取任意一种。

1. 列表法

列表法是根据测试的预期目的和内容，设计合理的数表的规格和形式，以能够清晰表达重要数据和计算结果。表格应具有明确的名称和标题，有清楚的分项栏目、必要的说明和备注等。

列表法的优点是简单易操作，数据易于参考比较，形式紧凑，在同一表格内可以清楚地同时表示若干变量的变化；缺点是数据变化的趋势不够直观，在求列表相邻两数据的中间值时，需利用插值公式进行计算。

2. 图示法

图示法是在选定的坐标系中，根据测量数据绘出几何图形来表示测量结果，其优点是能够直观、形象地反映出数据变化的趋向；缺点是超过3个变量时难以用图形来表示，且绘图过程中主观因素较多。根据同一原始数据绘制的图形，可能会出现因人而异的情况。

3. 经验公式法

经验公式法是通过对测量数据的整理、计算，求出表示各变量之间关系的经验公式或回归方程式，其优点是具有结果的统一性，形式紧凑，便于进行数学运算，克服了图解法存在的主观因素影响。尤其在应用计算机测试数据时，经验公式法具有其他方法不可比拟的优势。

对于实际应用来说，上述3种方法中，经验公式法往往是最方便的，一旦找到了合适的经验公式，即可为进一步剖析研究变量之间的相互关系创造了有利的条件；而经验公式法常常需要进行较多的计算工作，但计算机迅猛发展可为经验公式法的推广提供有力条件。

一般来说，建立经验公式应大致分两步来进行。

(1) 根据试验数据分布的特点，选择适当类型的函数关系式作为经验公式，其中包含有限个待定的未知参数，也就是说，令：

$$y = f(x_1, x_2, \cdots, x_p; \theta_1, \theta_2, \cdots, \theta_m) \quad (1-33)$$

式中：f 为已知函数；$\theta_1, \theta_2, \cdots, \theta_m$ 为 m 个待定的参数。

(2) 根据试验数据 $x_{1k}, x_{2k}, \cdots, x_{nk}(k=1, 2, \cdots, N)$ 来确定实验公式中的待定参数 $\theta_1, \theta_2, \cdots, \theta_m$。

确定待定参数的方法很多，目前最常用的是最小二乘法。最小二乘法的基本原理是基于在具有等精度的多次测定数据中求最优概值，即当各测定值的残差平方和为最小时所求得的值。比如 n 对实验数据 $(x_i, y_i)(i=1, 2, \cdots, n)$，利用最小二乘法获得自变量和因变量之间存在函数关系 $y = f(x)$，则有：

$$\sum_{i=1}^{n} v_i^2 = \sum_{i=1}^{n} [y_i - f(x_i)]^2 \rightarrow \min \quad (1-34)$$

最小二乘法的几何意义可用图1.5表

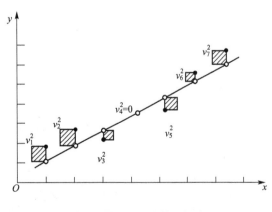

图 1.5 最小二乘法的几何意义

示。图 1.5 中实心点代表测量数据点,实线为最小二乘法拟合的经验直线,实心点与拟合直线之间在 y 方向的距离代表残差。根据式(1-34)和最小二乘法拟合原理,则图 1.5 中以残差为边长的各正方形面积的总和应为最小。

工程中,常见的经验公式是 n 次多项式,其中一元线性方程是最简单的形式,下面以此为例介绍最小二乘法的基本原理。

对于线性方程 $y=a_0+a_1x$(其中 a_0、a_1 为待定的未知参数),按式(1-34)偏差平方和为最小,则根据试验数据可得:

$$u=\sum_{i=1}^{n}[y_i-(a_0+a_1x_i)]^2 \to \min \qquad (1-35)$$

将式(1-35)分别对 a_0、a_1 求导得:

$$\frac{\partial u}{\partial a_0}=2(y_1-a_0-a_1x_i)-2(y_2-a_0-a_1x_2)-\cdots-2(y_n-a_0-a_1x_n)$$

$$\frac{\partial u}{\partial a_1}=-2x_1(y_1-a_0-a_1x_i)-2x_2(y_2-a_0-a_1x_2)-\cdots-2x_n(y_n-a_0-a_1x_n)$$

为满足式(1-35),则必有:

$$\frac{\partial u}{\partial a_0}=0,\ \frac{\partial u}{\partial a_1}=0 \qquad (1-36)$$

即:

$$-2(y_1-a_0-a_1x_i)-2(y_2-a_0-a_1x_2)-\cdots-2(y_n-a_0-a_1x_n)=0$$
$$-2x_1(y_1-a_0-a_1x_i)-2x_2(y_2-a_0-a_1x_2)-\cdots-2x_n(y_n-a_0-a_1x_n)=0$$

整理得:

$$na_0+\left(\sum_{i=1}^{n}x_i\right)a_1=\sum_{i=1}^{n}y_i$$

$$\left(\sum_{i=1}^{n}x_i\right)a_0+\left(\sum_{i=1}^{n}x_i^2\right)=\sum_{i=1}^{n}x_iy_i$$

上式联立求得:

$$\begin{cases} a_0=\dfrac{\sum\limits_{i=1}^{n}y_i\sum\limits_{i=1}^{n}x_i^2-\sum\limits_{i=1}^{n}x_i\sum\limits_{i=1}^{n}x_iy_i}{n\sum\limits_{i=1}^{n}x_i^2-\left(\sum\limits_{i=1}^{n}x_i\right)^2} \text{ 或 } a_0=\bar{y}-a_1\bar{x} \\ a_1=\dfrac{n\sum\limits_{i=1}^{n}x_iy_i-\sum\limits_{i=1}^{n}y_i\sum\limits_{i=1}^{n}x_i}{n\sum\limits_{i=1}^{n}x_i^2-\left(\sum\limits_{i=1}^{n}x_i\right)^2} \end{cases} \qquad (1-37)$$

若取:

$$\begin{cases} S_{xx}=\sum\limits_{i=1}^{n}x_i^2-\dfrac{1}{n}\left(\sum\limits_{i=1}^{n}x_i\right)^2 \\ S_{yy}=\sum\limits_{i=1}^{n}y_i^2-\dfrac{1}{n}\left(\sum\limits_{i=1}^{n}y_i\right)^2 \\ S_{xy}=\sum\limits_{i=1}^{n}x_iy_i-\dfrac{1}{n}\sum\limits_{i=1}^{n}y_i\sum\limits_{i=1}^{n}x_i \end{cases} \qquad (1-38)$$

则有：

$$\begin{cases} a_0 = \overline{y} - a_1 \overline{x} \\ a_1 = \dfrac{S_{xy}}{S_{xx}} \end{cases} \tag{1-39}$$

将式(1-39)代入到式 $y = a_0 + a_1 x$ 中，即可得到试验数据的经验公式。通常情况下，实验数据中两个变量并非服从线性关系，但可通过适当的变换，设法将其转换为线性关系。比如，指数关系可通过求对数的方式将其转变为线性关系。需要说明的是：曲线（或直线）拟合并非要求拟合曲线一定通过所有的实验数据点，这主要是由于试验数据本身存在误差，若强行要求曲线通过实验数据点，反而会影响曲线精度。

以上确定的直线方程 $y = a_0 + a_1 x$ 用以表示变量 x、y 的函数关系是近似的，有必要对它的拟合程度也就是直线方程（经验公式）与实测数据的近似程度进行检验。在数学中把描述两个变量线性关系的拟合程度的数量性指标称为相关系数。根据概率论理论，相关系数 ρ 可由下式计算：

$$\rho = \frac{\sum\limits_{i=1}^{n}(x_i - \overline{x})(y_i - \overline{y})}{\sqrt{\sum\limits_{i=1}^{n}[(x_i - \overline{x})^2][(y_i - \overline{y})^2]}} \tag{1-40}$$

结合式(1-38)，将式(1-40)展开，可进一步转化为：

$$\rho = \frac{S_{xy}}{\sqrt{S_{xx}S_{yy}}} \tag{1-41}$$

ρ 值在 $-1 \sim +1$ 间变化，ρ 的绝对值越接近于 1，则经验公式与试验数据点拟合得越好。当 $\rho = 1$ 时，两变量为正相关，即 y 随 x 增大而增大；当 $\rho = -1$ 时，两变量为负相关，即 y 随 x 增大而减小；当 $\rho \approx 0$，两变量为不相关，即试验数据点沿经验公式两侧分散，也就是说经验公式毫无意义。

小 结

任何测量都存在误差，误差分析是试验最基本、最重要的环节。测量值与真值之间的差值称为误差，误差根据产生原因可分为 3 类：系统误差、随机误差和过失误差。本章主要介绍了这 3 类误差各自的特点及处理方法，重点介绍了随机误差的计算方法。

试验数据的处理是获取试验结果的必不可少的环节，数据处理包括数据的修约、有效数字的运算、可疑数据的剔除及试验数据的表示等，其中选择合理的数据表示方法是直观再现测试结果的关键。目前常用的方法是经验公式法，最小二乘法是确定经验公式的常用手段，它是基于在具有等精度的多次测定数据中求最优概值，即当各测定值的残差平方和为最小时所求得的值。

习 题

1-1 测量误差主要分哪 3 类？各类有什么特点？

1-2 简述系统误差的产生原因及如何消除系统误差。

1-3 随机误差有什么特点？常见的产生随机误差的原因有哪些？随机误差的4条公理是什么含义？

1-4 某试验对某量进行8次等精度测量，测量值分别为802.40、802.50、802.39、802.48、802.42、802.46、802.45、802.43，试求测量结果的误差。

1-5 有两个变量x、y的测量数据见表1-7，试求x、y的关系曲线方程。

表1-7 习题1-5附表

x_i	1.0	2.0	3.0	4.0	5.0	6.0	7.0	8.0	9.0	10.0
y_i	3.0	4.0	5.0	6.0	7.0	8.0	9.0	10.0	11.0	12.0

第 2 章 测量仪表的技术特性

教学提示：测量仪表是进行汽车试验时的重要设备，其性能和参数对试验的质量具有很大的影响。本章主要讲述测量仪表的组成、静动态特性以及仪表在典型输入下的动态响应等内容，并对测试装置的动态特性测定做简要介绍。

教学要求：掌握测试仪表的组成结构、测试仪表的静态特性指标及其含义、典型测试仪表动态响应特性等。了解测试仪表动态特性的测定方法。

2.1 测量仪表及其特征

2.1.1 测试系统的组成

随着现代科学技术的迅速发展，非电物理量的测试与控制技术已广泛应用于汽车及拖拉机试验中。非电量的电测系统是最常用的测试系统，一个完整的测试系统应包括传感器、信号调节器、显示和记录器以及数据处理器及外围设备，另外还有定度和校准等系统附加设备，如图 2.1 所示。

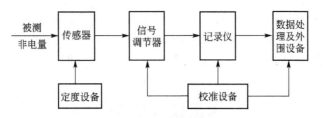

图 2.1 测试系统框图

(1) 传感器：将其输入的被测非电物理量转换为电信号。

(2) 信号调节器：将传感器输出的电信号变换成传输不失真且便于记录、处理的电信号，如信号源的阻抗变换，信号的放大、衰减与波形变换，信号滤波，多路信号切换等。

(3) 记录、显示器：记录或显示信号调节器输出的信号，显示必要的数据变化图形，供直接观察分析，或将其保存，供后续仪器分析、处理。

(4) 数据处理器：将记录的信号按测试目的与要求提取其有用信息，通过专用计算机进行分析、处理，如概率统计分析、相关分析、功率谱分析和传递特性分析等。

(5) 定度和校准设备：是测试系统的附加设备。测试前要对传感器及测试系统确定其输入与输出物理量转换关系的定度曲线，并根据一种较高准确度的参考仪器进行校准，确定整个测试系统的精度。

2.1.2 主要特征

按照被测试量在测试中的状态,测试系统的基本特性可分为静态特性和动态特性两类。当被测试量不随时间变化或变化很缓慢时,测试系统的输出和输入之间的关系称为静态特性;当被测试量随时间变化时,测试系统的输出和输入之间的关系称为动态特性。

通常的工程测试问题总是处理输入量或被测量 $x(t)$、系统的传输或转换特性 $h(t)$ 和输出量 $y(t)$,三者之间的关系,如图 2.2 所示。

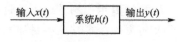

图 2.2 系统、输入和输出三者之间的关系

(1) 如果系统的特性已知,通过对输出信号的观察分析,就能推断其相应的输入信号或被测量。这就是通常的测量。

(2) 如果输入信号已知,通过对输出信号的观察分析,就能推断出测试系统的特性。这就是通常的系统或仪器的定度过程。

(3) 如果输入信号和系统的特性已知,则可以推断和估计系统的输出量。这就是通常的输出信号预测。

理想的测试仪器或系统不仅应该具有单值的、确定的输入-输出关系,而且最好是一个单向线性系统。所谓单向系统是指测试系统对被测量的反作用影响可以忽略,例如振动测试时,要求传感器的质量很小,使其对被测振动物体的固有频率的影响可忽略不计;又如在研究汽车轮胎和地面的相互作用时,测试轮胎的应力分布变化规律,需要在轮胎胎面上埋入一些压力传感器,则需要压力传感器尽量地小,使其对轮胎的弹性影响可忽略不计,当然最好采用非接触式测试。所谓线性系统是指输出与输入是线性关系。在静态测试中,系统的线性关系虽然是所希望的,但不是必需的(因为在静态测试中,用校正曲线或输出补偿技术作非线性校正尚不困难);在动态测试中,测试系统本身应该力求是线性系统,这不仅因为在动态测试中作非线性校正目前还相当困难,而且现在只能对线性系统作比较完善的数学处理与分析。实际测试系统不可能在较大的工作范围内保持线性,因此,它只能在一定的误差范围内和在一定的工作范围内作线性处理。

2.2 测量仪表的静态特性

测试装置的静态特性表示被测物理量处于稳定状态,输入和输出都是不随时间变化的常量(或变化极慢,在所观察的时间间隔内可忽略其变化而视为常量)。输出、输入关系一般可用下式表示:

$$y = a_0 + a_1 x + a_2 x^2 + \cdots + a_m x^n \tag{2-1}$$

式中:x 为输入的物理量;y 为输出量;a_0,a_1,a_2,$\cdots$,a_n 为常数。

当 $a_0 \neq 0$ 时,表示即使在没有输入的情况下仍有输出,通常称为零点漂移(零漂)。理想的静态量的测试装置,其输出应单值、线性比例于输入,即静态特性为 $y = a_1 x$,是一条直线。

实际测试装置的静态特性指标主要以灵敏度、非线性度和回程误差来表征,此外还有分辨率、零点漂移、温度漂移及测量范围等,可根据测试装置本身的特点和实际应用的要求确定相应的静态特性指标。

1. 灵敏度

灵敏度 S 是测试装置静态特性的一个基本参数。测试装置输入 x 有一个增量 Δx，引起输出 y 发生相应的变化 Δy，则称：

$$S = \Delta y / \Delta x \tag{2-2}$$

为该装置的绝对灵敏度，如图 2.3(a)所示。对于特性呈直线关系的装置有：

$$S = \Delta y / \Delta x = y / x = 常量 \tag{2-3}$$

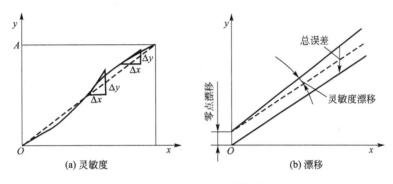

图 2.3 灵敏度及其漂移

而非线性装置的灵敏度就是该装置静态特性曲线上各点的斜率。例如，某位移传感器在位移变化 1mm 时，输出电压变化为 300mV，则其灵敏度 $S = 300\text{mV/mm}$。当测试装置的输出和输入为同一量纲时，灵敏度常称为放大倍数。

以上是仅以被测量变化时考虑了灵敏度的变化。实际在被测量不变的情况下，由于外界环境条件等因素的变化，也可能引起测试装置输出的变化，最后表现为灵敏度的变化。例如，温度改变引起测试仪器中电子元件参数的变化或机械部件尺寸和材料特性的变化等，由此引起的测试装置灵敏度的变化称为灵敏度漂移。其根源是这些环境条件因素的变化导致式(2-1)中系数 $a_0, a_1, \cdots, a_n$ 变化所致，如图 2.3(b)所示，它常以在输入不变情况下每小时输出的变化量来衡量。显然性能良好的测试装置，其灵敏度漂移极小。

在选择测试装置(仪器)时，应当注意其灵敏度的合理性，一般来说，测试装置的灵敏度越高，测量范围往往越窄，稳定性也往往越差。

2. 非线性度

非线性度是指测试装置的输出、输入间是否能保持常值比例关系(线性关系)的一种量度。在静态测试中，通常用试验的办法求取装置的输入、输出关系曲线，并称其为定度曲线。定度曲线(实际特性曲线)偏离其拟合直线(理想直线)的程度就是非线性度，如图 2.4 所示。作为技术指标，非线性度是采用在测试装置的标称输出范围(全量程)A 内，定度曲线与拟合直线的最大偏差 B 与 A 的比值，即：

$$非线性度 = \frac{B}{A} \times 100\% \tag{2-4}$$

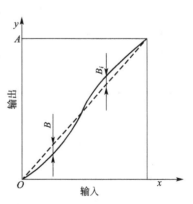

图 2.4 定度曲线与非线性度

拟合直线的确定方法,目前国内外尚无统一的标准,但较常用的方法是通过坐标原点$(x=0,y=0)$,并与定度曲线间的偏差B_i的均方值为最小,即$\sum_{i=1}^{n}B_i^2$最小来确定。

3. 回程误差

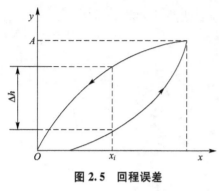

图 2.5 回程误差

回程误差也叫迟滞误差,它也是判断实际测试装置的特性与理想装置特性差别的一项指标。理想测试装置的输出与输入应是单值的——对应关系,而实际测试装置有时会对同一大小的输入量,其正向输入(输入量由小增大)和反向输入(输入量由大到小)的输出量数值不同,其差值称为滞后量Δh,如图 2.5 所示。测试装置全量程A内的最大滞后量$\Delta h_{\max}$和A之比值称为回程误差或迟滞误差,用E_r表示:

$$E_r = \frac{\Delta h_{\max}}{A} \times 100\% \tag{2-5}$$

回程误差一般是由滞后现象引起的后果,在磁性材料的磁化和一般材料受力变形的过程中都能发生;也可反映仪器的不工作区(也叫死区)的存在,而不工作区则是输入变化对输出无影响的范围。摩擦力和机械元件之间的游隙是存在不工作区的主要原因。

为了使测试结果正确,要求测试系统有足够的灵敏度,而非线性度和回程误差要尽可能小。若测试系统静态参数不符合测试要求,则应找到其根源所在,并设法排除和采取改善措施,必要时要更换测量环节或测试系统。

2.3 测量仪表的动态特性

2.3.1 典型测试装置的分类

研究测试装置的动态特性时,尽管测试装置的物理结构千差万别,经过简化,只要运动微分方程式具有相似的形式,则其动态特性也就相似。在工程测试领域中,大部分可理想化为单自由度的零阶、一阶和二阶系统。表 2-1 列出了各类系统的典型微分方程、传递函数、表征特征的参数及其测试装置的举例。

表 2-1 测试装置分类

	微分方程	传递函数	特性参数	典型示例
零阶系统	$a_0 y(t) = b_0 x(t)$	$H(s) = K$	静态增益 K(静态灵敏度)	电位器式位移传感器 宽频电子放大器
一阶系统	$a_1 y'(t) + a_0 y(t) = b_0 x(t)$	$H(s) = \dfrac{K}{Ts+1}$	静态增益 K 时间常数 T	RC 滤波电路 弹簧阻尼机械系统

	微分方程	传递函数	特性参数	续表 典型示例
二阶系统	$a_2 y''(t)+a_1 y'(t)+a_0 y(t)=b_0 x(t)$	$H(s)=\dfrac{K\omega_n^2}{s^2+2\xi\omega_n s+\omega_n^2}$	静态增益 K 固有频率 ω_n 阻尼比 ξ	惯性加速度计 RLC 电路

2.3.2 一阶系统

由一阶微分方程式描述的系统或环节称为一阶系统,其运动微分方程式为:

$$\tau \frac{\mathrm{d}y(t)}{\mathrm{d}(t)}+y(t)=Sx(t) \tag{2-6}$$

将式(2-6)两边作拉普拉斯变换,便可得到系统传递函数为:

$$\begin{cases} \tau sY(s)+Y(s)=SX(s) \\ H(s)=\dfrac{Y(s)}{X(s)}=\dfrac{S}{\tau s+1} \end{cases} \tag{2-7}$$

当静态灵敏度 $S=1$ 时,则式(2-7)为:

$$H(s)=\frac{1}{\tau s+1} \tag{2-8}$$

令上式传递函数 $H(s)$ 中的 $s=\mathrm{j}\omega$,就可得到一阶系统频率响应特性为:

$$H(\mathrm{j}\omega)=\frac{1}{\tau \mathrm{j}\omega+1}=\frac{1}{1+(\tau\omega)^2}-\mathrm{j}\frac{\tau\omega}{1+(\tau\omega)^2} \tag{2-9}$$

其幅频特性和相频特性分别为:

$$\begin{cases} A(\omega)=|H(\mathrm{j}\omega)|=\dfrac{1}{\sqrt{1+(\tau\omega)^2}} \\ \varphi(\omega)=-\mathrm{arctg}(\omega\tau) \end{cases} \tag{2-10}$$

按式(2-10)画出的幅频特性曲线和相频特性曲线,分别如图 2.6(a)、(b)所示。

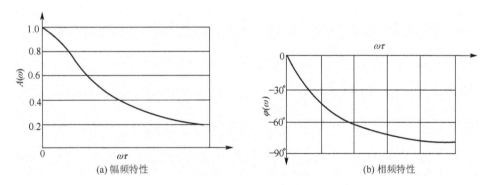

图 2.6 一阶系统的频率响应

2.3.3 二阶系统

在测试工作中遇到的测试装置以二阶系统最为常见,测试装置举例见表 2-1。

现以光线示波器的动圈式振子为例,固定式永久磁铁所形成的磁场和通电线圈所形成的电磁场相互作用,产生的电磁转矩使线圈偏转,如图2.7所示。振子的活动部分是一个具有一定质量的扭转振动系统,其运动可以用二阶微分方程式(2-11)来描述。

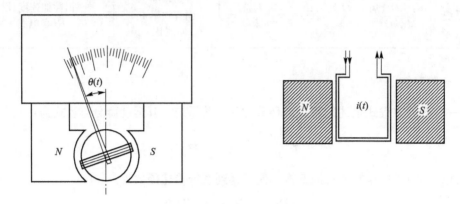

图 2.7 动圈式振子工作原理

$$J\frac{d^2\theta(t)}{dt^2}+\delta\frac{d\theta(t)}{dt}+G\theta(t)=ki(t) \quad (2-11)$$

式中:$i(t)$ 为输入线圈中的电流信号;$\theta(t)$ 为振子(动圈)的角位移输出信号;J 为振子转动部分的转动惯量,与其结构形式和质量有关;δ 为阻尼系数,包括空气阻尼、电磁阻尼及油阻尼等;G 为振子钢丝的扭转刚度;k 为电磁转矩系数,与动圈绕组的有效面积、线圈匝数和磁场的磁感应强度有关。

用拉普拉斯变换求得微分方程式(2-11)对应的传递函数,可得:

$$H(s)=\frac{Y(s)}{X(s)}=\frac{k/J}{s^2+\frac{\delta}{J}s+\frac{G}{J}}=\frac{S\omega_n^2}{s^2+2\zeta\omega_n s+\omega_n^2} \quad (2-12)$$

式中:ω_n 为振子的固有圆频率,$\omega_n=\sqrt{G/J}$;S 为振子灵敏度,$S=\frac{k}{G}$;ζ 为振子阻尼比,$\delta=\delta/2\sqrt{GJ}$。

ω_n、ζ、S 都是决定于系统的结构参数,对某一定的系统或测试装置均为定值,可见,它们是二阶系统动态特性的重要参数。它们的频率响应特性,即幅频和相频特性可分别表达为:

$$A(\omega)=|H(j\omega)|=\frac{1}{\sqrt{\left[1-\left(\frac{\omega}{\omega_n}\right)^2\right]^2+4\zeta^2\left(\frac{\omega}{\omega_n}\right)^2}} \quad (2-13)$$

$$\varphi(\omega)=\angle H(j\omega)=-\arctan\left[\frac{2\zeta\left(\frac{\omega}{\omega_n}\right)}{1-\left(\frac{\omega}{\omega_n}\right)^2}\right] \quad (2-14)$$

若令灵敏度 $S=1$,则按式(2-13)和式(2-14)画出二阶系统的幅频和相频特性曲线,如图2.8所示,它所描述的频率响应是系统输出 $y(t)$ 处于稳态下的稳态响应。

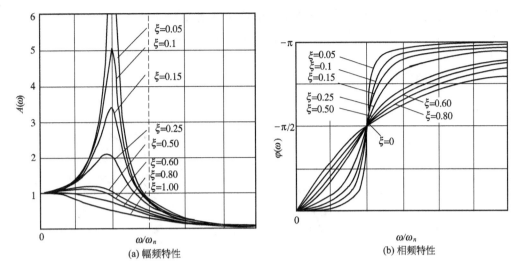

图 2.8 二阶系统的幅频和相频特性曲线

2.4 测量仪表在典型输入下的动态响应

研究测试系统动态特性的目的是为了确定系统输出与输入之间的差异,即动态测试误差,以提高测试精度。对于任何测试系统,总是要求具有好的动态响应特性、高灵敏度以及测试信号精确可靠而不失真。

2.4.1 单位阶跃输入系统的响应

对测试系统突然加载或突然卸载即属于阶跃输入。这种输入方式既简单易行,又能充分揭示测试系统的动态特性,并且通过适当的数学运算就可以推算出对任意输入的响应,因而是经常被采用的方法。一、二阶系统对单位阶跃函数输入的响应列于表 2-2 中,其特性曲线如图 2.9 所示。

表 2-2 一、二阶系统对单位阶跃函数输入的响应

输 入	输 出	
	一 阶	二 阶
	$H(s)=\dfrac{1}{\tau s+1}$	$H(s)=\dfrac{\omega_n^2}{s^2+2\xi\omega_n s+\omega_n^2}$
$X(s)=\dfrac{1}{s}$	$Y(s)=\dfrac{1}{s(\tau s+1)}$	$Y(s)=\dfrac{\omega_n^2}{s(s^2+2\xi\omega_n s+\omega_n^2)}$
$x(t)=\begin{cases}0 & t<0\\ 1 & t\geqslant 0\end{cases}$	$y(t)=1-e^{-t/\tau}$	$y(t)=1-e^{-\xi\omega_n t}\sqrt{1-\xi^2}\sin(\omega_d t+\varphi)$

表 2-2 中的方程式都是在灵敏度归一化之后求得的,故输入量值就是输出的理论值,因此,输入量值和它所对应的响应函数值(输出实际值)之差就是测试装置的动态误差。

如图 2.9(b)所示,一阶测试系统的阶跃响应函数为指数曲线,适用于任意物理结构的一阶测试装置。这一指数曲线在 $t=0$ 那一点的切线斜率等于 $1/\tau$,这是一阶系统单位阶跃响应的一个特点。根据这一点,可以在参数未知的情况下,由一阶系统的单位阶跃响应实验曲线来确定其时间常数 τ。

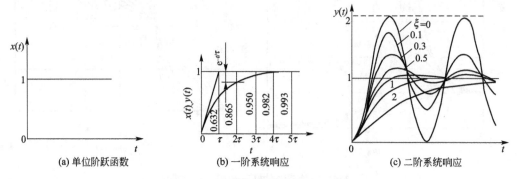

图 2.9 单位阶跃函数输入的系统响应

如图 2.9(b)所示,时间常数 τ 越小,$y(t)$ 上升速度越快,达到稳态值用的时间越短,也就是系统惯性越小;反之,τ 越大,系统对信号的响应越缓慢,惯性越大。因此 τ 的大小反映了一阶系统惯性的大小。

实际工作中,有时也以系统响应时间 t 作为衡量测试装置响应速度的特性参数。系统的响应时间就是指达到某一个给定动态误差范围,直至系统瞬态过程结束所需的时间。如图 2.9(b)所示,实际在工程测试中 $t=3\tau$ 或 $t=4\tau$ 时,其误差在 2%~5% 之间,可以认为已达到稳态,因此,通常工程上采用 3τ 或 4τ 为一阶测试系统响应速度的指标。

如图 2.9(c)所示,二阶系统在单位阶跃信号输入下的稳态输出误差也为零。但是系统的响应在很大程度上决定于阻尼比 ζ 和固有圆频率 ω_n。系统固有圆频率由其主要结构参数决定,ω_n 越高,系统的响应越快。阻尼比 ζ 直接影响超调量和振荡次数。当 $\zeta=0$ 时,超调量为 100%,且持续不断地振荡下去,达不到稳定;$\zeta>1$,则系统蜕化等同于两个一阶环节的串联,此时虽然不发生振荡(即不发生超调),但是也需要较长的时间才能达到稳态;如果阻尼比 ζ 在 0.6~0.8 之间,则最大超调置将在 10%~2.5% 之间,其以允许 5%~2% 的误差趋近"稳态"的调整时间也是最短,为 $(3\sim4)/(\zeta\omega_n)$,这也是很多测试装置在设计时常把阻尼比选在这个区间的理由之一。

2.4.2 单位脉冲输入和测试系统的脉冲响应

若测试系统输入单位脉冲,即 $x(t)=\delta(t)$,则 $X(s)=L[\delta(t)]=1$,系统相应的输出拉普拉斯变换将是 $Y(s)=H(s)X(s)=H(s)$,其时域描述即可通过对 $Y(s)$ 的拉普拉斯逆变换得到,即:

$$y(t)=L^{-1}[H(s)]=h(t) \tag{2-15}$$

式中:$h(t)$ 为脉冲响应函数或权函数。

一阶和二阶系统输入的单位脉冲函数及其脉冲响应函数列于表 2-3 中,其特性曲线如图 2.10 所示。

表 2-3 一阶和二阶系统输入单位脉冲及其响应函数

输 入	输 出	
	一阶系统 $H(s)=\dfrac{1}{\tau s+1}$	二阶系统 $H(s)=\dfrac{\omega_n^2}{s^2+2\xi\omega_n s+\omega_n^2}$
$X(s)=1$	$Y(s)=\dfrac{1}{\tau s+1}$	$Y(s)=\dfrac{\omega_n^2}{s^2+2\xi\omega_n s+\omega_n^2}$
$x(t)=\begin{cases}0 & t\neq 0\\ \infty & t=0\end{cases}$	$y(t)=\dfrac{1}{\tau}\mathrm{e}^{-t/\tau}$	$y(t)=\dfrac{\omega_n}{\sqrt{1-\xi^2}}\mathrm{e}^{-\xi\omega_n t}\sin(\sqrt{1-\xi^2}\,\omega_n t+\varphi)$

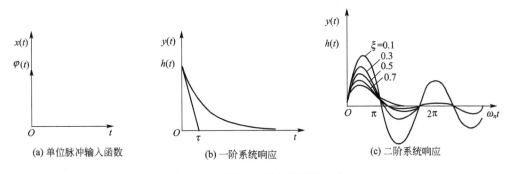

图 2.10 单位脉冲输入的系统响应

理想的单位脉冲实际上是不存在的,但是,假如给系统以非常短暂的冲击输入,其作用的时间小于 $1/10\tau$(τ 为一阶系统的时间常数或二阶系统的振荡周期),则可近似地认为就是单位脉冲输入。在单位脉冲输入下,系统输出的时域函数就是脉冲响应函数。如图 2.10(b)所示,一阶系统单位脉冲响应的特性和前面提到的其他典型输入时一样,反映了系统本身的特性。时间常数 τ 大的系统,其响应速度低于时间常数 τ 小的系统,与前面的结论一致。不管用哪种信号输入,都遵循这同一规律。输入试验信号是为了识别系统的特性,而系统特性只取决于组成系统的参数,不取决于输入信号的形式。

单位脉冲的时间响应也可以由单位阶跃响应进行微分获得。如图 2.10(c)所示,对于欠阻尼情况,$h(t)$ 围绕零值作正负之间的衰减振荡,对于 $\xi=1$ 的情况,响应无振荡。二阶系统的脉冲响应与上述典型信号的响应所显示的规律是一致的,这是二阶系统本身的特点。系统的特性完全取决于系统的结构参数,如已知二阶系统的参数 ξ 和 ω_n,则完全可以预估系统的响应情况。

2.5 测试装置动态特性的测定

要使测试装置精确可靠,不仅其定度要精确,而且要定期校准,并对测试装置的动态特性参数进行试验测定。

动态特性参数的测定方法常因测试装置的形式(如机械的、电的以及气动的等)不同而不完全相同。从原理上一般可分为正弦信号响应法、阶跃信号响应法、脉冲信号响应法和随机信号响应法等。

2.5.1 频率响应法求测试系统的动态特性

测试系统的动态特性可通过不同频率的稳态正弦激励的试验方法求得。对测试系统施以正弦激励，即 $x(t)=x_0\sin\omega_t$，在输出达到稳态后，测量输出与输入幅值比和相角差。这样可得到在该激励频率下测试装置的传递特性，在较宽的频率范围内用正弦信号发生器逐点改变输入信号频率，即可得到幅频和相频特性曲线。

对于一阶装置，主要的动态特性参数是时间常数 τ。可以通过其幅频特性或相频特性，用式(2-10)直接确定值 τ。图 2.11 为一阶测试系统幅频特性图，由图可知，转角频率 $\omega_b=1/\tau$，由此可测得时间常数 τ。

对二阶系统装置的动态特性参数 ξ 和 ω_n，可由频率响应试验求得。图 2.12 是欠阻尼二阶系统装置($\zeta<1$)的频率响应试验曲线，其幅频特性 $A(\omega)$ 的峰值在稍偏离 ω_n 的 ω_r 处，从图中可以得到 3 个特征量 $A(0)$、$A(\omega_r)$ 和 ω_r，则图 2.12 中各参数之间有以下关系：

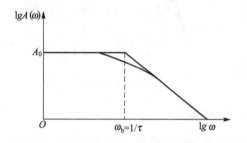

图 2.11 一阶测试系统幅频特性图

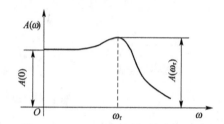

图 2.12 欠阻尼二阶系统装置的频率响应试验曲线

$$\omega_r=\omega_n\sqrt{1-2\zeta^2} \qquad (2-16)$$

或：

$$\omega_n=\omega_r/\sqrt{1-2\zeta^2} \qquad (2-17)$$

$A(\omega_r)$ 和静态输入 $A(0)$ 之比为：

$$\frac{A(\omega_r)}{A(0)}=\frac{1}{2\zeta\sqrt{1-\zeta^2}} \qquad (2-18)$$

根据式(2-16)、式(2-17)和式(2-18)可计算出阻尼比 ζ 和固有频率 ω_n。

测定幅频特性时，测量仪器本身的频率特性，在被校验的测量系统的工作频率范围内必须接近于理想的仪器，即接近于零阶仪器。这样测试仪器本身频率特性的影响才可忽略。

若测试系统不是纯电气系统，而是机械电气或其他物理系统，一般较难获得正弦的输入信号，而获得阶跃输入信号却很方便。在这种情况下，使用阶跃输入信号来测定系统装置的动态特性参数更方便。

2.5.2 阶跃响应法求测试系统的动态特性

描述一阶系统装置的动态特性参数，只有时间常数 τ。如图 2.9(b)所示，只要给一阶系统装置输入一单位阶跃信号，记录其输出波形，从中找到输出值达到最终稳态值 63.2% 的点，该点所对应的时间就是时间常数 τ。但是用此种方法确定的 τ 值实际上未涉及阶跃响应的全过程，测量结果仅仅取决于某些个别的瞬时值，特别是取决于是否能精确地确定 $t=0$ 的点，因此测量结果的可靠性不足。为此，改用下述方法确定时间常数 τ，可获得较可靠的结果。根据表 2-2 中所列的公式，一阶系统装置的阶跃响应函数为：

$$y(t) = 1 - e^{-t/\tau} \tag{2-19}$$

令 $z = -t/\tau$，上式可改写为：

$$1 - y(t) = e^{-t/\tau} = e^{z} \tag{2-20}$$

两边取对数，就有：

$$z = \ln[1 - y(t)] \tag{2-21}$$

z 和时间 t 成线性关系，因此可根据测得的 $y(t)$ 值作出 $\ln[1-y(t)]-t$ 曲线，并根据其斜率值求得时间常数 $\tau = -\Delta t/\Delta z$，如图 2.13 所示。这种方法既考虑了响应的全过程，又对该装置是否符合一阶系统作出了判断，如果数据 z 各点偏离直线很多，则可判定该系统装置实际并非一阶测试系统。

描述二阶测试系统的动态特性参数有阻尼比 ξ 和固有圆频率 ω_n。对于一个欠阻尼（$\xi<1$）的二阶测试系统的动态测试参数，也可用最大超调量 M（是响应曲线上超出稳态值的最大偏离量）、上升时间 t_r（响应曲线从原始工作状态出发，第一次到达输出稳态值所需要的时间）、峰值时间 t_p（峰值时间是响应曲线到达超调量第一个峰值所需要的时间）以及振荡周期 T_d 来表示。典型的欠

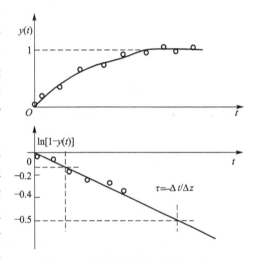

图 2.13 单位阶跃试验法求一阶系统的时间常数 τ

阻尼二阶系统装置的阶跃响应函数见表 2-2，它的瞬态响应是以 $\omega_d = \omega_n \sqrt{1-\xi^2}$ 为圆频率的衰减振荡。此圆频率称为有阻尼的固有圆频率 ω_d，其峰值时间为：

$$t_p = \frac{T_d}{2} = \frac{\pi}{\omega_d} = \frac{\pi}{\omega_n \sqrt{1-\xi^2}} \tag{2-22}$$

按照求极值的通用方法，可以求得各振荡峰值所对应的时间 $t_p = 0$、π/ω_d、$2\pi/\omega_d$。将 $t = \pi/\omega_d$ 代入表 2-2 中的相应表达式，得出：

$$y(t) = 1 - \frac{e^{-\xi \omega_n t}}{\sqrt{1-\xi^2}} \sin(\omega_n \sqrt{1-\xi^2}\, t + \varphi_2) \tag{2-23}$$

$$\varphi_2 = \arctan \frac{\sqrt{1-\xi^2}}{\xi} \tag{2-24}$$

并求极大值，就可求得最大超调量 M，如图 2.14 所示和阻尼比 ξ 的关系式，即：

$$M = e^{-(\xi\pi/\sqrt{1-\xi^2})} \tag{2-25}$$

或

$$\xi = \sqrt{\frac{1}{(\pi/\ln M)^2 + 1}} \tag{2-26}$$

因此，测得 M 之后，便可按式(2-25)和式(2-26)或按它们做出的 M—ξ 关系图，如图 2.15 所示，求取阻尼比 ξ。

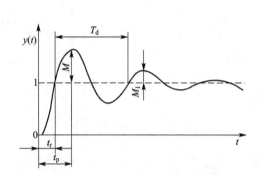

图 2.14 欠阻尼二阶系统装置的阶跃响应曲线　　图 2.15 欠阻尼二阶系统装置的 M—ξ 关系图

如果测得的是阶跃响应的较长的瞬变过程，则可利用任意两个超调量 M_i 和 M_{i+n} 来求取其阻尼比，其中 n 是该两峰值相隔的整周期数，设 M_i 和 M_{i+n} 所对应的时间分别为 t_i 和 t_{i+n}，则：

$$t_{i+n}=t_i+\frac{2n\pi}{\omega_n\sqrt{1-\xi^2}} \tag{2-27}$$

将式(2-27)代入表 2-2 中的二阶系统响应的表达式 $y(t)$ 中，可得：

$$\delta_n=\ln\frac{M_i}{M_{i+n}}=\ln\left[\frac{e^{-\xi\omega_n t_i}}{e^{-\xi\omega_n(t_i+2n\pi/\omega_n\sqrt{1-\xi^2})}}\right]=\frac{2\pi n\xi}{\sqrt{1-\xi^2}} \tag{2-28}$$

整理后可得：

$$\xi=\sqrt{\frac{\delta_n^2}{\delta_n^2+4\pi^2 n^2}} \tag{2-29}$$

根据式(2-28)和式(2-29)即可按实测得的 M_i 和 M_{i+n}，经 δ_n 而求取 $\xi\delta_n$。考虑到 $\xi<0.3$ 时以 1 替代 $\sqrt{1-\xi^2}$ 进行近似计算，不会产生过大的误差，则由式(2-28)可得：

$$\xi=\ln\frac{M_i}{M_{i+n}}\Big/2\pi n \tag{2-30}$$

则计算 ξ 就更方便了。

若系统装置是精确的二阶系统装置时，n 值采用任意正整数所得的 ξ 值不会有差别，反之，若 n 取不同值，获得不同的 ξ 值，则表明该系统装置不是线性二阶系统。

阻尼振动系统响应的振动圆频率为：

$$\omega_d=\omega_n\sqrt{1-\xi^2} \tag{2-31}$$

振动周期 $T_d=2\pi/\omega_d$，则可求得系统的固有圆频率为：

$$\omega_n=\frac{2\pi}{T_d\sqrt{1-\xi^2}} \tag{2-32}$$

由上述可知,对某一欠阻尼测试系统,若保持阻尼比 ξ 不变,则超调量 M 不变,这时 ω_n 增加,则峰值时间 t_p,或振荡周期 T_d 均减小,也就是响应速度快。若 ω_n 不变,ξ 增大,则超调量 M 下降,而峰值时间增加,响应速度减慢。因此,二阶测试系统的响应速度取决于系统的阻尼比 ξ 和固有圆频率 ω_n。系统响应越快,输出与输入间的差异越小,因此,减少测试系统动态误差的措施是选择合适的系统阻尼比,通常选取 $\xi=0.6\sim0.8$ 之间,系统的固有圆频率 ω_n 应尽可能地高。

小 结

本章主要介绍测量仪表的组成结构和静动态特性。测量仪表的静态特性指标很多,其中对测量结果影响较大的有灵敏度、非线性度和回程误差。作为电气系统的测量仪表,其动态性能大多表现为一阶系统特性或二阶系统特性。本章介绍了两种系统动态性能的主要特性参数,并对典型描述如下的动态响应进行了分析。最后介绍了如何测量装置的动态特性参数。

习 题

2-1 某测力传感器标定结果如下。

输入(N)		0	100	200	300	400	500
输出(mV)	加载	0	1.79	3.55	5.40	7.42	9.31
	卸载	0	2.03	3.74	5.62	7.65	9.31
线性化后(mV)		0	1.86	3.72	5.59	7.45	9.31

作出静态特性曲线,求出灵敏度、非线性误差和回程误差。

2-2 对某二阶系统输入一个单位阶跃信号,测得其响应曲线产生的第一个超调量峰值为 1.5cm,同时测得其阻尼周期为 6.28s。已知该测试系统的静态增益为 3cm,求该系统的固有圆频率、阻尼比。

2-3 将信号 $\cos\omega t$ 输入一个传递函数为 $1/(\tau s+1)$ 的一阶测试装置后,试求其包括瞬态过程在内的输出 $y(t)$ 的表达式。

第3章 传 感 器

教学提示：传感器是测量仪表的重要组成部分之一，针对不同的测量物理量，传感器的种类繁多。本章主要介绍电阻式、电容式、电感式、磁电式、压电式、热电式等传感器。

教学要求：了解各类传感器的工作原理、典型结构和主要应用范围。

3.1 电阻式传感器

电阻式传感器的基本原理是将被测的非电量转换成电阻值的变化，再经过转换电路变成电量输出。电阻式传感器可以测量力、压力、位移、应变、加速度、温度等非电量参数，一般来说，电阻式传感器的结构简单、性能稳定、灵敏度高，有的还适合于动态测量。

3.1.1 应变式传感器

应变式传感器是利用金属的电阻应变效应，将测量物体变形转换成电阻变化的传感器，现已被广泛用于工程测量和科学试验中。

1. 工作原理

当金属丝在外力作用下发生机械变形时，其电阻值将发生变化，这种现象称为金属丝的电阻应变效应。

设有一根长度为 l、截面积为 S、电阻率为 ρ 的金属丝，在未受力时，其原始电阻为：

$$R = \rho \frac{l}{S} \tag{3-1}$$

当金属电阻丝受到轴向拉力 F 作用时，将伸长 ΔL，横截面积相应减小，电阻率因晶格变化等因素的影响而改变 $\Delta \rho$，故引起电阻值变化 ΔR。对式(3-1)全微分，并用相对变化量来表示，则有：

$$\frac{\Delta R}{R} = \frac{\Delta l}{l} - \frac{\Delta S}{S} + \frac{\Delta \rho}{\rho} \tag{3-2}$$

式中：$\Delta l/l$ 为电阻丝的轴向应变，用 ξ 表示，常用单位 $\mu\xi(1\mu\xi = 1 \times 10^{-6} \text{mm})$。若径向应变为 $\Delta r/r$，电阻丝的纵向伸长和横向收缩的关系用泊松比表示，即 μ 表示为 $\Delta r/r = -\mu(\Delta l/l)$，因为 $\Delta S/S = 2(\Delta r/r)$，则式(3-2)可以写成：

$$\frac{\Delta R}{R} = \frac{\Delta l}{l}(1+2\mu) + \frac{\Delta \rho}{\rho} = \left(1+2\mu + \frac{\Delta \rho/\rho}{\Delta l/l}\right)\frac{\Delta l}{l} = k_0 \frac{\Delta l}{l} \tag{3-3}$$

2. 应变片的基本结构及测量原理

各种电阻应变片的结构大体相同，以图 3.1 所示丝绕式应变片为例，它以直径 0.025mm 左右的合金电阻丝 1 绕成形如栅栏的敏感栅，敏感栅粘贴在绝缘的基底 2 上，电阻丝的两端焊接引出线 4，敏感栅上面粘贴有保护用的覆盖层 3。

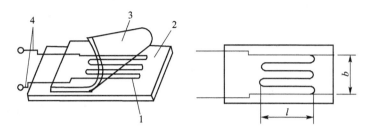

图 3.1 电阻应变片基本结构
1—合金电阻丝　2—基底　3—覆盖层　4—引出线

图 3.1 中的 l 称为应变片的基长，b 称为基宽，$l \times b$ 称为应变片的使用面积。应变片的规格以使用面积和电阻值表示，如 3mm×10mm、120Ω。

用应变片测量受力应变时，将应变片粘贴于被测对象表面上。在外力作用下，被测对象表面产生微小机械变形时，应变片敏感栅也随同变形，其电阻值发生相应的变化。通过转换电路转换为相应的电压或电流的变化，根据式（3-3），可以得到被测对象的应变值 ξ，而根据式（3-4），可以测得应力值 σ。通过弹性敏感元件，将位移、力、力矩、加速度、压力等物理量转换为应变，因此可以用应变片测量上述各量，从而做成各种应变式传感器。

$$\sigma = E\xi \tag{3-4}$$

式中：σ 为测试的应力；E 为材料弹性模量。

应变片之所以应用得比较广泛，是由于其有如下优点：①测量应变的灵敏度和精确度高，性能稳定、可靠，可测 $1 \sim 2\mu\xi$，误差小于 1%；②应变片尺寸小、重量轻、结构简单、使用方便、响应速度快，测量时对被测件的工作状态和应力分布影响较小，既可用于静态测量，又可用于动态测量；③测量范围大，既可测量弹性变形，也可测塑性变形，变形范围为 1‰～20%；④适应性强，可在高温、超低温、高压、水下、强磁场以及核辐射等恶劣环境下使用；⑤便于多点测量、远距离测量和遥测。

3.1.2 滑变电阻式传感器

滑变电阻式传感器又称电位计式传感器，其工作原理是通过滑动触点改变电阻丝的长度来改变电阻值的大小，进而将电阻值的变化转变为电压或电流的变化。

滑变电阻式传感器主要用于位置、位移的测量，图 3.2(a)用于直线位移或者位置的测量，称为线位移型滑变电阻式传感器；图 3.2(b)用于角位移的测量，称为角位移型滑变电阻式传感器。图 3.2 中变阻器的活动触点 C 的滑动量分别为 x 和 α，固定触点 A 和活动触点 C 之间的电阻值分别为：

$$R_1 = k_t x \tag{3-5}$$

$$R_\alpha = k_w \alpha \tag{3-6}$$

式中：R_1、R_α 分别为线位移型和角位移型滑变电阻式传感器的输出电阻；k_t、k_w 分别为单位长度和单位弧度的电阻值；x、α 分别是线位移和角位移。

滑变电阻式传感器的输出（电阻）与输入（位移）呈线性关系。传感器的灵敏度 E 就是该直线的斜率，即：

$$E_1 = dR_1/dx = k_t \tag{3-7}$$

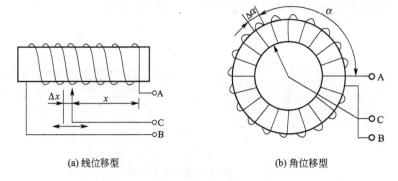

(a) 线位移型　　　　　　　　(b) 角位移型

图 3.2　滑变电阻式传感器

$$E_\alpha = dR_\alpha/d\alpha = k_w \qquad (3-8)$$

若滑变电阻式传感器与后继设备相连，由于两者之间有能量交换，因此必然存在负荷效应（负荷效应对测量结果的影响由后继设备的阻抗性质决定），其结果是使得传感器的输出与输入之间的线性关系变为非线性。为了补偿这种非线性，在实际测试工作中常采用滑动触点的距离与电阻值呈非线性关系的变阻器，如图 3.3 所示。

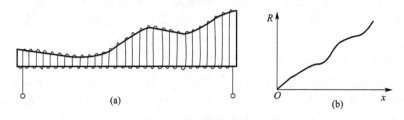

图 3.3　非线性滑变电阻式传感器

分辨率是滑变电阻式传感器的一个重要指标，为了获得高的分辨率，常采用绕线式结构，如图 3.2 所示。但绕线式滑变电阻式传感器存在如下两大缺点。

(1) 电阻的变化呈台阶状。
(2) 呈现出电感式阻抗。

为了克服上述缺点，现在常用碳膜或导电塑料制作滑变电阻式传感器。

滑变电阻式传感器的优点是结构简单、性能稳定、使用方便，故在汽车领域得到了广泛的应用，如汽车发动机的节气门位置传感器、汽车侧滑试验台上的线位移传感器等都是滑变电阻式传感器。

3.2　电感式传感器

电感式传感器是利用线圈自感或互感的变化实现测量的一种装置。

电感式传感器的核心部分是可变自感或可变互感，在将被测量转换成线圈自感或互感的变化时，一般要利用磁场作为媒介或利用铁磁体的某些现象。这类传感器的主要特征是具有电感绕组。

电感式传感器具有以下优点：结构简单可靠、输出功率大、输出阻抗小、抗干扰能力强、对工作环境要求不高、分辨力较高(如在测量长度时一般可达 $0.1\mu m$)、示值误差一般为示值范围的 $0.1\%\sim 0.5\%$、稳定性好；它的缺点是频率响应低，不宜用于快速测量。

3.2.1 工作原理

1. 自感式传感器

图 3.4 是自感式传感器的原理图。在图 3.4(a)和图 3.4(b)中，尽管在铁心与衔铁之间有一个空气隙，但由于其值不大，所以磁路是封闭的。根据磁路的基本知识，线圈自感可按下式计算：

$$L = N^2/R_m \tag{3-9}$$

式中：N 为线圈匝数；R_m 为磁路总磁阻。

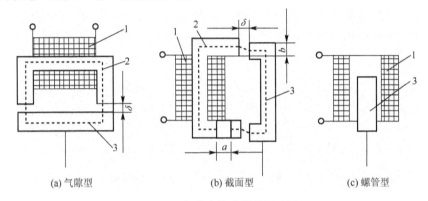

图 3.4 自感式传感器的原理图
1—线圈 2—铁心 3—衔铁

对如图 3.4 所示情况，因为气隙厚度 δ 较小，可以认为气隙磁场是均匀的，若忽略磁路铁损，则总磁阻为：

$$R_m = \Sigma l_i/\mu_i S_i + 2\delta/\mu_0 S \tag{3-10}$$

式中：l_i 为各段导磁体的长度；μ_i 为各段导磁体的磁导率；S_i 为各段导磁体的截面积；δ 为空气隙的厚度；μ_0 为真空磁导率，$\mu_0 = 4\pi \times 10^{-7}$ H/m；S 为空气隙截面积(图 3.4(b)中，$S = a \times b$)。

将 R_m 代入式(3-10)可得：

$$L = N^2/[\Sigma(l_i/\mu_i S_i) + 2\delta/\mu_0 S] \tag{3-11}$$

在铁心的结构和材料确定之后，式(3-11)分母第一项为常数，此时自感 L 是气隙厚度 δ 和气隙截面积 S 的函数，即 $L = f(\delta, S)$。如果保持 S 不变，则 L 为单值函数，可构成变气隙型传感器；如果 δ 保持不变，使 S 随位移而变，而可构成变截面型传感器。它们分别如图 3.4(a)、图 3.4(b)所示。

同时，如图 3.4(c)所示，线圈中放入圆柱形衔铁，也是一个可变自感。使衔铁上下位移，自感量将相应变化，这就可构成螺管型传感器。

2. 互感式传感器

互感式传感器本身是其互感系数可变的变压器，当一次线圈接入激励电压后，二次线圈将产生感应电压输出，互感变化，输出电压将作相应变化。一般情况下，这种传感器的二次线圈有两个，接线方式又是差动的，故常称之为差动变压器式传感器。

这种传感器的工作原理如图 3.5 所示。设在磁芯上绕有两个线圈 N_1、N_2，则当匝数为 N_1 的一次线圈通入激励电流 I_1 时它将产生磁通 Φ_{11}，其中将有一部分磁通 Φ_{12} 将穿过匝数为 N_2 的二次线圈，从而在线圈 N_2 中产生互感电动势 E，其表达式为：

$$\dot{E} = d\dot{\varphi}_{12}/dt = Md\dot{I}_1/dt \tag{3-12}$$

式中：$\dot{\varphi}_{12}$ 为穿过 N_2 的磁链，$\dot{\varphi}_{12} = N_2 \dot{\Phi}_{12}$；$M$ 为线圈 N_1 对 N_2 的互感系数，$M = d\varphi_{12}/dI_1$。

设 $\dot{I}_1 = I_{1M} e^{-j\omega t}$，其中 I_{1M} 为电流模量，ω 为电源角频率，则：

$$d\dot{I}/dt = -j\omega I_{1M} e^{-j\omega t}$$
$$E = -j\omega M\dot{I}_1 \tag{3-13}$$

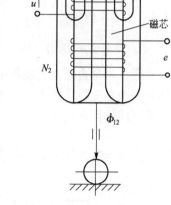

图 3.5 互感原理图

因为 $\dot{I} = \dot{U}/(R_1 + j\omega L_1)$，其中 $\dot{U}$ 为激励电压，R_1 为一次线圈的有效电阻，L_1 为一次线圈的电感，则二次线圈开始输出电压 U_o 及其有效值为：

$$\dot{U}_o = \dot{E} = -j\omega M\dot{U}/(R_1 + j\omega L_1) \tag{3-14}$$

$$U_o = \omega MU/\sqrt{R_1^2 + (\omega L_1)^2} \tag{3-15}$$

由式(3-14)、式(3-15)可知，输出电压信号将随互感变化而变化。

传感器工作时，被测量的变化将使磁芯位移，后者引起磁链 $\dot{\varphi}_{12}$ 和互感系数 M 变化，最终使输出电压变化。

3.2.2 自感计算及特性分析

对于气隙型自感传感器，其自感值为：

$$L = N^2 \mu_0 S/2\delta' \tag{3-16}$$

式中：δ' 为折合气隙，$\delta' = \delta + [\mu_0 S\Sigma(l_i/\mu_i S_i)]/2$，考虑到导磁体的磁导率 μ_i 比空气磁导率 μ_0 大得多，实际上 δ' 与 δ 接近。

由式(3-16)可知，L 与 δ' 的关系为双曲线，如图 3.6 所示。若工作点选在 δ'_0（原始折合气隙 $\delta'_0 = \delta_0 + [\mu_0 S\Sigma(l_i/\mu_i S_i)]/2$，$\delta_0$ 为原始气隙），感应的自感为 L_0，则衔铁移动使气隙减小 $\Delta\delta$ 时，自感增加 ΔL，其值为：

$$\Delta L = N^2 \mu_0 S/[2(\delta'_0 - \Delta\delta)] - N^2 \mu_0 S/(2\delta'_0) = L_0[\Delta\delta/(\delta'_0 - \Delta\delta)] \tag{3-17}$$

由式(3-17)也可以看出 $L-\delta'$ 特性曲线不是线性的，粗略地作线性化处理，可忽略式(3-17)分母中的 $\Delta\delta$，则得：

$$\Delta L = L_0 \Delta\delta/\delta'_0 \tag{3-18}$$

取 $y = \Delta L/L_0$，$x = \Delta\delta/\delta'_0$，则式(3-17)可写成：

$$y = x/(1-x) \tag{3-19}$$

这是电感相对增量与气隙相对增量之间的关系方程式。

为了改善其线性，在实际中大都采用差动式。如图 3.7 所示，这里有两个电感线圈，当衔铁由原始平衡位置变动 $\Delta\delta$ 时，一个线圈电感量增加，另一个线圈电感量减少，电感总变化量为：

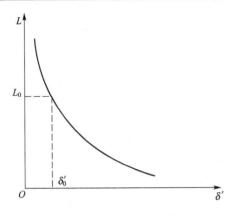

图 3.6 $L-\delta'$ 特性曲线 　　　　图 3.7 气隙型差动传感器

$$\Delta L_Z = L_1 - L_2 = \left[\frac{N^2 \mu_0 S}{2(\delta_0' - \Delta\delta)} - \frac{N^2 \mu_0 S}{2(\delta_0' + \Delta\delta)}\right]$$

$$= 2L_0 \frac{\Delta\delta}{\delta_0' - (\Delta\delta)^2/\delta_0'} \tag{3-20}$$

令 $y = \Delta L_Z/(2L_0)$，$x = \Delta\delta/\delta_0'$，则式(3-20)可写成：

$$y = x/(1-x^2) \tag{3-21}$$

利用上述类似的方法求解，可得下列关系：

$$x_M = 2\sqrt{\gamma} \tag{3-22}$$

若选取 $\gamma = 0.01$，则 $x_M = 0.2 = 1/5$，即 $\Delta\delta_{max} = \delta_0'/5$。

差动式与单线圈的传感器相比，有下列优点：①线性好；②灵敏度提高 1 倍，即衔铁位移相同时，输出信号大 1 倍；③温度变化、电源波动、外界干扰等对传感器的影响，由于能够相互抵消而减小；④电磁吸力对测力变化的影响也由于能够相互抵消而减少。

3.3　电容式传感器

电容式传感器是将被测量的变化转换成电容量变化的一种装置，实质上就是一个具有可变参数的电容器。

电容式传感器具有结构简单、动态响应快、易实现非接触测量等优点。随着电子技术的发展，它所存在的易受干扰和分布电容影响等缺点不断得以克服，而且还开发出容栅位移传感器和集成电容式传感器，因此它广泛应用于压力、位移、加速度、液位、成分含量等测量之中。

电容式传感器的工作原理与类型如下。

1. 工作原理

电容式传感器的基本原理可以用图 3.8 所示平板电容器来说明。当忽略边缘效应时，其电容 C 为：

$$C = \frac{\xi S}{\delta} = \frac{\xi_r \xi_0 S}{\delta} \tag{3-23}$$

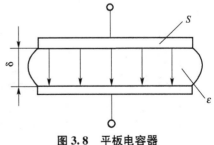

图 3.8　平板电容器

式中：S 为极板相对覆盖面积；δ 为极板间距离；ξ_r 为相对介电常数；ξ_0 为真空介电常数，$\xi_0 = 8.85 \times 10^{-12} \mathrm{F/m}$；$\xi$ 为电容极板间介质的介电常数。

式(3-23)中，δ、S 和 ξ_r 中的某一项或几项有变化时，就改变了电容 C。δ 和 S 的变化可以反映线位移或角位移的变化，也可以间接反映压力、加速度等的变化；ξ_r 的变化则可反映液面高度、材料厚度等的变化。

2. 类型

实际应用时，常常仅改变 δ、S 和 ξ_r 之中的一个参数来使 C 发生变化，因此电容式传感器可分为 3 种基本类型：变极距(δ)型、变面积(S)型和变介电常数(ξ)型。

表 3-1 列出了电容式传感器的 3 种基本结构形式，它们又可按位移的形式分为线位移和角位移两种，每一种又依据传感器极板形状分成平板、圆板形和圆柱(圆筒)形，虽然还有球面形和锯齿形等其他的形状，但一般很少用，故表中未列出。其中差动式的传感器一般优于单组(单边)式的传感器，它灵敏度高、线性范围宽、稳定性高。

表 3-1 电容式传感器的结构形式

基本类型		单片型	
		单组式	差动式
变极距(δ)型	线位移	平板形 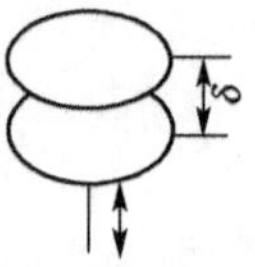	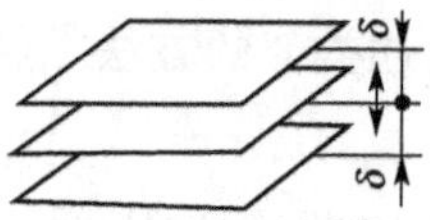
	角位移	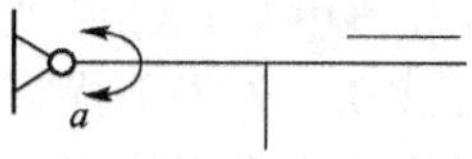	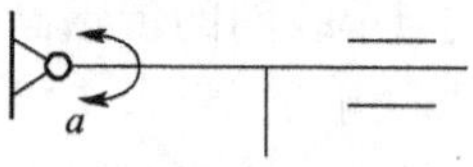
变面积(S)型	线位移	平板形 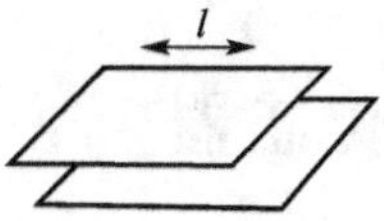	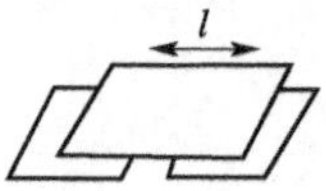
		圆柱形 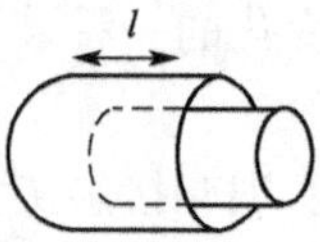	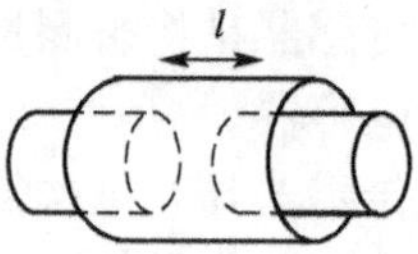
	角位移	平板形 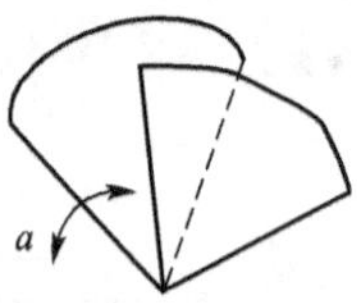	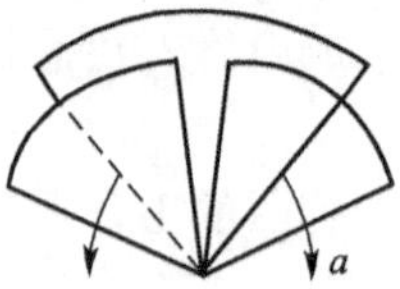
		圆柱形 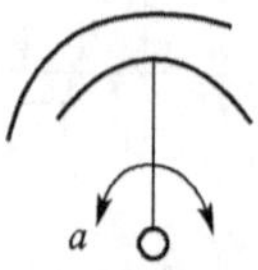	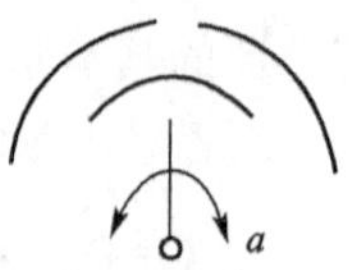

续表

基本类型		单片型	
		单组式	差动式
变介电常数(ε)型	线位移	平板形	
		圆柱形	

1) 变极距型电容传感器

由式(3-23)可知,当电容式传感器极板间距 δ 因被测量变化而变化 $\Delta\delta$ 时,电容变化量 ΔC 为:

$$\Delta C=\frac{\xi S}{\delta-\Delta\delta}-\frac{\xi S}{\delta}=\frac{\xi S}{\delta}\frac{\Delta\delta}{\delta-\Delta\delta}=C_0\frac{\Delta\delta}{\delta-\Delta\delta} \tag{3-24}$$

式中:C_0 为极距为 δ 时的初始电容量。

该类型电容式传感器存在着原理非线性,因此实际中常常做成差动式来改善其非线性。

2) 变面积型电容传感器

在变面积型电容传感器中,平板形结构对极距变化特别敏感,测量精度受到影响;而圆柱形结构受极板径向变化的影响很小,成为实际中最常采用的结构,其中线位移单组式的电容量 C 在忽略边缘效应时为:

$$C=\frac{2\pi\xi l}{\ln(r_2/r_1)} \tag{3-25}$$

式中:l 为外圆筒与内圆柱覆盖部分的长度;r_2、r_1 为外圆筒内半径和内圆柱外半径。

当两圆筒相对移动 Δl 时,电容变化量 ΔC 为:

$$\Delta C=\frac{2\pi\xi l}{\ln(r_2/r_1)}-\frac{2\pi\xi(l-\Delta l)}{\ln(r_2/r_1)}=\frac{2\pi\xi\Delta l}{\ln(r_2/r_1)}=C_0\frac{\Delta l}{l} \tag{3-26}$$

这类传感器具有良好的线性。

3) 变介电常数型电容传感器

变介电常数型电容传感器大多用来测量电介质的厚度、液位,如图 3.9、图 3.10 所示,还可根据极间介质的介电常数随温度、湿度改变而改变来测量介质材料的温度、湿度等。若忽略边缘效应,表 3-1 中单组式平板形线位移传感器和图 3.9 与图 3.10 中所示传感器的电容量与被测量的关系分别为:

图 3.9 厚度传感器

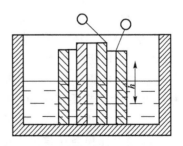

图 3.10 液位传感器

$$C = \frac{bl_x}{(\delta - \delta_x)/\xi_0 + \delta_x/\xi} + \frac{b(a - l_x)}{\delta/\xi_0} \quad (3-27)$$

$$C = \frac{ab}{(\delta - \delta_x)/\xi_0 + \delta_x/\xi} \quad (3-28)$$

$$C = \frac{2\pi\xi_0 h}{\ln(r_2/r_1)} + \frac{2\pi(\xi - \xi_0)h_x}{\ln(r_2/r_1)} \quad (3-29)$$

式中：δ、h 为两固定极板间的距离、极筒重合部分的高度；δ_x、h_x、ξ 为被测物的厚度、被测液面的高度和它的介电常数；a、b、l_x 为固定极板长度和宽度及被测物进入两极板间的长度；r_1、r_2 为内极筒外半径和外极筒内半径；ξ_0 为空气的介电常数。

应注意，电极之间的被测介质导电时，电极表面应涂盖绝缘层（如 0.11mm 厚的聚四氟乙烯等）以防止电极间短路。

电容式传感器与电阻式、电感式等传感器相比有如下一些优点。

(1) 温度稳定性好。

电容式传感器的电容值一般与电极材料无关，有利于选择温度系数低的材料，又因本身发热极小，故温度稳定性好。

(2) 结构简单，适应性强。

电容式传感器结构简单，易于制造，易于保证高的精度，可以做得非常小巧，以实现某些特殊的测量。电容式传感器一般用金属作电极，以无机材料（如玻璃、石英、陶瓷等）作绝缘支承，因此它能工作在高温、低温、强辐射及强磁场等恶劣的环境中，可以承受很大的温度变化，承受高压力、高冲击、过载等。此外，它能测超高压和低压差，也能对带磁工件进行测量。

(3) 动态响应好。

电容式传感器由于极板间的静电引力很小（约 10~50N），需要的作用能量极小，又由于它的可动部分可以做得很小、很薄，即质量很轻，因此其固有频率很高，动态响应时间短，能在几兆赫兹的频率下工作，特别适合动态测量；又由于其介质损耗小可以用较高频率供电，因此系统工作频率高。它可用于测量高速变化的参数，如测量振动、瞬时压力等。

(4) 可以实现非接触测量，具有平均效应。

如非接触测量回转轴的振动或偏心、小型滚珠轴承的径向间隙等。当采用非接触测量时，电容式传感器具有平均效应，可以减小工件表面粗糙度等对测量的影响。

电容式传感器除上述优点之外，还因带电极板间的静电引力极小，因此所需输入能量极小，所以特别适宜用来解决输入能量低的测量问题，如测量极低的压力、力和很小的加速度、位移等，可以做得很灵敏，分辨力非常高，能感受 $0.001\mu m$ 甚至更小的位移。

然而，电容式传感器存在如下不足之处。

(1) 输出阻抗高，负荷能力差。

电容式传感器的电容量受其电极几何尺寸等限制，一般为几十皮法到几百皮法。传感器的输出阻抗很高，尤其当采用音频范围内的交流电源时，输出阻抗高达 $10^8\Omega$。因此，传感器负荷能力差，易受外界干扰影响而产生不稳定现象，严重时甚至无法工作，必须采取屏蔽措施，从而给设计和使用带来不便。容抗大还要求传感器绝缘部分的电阻值极高（几十兆欧以上），否则绝缘部分将作为旁路电阻而影响传感器的性能（如灵敏度降低），为此还要特别注意周围环境如温湿度、清洁度等对绝缘性能的影响。高频供电虽然可降低传感器的输出阻抗，但放大、传输远比低频时复杂，且寄生电容影响加大，难以保证工作稳定。

（2）寄生电容影响大。

电容式传感器的初始电容量很小，而传感器的引线电缆电容（1～2m 导线可达 800pF）、测量电路的杂散电容以及传感器极板与其周围导体构成的电容等寄生电容却较大，这一方面降低了传感器的灵敏度；另一方面这些电容（如电缆电容等）常常是随机变化的，将使传感器工作不稳定，影响测量精度，其变化量甚至超过被测量引起的电容变化量，致使传感器无法工作。因此，对电缆的选择、安装、接法都要有要求。

上述不足直接导致电容式传感器测量电路复杂的缺点，但随着材料、工艺、电子技术，特别是集成电路的高速发展，电容式传感器的优点得到发扬而缺点不断得到克服，成为一种大有发展前景的传感器。

3.4 磁电式传感器

磁电式传感器是通过磁电作用将被测量（如振动、位移、转速等）转换成电信号的一种传感器。磁电感应式传感器、霍尔式传感器和磁栅式传感器都是磁电式传感器，下面介绍前两种传感器。

3.4.1 磁电感应式传感器

磁电感应式传感器简称感应式传感器，也称为电动式传感器，是利用导体和磁场发生相对运动而在导体两端输出感应电动势的。它是一种机电能量变换型传感器，不需要供电电源，电路简单、性能稳定、输出阻抗小，又具有一定的频率响应范围（一般为 10～1000Hz），适用于振动、转速、扭矩等测量，但这种传感器的尺寸和重量都较大。

磁电感应式传感器是以电磁感应原理为基础的。根据法拉第电磁感应定律可知，N 匝线圈在磁场中运动切割磁力线或线圈所在磁场的磁通变化时，线圈中所产生的感应电动势 e 的大小取决于穿过线圈的磁通量的变化率，即：

$$e = -N \frac{d\phi}{dt} \tag{3-30}$$

根据这个原理，可将磁电感应式传感器分为恒定磁通式和变磁通式两类。

1. 恒定磁通式

如图 3.11 所示，恒定磁通磁电感应式传感器由永久磁铁（磁钢）4、线圈 3、金属骨架 1 和壳体 5 等组成。磁路系统产生恒定的直流磁场，磁路中的工作气隙是固定不变的，因而气隙中的磁通也是恒定不变的，它们的运动部件可以是线圈也可以是磁铁，因此又分为动圈式和动铁式两种结构类型。在动圈式（图 3.11（a））中，永久磁铁 4 与传感器壳体 5 固定，线圈 3 和金属骨架 1（合称线圈组件）用柔软弹簧 2 支承。在动铁式（图 3.11（b））中，线圈组件（包括件 3 和件 1）与壳体 5 固定，永久磁铁 4 用柔软弹簧 2 支承。两者的阻尼都是由金属骨架 1 和磁场发生相对运动而产生的电磁阻尼，这里动圈、动铁都是相对于传感

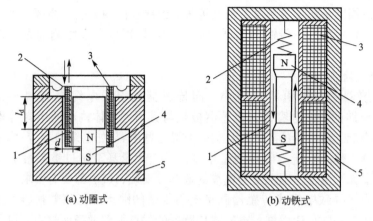

图 3.11 恒定磁通磁电感应式传感器结构
1—金属骨架　2—弹簧　3—线圈　4—永久磁铁　5—壳体

器壳体而言的。动圈式和动铁式的工作原理是完全相同的,当壳体 5 随被测振动体一起振动时,由于弹簧 2 较软,运动部件质量相对较大,因此振动频率足够高(远高于传感器的固有频率)时,运动部件的惯性很大,来不及跟随振动体一起振动,近于静止不动,振动能量几乎全被弹簧 2 吸收,永久磁铁 4 与线圈 3 之间的相对运动速度接近于振动体的振动速度。磁铁 4 与线圈 3 相对运动使线圈 3 切割磁力线,产生与运动速度成正比的感应电动势 e 为:

$$e = -BlN_0v \tag{3-31}$$

式中:B 为工作气隙磁感应强度;N_0 为线圈处于工作气隙磁场中的匝数,称为工作匝数;l 为每匝线圈的平均长度。

由式(3-31)可知,当传感器结构参数确定后,B、l、N_0 均为定值,因此感应电动势 e 与线圈相对磁场的运动速度 v 成正比。

由理论推导可得,当振动频率低于传感器的固有频率时,这种传感器的灵敏度(e/v)是随振动频率而变化的;当振动频率远大于固有频率时,传感器的灵敏度基本上不随振动而变化,而近似为常数;当振动频率更高时,线圈阻抗增大,传感器灵敏度随振动频率增加而降低。

不同结构的恒定磁通磁电感应式传感器的频率响应特性是有差异的,但一般频响范围为几十赫兹至几百赫兹,低的为 10Hz 左右,高的可达 2kHz。

2. 变磁通式

变磁通式传感器又称为变磁阻磁电感应式传感器或变气隙磁电感应式传感器,常用来测量旋转物体的角速度,它们的结构原理如图 3.12 所示。

图 3.12(a)为开磁路变磁通式,线圈 3 和磁铁 5 静止不动,测量齿轮 2(导磁材料制成)安装在被测旋转体 1 上,随之一起转动,每转过一个齿,它与软铁 4 之间构成的磁路磁阻变化一次,磁通也就变化一次,线圈 3 中产生的感应电动势的变化频率等于测量齿轮 2 上齿轮的齿数和转速的乘积。这种传感器结构简单,但需在被测对象上加装齿轮,使用不方便,且因高速轴上加装齿轮会带来不平衡而不宜测高转速。

图 3.12(b)为闭磁路变磁通式,被测旋转体 1 带动椭圆形测量齿轮 2 在磁场气隙中等

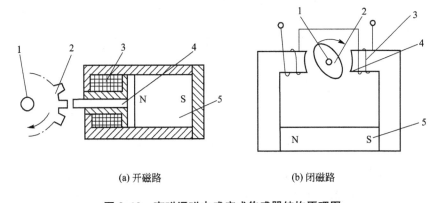

(a) 开磁路　　　　　　　　　　(b) 闭磁路

图 3.12　变磁通磁电感应式传感器结构原理图
1—被测旋转体　2—测量齿轮　3—线圈　4—软铁　5—永久磁铁

速转动,使气隙平均长度周期性地变化,因而磁路磁阻也周期性地变化,磁通同样周期性地变化,则在线圈 3 中产生感应电动势,其频率 f 与测量齿轮 2 的转速 n(rpm)成正比,即 $f=n/30$。在这种结构中,也可以用齿轮代替椭圆形测量齿轮 2,软铁(极掌)4 制成内齿轮形式,这时输出信号频率为 $f=nz/60$,其中 z 为测量齿轮的齿数。

变磁通式传感器对环境条件要求不高,能在 $-150\sim+90$℃的温度下工作,不影响测量精度,也能在油、水雾、灰尘等条件下工作,但它的工作频率下限较高,约为 50Hz,上限可达 100kHz。

由上述工作原理可知,磁电感应式传感器只适用于动态测量振动物体的速度或旋转体的角速度。如果在其测量电路中接入积分电路或微分电路,那么还可以用来测量位移或加速度。

3.4.2　霍尔式传感器

霍尔式传感器是基于霍尔效应原理而将被测量,如电流、磁场、位移、压力、压差、转速等转换成电动势输出的一种传感器,虽然它的转换率较低、温度影响大,要求转换精度较高时必须进行温度补偿,但霍尔式传感器结构简单、体积小、坚固、频率响应宽(从直流到微波)、动态范围(输出电动势的变化)大、无触点、使用寿命长、可靠性高、易于微型化和集成电路化,因此在测量技术、自动化技术和信息处理等方面得到了广泛的应用。

1. 霍尔效应

金属或半导体薄片置于磁场中,当有电流流过时,在垂直于电流和磁场的方向上将产生电动势,这种物理现象称为霍尔效应。

假设薄片为 N 型半导体,磁感应强度为 B 的磁场方向垂直于薄片,如图 3.13 所示,在薄片左右两端通以电流(称为控制电流),那么半导体中的载流子(电子)将沿着与电流 I 相反的方向运动。由于外磁场 B 的作用,使电子受到磁场力 F_L(洛仑兹力)而发生偏转,结果在半导体的后端面上电子有所积累而带负电,前端面则因缺少电子而带正电,在前后端面间形成电场。该电场产生的电场力 F_H 阻止电子继续偏转。当 F_H 与 F_L 相等时,电子积累达到动态平衡,这时在半导体前后两端面之间(即垂直于电流和磁场的方向)建立电场,称为霍尔电场 E_H,相应的电动势就称为霍尔电动势 U_H。

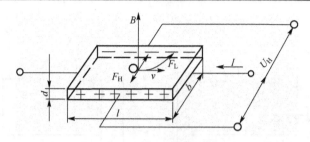

图 3.13 霍尔效应原理图

若电子都以相同的速度按图 3.13 所示方向运动,那么在 B 的作用下所受的力 $F_L = evB$,其中 e 为电子电荷量,$e=1.602\times10^{-19}$,同时,电场 E_H 作用于电子的力 $F_H = -eE_H$,式中的负号表示力的方向与电场的方向相反。

设薄片长、宽、厚分别为 l、b、d,则 $F_H = -eU_H/b$。当电子积累达到动态平衡时,$F_L + F_H = 0$,即 $vB = U_H/b$;而电流密度 $j = -nev$,n 为 N 型半导体中的电子浓度,即单位体积中的电子数,负号表示电子运动速度的方向与电流的方向相反。因此,$I = jbd = -nevbd$,即 $v = -I/(nebd)$。将 v 代入上述力平衡式,则得:

$$U_H = -\frac{IB}{ned} = R_H \frac{IB}{d} = k_H IB \qquad (3-32)$$

式中:R_H 为霍尔系数,$R_H = -1/(ne)$,由载流材料物理性质所决定;k_H 为灵敏度系数,$k_H = R_H/d$,它与载流材料的物理性质和几何尺寸有关,表示在单位磁感应强度和单位控制电流时的霍尔电动势的大小。

如果磁场和薄片法线有 α 角,那么:

$$U_H = k_H IB\cos\alpha \qquad (3-33)$$

具有上述霍尔效应的元件称为霍尔元件。霍尔式传感器就是由霍尔元件所组成的。金属材料中自由电子浓度 n 很高,因此 R_H 很小,使输出 U_H 极小,不宜作霍尔元件。如果是 P 型半导体,载流子是空穴,若空穴浓度为 p,同理可得 $U_H = IB/(ped)$。因 $R_H = \rho\mu$(其中 ρ 为材料电阻率;μ 为载流子迁移率,$\mu = v/E$,即单位电场强度作用下载流子的平均速度),一般电子迁移率大于空穴迁移率,故霍尔元件多用 N 型半导体材料。霍尔元件越薄(即 d 越小),k_H 就越大,因此通常霍尔元件都较薄,薄膜霍尔元件厚度只有 $1\mu m$。

2. 霍尔元件

霍尔元件的外形如图 3.14(a)所示,它是由霍尔片、4 根引线和壳体组成的,如图 3.14(b)所示。霍尔片是一块矩形半导体单晶薄片(一般为 4mm×2mm×0.1mm),在它的长度方向两端面上焊有 a、b 两根引线,称为控制电流端引线,通常用红色导线,其焊接

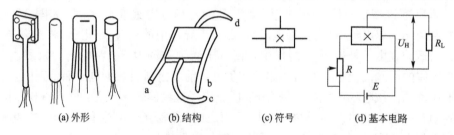

(a) 外形　　(b) 结构　　(c) 符号　　(d) 基本电路

图 3.14 霍尔元件

处称为控制电流极(或称激励电极),要求焊接处接触电阻很小,并呈纯电阻,即欧姆接触(无 PN 结特性)。在薄片的另两侧端面的中间以点的形式对称地焊有 c、d 两根霍尔输出引线,通常用绿色导线;其焊接处称为霍尔电极,要求欧姆接触,且电极宽度与基片长度之比要小于 0.1,否则影响输出。霍尔元件的壳体是用非导磁金属、陶瓷或环氧树脂封装的。

目前最常用的霍尔元件材料是锗(Ge)、硅(Si)、锑化铟(InSb)、砷化铟(InAs)和不同比例亚砷酸铟和磷酸铟组成的 In(As_yP_{1-y})型固熔体(其中 y 表示百分比)等半导体材料。其中 N 型锗容易加工制造,其霍尔系数、温度性能和线性度都较好;P 型硅的线性度最好,其霍尔系数、温度性能同 N 型锗,但其电子迁移率比较低,带负荷能力较差,通常不用作单个霍尔元件。锑化铟对温度最敏感,尤其在低温范围内温度系数大,但在室温时其霍尔系数较大;砷化铟的霍尔系数较小,温度系数也较小,输出特性线性度好。In(As_yP_{1-y})型固熔体的热稳定性最好。图 3.14(c)为霍尔元件符号,图 3.14(d)是它的基本电路。

3.5 压电式传感器

压电式传感器的工作原理是以某些物质的压电效应为基础的,它是一种发电式传感器。

压电效应是可逆的,因此,压电式传感器是一种典型的"双向传感器"。

由于压电转换元件具有自发电和可逆两种重要性能,加上它具有体积小、重量轻、结构简单、工作可靠、固有频率高、灵敏度和信噪比高等优点,因此,30 多年来压电式传感器的应用获得了飞跃的发展。

压电转换元件的主要缺点是无静态输出,阻抗高,需要低电容的低噪声电缆,很多压电材料的工作温度只有 250℃。

1. 压电效应

当沿着一定方向对某些电介质加力而使其变形时,在一定表面上产生电荷,当外力去掉后,又重新回到不带电状态,此即称为正压电效应。当在电介质的极化方向施加电场时,这些电介质就在一定方向上产生机械变形或机械压力;当外加电场撤去时,这些变形或应力也随之消失,此即称为逆压电效应。

压电方程是关于压电体中电位移、电场强度、应力和应变张量之间关系的方程组,常表现为:当压电元件受到外力 F 作用时,在相应的表面产生表面电荷 Q,如图 3.15 所示。其关系式为:

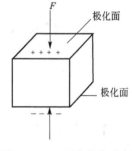

图 3.15 正压电效应示意图

$$Q = dF \tag{3-34}$$

式中:d 为压电系数,它是描述压电效应的物理量,对方向一定的作用力和一定的产生电荷的表面是一个常数。

2. 压电传感器的应用

由于压电传感器具有体积小、重量轻、信噪比高、工作可靠、通频带宽、精度高等优点,因此它在汽车及各工程领域得到了广泛的应用。尤其是它极小的体积和重量以及大的通频带宽,使之成为测量振动加速的首选传感器。汽车振动及发动机爆振的测量,几乎无一例外地都采用压电式传感器。图3.16是3种不同结构的压电晶体式振动加速度传感器。

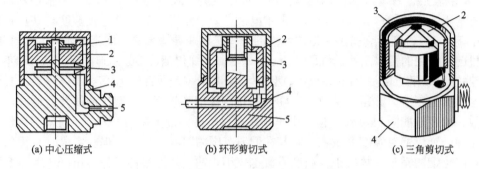

(a) 中心压缩式　　　　(b) 环形剪切式　　　　(c) 三角剪切式

图 3.16　压电晶体式振动加速度传感器

1—弹簧　2—质量块　3—压电晶体　4—基座　5—导线

3.6　热电式传感器

3.6.1　热电偶传感器

[KH-1] 将两种不同性质的导体A、B串接成一个闭合回路,如图3.17所示,如果两接合点处的温度不同($T_0 \neq T$),则在两导体间产生热电动势,并在回路中有一定大小的电流,这种现象称为热电效应。在此闭合回路中两种导体叫热电极;两个节点中,一个称工作端或热端(T),另一个叫参比端或冷端(T_0)。由这两种导体的组合并将温度转换成热电动势的传感器叫做热电偶。

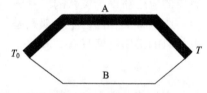

图 3.17　热电效应

热电动势是由两种导体的接触电动势和单一导体的温差电动势所组成的。热电动势的大小与两种导体材料的性质及节点温度有关。

(1) 接触电动势。

由于不同的金属材料所具有的自由电子密度不同,当两种不同的金属导体接触时,在接触面上就会发生电子扩散。电子的扩散速率与两导体的电子密度有关并和接触区的温度成正比。设导体A和B的自由电子密度为N_A和N_B,且有$N_A > N_B$,电子扩散的结果使导体A失去电子而带正电,导体B则因获得热电子而带负电,在接触面形成电场。这个电场阻碍了电子继续扩散,达到动态平衡时,在接触区形成一个稳定的电位差,即接触电动势,其大小可表示为:

$$e_{AB}(T) = \frac{kT}{e} \ln \frac{N_A}{N_B} \quad (3-35)$$

式中:$e_{AB}(T)$为导体A、B的节点在温度T时形成的接触电动势;e为电子电荷,$e=1.6 \times 10^{-19}$C;k为玻尔兹曼常数,$k=1.38 \times 10^{-23}$J/K;N_A、N_B为导体A、B的自由电子密度。

(2) 同一导体中的温差电动势。

对于单一导体,如果两端温度不同,在两端间会产生电动势,即单一导体的温差电动势,这是由于导体内自由电子在高温端具有较大的动能,因而向低温端扩散的结果。高温端因失去电子而带正电,低温端由于获得电子而带负电,在高、低温端之间形成一个电位差。温差电动势的大小与导体的性质和两端的温差有关,可表示为:

$$e_A(T, T_0) = \int_{T_0}^{T} \sigma_A dT \quad (3-36)$$

式中:$e_A(T, T_0)$ 为导体 A 两端温度为 T、T_0 时形成的温差电动势;T、T_0 为高、低温端的绝对温度;σ_A 为汤姆逊系数,表示导体 A 两端的温度差为 1℃时所产生的温差电动势,例如在 0℃时,铜的 $\sigma = 2\mu V/℃$。

对于图 3.18 中导体 A、B 组成的热电偶回路,当 $T > T_0$ 时,回路总的热电动势可表示为:

$$E_{AB}(T, T_0) = e_{AB}(T) - e_{AB}(T_0) - e_A(T, T_0) + e_B(T, T_0)$$
$$= \frac{kT}{e} \ln \frac{N_{AT}}{N_{BT}} - \frac{kT_0}{e} \ln \frac{N_{AT0}}{N_{BT0}} + \int_{T_0}^{T} (-\sigma_A + \sigma_B) dT \quad (3-37)$$

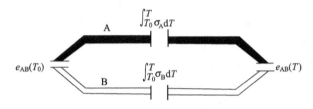

图 3.18 闭合回路温差电动势

式中:N_{AT}、N_{AT0} 为导体 A 在节点温度为 T 和 T_0 时的电子密度;N_{BT}、N_{BT0} 为导体 B 在节点温度为 T 和 T_0 时的电子密度;σ_A、σ_B 为导体 A 和 B 的汤姆逊系数。

由此可得出有关热电偶回路的几点结论。

(1) 如果构成热电偶的两个热电极为材料相同的均质导体,即 $\sigma_A = \sigma_B$、$N_A = N_B$,则无论两节点温度如何,热电偶回路内的总热电动势为零。因此,热电偶必须采用两种不同的材料作为热电极。

(2) 如果热电偶两节点温度相等,即 $T = T_0$,则尽管导体 A、B 的材料不同,热电偶回路内的总电动势亦为零。

(3) 热电偶 A、B 的热电动势与 A、B 材料的中间温度无关,只与节点温度有关。

3.6.2 热电阻传感器

1. 概述

热电阻传感器是利用导体的电阻随温度变化的特性,对温度和温度有关的参数进行检测的装置。实践证明,大多数电阻在温度升高 1℃时电阻值将增加 0.4%~0.6%。热电阻传感器的主要优点是:①测量精度高;②有较大的测量范围,尤其在低温方面;③易于使用在自动测量和远距离测量中。热电阻传感器之所以有较高的测量精度,主要是因为一些材料的电阻温度特性稳定,复现性好;其次,与热电偶相比,它没有参比端误差问题。

热电阻传感器一般常用于 -200~500℃ 的温度测量,随着技术的发展,热电阻传感器的测温范围也在不断地扩展,低温方面已成功应用于 1~3K 的温度测量中,高温方面也出现了多种用于 1000~1300℃ 的热电阻传感器。

2. 热电阻材料和常用热电阻

作为测量温度用的热电阻材料必须具有以下特点：①高且稳定的温度系数和大的电阻率，以便提高灵敏度和保证测量精度；②良好的输出特性，即电阻温度的变化接近于线性关系；③在使用范围内，其化学、物理性能应保持稳定；④良好的工艺性，以便于批量生产、降低成本。

根据上述要求，纯金属是制造热电阻的主要材料。目前，广泛应用的热电阻材料有铂、铜、镍、铁等，这些材料的电阻率与温度的关系一般都可近似用一个二次方程描述，即：

$$\rho = a + bt + ct^2 \tag{3-38}$$

式中：ρ 为电阻率；t 为温度；a、b、c 为由试验确定的常量。

3.6.3 热敏电阻传感器

1. 热敏电阻的特点

热敏电阻是用半导体材料制成的热敏器件，相对于一般的金属热电阻而言，它主要有如下特点：①电阻温度系数大，灵敏度高，比一般金属电阻大 10~100 倍；②结构简单，体积小，可以测量节点温度；③电阻率高，热惯性小，适宜动态测量；④阻值与温度变化呈非线性关系；⑤稳定性和互换性较差。

大部分半导体热敏电阻是由各种氧化物按一定比例混合，经高温烧结而成的。多数热敏电阻具有负的温度系数，即当温度升高时，其电阻值下降，同时灵敏度也下降，由于这个原因，限制了它在高温下的使用。目前热敏电阻的使用上限温度约为 300℃。

2. 热敏电阻的结构与材料

热敏电阻主要由热敏探头、引线、壳体构成，如图 3.19 所示。热敏电阻一般做成二端器件，但也有构成三端或四端的。二端和三端器件为直热式，即直接由电路中获得功率；四端器件则是旁热式的。根据不同的要求，可以把热电阻做成不同的形状结构，其典型结构如图 3.20 所示。

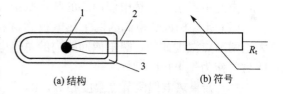

图 3.19　热敏电阻的结构及符号
1—热敏探头　2—引线　3—壳体

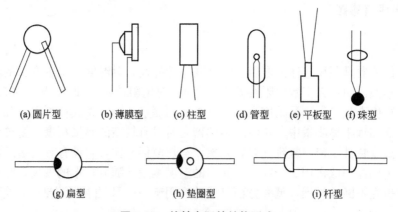

图 3.20　热敏电阻的结构形式

3. 负温度系数热敏电阻的特性

图 3.21 为负温度系数热敏电阻的电阻-温度特性曲线，可用如下经验公式描述：

$$R_T = A(T-1)\exp\left(\frac{B}{T}\right) \quad (3-39)$$

式中：R_T 为温度为 T 时的电阻值；A 为与材料和几何尺寸有关的常数；B 为热敏电阻常数。

若已知 T_1 和 T_2 时的电阻为 R_{T1} 和 R_{T2}，则可通过公式求取 A、B 的值，即：

$$A = R_{T1}\exp\left(\frac{B}{T}\right) \quad (3-40)$$

$$B = \frac{R_{T1}R_{T2}}{R_{T1}-R_{T2}}\ln\frac{R_{T1}}{R_{T2}} \quad (3-41)$$

如图 3.22 所示为热敏电阻的伏安特性曲线。由图 3.22 可见，当流过热敏电阻的电流较小时，曲线呈直线状，服从欧姆定律；当电流增加时，热敏电阻自身温度明显增加，由于负温度系数的关系，阻值下降，电压上升速度减慢，出现了非线性；当电流继续增加时，热敏电阻自身温度上升更快，阻值大幅度下降，于是出现了电压随电流增长而下降的现象。

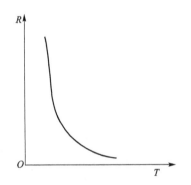

图 3.21 热敏电阻的电阻-温度特性曲线　　图 3.22 热敏电阻的伏安特性

热敏电阻的应用很广泛，如在家用电器、汽车、测量仪器、农业等方面。

小　　结

传感器是测试系统的信号转换器件，直接影响测试的基本性能。本章主要介绍了电阻式、电容式、电感式、磁电式、压电式、热电式等传感器的结构类型、工作原理及其应用范围。

电阻式传感器是汽车上最常见的传感器，可以测量力、压力、位移、应变、加速度、温度等参数，主要有应变式和滑变电阻式两种类型。电感式传感器利用线圈自感或互感的变化实现测量，输出功率大、输出阻抗小、抗干扰能力强。电容式传感器结构型式较多，可以测量压力、位移、加速度、液位、成分含量等。磁电式传感器通过磁电作用工作，主要的类型有磁感应式传感器、霍尔式传感器和磁栅式传感器。压电式传感器根据压电效应的原理制作而成，是一种典型的双向传感器。热电式传感器有热电偶式和热敏电阻式两种型式，在汽车上的使用非常普遍。

习　题

3-1　试述电阻式传感器的种类、特点和应用场合。
3-2　为什么电容式传感器多做成差动式的？试述电容式传感器的优点和应用。
3-3　什么是压电效应？试述压电传感器的类型及其各自的特点。
3-4　试述热电偶与热敏电阻各自的优缺点及其使用中应注意的问题。

第 4 章　信号的中间变换与传输

教学提示：被测物理量经过传感器变换后转换为电参数或电量，为了最后驱动显示仪表、记录器、控制器或输入电子计算机进行数据处理，往往需要进行中间变换与传输。本章讨论测量中常用的中间变换环节，如电桥、调制、放大、解调、滤波以及传输电路等。

教学要求：掌握直流电桥的工作原理、分类和电桥的加减法特性。掌握滤波器的分类和应用范围。了解信号放大器的阻抗匹配原理。

4.1　电　　桥

电桥是将电阻、电容及电感等参数的变化转换为电压或电流输出的一种测量电路，其输出既可用指示仪表直接测量，也可以送入放大器进行放大。

由于电阻电桥电路较简单，并具有较高精确度和灵敏度，因此在测量装置中被广泛地采用。按照接入电桥的激励电压(或称供桥电压)性质，可分为直流电桥与交流电桥；按照输出测量方式，可分为不平衡桥式电路(又称为偏位法测量)与平衡桥式电路(又称零位法测量)。

4.1.1　直流电桥

1. 平衡条件

图 4.1 是直流电桥的基本形式。以纯电阻 R_1、R_2、R_3 和 R_4 作为 4 个桥臂，在 a、c 两端接入直流电源 U_0，在 b、d 两端输出电压 U_{bd}。

当电桥输出端接上输入阻抗较大的仪表或放大器时，可视为开路，电流输出为零，此时根据欧姆定律，桥路 a、b 之间与 a、d 之间的电位差分别为：

$$U_{ab}=I_1 R_1=\frac{R_1}{R_1+R_2}U_0 \qquad (4-1)$$

$$U_{ad}=I_2 R_4=\frac{R_4}{R_3+R_4}U_0 \qquad (4-2)$$

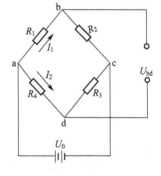

图 4.1　直流电桥

输出电压为：

$$U_{bd}=U_{ab}-U_{ad}=\left(\frac{R_1}{R_1+R_2}-\frac{R_4}{R_3+R_4}\right)U_0=\frac{R_1 R_3-R_2 R_4}{(R_1+R_2)(R_3+R_4)}U_0 \qquad (4-3)$$

当 $U_{bd}=0$ 时，电桥平衡。显然，当

$$\frac{R_2}{R_1}=\frac{R_3}{R_4} \qquad (4-4)$$

或

$$R_1R_3 - R_2R_4 = 0 \quad (4-5)$$

时,电桥平衡,这种状态叫初始平衡状态,而式(4-4)叫做直流电桥初始平衡条件。如果电桥4个臂的电阻值相等($R_1=R_2=R_3=R_4$),则初始平衡条件当然得到满足。

2. 电桥灵敏度 S

在机械测试技术中,一般根据参与电阻值变化的桥臂数目,电桥可分为半桥接法和全桥接法,如图4.2所示。

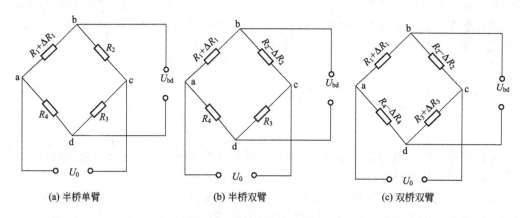

图 4.2 直流电桥的连接方式

图4.2(a)是半桥单臂连接,工作中只有一个桥臂阻值随被测量而变化,ΔR_1 为电阻 R_1 随被测物理量变化而产生的电阻增量。根据式(4-3),此时输出电压为:

$$U_{bd} = \left(\frac{R_1+\Delta R_1}{R_1+\Delta R_1+R_2} - \frac{R_4}{R_3+R_4}\right)U_0 \quad (4-6)$$

为了简化桥路设计,往往取相邻两桥臂的电阻相等,即 $R_1=R_2=R_0$、$R_3=R_4=R_0'$,若 $R_0=R_0'$、$\Delta R_1=\Delta R$,则上式为:

$$U_{bd} = \frac{\Delta R}{4R_0+2\Delta R}U_0 \quad (4-7)$$

因为 $\Delta R \ll R_0$,所以:

$$U_{bd} \approx \frac{U_0}{4}\frac{\Delta R}{R_0} \quad (4-8)$$

由式(4-8)可知,电桥的输出电压 U_{bd} 与激励电压 U_0 成正比,当 $\Delta R \ll R_0$ 时,也与 $\Delta R/R_0$ 成正比。

电桥灵敏度 S 是单位电阻变化率所对应的输出电压值,即:

$$S = U_{bd}/(\Delta R/R_0) \quad (4-9)$$

对于上述单臂电桥的电桥灵敏度 $S=U_0/4$。

3. 电桥的加减特性

在实际测试中,电桥已预调平衡,输出电压只与桥臂电阻变化有关。若电桥的4个臂 R_1、R_2、R_3、R_4 所产生的电阻变化用 ΔR_1、ΔR_2、ΔR_3、ΔR_4 表示,则输出电压为:

$$U_{bd}=\frac{(R_1+\Delta R_1)(R_3+\Delta R_3)-(R_2+\Delta R_2)(R_4+\Delta R_4)}{(R_1+\Delta R_1+R_2+\Delta R_2)(R_3+\Delta R_3+R_4+\Delta R_4)}U_0 \quad (4-10)$$

若初始状态 $R_1=R_2=R_3=R_4=R_0$，由于 $\Delta R\ll R_0$ 和忽略 ΔR 的高次项，则上式可写为：

$$U_{bd}=\frac{U_0}{4}\left(\frac{\Delta R_1}{R_0}-\frac{\Delta R_2}{R_0}+\frac{\Delta R_3}{R_0}-\frac{\Delta R_4}{R_0}\right) \quad (4-11)$$

当各桥臂应变片的灵敏系数 K 相同时式(4-11)又可改写为：

$$U_{bd}=\frac{1}{4}KU_0(\varepsilon_1-\varepsilon_2+\varepsilon_3-\varepsilon_4) \quad (4-12)$$

式(4-11)或式(4-12)表明的输出电压是 4 项代数和，也就是说，电桥能把各桥臂电阻变化所引起的输出电压自动相加减后输出，这就是电桥加减特性关系式。下面讨论不同接桥方法的电桥特性及其对灵敏度的影响。

(1) 等臂电桥。它就是 4 个桥臂的初始电阻值 $R_1=R_2=R_3=R_4=R_0$ 的电桥。电桥可以有单臂、双臂及四臂接入工作应变片的工作方式。不同工作方式下的电桥输出可由式(4-12)计算，如图 4.3 所示。

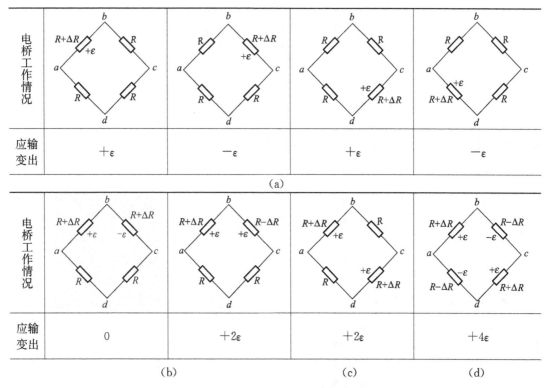

图 4.3 电桥在几种典型情况下的输出

单臂为工作应变片，该应变片产生 ε 应变时，电桥输出值为：

$$U_{bd}=\frac{KU_0}{4}\varepsilon \quad (4-13)$$

其正、负号则随应变片按入不同的桥臂而变，如图 4.3(a)所示。单臂电桥的灵敏度 $S=U_0/4$。

相邻两臂为工作应变片，是一种典型的半桥双臂接法，如图 4.3(b)所示，若两臂应变数值相同，当应变同符号时，输出电压自动相减，为 $U_{bd}=0$；当应变异号时，输出电压自动相加，为 $U_{bd}=KU_0\varepsilon/2$，电桥灵敏度 $S=U_0/2$。

相对臂为工作应变片，如图 4.3(c)所示。若两相对臂应变数值相同，应变同号时，输出电压为 $U_{bd}=KU_0\varepsilon/2$；应变异号时，$U_{bd}=0$。

四臂都为工作应变片，这是全桥接法，如图 4.3(d)所示。若四臂应变值相同，相邻臂应变异号时，各臂引起的输出电压自动相加，则得，$U_{bd}=KU_0\varepsilon$、$S=U_0$。

通过上述电桥特性的分析，不难得到这样的结论：电桥接法不同，电桥的灵敏度就不同。半桥双臂接法，相邻电阻有相反的阻值变化时，其电桥灵敏度高于半桥单臂接法；而全桥接法，当相对臂电阻同向变化，相邻臂阻值变化相反，则可获得最大的输出。

(2) 串、并联应变片的不等臂电桥。若某桥臂，如 R_1 为 n 个 R_0 产生同样应变的应变片串联连接，每个应变片产生阻值变化为 ΔR，则：

$$R_1=n(R_0+\Delta R)=nR_0+n\Delta R \quad (4-14)$$

令 $R_2=nR_0$、$R_3=R_4=R_0$ 组成单臂为工作应变片的不等臂电桥，其输出电压，根据式(4-3)有：

$$U_{bd}=\frac{(nR_0+n\Delta R)R_0-nR_0R_0}{(nR_0+n\Delta R+nR_0)(R_0+R_0)}U_0\approx\frac{n\Delta R}{4nR_0}U_0=\frac{U_0}{4}\frac{\Delta R}{R_0}=\frac{KU_0}{4}\varepsilon \quad (4-15)$$

式(4-15)与式(4-13)相同，可见并没有因为多串联工作应变片而提高电桥的输出电压。但是由于串联应变片，该桥臂电阻值增大，使得流过工作应变片的电流减小了，发热状况大为改善，并且有测均值的效果。

同样可证明，多片工作应变片并联于桥臂上也不会改善电桥灵敏度，但因为并联，每片应变片流过的电流也未减小，所以并联法一般不采用。

4. 电桥特性的应用

测量电桥可以根据电桥特性组成多种形式，如果选用恰当，不但能提高电桥灵敏度和达到温度补偿的效果，而且还能从复合受力中排除应变的相互干扰，只测出某一要求测取的外力。

(1) 利用电桥加减特性对电阻应变片进行温度补偿。通常采用温度自补偿应变片或采用电路补偿法(补偿片法)进行温度补偿。后者是把两个同样的应变片，一片粘贴在试件上，另一片贴在与试件同材料、同温度条件但不受力的补偿件上作为补偿片。根据电桥的加减特性将这两片应变片接入相邻桥臂上，由于温度的变化，工作片和补偿片上相同的虚假应变产生的电阻变化，在桥路中自动抵消，对电桥输出没有影响，因此达到了温度补偿的作用。贴在试件上的两片应变片当具有相反的应变而接在相邻臂上时，亦能起到温度补偿的作用，并且还能测出真实的应变。

(2) 根据试件载荷分布情况或复合载荷的特点及利用电桥特性进行适当的布片和接桥，可准确测出各种载荷。表 4-1 列举了在各种载荷下单独测取一种载荷(或应变)的布片、接桥方法和电桥灵敏度(表中给出了电桥输出在仪器中的应变读数 ε' 与被测应变 ε 的关系。ε'/ε 称为桥臂系数，可相对表示电桥的灵敏度)。

表 4-1 各种受力状态下的布片、接桥方法图例

受力形式	单独测取载荷	应变片贴片位置	电桥接法	仪器读数 ε' 与被测量应变 ε 的关系
拉(压)	拉(压)			$\varepsilon = \varepsilon'$ $\varepsilon = \dfrac{\varepsilon'}{1+\mu}$
弯曲	弯曲			$\varepsilon = \varepsilon'/2$ $\varepsilon = \varepsilon'/4$
拉(压)弯	拉(压)			$\varepsilon = \varepsilon'$
拉(压)弯	弯			$\varepsilon = \varepsilon'/2$
扭	扭			$\varepsilon = \varepsilon'/2$
扭拉(压)	扭			$\varepsilon = \varepsilon'/2$
扭拉(压)	拉(压)			$\varepsilon = \varepsilon'$
扭弯	扭			$\varepsilon = \varepsilon'/4$

5. 零位测量法(零位法)

这是一种采用平衡电桥进行测量的方法。上述电桥都是在失去平衡时有电压输出,即在不平衡条件下工作(当然,在测量之前必须使电桥处于平衡状态,即需要预调平衡),其缺点是当电源电压不稳定或者环境温度变化时,都会引起电桥输出的变化,产生测量误差,因此,在某些情况下采用平衡电桥。如图 4.4 所示,当被测量等于零时,电桥处于平衡状态,此时可调电位器 H 和检流计 P 指零。当某一桥臂电阻值随被测量变化时,电桥失去平衡,调节可调电位器 H,改变电阻 R 触点位置,使电桥重新平衡,检流计 P 指针回零。电位器上的标度与桥臂电阻的变化成比例,故 H 的指示值可以直接表达被测物理量的数值。这种桥路的特点是在读数时检流计 P 始终指零,因此又称零位法。

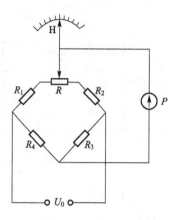

图 4.4 平衡电桥

由于读数时电桥平衡,输出为零,因此测量误差仅决定于可调电位器标度的精确度,而与电桥电源电压无关。

一般静态应变仪往往采用这种平衡电桥,以手动实现平衡或电桥自动平衡。

直流电桥的优点是:所需高稳定度的直流电源较易获得,电桥输出是直流,可以使用直流仪表测量;对从传感器至测量仪表之间的连接导线要求较低;电桥的平衡电路简单。其缺点是直流放大器比较复杂,易受零漂和接地电位的影响,因此目前还是广泛采用交流电桥。

4.1.2 交流电桥

交流电桥的激励电压 u 采用交流电压,电桥的 4 个臂可为电感、电容或电阻,因此,除了有电阻外还包含有电抗。如果以复数阻抗 Z 代替电阻 R,且电流和电压都用复数代替,则关于直流电桥的平衡关系式在交流电桥中也可适用,即电桥达到平衡时必须满足:

$$Z_1 Z_3 = Z_2 Z_4 \quad (4-16)$$

把各阻抗用指数式表示为:

$$\left.\begin{array}{l} Z_1 = Z_{01} e^{j\varphi_1} \\ Z_2 = Z_{02} e^{j\varphi_2} \\ Z_3 = Z_{03} e^{j\varphi_3} \\ Z_4 = Z_{04} e^{j\varphi_4} \end{array}\right\} \quad (4-17)$$

代入式(4-16)得:

$$Z_{01} Z_{03} e^{j(\varphi_1+\varphi_3)} = Z_{02} Z_{04} e^{j(\varphi_2+\varphi_4)} \quad (4-18)$$

若要此式成立必须满足下列两等式:

$$\left.\begin{array}{l} Z_{01} Z_{03} = Z_{02} Z_{04} \\ \varphi_1 + \varphi_3 = \varphi_2 + \varphi_4 \end{array}\right\} \quad (4-19)$$

式中:Z_{01}、Z_{02}、Z_{03}、Z_{04} 为各阻抗的模;φ_1、φ_2、φ_3、φ_4 为阻抗角,是各桥臂电流与电压之间的相位差。纯电阻时,电流与电压同相位,$\varphi=0$;在电感性阻抗时,电压超前电流,$\varphi>0$;在电容性阻抗时,电压滞后于电流,$\varphi<0$。

满足上述平衡条件，交流电桥各桥臂可有不同的组合。常用的电容、电感电桥，其相邻两臂接入纯电阻(如 $Z_{02}=R_2$、$Z_{03}=R_3$、$\varphi_2=\varphi_3=0$)，而另外两个桥臂接入相同性质的阻抗，如都是电容或都是电感，保持 $-\varphi_1=-\varphi_4$ 或 $\varphi_1=\varphi_4$。

图 4.5 是一种常用的电容电桥，相邻两桥臂为纯电阻 R_2、R_3，另两桥臂为电容 C_1、C_4。此时 R_1、R_4 可视为电容介质损耗的等效电阻。根据式(4-19)的平衡条件，可有：

$$\left(R_1+\frac{1}{j\omega C_1}\right)\cdot R_3=\left(R_4+\frac{1}{j\omega C_4}\right)\cdot R_2 \tag{4-20}$$

$$R_1R_3+\frac{R_3}{j\omega C_1}=R_2R_4+\frac{R_2}{j\omega C_4} \tag{4-21}$$

令上式的实数和虚数部分分别相等，则得下面两个平衡条件，即：

$$R_1R_3=R_2R_4 \tag{4-22}$$

$$\frac{R_3}{C_1}=\frac{R_2}{C_4} \tag{4-23}$$

由此可知，要使电桥达到平衡，必须调节电阻与电容两个参数，即调节电阻达到电阻平衡，同时调节电容达到电容平衡。

图 4.6 是一种常用的电感电桥，两相邻桥臂分别为纯电阻 R_2、R_3，另两臂为电感 L_1、L_4 和电阻 R_1、R_4。根据式(4-19)的电桥平衡条件，可有：

$$(R_1+j\omega L_1)R_3=(R_4+j\omega L_4)R_2 \tag{4-24}$$

$$R_1R_3+j\omega L_1R_3=R_2R_4+j\omega L_4R_2 \tag{4-25}$$

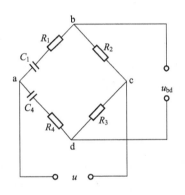

图 4.5 电容电桥

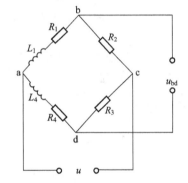

图 4.6 电感电桥

令实数与虚数部分分别相等，则得电感电桥的电阻平衡与电感平衡条件为：

$$R_1R_3=R_2R_4$$
$$L_1R_3=L_4R_2 \tag{4-26}$$

4.2 滤 波 器

滤波器是一种选频装置，可以使信号中特定的频率成分通过，而极大地衰减其他频率成分。在测试装置中，利用滤波器的这种筛选作用，可以抑制噪声、平滑信号或分离信号中不同的频率成分。

滤波器在自动控制、自动检测及电子测试仪器中被广泛地应用。

4.2.1 滤波器分类

按滤波器的选频作用，一般分为4类，即低通、高通、带通和带阻滤波器，图4.7表示这4种滤波器的幅频特性。

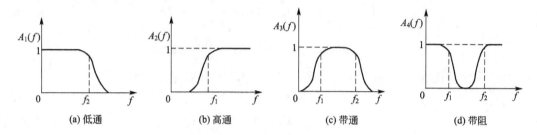

(a) 低通　　　　(b) 高通　　　　(c) 带通　　　　(d) 带阻

图 4.7　4类滤波器的幅频特性

（1）低通滤波器：$0 \sim f_2$ 频率之间的幅频特性平直，可以使信号中低于 f_2 的频率成分几乎不受衰减地通过，而抑制信号的高频部分。

（2）高通滤波器：与低通滤波器相反，它允许信号的高频部分通过，而抑制低频部分。

（3）带通滤波器：它的通频带在 $f_1 \sim f_2$ 之间，而使信号中低于 f_1 和高于 f_2 的频率成分极大地抑制。

（4）带阻滤波器：与带通滤波器相反，其阻带在 $f_1 \sim f_2$ 之间。它使信号中高于 f_1 和低于 f_2 的频率成分受到极大的衰减，其余频率成分几乎不受衰减地通过。

滤波器还有其他分类方法，例如根据构成滤波器元件的类型，可分为 RC、LC 或晶体谐振滤波器；根据构成滤波器的电路性质，分无源滤波器，即由无源元件（如电阻、电容和电感等）组成和有源滤波器（如集成运放与 RC 网络组成的滤波器等）组成。

4.2.2 实际滤波器

实际滤波器与理想滤波器不同。图4.8中的实线和虚线分别表示实际的和理想的带通滤波器的幅频特性。对于理想滤波器，只需规定截止频率就可以完全说明它的性能，因为在截止频率之间的幅频特性为常数 A_0，截止频率以外的幅频特性为零，但是实际滤波器并非如此简单。从图4.8中可以看到它的特性曲线没有明显的转折点，幅频特性也并非常数，因此需要用更多的参数来描述实际滤波器的性能。

1. 实际滤波器的性能参数

其性能参数主要有纹波幅度、截止频率、带宽及倍频程选择性等。

（1）纹波幅度：在定频率范围内，实际滤波器的幅频特性可能呈纹波变化，上下波动量为纹波幅度 d（图4.8）。取 d 的中间值对应的幅频特性值作为该频率范围内幅频特性的均值 A_0。

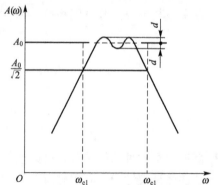

图 4.8　理想的和实际的带通滤波器的幅频特性

(2) 截止频率：定义幅频特性值等于 $A_0/\sqrt{2}$ 所对应的频率为滤波器的截止频率 $f_0=\omega_0/2\pi$。一个良好的滤波器，d 与 A_0 相比越小越好，一般 $d\ll A_0/\sqrt{2}$。

(3) 带宽 B：带宽决定着滤波器分离信号中相邻频率成分的能力，即频率分辨力。

(4) 倍频程选择性：实际滤波器在两截止频率外侧有过渡带，该处幅频曲线的倾斜程度表明了幅频特性衰减的快慢，它决定滤波器对带宽外频率成分衰阻的能力，通常用倍频程选择性来表征。倍频程选择性是指在上截止频率 f_{c2} 与 $2f_{c2}$ 之间或在下截止频率 f_{c1} 与 $f_{c1}/2$ 之间幅频特性的衰减值，即频率变化一个倍频程时的衰减量，以 dB 表示。衰减越快，滤波器选择性越好。

2. RC 滤波器

RC 滤波器应用很广，按其组成可分成两大类：无源的和有源的。无源 RC 滤波器只由电阻和电容组成；有源 RC 滤波器由 RC 调谐网络和运算放大器(有源件)组成。

(1) RC 低通滤波器。RC 低通滤波器电路和幅、相频特性如图 4.9 所示。若输入电压为 u_x 和输出电压为 u_y，则电路的微分方程和频率响应分别为：

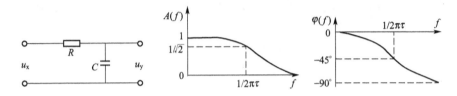

图 4.9 RC 低通滤波器及其幅、相频率特性

$$RC\frac{du_y}{dt}+u_y=u_x \quad (4-27)$$

$$H(j\omega)=(1+j\omega\tau)^{-1} \quad (4-28)$$

或

$$H(f)=(1+j2\pi f\tau)^{-1} \quad (4-29)$$

$$A(f)=[1+(2\pi f\tau)^2]^{-\frac{1}{2}} \quad (4-30)$$

$$\varphi(f)=-\arctan 2\pi f\tau \quad (4-31)$$

式中：τ 为时间常数，$\tau=RC$。

当 $f\ll 1/2\pi\tau$ 时，$A(f)\approx 1$、$\varphi(f)\approx 0$，此时 RC 低通滤波器为一不失真传输系统。

当 $f=1/2\pi\tau$ 时，$A(f)=1/\sqrt{2}$，此时频率 $f_{c2}=1/2\pi\tau$ 为滤波器的上截止频率。适当改变 $\tau=RC$ 参数时，就可改变滤波器的截止频率，

(2) RC 高通滤波器。图 4.10 表示 RC 高通滤波器及其幅、相频率特性。

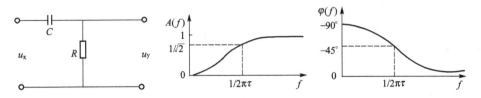

图 4.10 RC 高通滤波器及其幅、相频率特性

若输入信号电压为 u_x，输出为 u_y，则电路的微分方程、频率响应分别为：

$$u_y + \frac{1}{\tau}\int u_y \mathrm{d}t = u_x \qquad (4-32)$$

$$H(f) = \frac{\mathrm{j}2\pi f\tau}{1+\mathrm{j}2\pi f\tau} \qquad (4-33)$$

$$A(f) = \frac{2\pi f\tau}{\sqrt{1+(2\pi f\tau)^2}} \qquad (4-34)$$

$$\varphi(f) = \arctan\frac{1}{2\pi f\tau} \qquad (4-35)$$

当 $f \gg 1/2\pi f\tau$ 时，$A(f) \approx 1$、$\varphi(f) \approx 0$，即当 f 相当大时，幅频特性接近于 1，相频特性趋于零，此时 RC 高通滤波器可视为不失真传输系统。

（3）RC 带通滤波器。带通滤波器可以看成由 RC 低通滤波器和高通滤波器串联组成（图 4.11）的。当 $R_2 \gg R_1$ 时，低通滤波器对前面的高通滤波器影响极小，因此带通滤波器的频率响应可以看成高通和低通滤波器频率响应的乘积，即：

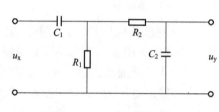

图 4.11　RC 带通滤波器

$$H(f) = H_1(f)H_2(f) \qquad (4-36)$$

$$A(f) = A_1(f)A_2(f) \qquad (4-37)$$

$$\varphi(f) = \varphi_1(f) + \varphi_2(f) \qquad (4-38)$$

串联所得带通滤波器的下截止频率为原高通的截止频率，即 $f_{c1} = 1/2\pi\tau_1$；相应地其截止频率为原低通的截止频率，即 $f_{c2} = 1/2\pi\tau_2$。

这种由高通、低通两级串联时，应消除两级耦合时的相互影响，因为后一级成为前一级的"负载"，而前一级又是后一级信号源的内阻。实际应用时，两级间常用运算放大器进行隔离，因此实际的带通滤波器常常是有源的。

（4）有源滤波器。上述滤波器过渡区衰减缓慢，选择性不佳。把无源的 RC 滤波器串联（如低通和低通、高通和高通串联）虽然能提高衰减速度，但因受级间耦合的影响，衰减效果将是递减的，而且信号的幅值也将逐级减弱。为了克服这一缺点，常采用有源滤波器。

有源滤波器由 RC 调谐网络和运算放大器（有源器件）组成。运算放大器既可作为级间隔离，又可起信号幅值的放大作用，RC 网络则通常作为运算放大器的负反馈网络。由于低通和高通，带通和带阻正好是"互补"关系，若运算放大器的负反馈电路接入高通滤波网络，则得到有源低通滤波器，如图 4.12 所示。若以带阻网络作为负反馈，则得到带通滤波器，图 4.13 是一个最简单的、由低、高通网络被运算放大器隔离而组成的带通滤波器。

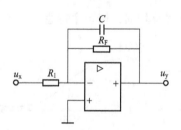

图 4.12　有源低通滤波器

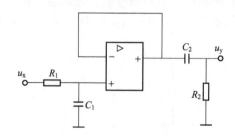

图 4.13　有源带通滤波器

4.3 放 大 器

由于传感器受到体积、重量、功耗及转换效率等多种因素的限制,许多传感器的输出信号都比较微弱,难以直接用来驱动后继的显示或记录设备,为此需对其进行放大。信号的放大都采用放大器,关于放大器目前已有许多各种不同用途的成熟产品可供选用,且放大器的具体结构也不是本课程的内容,故在此不介绍放大器的结构和设计制造等内容,本节着重讨论信号源与放大器的阻抗匹配及放大器与负荷的阻抗匹配。

4.3.1 信号源与放大器的阻抗匹配

图 4.14 是信号源与放大器输入端相连的电路。设放大器的输入阻抗为 z_1,显然,欲使输入信号 u_x 完全不变地传给放大器,即输入信号 u_x 与传送给放大器的信号 u_1 相等,则放大器的输入阻抗 z_1 应为无穷大,即 $z_1 \to \infty$。然而任何放大器的输入阻抗 z_1 都不可能是"∞",这样就必然存在传输误差 $\Delta u = u_x - u_1$。误差 Δu 的大小与阻抗 z_x 和 z_1 的大小有关,即 Δu 与阻抗的匹配有关,下面来讨论其影响。

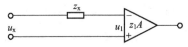

图 4.14 信号源与放大器的连接电路

列出如图 4.14 所示的电路方程为:

$$\left. \begin{array}{l} u_1 = u_x - i z_x \\ i = \dfrac{u_1}{z_1} \end{array} \right\} \tag{4-39}$$

解之得:

$$u_1 = \frac{z_1}{z_1 + z_x} u_x \tag{4-40}$$

因阻抗匹配所引起的误差 Δu 为:

$$\Delta u = u_x - u_1 = u_x - \frac{z_1}{z_1 + z_x} u_x = u_x \frac{z_x}{z_1 + z_x} \tag{4-41}$$

若阻抗 $z_1 \gg z_x$,如 $z_1 = 100 z_x$,将其代入式(4-41)得:

$$\Delta u = u_x \frac{z_x}{z_1 + z_x} = u_x \frac{z_x}{100 z_x + z_x} = \frac{u_x}{101} \tag{4-42}$$

由此可见,若放大器的输入阻抗比信号源的阻抗大 100 倍,则阻抗匹配所带来的误差不到百分之一。若就此而论,阻抗匹配所带来的误差问题似乎容易解决,但在一般情况下,阻抗 z_1 和 z_x 常为复数。若设 $z_x = a + jb$,$z_1 = c + jd$,将其代入式(4-41)得:

$$\Delta u = u_x \frac{a + jb}{a + c + j(b + d)} \tag{4-43}$$

下面来讨论两种特殊复阻抗的匹配对信号放大的影响。

1. z_x 为纯电阻,z_1 为容性复阻抗

图 4.15 是 z_x 为纯电阻、z_1 为容性复阻抗的等效电路图。

列出该电路方程为:

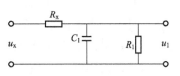

图 4.15 z_x 为纯电阻、z_1 为容性复阻抗的等效电路图

$$\left.\begin{array}{l} u_x = iR_x + u_1 \\ i = C_1 \dfrac{du_1}{dt} + \dfrac{u_1}{R_1} \end{array}\right\} \qquad (4-44)$$

解之得：

$$C_1 R_x \frac{du_1}{dt} + \left(\frac{R_x}{R_1} + 1\right) u_1 = u_x \qquad (4-45)$$

对式(4-45)进行傅里叶变换得该系统的频率响应函数为：

$$H(j\omega) = \frac{1}{\left(\dfrac{R_x}{R_1} + 1\right) + j\omega\tau} \qquad (4-46)$$

式中：τ 为时间常数，$\tau = R_x C_1$。

由式(4-46)不难看出，信号源与放大器级联所组成的系统呈现出低通滤波器的特性，这就是负荷效应。此低通滤波器的截止频率 $f_{c2} = 1/2\pi\tau$。欲利用放大器对测试信号进行有效的放大，则首先必须要确保测试信号不被滤掉，这就要求滤波器的截止频率一定要大于信号频率 f，即 $f_{c2} > f$，欲提高截止频率 f_{c2}，则应减小 R_x 和 C_1，以减小时间常数 τ；此外欲保证信号传到放大器输入端的精度，就要求 $R_1 \gg R_x$。

2. z_x 为容性阻抗，z_1 为纯电阻式阻抗

图4.16是 z_x 为容性阻抗、z_1 为纯电阻式阻抗的等效电路图，从图4.16中不难看出，它就是前面所述的 RC 无源高通滤波器，此信号源与放大器级联所组成系统的频率响应函数为：

$$H(j\omega) = \frac{j\omega\tau}{1 + j\omega\tau} \qquad (4-47)$$

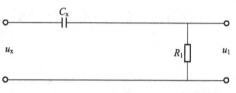

图 4.16　z_x 为容性阻抗、z_1 为纯电阻式阻抗的等效电路图

式中：τ 为时间常数，$\tau = R_1 C_x$。

此高通滤波器的截止频率 $f_{c1} = 1/2\pi\tau$。欲利用放大器对该容性阻抗的信号源所传来的信号进行放大，则：①滤波器的截止频率 f_{c1} 应小于信号频率 f，即 $f_{c1} < f$，这就要求 $R_1 C_x$ 应尽可能大；②为了保证信号传到放大器的精度，还要求 $z_1 \gg z_x$。

对于实际的信号源与放大器的级联，其阻抗的匹配往往不像上述两例那么简单，其阻抗 z_x 和 z_1 可能均是比较复杂的复阻抗，对此必须要考虑到级联的负荷效应。

4.3.2　放大器与负荷的阻抗匹配

信号放大的目的在于使测试信号获得足够大的功率，以驱动信号的处理、显示或记录设备。显然放大器驱动负荷的能力是放大器与负荷阻抗匹配的重要评价指标之一；此外，放大器与负荷(处理、显示或记录设备)级联的负荷效应亦必须考虑，即应保证放大器能将测试信号不失真地传给"负荷"。关于如何避免负荷效应对测试信号的影响前面已经述及，在此不再重复。下面仅简要讨论如何使负荷获得最大功能的阻抗匹配问题。

设负荷的阻抗 $z_1 = R_1 + jx_1$，放大器的输出阻抗为 $z_2 = R_2 + jx_2$，则负荷功率 P 为：

$$P = \frac{u_y^2 R_1}{(R_1 + R_2)^2 + (x_1 + x_2)^2} \qquad (4-48)$$

式中：u_y 为放大器输出电压的均方根值。

由式(4-48)不难看出，欲使 P 达到最大，则分子 R_1 应尽可能大，分母 $(R_1+R_2)^2 + (x_1+x_2)^2$ 应尽可能小。当阻抗 z_1 和 z_2 为不同性质的阻抗时，R_1 和 R_2 不可能为负，但 x_1 和 x_2 可为正也可为负，若 $x_1 = -x_2$，则分母 $(R_1+R_2)^2 + (x_1+x_2)^2 = (R_1+R_2)^2$。在此情况下，显然增加 R_1 减小 R_2 可使负荷功率 P 增加。

由此可见，获得大的负荷功率之阻抗匹配应使放大器的输出电阻 R_2 应尽可能小，负荷电阻 R_1 应较大，且负荷阻抗 z_1 和放大器输出阻抗 z_2 中的虚部应满足 $x_1 = -x_2$。

小　　结

本章介绍了传感器信号中间变换与传输中常用的电路及其工作原理。电桥是最为常见的信号中间变换电路，由于其具有加减法特性，可以很方便地处理共模和差模干扰而被广泛应用，在类型上主要有直流电桥和交流电桥两种。滤波器在信号处理中是必不可少的，它可以将混入有效信号中的干扰有效去除，增加信号的有效性，主要分为低通滤波器、高通滤波器和带通滤波器三种。放大器用于对传感器的微弱信号进行放大处理，同时放大器可以实现传感器与数据采集系统的阻抗匹配。

习　　题

4-1　以阻值 120Ω、灵敏度 $K=2$ 的电阻应变片与阻值为 120Ω 的固定电阻组成电桥，供桥电压为 12V，并假定应变片的微应变 μ_ε 为 1000，试求：

(1) 应变片电阻变化 ΔR；

(2) 单臂电桥的输出电压(假定电桥输出阻抗为无穷大，即开路)；

(3) 双臂时如何接桥？输出电压是多少？

4-2　何谓电桥灵敏度？其影响因素是多少？

4-3　已知 RC 低通滤波器的 $R=1\mathrm{k}\Omega$、$C=1\mu\mathrm{F}$，试求：

(1) 确定各函数 $H(f)$、$A(f)$、$\varphi(f)$；

(2) 当输入信号 $u_x = 10\sin 1000t$ 时，求输出信号 u_y，并与输入信号比较，比较其幅值和相位有何区别。

4-4　什么是输入阻抗、输出阻抗？为什么要进行阻抗匹配？

第 5 章 试验数据采集系统

教学提示：数据采集系统将传感器各个模拟量转换成数字量，再由计算机进行存储、处理、显示和打印，它是测量仪表的重要组成部分，目前多采用数字技术完成。本章讲述 A/D 转换原理以及数据采集系统的构成等内容。

教学要求：掌握模拟量的采样定理和 A/D 转换的原理。了解计算机数据采集系统的基本构成和系统设计的主要流程。

5.1 数据采集技术基础

5.1.1 采样过程

在汽车试验中所需采集的物理量，大多是在时间上和幅值上均连续变化的模拟量，称为连续时间函数，而信息处理绝大多数由数字计算机来完成。处理的结果有时却需要以模拟量的形式"反馈"给外部的试验系统，如此就需要解决模拟量与数字量之间的相互转化问题，即采样与重构(恢复)。一般的数据采集系统可以简化成如图 5.1 所示的形式。

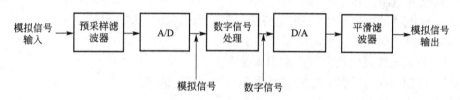

图 5.1 数据采集系统简图

模拟信号首先经过一个预采样滤波器进行初步处理，然后由采样器按照预定的时间间隔对模拟信号离散化，再由模—数转换器(A/D)把离散子样进行量化与编码，使之变成数字信号。

5.1.2 采样定理

1. A/D 转换过程

将连续的模拟信号变换成数字信号的变换需经历时间断续和数值断续两个过程，如图 5.2 所示。

1) 时间断续——采样过程

对于连续的模拟输入信号 $x(t)$，按照一定时间间隔 T_s 逐点地输出各点的瞬时值，这个过程称为采样。连续的模拟信号 $x(t)$ 经采样过程后变换为离散的模拟信号(或简称为采样信号) $x^*(t)$。两个采样值之间的时间间隔 T_s 被称为采样周期。

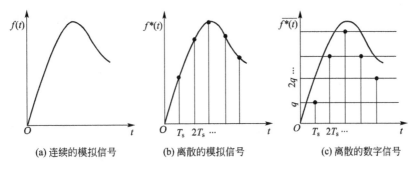

(a) 连续的模拟信号　　(b) 离散的模拟信号　　(c) 离散的数字信号

图 5.2　A/D 转换过程

2) 数值断续——量化过程

计算机中的信号是以二进制数码来表示的。任何数值只能表示成最低位二进制数的整数倍,小于最低位的剩余部分,无法表达出来。例如,若 A/D 转换器中比较放大器鉴别电压的能力为 2mV,那么输入信号中小于 2mV 的剩余部分,就无法进行编码,因而数值表现为是断续的。

尽管不同的 A/D 转换器的编码时间各不相同,但大多数 A/D 转换器的编码时间 τ 比起采样周期 T_s 以及数据采集系统中其余元件的时间常数来说,小得可以忽略,因此可以认为采样过程是瞬间完成的。这里可以用一个采样开关来形象地表示理想的采样过程,采样开关每隔一个采样周期 T_s,瞬间闭合一次。

2. 采样定理

采样周期 T_s 决定了采样信号的质量和数量。T_s 太小,会使 $x^*(t)$ 的数量剧增,占用大量的内存单元;T_s 太大,会使模拟信号的某些信息被丢失,若将采样后的信号恢复成原来的信号,就会出现失真的现象,影响数据处理的精度。

1) 频域采样定理

根据傅里叶变换的对偶性,可以得到时域信号的频域采样定理。

设信号 $x(t)$ 为时间有限信号,即当 $|t|>t_c$ 时,$x(t)$ 的值为零。若在频域中以不大于 $F_s=1/(2t_c)$ 的频率间隔对 $x(t)$ 的频谱 $X(\omega)$ 进行采样,则采样后的离散频谱 $X(2\pi nf_s)$ 可以唯一地表示 $X(\omega)$,其重构公式为:

$$X(\omega)=\sum_{n=-\infty}^{+\infty} X(2\pi nf_s)\frac{\sin\left(\frac{\omega}{2F_s}-n\pi\right)}{\frac{\omega}{2F_s}-n\pi} \qquad (5-1)$$

频域采样与重构问题对于数字信号处理具有重要的意义。

2) 多维信号的采样定理

设 $x(t_1, t_2, \cdots, t_n)$ 是 n 个实变量的函数,其 n 维傅里叶积分 $g(y_1, y_2, \cdots, y_n)$ 存在,且在以原点对称的一个 n 维正方形外其值为零,即:

$$g(y_1, y_2, \cdots, y_n)=0, \quad |y_k|>|\omega_k|, \quad k=1, 2, \cdots, n \qquad (5-2)$$

多维信号(尤其是二维信号)的采样定理在图像处理等领域具有广泛的应用。

3. 非均匀采样定理

所谓非均匀采样是指在一个系统中存在着两个或两个以上的采样率。非均匀采样便于信号存储、传送和处理，可以减小工作量。

设 $x(t)$ 为一带限信号，其最高频率为 f_c，那么 $x(t)$ 可以由其一组在周期非均匀采样点 $t=\tau_{pm}=t_p+(mN/2f_c)$，$p=1, 2, \cdots, N$；$m=\cdots, -1, 0, 1, \cdots$ 的采样值唯一确定，其重构公式为：

$$x(t) = \sum_{m=-\infty}^{+\infty} \sum_{p=1}^{N} x(\tau_{pm}) \Psi_{pm}(t) \tag{5-3}$$

式中：

$$\Psi_{pm} = \frac{\prod_{q=1}^{N} \sin\frac{2\pi f_c}{N}(t-t_g)}{\prod_{q=1 \neq p}^{N} \sin\frac{2\pi f_c}{N}(t-t_g)} \cdot \frac{(-1)^{mN}}{t-t_p-\frac{2mN}{2f_c}} \tag{5-4}$$

非均匀采样技术日前已广泛应用于信号处理领域之中。

5.1.3 采样方式

采样定理为确定采样频率提供了理论依据，但在具体实现由连续信号到离散信号的转换时，又涉及采样方式的问题。设计采样方式总的原则是：以保证采集精度为前提，以被测信号的具体特性为依据，尽量以较低的速率实现采样，从而减小数据量，降低对传输、变换系统的要求，提高数据处理的效率。

由于被测信号的种类多种多样，相应地采样方式也千差万别，图5.3为采样方式分类图。

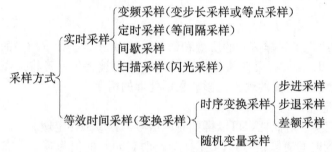

图5.3 采样方式分类图

采样方式基本上可分为两大类：实时采样（Real-Time Sampling）和等效时间采样（Equivalent-Time Sampling）。对于实时采样，当数字化一开始，信号波形的第一个采样点就被采样并数字化，然后经过一个采样间隔，再采入第二个子样，这样一直将整个信号波形数字化后存入波形存储器。实时采样的优点在于信号波形一到就采入，适应于任何形式的信号波形：重复的或不重复的、单次的或连续的。又由于所有采样点是以时间为顺序，因而易于实现波形显示功能。实时采样的主要缺点是时间分辨率较差，每个采样点的采入、量化、存储等必须在小于采样间隔的时间内完成，若对信号的时间分辨率要求很高，那么实现起来就比较困难。

等效时间采样可以实现很高的数字化转换速率，但这种采样方式的应用前提是信号波形可以重复产生。由于波形可以重复取得，故采样可以用较慢的速度进行。采样的样本可以是时序的（步进、步退、差额），也可以是随机的。这样就可以把许多采集的样本合成一个采样密度较高的波形，一般也常将等效时间采样称为变换采样。

5.1.4 量化与量化误差

量化就是将模拟量转化为数字量的过程,是模—数转换器所要完成的主要功能。量化电平(Quantized Level)定义为满量程电压(或称满度信号值)V_{FS}与 2 的 N 次幂的比值,其中 N 为数字信号 X_d 的二进制位数。量化电平(也称量化单位)一般用 q 来表示,因此有:

$$q = \frac{V_{FS}}{2^N} \qquad (5-5)$$

图 5.4 表示出了模拟信号 X_a 的量化过程,图 5.4(a)中量化电平为 q,量化误差 $e = X_d - X_a$ 在 0 与 $-q$ 之间,即 $-q \leqslant e \leqslant 0$。图 5.4(b)中,量化电平仍为 q,但模拟信号 X_a 偏置 $q/2$。当 $-q/2 \leqslant e \leqslant q/2$ 时,X_d 为 000;当 $q/2 \leqslant e \leqslant 3q/2$ 时,X_d 为 001…,显然量化误差可表示为 $-q/2 \leqslant e \leqslant q/2$,误差交替取正、负值。

一般认为量化误差是随机变量,且分别在区域 $-q \leqslant e \leqslant 0$(对于图 5.4(a))或区域 $-q/2 \leqslant e \leqslant q/2$(对于图 5.4(b))。如果码位选得足够多,量化误差可做得很小。在实际量化时,码位扩展是受条件限制的,为此必须允许有一定的误差,此误差称为量化噪声。

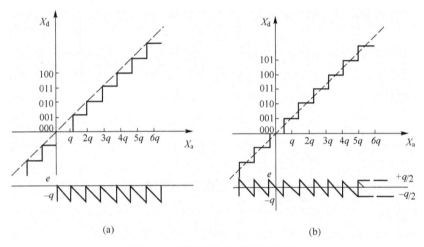

图 5.4 模拟信号 X_a 的量化过程

5.2 计算机数据采集系统

在试验过程中,利用数据采集系统可对试验现场进行检测、监视、记录和控制,从而获取大量动态信息。

5.2.1 数据采集系统基本构成

数据采集系统的基本构成,从硬件上来看包括模拟系统和数字系统两部分;从功能上来看既能完成采集,也能实现处理。

数据采集系统的采集信息有模拟量信号、频率量信号和开关量信号。一般的数据采集系统主要由传感器、信号调理器、多路模拟开关、放大器、A/D 转换器和数据记录装置组成,如图 5.5 所示。

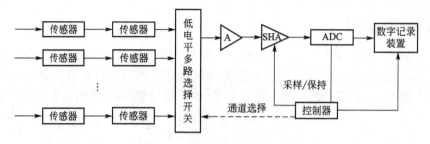

图 5.5 低电平数据采集系统

图 5.5 中多路模拟开关(MUX)的作用是将各通道输入的模拟电压信号依次接到放大器和 A/D 转换器上进行采样，也叫采样器。多路模拟开关可以使许多输入通道共用一套低电平放大器，以降低系统的成本。

整个数据采集系统由控制器控制，系统的各个部件均在其控制下工作。控制器通过依次发出一系列脉冲，使多路模拟开关选择通道、采样保持放大器进行采样保持、启动 A/D 转换器及使数字记录装置工作。简单的数据采集系统只能进行顺序采样和选点采样；复杂的大型系统采样通常由计算机控制进行。如图 5.6 所示为微型计算机化的数据采集系统。

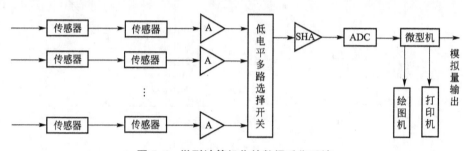

图 5.6 微型计算机化的数据采集系统

5.2.2 主要器件

1. 多路模拟开关

在数据采集系统中，经常需要对多参数进行多路采集。如果每一路都单独采用各自的输入回路，即每一路都采用放大、采样保持和 A/D 等环节，不仅成本会比单路成倍增加，而且会导致系统体积庞大；且由于模拟器件、阻容元件参数特性不一致，会给系统的校准带来很大的困难；并且对于多路(如 128 路信号)采集，每路单独采用一个回路几乎是不可能的。因此，除特殊情况下采用多路独立的放大、A/D 和 D/A 外，通常采用公共的采样保持及 A/D 转换电路(有时甚至可将某些放大电路共用)，要实现这种设计，常采用多路模拟开关。

多路模拟开关的主要用途是把多个模拟量参数分时地接通送入 A/D 转换器，即完成多到一的转换；由 D/A 转换成的模拟信号按一定的顺序输出到不同的控制回路(或外设)，即完成一到多的转换，前者称为多路模拟开关，后者称为多路分配器。

随着大规模集成电路的发展，各厂家已推出各种各样的多路模拟开关。多路模拟开关的通道数有 4 路、8 路和 36 路等。

选择多路模拟开关时，常要考虑如下几方面。

(1) 对于传输信号电平较低的场合，可选用低压型多路模拟开关，这时必须在电路中有严格的抗干扰措施,一般情况下可选用高压型。

(2) 对于要求传输精度高而信号变化慢的场合,可选用机械触点式开关,在输入通道较多的场合,应考虑其体积问题。

(3) 在切换速度要求高、路数多的情况下,宜选用多路模拟开关。在选用时尽可能根据通道量选取单片即能完成的模拟开关,这种情况下每路特性参数可基本一致。在使用多片组合时,也宜选用同一型号的芯片以尽可能使每个通道的特性一致。

(4) 在使用高精度采样保持放大器和 A/D 进行精密数据采集时,需考虑模拟开关的传输精度问题,尤其需注意模拟开关的漂移特性。因为如果性能稳定,即使开关导通电阻较大,也可采取补偿措施来消除影响。但如果阻值和漏电流等漂移很大,将会大大影响采集精度。多路模拟开关在数据采集系统中,主要用做通道选择。

2. 采样保持器

采样保持器 SHA 主要由模拟开关、存储介质和缓冲放大器组成,如图 5.7 所示。

采集时间是 SHA 的一个关键动态指标,它主要取决于电容量和输入放大器最大供电电流。采集时间范围一般为 15ns~10μs。SHA 的最高采样速率由采样与保持状态所需要的时间之和来决定;用于保持方式的时间(此时瞬态已建立)由 SHA 系统决定;用于采样方式的最小时间由满足给定精度的采集时间来确定。

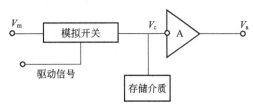

图 5.7 SHA 的一般形式

SHA 的典型应用是多通道数据采集系统,一个有代表性的系统如图 5.8 所示。该系统包括一个 8 路输入模拟开关、一个 SHA 和一个 A/D 转换器及其他控制电路。

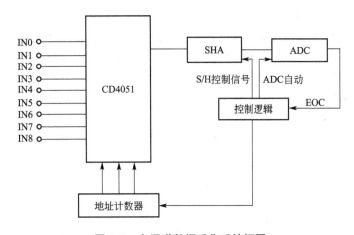

图 5.8 多通道数据采集系统框图

3. 数—模转换器(D/A 转换器)

两种广泛使用的 D/A 转换技术是加权电阻网络式和梯形电阻网络式。

1) 二进加权电阻网络式

二进加权电阻网络式 D/A 转换器由多个开关、加权电阻网络、参考电压 V_{Ref}、取和元件 4 个部分组成,如图 5.9 所示。

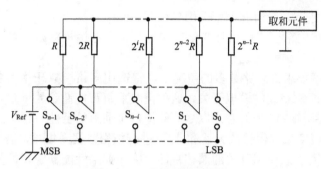

图 5.9　二进加权电阻网络

2) R-$2R$ 梯形电阻网络式

用 R-$2R$ 梯形电阻替代二进加权电阻网络中的加权电阻便构成了 R-$2R$ 梯形网络，如图 5.10 所示，它是单片 D/A 转换器(DAC)的主流产品。

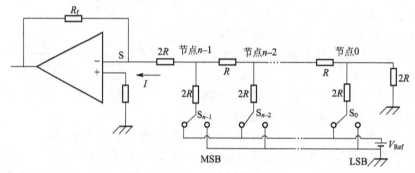

图 5.10　R-$2R$ 梯形电阻网络

R-$2R$ 梯形电阻网络和开关相接的每个支路电阻是 $2R$，相邻节点间的电阻是 R，但要注意：节点 0 和地之间以及节点 $n-1$ 和放大器"虚"地点间的电阻都是 $2R$。假定参考电压源的内阻为 0，则很容易看出：从任一节点(不包括该节点支路电阻)向左或向右看去的等效电阻(对地)都是 $2R$。

3) D/A 转换器输出

前面介绍的两种 D/A 转换电路其转换结果是输出与输入二进制码成比例的电流，称为电流 D/A。然而在实际应用中，多需要电压输出。实际上，只要在电源 D/A 电路外加运算放大器即可实现，如图 5.11 所示。图 5.11(a)为反相电压输出($V_{out} = -iR$)；图 5.11(b)为同相电压输出($V_{out} = iR(1+R_2/R_1)$)。

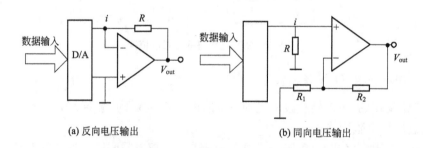

(a) 反向电压输出　　　　　　　　　(b) 同向电压输出

图 5.11　D/A 转换器连接成电压输出器

4. 模—数转换器(A/D 转换器)

模—数转换器(A/D)的作用是对每一个由采样保持电路在时间上离散的模拟电压值输出一个 n 位二进制数字量。A/D 转换技术不下几十种,但只有少数几种能以单片集成的形式来实现。这里介绍两种最通用的方法:计数法和逐次逼近法,其原理图如图 5.12 所示。

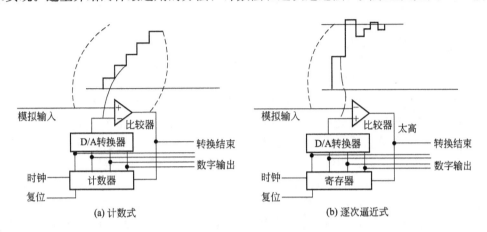

图 5.12 两种基本类型的 A/D 转换

1) 计数器式

最简单、最廉价的 A/D 转换器是计数器式转换器。如图 5.12(a)所示,一个计数器控制着一个 A/D 转换器,随着计数器由 0 开始计数,A/D 转换器输出一个逐步升高的阶梯形电压,输入的模拟电压和 D/A 转换器生成的电压被送至比较器进行比较,当两者一致或基本一致(在允许的量化误差范围内)时,比较器辅以一个指示信号,立即停止计数器计数。此时,D/A 转换器的输出值就是采样信号的模拟近似值,其相应的数字值由计数器给出。

2) 逐次逼近式

逐次逼近式 A/D 转换器如图 5.12(b)所示,它也需要一个 D/A 转换器,但控制 D/A 转换器的是一个寄存器。逐次逼近式采用的是从最高位的逐位试探法,转换前寄存器各位清除为 0,转换时是把最高位置 1,D/A 转换器输出值与所测的模拟值进行比较,如果"低于",该位的 1 被保留;如果"高于",该位的 1 被清除。然后次高位置 1,再比较,决定去留……直至最低位完成同一过程。寄存器从最高位到最低位都试探过一遍的最终值就是 A/D 转换的结果。

计数器式和逐次逼近式 A/D 转换器都属于负反馈式比较型 A/D 转换器。但对于 n 位 A/D,逐次逼近式只要 n 次比较就可以完成,而计数式的比较次数不固定,最多可能需 2^n 次。逐次逼近式 A/D 是中速(转换时间为 $1\mu s \sim 1ms$)8~16 位 A/D 的主流产品。

5.2.3 系统设计

1. 主要性能指标

(1) 系统分辨率:系统区别两个相邻模拟电压的能力称为分辨率,有时也称为灵敏度。它是相应于二进制数的最低位(LSB)的模拟量。

(2) 采集速率:指系统在单位时间内(如 1s)采集数据的个数。

(3) 线性度:用来描述数据采集系统采集通道输入/输出特性非线性误差的指标。可以按最小二乘法、理想直线法、平均选点法等计算出不同定义下的线性度。

（4）温度系数：当温度发生变化时，数据采集系统采集参数受到影响，主要表现为增益（标度）变化和零点漂移。

（5）随机噪声：输入量为零（或一稳定值）时，其输出数据的标准偏差。

（6）通道间串扰：用来描述多通道巡回采集过程中，数据采集系统前一通道信号对逻辑后续通道的影响，用串扰抑制比 SMRR 来表示。该指标用来评价数据采集系统对自身通道间互相干扰的抑制能力。

（7）动态有效位数：理想的 A/D 转换在数据采集中只引入与其转换位数相对应的量化误差。在满足采样定理的条件下，实际的数据采集系统完成对单频正弦交流信号的采集。根据采集到的数据求出相应的拟合正弦曲线，把采集数据与该拟合正弦曲线之间的有效值误差归结为动态采集下的量化误差。与该动态量化误差相对应的 A/D 转换的有效位数，称为数据采集系统通道的动态有效位数。该指标用来评价数据采集系统对单频正弦交流信号（可有直流偏置）采集时，由噪声及各种非线性误差因素引起的误差情况。

（8）输入电阻：输入电阻是指数据采集系统被选通道输入端之间的电阻，是描述数据采集系统通道适应性的一个指标。当输入电阻过低时，系统准确度就会随信号内阻而变化。

（9）输入通频带：输入通频带是指在约定衰减误差条件下，输入信号频率可变化的范围。该指标只是从一个方面来评价数据采集系统对交流信号的采集性能。

2. 数据采集系统方案设计

数据采集系统设计一般分为如下几个阶段。
(1) 系统方案设计。
(2) 根据系统方案，确定各个组成部件。
(3) 将总的技术指标分配到各个部件或者从各个部件出发估计系统总的技术指标。
(4) 完成各个部件的电路硬件设计、软件设计以及部件调试。
(5) 安装整个系统并联调，直至整个系统达到设计指标为止。

数据采集系统方案设计是系统设计的第一步，采用什么样的方案要根据系统的任务及使用条件等技术指标的要求而定，同时以稳定性和可靠性为出发点。数据采集系统在完成技术指标的基础上又具有较低的价格（包括硬件和软件），这才是满意的设计。下面列举一些常见的数据采集系统方案。

1) 基本数据采集系统

如图 5.13 所示为一基本的数据采集系统。系统的时钟为其各部件提供定时信号，以确保各部件按固定顺序协调工作。数据采集系统的初始量（如数据类型、采集次数等）可通

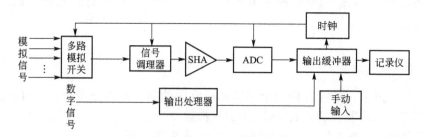

图 5.13　基本的数据采集系统

过手动输入部件送到输出缓冲器。系统也可以通过数字缓冲器接收数字输入。系统中的输出缓冲器按一定规律寄存多路模拟开关的通道号。信号调理的增益因子、A/D 转换结果以及手动和数字输入的数据最后通过记录装置长期保存下来。

2) 微机化的数据采集系统

近年来，随着电子计算机技术的发展和电子计算机的普及，微机化的数据采集系统在各种数据采集系统中占主导地位。如图 5.14 所示为一典型的微机化数据采集系统，系统的时钟信号由计算机产生，定时控制信号由 I/O 控制器产生。与图 5.13 相比，该系统具有在线编程、数据处理及存储方便的优点。

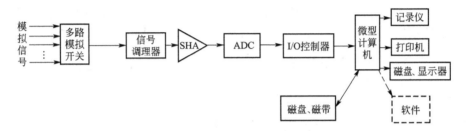

图 5.14 微机化数据采集系统

如图 5.13 和图 5.14 所示系统的缺点是多路模拟开关会引入相对较大的误差，且要求输入信号足够大。对于多路小信号，可采用如图 5.15 所示的差动输入分时切换结构，该结构可以提高信噪比，减小由多路模拟开关引入的误差。

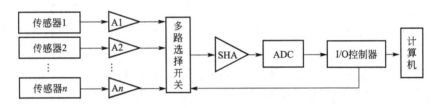

图 5.15 多通道小信号输入数据采集系统

微机化数据采集系统的调理电路、SHA、多路模拟开关、A/D 等可以组合在一个板上，构成数据采集模板；该模板配以相应的接口电路及软件，可直接插在计算机扩展槽道上。目前，国内外有很多数据采集板产品供选择使用。

当现场的条件受到限制或实际任务不需要很大量的数据处理时，可以在单片微型机的基础上扩展出较为专用的数据采集系统。可用的单片机产品很多，如 Intel 公司的 MCS-51 系列单片机、MCS-96 系列单片机等。有些单片机本身还带有 A/D 转换器，这给用户使用带来了极大的方便。

3) 多输入通道数据采集系统

如果被采集的信号很多，系统的精度要求很高，这时每个通道应具有适应自己特点的调理电路及 A/D 转换器，如图 5.16 所示。这种方案设计是通过牺牲硬件成本来换取采集精度和速度的。

4) 巡回检测系统

当现场中有很多参数需要定期检测时，可采用巡回检测系统方案设计。该系统通常用

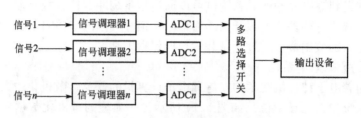

图 5.16 多输入通道数据采集系统

一个采集通道,借助多路模拟开关按照一定顺序接入要检测的参数。多路模拟开关的控制通常采用矩阵方式或分层方式,或者两种方式的结合。图 5.17 为分层矩阵式,它可以控制 256 个多路模拟开关,共分 4 层,每层控制 $8\times 8=64$ 个通道,为 8×8 矩阵。

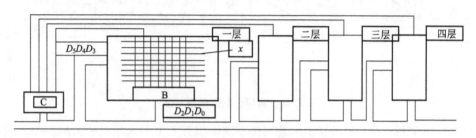

图 5.17 巡回检测系统多路模拟开关选择

256 个通道中哪一个被选通,取决于微型机发出的 8 位控制码 $D_7 D_6 D_5 D_4 D_3 D_2 D_1 D_0$。$D_7 D_6$ 用于层的选择,层号对应的编码见表 5-1。

表 5-1 层号对应的编码

层号	1	2	3	4
$D_7 D_6$	00	01	10	11

每一层的 64 个通道的选择取决于 $D_5 D_4 D_3$(表示行)以及 $D_2 D_1 D_0$(表示列)的编码。

若微型机发出的控制码为 00011110,则层码为 00,译码器 C 选择第一层;行码为 011,译码器选通第三行;列码为 110,译码器 B 选通第六列,00011110 选通图 5.17 中 x 点对应的采集通道。

5) 主从式数据采集系统

当系统要采集的数据距系统中心较远且彼此分散时,为了避免模拟信号远距离传输时出现的各种问题,可采用主从式数据采集系统,如图 5.18 所示。从系统完成模拟信号数字化,并按照一定的通信方式传给主系统;主系统完成对数据的存储、处理、格式化显示和打印等工作。

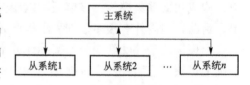

图 5.18 主从式数据采集系统

通信方式的选取是主从式数据采集系统设计的一个重点,如采用电话线或无线电通信时,一般用异步方式,并加入调制解调器以减小通信时信号受到的干扰,其通信距离有几万米。

3. 数据采集系统硬件设计

在系统方案拟定之后,就要对系统的硬件进行具体设计。虽然数据采集系统完成的任务不尽相同，但它们还是有硬件设计的共性问题，如系统的分辨率、采集精度、采集速率、信号调理以及系统的定时和控制等。

1) 系统的分辨率与采集精度

数据采集系统的分辨率主要取决于 A/D 的分辨率，即 A/D 的位数。A/D 位数的选择涉及系统成本及系统的精度要求。

数据采集系统精度是综合性指标，它包括传感器精度、信号调理电路幅度、多路模拟开关精度、采样保持放大器精度和 A/D 转换精度。

由于 A/D 芯片较其他芯片贵，因此在系统精度设计时常以 A/D 芯片为主决定其他芯片，要求其他元、器件的误差和比 A/D 量化单位的一半(LSB/2)小。

在保证精度的前提下，尽量选择位数低、转换精度低的芯片。如果选择位数高的芯片，势必要配以精度高的运算放大器、采样保持放大器等器件，就会造成整个系统的价格大大增加。如果系统中部分器件选用高性能的，而另一部分器件选用一般性能的，由于系统总误差总是与大误差器件的误差相近，这样高性能器件的性能不仅得不到充分利用，还会造成无谓的浪费。

2) 采集速率

数据采集系统的采集时间定义为系统采集一个数据的时间，包括多路模拟开关、信号调理器、采样保持放大器总的响应时间 T_1 以及 A/D 的转换时间 T_{conv}。如果系统后接计算机等装置，则采集时间还应包括 A/D 输出数据到存储器的传输时间 T_2，这样系统的采集速率上限可估计为：

$$R_{max} = \frac{1}{T_1 + T_{conv} + T_2} \quad (5-6)$$

实际系统采集速率的设计，一般是根据输入信号的最高频率及 A/D 转换器精度要求确定 A/D 转换速度的，以满足实时性要求。对于快速变化的信号要估计 A/D 转换器带来的孔径误差，以确定是否需要增加采样保持放大器。因为对快速变化信号采集时，为了保证有小的孔径误差常常要求有很高的 A/D 转换速度，这会大大提高 A/D 的成本，甚至找不到相应的高速 A/D 芯片，所以快速信号采集时要加采样保持放大器。

3) 系统的定时和控制

为了能使数据采集系统有条不紊地工作，系统必须备有定时器和控制器。如果系统是独立运行的，则其本身应具有主时钟发生器和定时部件；如果是微机化的，系统作为微机的一个外设，它与计算机通过 I/O 电路和外设控制器连接起来，此时计算机为系统提供定时和控制信号。

(1) 顺序方式。

如图 5.19 所示，在某通道进行 A/D 转换期间，多路模拟开关使其保持选通状态。当该通道转换结束后，进行数据的传输及存储，然后接通下一通道进行采样，如此循环进行，直至完成所有点的采集。

(2) 重叠方式。

为了能用低速元、器件构造高速采集系统，常采用重叠方式进行定时控制。对于巡回检测系统，重叠方式可设置为：在某一通道开始转换时即令多路模拟开关接通下一通道，待 A/D 转换结束后，发出采样命令，同时进行上一通道数据的传输及存储。当采样保持器建立起稳定的采样值且上一通道数据传输及存储完成后，发出保持命令及 A/D 转换命令，如此循环进行，直至完成所有点的采集。重叠方式如图 5.20 所示，图中 SHA 电路采集和稳定时间应为 SHA 的捕捉时间与数据的传输及存储时间的较大者。

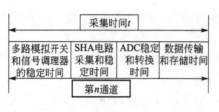

图 5.19　顺序方式

图 5.20　重叠方式

4. 数据采集系统软件设计

为了缩短数据采集系统的设计周期，避免因软件难以实现而大量修改系统硬件方案，在确定系统硬件方案的同时要考虑软件设计问题。软件包括系统软件和应用软件，前者一般由计算机厂家提供，而后者由用户根据数据采集系统的任务及要求自己编制。

1) 程序设计语言

程序设计语言有机器语言、汇编语言和高级语言。用机器语言编写的程序可直接被计算机执行，但该语言不易记忆、不易阅读、编程困难，目前较少使用。汇编语言是利用助记符设计程序的语言，它不但具有机器语言的优点，而且使用较方便；与高级语言相比，它具有节省内存、执行时间短的优点，这对于高速采集系统的设计尤为重要。高级语言是用文字编写程序的设计语言，它不依赖于或很少依赖于计算机本身，接近人们通常的书写习惯，其特点是使用方便。无论是汇编语言还是高级语言，都要经过计算机编译才能执行。目前较常用的高级语言有 BASIC 语言、FORTRAN 语言、Pascal 语言、C 语言以及 PL/M 语言。PL/M 语言目前较为流行，它主要用于单片机和一般微型计算机，尤其适用于 16 位单片机的开发。据统计，完成同样的任务，使用 PI/M 语言比使用汇编语言可使调试效率提高 5～10 倍，而得到的机器代码质量可与直接使用汇编语言相媲美。

在大型数据采集系统的软件设计中，一般使用混合语言编程。对于时间上要求快、经常重复进行的部分，或是直接参与寄存器操作的部分，用汇编语言编程；用户界面程序则尽量采用高级语言编程，以提高程序设计的效率。

2) 程序设计过程

尽管数据采集系统应用程序功能各异，但其设计过程大致相同，如图 5.21 所示。

在问题的分所研究阶段要明确软件需完成的任务，确定输入/输出形式，考虑对输入的数据进行哪些处理及处理可能发生的错误等。

合理的软件结构是设计一个性能优越的数据采集系统应用软件的基础。对于简单的数据采集系统，通常采用顺序设计方法，这种软件由主程序和若干个中断服务程序所构成。根据系统各个操作的性质，指定哪些操作由中断服务程序完成，哪些操作由主

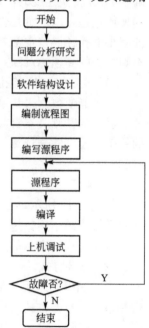

图 5.21　程序设计过程

程序完成，并指定各个中断的优先级。顺序程序设计方法容易理解和掌握，是一种应用很广的方法，该方法的缺点是软件结构不够清晰，且修改扩充比较困难，实时性差。对于复杂的数据采集系统软件设计，软件结构设计尤为重要。

在程序编写之前要绘制流程图。流程图的绘制应先画出简单的功能性流程图（粗框图），然后对功能流程图进行扩充和具体化，对存储器、寄存器、标志位等工作单元具体分配说明。把功能流程图中每一个粗框的操作转变为对具体的存储单元、工作寄存器或I/O的操作，从而绘出详细的流程图（细框图）。

根据流程图及确定的算法具体编写计算和控制程序，这是一个综合的过程。

用微型计算机开发系统对程序进行编译以得到目标程序，并上机调试、运行程序。找出所编程序或数据采集系统硬件故障，进行局部或部分修改，直到得到实用程序。

3) 程序设计方法

程序设计的方法有很多种，如模块法、自顶向下设计、结构程序设计以及递归程序设计等，下面介绍较常用的3种方法。

(1) 模块法：模块法是把一个长的程序分成若干个较小的模块进行设计和调试，然后把各个模块连接起来。例如，某一数据采集系统监控主程序可分为3大模块，即监控主程序、接口管理程序和命令处理子程序。命令处理子程序通常可分为测试、数据处理、输入/输出、显示和打印等子程序模块。因为程序分成一个个较小的独立模块，从而方便了编程、纠错和调试。

(2) 自顶向下设计：概括地说就是从整体到局部，最后到细节。即先考虑整体目标，明确整体任务，然后把整体任务分成一个个子任务，子任务再分成子任务，同时分析各任务之间的关系，最后拟定各子任务的细节。自顶向下设计的优点是比较习惯于人们日常思维，设计、测试和连接同时按一个线索进行，程序错误可以较早地发现；其缺点是上一级的程序错误将对整个程序产生影响，一处修改可能引起整个程序修改。与自顶向下设计方法相反的是自底向上的设计方法，即先细节再整体。在程序设计时，两种方法可考虑结合使用。如果一开始在比较"顶上"的时候，采用"自顶向下法"；当"向下"达到一定的程序时，有时要采用"自底向上法"。例如对某个关键细节问题，先编制程序，并在硬件上运行，取得足够的数据后再回来继续设计。

(3) 结构程序设计：20世纪70年代起逐渐被采用的一种新型的程序设计方法，用高级语言编程时较为常用，其基本原则是每个程序块只能有一个入口、一个出口，这样各个程序模块可以分别设计，然后用最小的接口组合起来。控制明确地从一个程序模块转移到下一个程序模块，使程序的调试、修改变得容易。在结构程序设计中仅允许使用3种基本结构：顺序结构、if-then-else结构及循环结构。结构程序设计的目的是使程序易读、易调试，并提高编程效率。该方法的缺点是执行速度较慢，且占用存储器空间多，有时仅用3种基本结构使某些任务难以处理。

小　　结

数据采集系统负责汽车试验过程中对数据进行转换、处理、存储、打印和显示等。本章简单地介绍了数据采集的基本概念，如采样定理、量化误差等。对采集系统的组成结构以及各部分的工作原理进行了详细介绍，如多路模拟开关、采样保持器、A/D转换器和

D/A 转换器等。最后对数据采集系统的设计方法和设计流程进行了介绍。

习　题

5-1　采样定理的内容是什么？

5-2　对 0~5V 的模拟量采用 8 位的二进制数进行量化，量化误差是多少？

5-3　多路模拟开关的作用是什么？如何选择多路模拟开关？

第 6 章 温 度 测 量

教学提示：温度测量是汽车内燃机试验中的重要项目之一，也是其他动力机械测试中的基本物理量。本章主要讲解各类温度的测量方法、测量仪器的工作原理及测量误差分析。

教学要求：本章应理解温度、温标的概念。熟练掌握稳态温度、瞬态温度及零部件温度的测试方法，各种测温仪器的工作原理、特点及适用场合。了解各种测温方法的误差分析。

温度的测量汽车试验中的必不可少的项目之一，根据测量目的的不同，大致归纳为以下 3 类。

（1）稳态温度：测量温度随时间不变或变化缓慢的介质温度，如进气温度、冷却水温度、燃油温度、润滑油温度等。

（2）瞬态温度：测量温度随时间迅速变化的流体温度，如燃气温度、排气温度等。

（3）零部件温度：测量汽车上一些主要零部件的温度，如活塞、汽缸盖、气门、曲轴箱等的温度。

本章将分别介绍上述 3 类温度的测量方法及测量原理。

6.1 基 本 概 念

6.1.1 温度

温度的微观概念是表示构成物体的大量分子运动的平均强度，分子运动愈激烈其温度越高。温度的宏观概念是建立在热平衡的基础上的，表示物体的冷热程度。当两个温度不同的物体相互接触时，它们之间将发生热量传递，若忽略其他外界影响，经历足够长时间后，两物体将达到相同的温度而不再进行热量传递，即达到热平衡状态。因此说温度是表征物体或系统达到热平衡状态的量度标志。

6.1.2 温标

用来衡量物体温度的标尺称为温标，目前常用的有经验温标、热力学温标、国际实用温标 3 种。

1. 经验温标

经验温标的基础是利用物质体积膨胀与温度的关系，在两个易于实现且稳定的温度点之间，若所选定的测温物质的体积变化与温度成线性关系，则在两温度点间的体积总变化分为若干等份，并把引起体积变化一份的温度定义为 1°。经验温标与测温介质有关，按照这个原则建立的有摄氏温标、华氏温标。

(1) 摄氏温标：规定在标准大气压力下，水的冰点为 0℃，沸点为 100℃，水银体积膨胀被分为 100 等份，对应每份的温度定义为 1 摄氏度，单位为"℃"。

(2) 华氏温标：以 NH_4Cl 和冰的混合物的温度为 0°F，以人体温度定为 100°F，水银体积膨胀被分为 100 等份，对应每份的温度定义为 1 华氏度，单位为"°F"。

摄氏温标与华氏温标之间的关系为：

$$t°F = \frac{9}{5}t°C + 32 \qquad (6-1)$$

2. 热力学温标

热力学温标是建立在热力学第二定律的基础上的。根据卡诺定理，一台工作在温度 T_1 和 T_2 之间的理想卡诺热机，其效率满足：

$$\eta = 1 - \frac{Q_2}{Q_1} = 1 - \frac{T_2}{T_1}$$

则有：

$$\frac{Q_2}{Q_1} = \frac{T_2}{T_1}$$

即：

$$T_1 = T_2 \frac{Q_1}{Q_2}$$

式中：Q_1 为工质在温度 T_1 时吸收的热量；Q_2 为工质在温度 T_2 时放出的热量。

上式中若 T_2 为某定点值，则通过热量的比例便可求得未知量 T_1。为此，1954 年开尔文提出以水的三相点（即水的固、液、气三相共存）作为定点，其温度规定为 273.16K，这样热力学温标可以表示为：

$$T = 273.16 \frac{Q_1}{Q_2} \qquad (6-2)$$

由于水的冰点与三相点的热力学温度相差 0.01K，故热力学温标与摄氏温标的关系为：

$$T = t + 273.15 \qquad (6-3)$$

式(6-3)与工质的种类和性质无关，故热力学温标避免了因选用测温介质不同而引起的温度差异，它是理想的纯理论温标，也称绝对温标。实际上，由于卡诺循环是不存在的，故热力学温标无法直接实现。在热力学上，理论可以证明，热力学温标与理想气体温标完全一致，实际中通常采用近似理想气体的惰性气体制成的定容式气体温度计，并根据热力学第二定律推导出该气体温度计相对理想气体温度计的修正值，从而实现热力学温标。这种气体温度计结构复杂、价格昂贵，通常仅限于国家计量标准实验室中，用于复现热力学温标。

3. 国际实用温标

为了使温标更易于实施及准确复现，1927 年国际计量大会决定采用国际实用温标。几十年来，历经多次修改，1990 年最新的国际实用温标(ITS—1990)开始实施，它规定热力学温度是基本的物理量，符号为 T，单位为 K。ITS—90 包含的温度范围自 0.65K 至单色辐射高温计实际可测量的最高温度，定义了 17 个基准点，其中包括 14 个高纯物质的三相点、熔点、凝固点及 3 个用蒸汽温度计或气体温度计测定的温度点，见表 6-1，其他的中间值可根据规定的内插公式进行计算。

表 6-1 ITS—1990 定义基准点

序号	温度		物 质	状 态
	T/K	t/℃		
1	3～5	−270.15～−268.15	He	V
2	13.8033	−259.3467	$e-H_2$	T
3	13.8033～17	−259.3467～250.15	$e-H_2$	V(或 G)
4	13.8033～20.3	−259.3467～252.85	$e-H_2$	V(或 G)
5	24.5561	−248.5939	Ne	T
6	54.3584	−218.7916	O_2	T
7	83.8058	−189.3442	Ar	T
8	234.3156	−38.8344	Hg	T
9	273.16	0.01	H_2O	T
10	302.9146	29.7646	Ga	M
11	429.7485	156.5985	In	F
12	505.078	231.928	Sn	F
13	692.677	419.527	Zn	F
14	933.473	660.323	Al	F
15	1234.93	961.78	Ag	F
16	1337.33	1064.18	Au	F
17	1357.77	1084.62	Cu	F

注：V 为蒸汽压点；G 为气体温度计点；M 为熔化点；F 为凝固点；T 为三相点。

6.1.3 测温方法分类

测量温度的方法很多，根据测温原理不同大致可归纳为两类：接触法和非接触法。

1. 接触法

接触法是基于热平衡原理，测温敏感元件（传感器）直接与被测物体接触，在足够长时间内使敏感元件与被测点达到热平衡，通过测量敏感元件与温度有关的特性（如热膨胀、电阻值、热电交换、热辐射等）参数，从而实现温度的测量。

接触法的特点：由于敏感元件与被测物体接触，因而测量比较直观、可靠，其缺点是感温元件直接影响被测物体温度场的分布；该方法需要使测温元件与被测物体达到热平衡，因而测温时会产生较大的时间滞后，为了减小由此带来的误差，测量范围通常在 1600℃以下；另外温度太高和腐蚀性介质对感温元件的性能和寿命会产生不利影响。常用的温度计如膨胀式温度计、热电阻温度计、热电偶温度计等均属于接触式温度计。

2. 非接触法

测温敏感元件不直接与被测物体相接触，而利用物体的热辐射或其他特性（如声学特性等），通过对辐射能量的检测而实现温度测量。

非接触法的特点：测温敏感元件与被测物体不接触，故可避免接触测温法的缺点，具有较高的测温上限。此外，非接触测温法热惯性小，可达千分之一秒，故便于测量运动物体的温度和快速变化的温度，其缺点在于只能检测物体表面的温度。辐射式温度计是最常用的非接触式温度计。

6.2 稳态温度的测量

测量稳定或变化缓慢的稳态温度时，通常要求测温仪表结构简单、操作简易，常用的仪器有膨胀式温度计、电阻式温度计及热电偶式温度计，下面分别加以介绍。

6.2.1 膨胀式温度计

膨胀式温度计是利用物质的体积随温度的升高而膨胀的特性制成的，根据结构不同，膨胀式温度计又分为以下3类。

1. 玻璃管式液体温度计

玻璃管式温度计是最普通的膨胀式温度计，典型结构如图6.1所示，它由玻璃温包、毛细管和标尺组成。温度计的测温上限取决于所用液体汽化点的温度，下限受液体凝点温度的限制。为了防止毛细管中液注出现断续现象，并提高测温液体的沸点温度，常在毛细管中液体上部充以一定压力的气体。

玻璃管式液体温度计根据温度计内充注液体的不同可分为水银温度计和有机液体温度计两类。前者由于水银不粘玻璃、不易氧化，可获得较高精度，因而使用最广泛，是发动机稳态温度测量的常用仪表。测量环境温度时，可使其感温部分与大气直接接触；测量发动机内流体（如冷却水、润滑油等）温度时，为了保护温度计和便于安装，温度计的感温部分通常不与被测流体直接接触，而是在温度计的管外安装一金属套管，套管底注油，以改善流体与感温部分的传热。

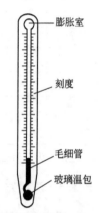

图6.1 玻璃管式温度计的结构示意图

2. 压力式温度计

压力式温度计是由温包、毛细管和弹簧管所构成的密闭系统和传动指示机构，如图6.2所示。密闭系统内充注的是不可压缩流体（如水银、甲醇、二甲苯等）或可挥发性液体（如氯甲烷、氯乙烷、乙醚等）。测量时感温包置于被测流体中，当温度发生变化，密闭系统内流体体积膨胀或蒸汽压力变化，由于弹簧管的截面为椭圆形，其长轴和短轴方向截面受力不均，因而弹簧管发生变形，由连杆机构带动指针偏转，从而实现温度的测量。

压力式温度计可通过改变毛细管的长度实现远距离测温（可达20m），其操作简单，故广泛用于发动机冷却水、润滑油等温度的测量。在使用时需要注意，感温部分与被测介质要充分接触，并保证毛细管固定牢靠。

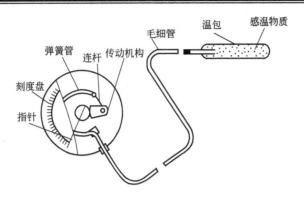

图 6.2 弹簧管压力式温度计的结构示意图

3. 双金属温度计

双金属温度计是利用线胀系数不同的两种金属构成的金属片作为感温元件,如图 6.3 所示。当温度发生变化时,两种金属的膨胀不同,双金属片产生于被测温度成正比的变形,其偏转角 α 即反应被测温度的大小。将偏转角通过连杆传动机构带动指针偏转,指示出温度数值。双金属片温度计可以做得很小,这是相对于玻璃管膨胀式温度计的一个最大优势,另外,这种温度计成本低、坚固、抗振性好,其测温范围为 $-60℃\sim 500℃$。

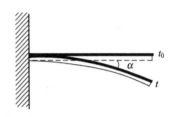

图 6.3 双金属温度计原理图

6.2.2 电阻式温度计

电阻式温度计又称热电式温度计,它是利用金属电阻或半导体热敏电阻随温度变化的特性来测量温度的。根据采用材料的不同,电阻式温度计又可分为金属丝温度计(简称电阻温度计)和半导体热电阻温度计(简称热敏电阻温度计)两种。

1. 金属丝温度计

由物理学可知,一般金属具有正的电阻温度系数,即电阻值随温度的升高而增加。在一定的温度范围内,电阻与温度的关系可表示为:

$$R_t = R_0[1+\alpha(t-t_0)] = R_0(1+\alpha\Delta t) \quad (6-4)$$

式中:R_t 为温度 t 下的电阻值;t_0 为环境温度;R_0 为 0℃ 下的电阻值;α 为电阻的温度系数,与材料有关。

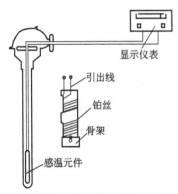

图 6.4 铂热电阻温度计的结构示意图

金属丝温度计主要由电阻体、保护套管、骨架和引线等部件组成,如图 6.4 所示。电阻体是温度的敏感元件,可用于测温的金属丝材料有铂、镍、钨、铜、银、金等,其中铂电阻的测温范围较宽,电阻率在较大的温度范围内呈线性变化,稳定性好,应用最为广泛。保护套管是为了使热电阻免受腐蚀性介质的侵蚀和机械损伤。骨架是用来缠绕、支撑或固定电阻丝的支架,其质量的好坏直接影响热电阻的技术性能,常用的骨架材料有云母、石英、陶瓷等。引线是构成热电阻电路所必需的通道，因其具有一定的阻值，并随温度的变化而变化，故会引起一定的测量误差。常用的引线材料有铂、金、铜丝等。

金属丝电阻温度计的主要优点是测温范围广、精度高，尤其适用于低温测量。但由于电阻温度系数小，测温元件尺寸较大，因而它不适用于测量局部温度。

2. 热敏电阻温度计

热敏电阻是多种金属氧化物混合体（如锰、铜、铁、镍等）按一定比例混合熔烧而成的。热敏电阻的阻值随温度的升高而减小，即具有负的温度系数，它的特性曲线如图6.5所示。根据半导体理论，热敏电阻在温度 T 时的电阻值 R 为

$$R_T = R_0 e^{\left(\frac{B}{T}-\frac{1}{T_0}\right)} \tag{6-5}$$

式中：R_0 为温度为 T_0 时的电阻值；B 为常数，在温度为 2000～4500K 范围内，通常取 $B=3400$K。

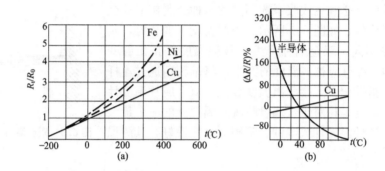

图6.5 金属与半导体的电阻—温度特性曲线

由式(6-5)可求得电阻的温度系数为：

$$\alpha = \frac{dR/dT}{R} = -\frac{B}{T^2} \tag{6-6}$$

由式(6-6)可见，热敏电阻具有负的温度系数，且阻值随温度的变化是非线性（接近指数曲线）的。与金属丝热电阻比较，热敏电阻具有温度系数大、灵敏度高的优点，可以测到 0.001～0.005℃ 微小温度的变化。另外，热敏电阻的尺寸较小、热惯性小、动态响应好，可用于瞬态温度的测量，但其缺点是非线性大、老化较快、性能不稳定、互换性差。不过随着半导体工业的发展，这些缺陷会得到逐步的改善。

6.2.3 热电偶式温度计

热电偶温度计是内燃机试验中最常用、也是最重要的测温仪表，它具有结构简单、测温范围广、精度高、尺寸小、动态响应好等优点，可适用于稳态测量、快速动态测量、点温测量及固体表面温度测量；便于实现远距离多点集中测量、数字显示及自动记录、控制。热电偶的工作原理前已介绍，可参见3.6.1节。

1. 结构及型式

一般工业用热电偶是由热电极、绝缘体、保护套管及接线盒组成的，如图6.6所示。热电偶接点的安装型式有：露头型、绝缘型和接地型，如图6.7所示。露头型适用于要求响应

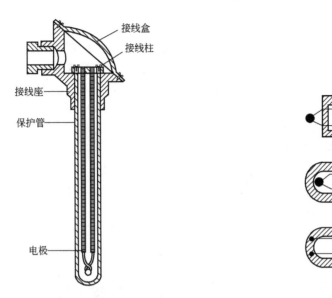

图 6.6 工业热电偶结构示意图　　6.7 热电偶的接点的安装型式示意图

快、灵敏度高的场合；绝缘型适用于高温及防止热电偶接点与被测介质接触而受损的场合；接地型适用于热电偶接点不宜与被测介质直接接触而又要求相应快、灵敏度高的场合。

普通工业用热电偶虽应用最广，但它体积大、热惯性大，因此，20 世纪 60 年代出现了一种较为轻便的铠式热电偶，它是将热电极、绝缘材料和金属保护套管制成一体的热电偶。热电极有单芯、双芯和四芯共 3 种。根据需要接点也可做成露头型、绝缘型和接地型，如图 6.8 所示。保护套管与热电极之间的绝缘材料为氧化铝或三氧化二铝，保护套管的材料常为不锈钢或镍基高温合金，当被测温度在 2300℃ 以上时常采用钽、钨等。铠式热电偶具有外形尺寸小、可任意弯曲、根据需要取舍长度、动态特性好、耐振的优点，因而广泛适用于快速、小惯性以及小管径内的测温，并具有逐步取代工业热电偶的趋势。

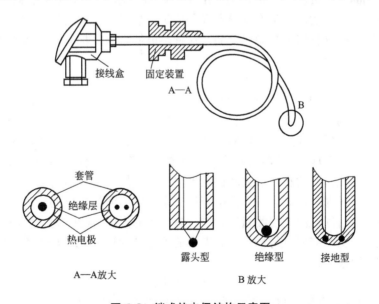

图 6.8 铠式热电偶结构示意图

2. 安装要求

为了减小测量误差，热电偶在安装时测温元件应与被测介质形成逆流，即测温元件应迎着被测介质的流向插入。若不能采用逆流，可采用迎着被测介质流向斜插，至少与被测介质正交，尽量避免形成顺流，如图 6.9 所示。另外在测温元件插入处附近的管道或容器壁外要有足够的绝缘层，以减少由于辐射和导热损失而引起的误差。图 6.10 示出了传感器不同安装方法所产生的不同测量结果。传感器(1)安装于弯管处，感温部分迎着介质流动方向，且位于管道中心线上介质流速最高处，并且外露部分用绝热材料覆盖，因此传感器(1)可以测得真实温度；传感器(2)、(3)、(4)和(5)为径向安装；传感器(3)的保护套管的管壁较厚，增大了误差；传感器(4)的插入深度过浅，误差较大；传感器(5)的外露部分过大又无绝热材料覆盖，因此误差最大。

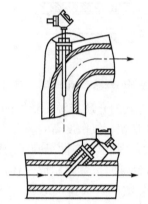

图 6.9　测温元件的安装示意图　　图 6.10　热电偶安装方式不同产生的误差

3. 特殊热电偶

利用热电偶测量汽缸内燃气温度时，由于内燃机工作时汽缸内气流温度可达 2000 K 以上，同时强烈的气流运动带来温度分布极不均匀，故要精确地测量汽缸内温度存在很大的困难，在此需要一种特殊的高温热电偶，这种热电偶必须结构紧凑、耐高温。下面就介绍几种形式的高温热电偶。

1) 高温热电偶

为适应汽缸内燃气的高温环境，为此采用一种新型的高温材料——高温晶碳化硅复合氮化硅作为热电偶的保护壳体，这种材料具有耐高温、耐振动、耐热冲击和抗氧化性好等优点。减小这种热电偶的导热误差最简单的方法就是增大偶丝伸入燃气流中的长度。一般而言，当长径比大于 10 时，导热误差可不予考虑。由于该热电偶没有采取任何冷却措施，从而大大地减小了热接点的辐射损失和偶丝导热损失，提高了测温精度。

在测量高温、高速气流时，一方面由于气流本身的温度是变化的，另一方面由于热电偶具有一定的响应时间，因此在测量过程中，热电偶的温度会随时间发生改变且并不等于气流的实际温度。为此需要进行修正，热电偶的测量端的瞬时温度与气流真实温度之间的关系可用式(6-7)表示：

$$T_g = T_j + (T_g - T_{j0})e^{-t/\tau} \qquad (6-7)$$

式中：T_g 为被测气流真实温度；T_j 为热电偶测量端的瞬时温度；T_{j0} 为热电偶的初始温

度；τ 为热电偶的时间常数；t 为从热电偶插入到被测气流中到测量端温度升高到 T_j 时所经历的时间。

2) 抽气式热电偶

为了提高测量精度，抽气式热电偶采取两种措施：一是加隔热罩，减少热辐射误差；二是通过抽气，造成局部高速，提高热电偶与被测流体间的对流换热系数。抽气式热电偶主要由热电偶元件、遮热套管和水冷抽气套管、抽气系统、二次仪表等构成，如图 6.11 所示。测量时，压缩空气以高速流经拉伐尔管时，在喷射器端部造成很大的抽力，带动被测高温气体以高速流经热电偶的测量端，从而增大测量端的对流换热系数，同时加上遮热套管的屏蔽作用，这样抽气式热电偶的测量温度便可接近气体的真实温度。

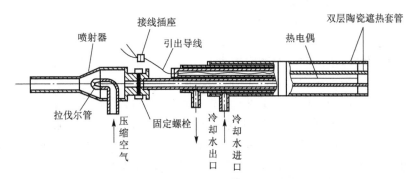

图 6.11 抽气式热电偶的结构示意图

对于抽气式热电偶，选择合适的抽气速度对测量结果至关重要。抽气速度主要决定于隔热罩的结构形式、被测介质的温度和测量环境，如测量的烟气温度在 600~1500℃ 范围内，抽气速度可选择为 30~120m/s。若抽气速度过小，测量温度偏低；抽气速度过大，如大于 200m/s，则由于气体绝热膨胀的影响，测量温度也偏低。对于不同结构形式的热电偶，在不同的测温条件下，合适的抽气速度通常由试验决定。

利用抽气式热电偶测得的温度并非被测流体的真实温度，必须进行修正，其修正公式为：

$$T_g = \frac{T_d - T_0}{\eta} + T_0 \qquad (6-8)$$

式中：T_g 为流体的真实温度；T_d 为抽气时热电偶的温度；T_0 为不抽气时热电偶的温度；η 为抽气热电偶的效率，可通过求解物理模型或试验方法确定。

3) 快速消耗型热电偶

快速消耗型热电偶的主要特点是热电偶元件很小，每次测量后可进行更换。热电极一般采用直径为 0.1mm 的铂铑—铂和铂铑—铂铑等材料制造，热电极和石英保护管尺寸很小，从而减小热容量，提高动态响应，其基本结构如图 6.12 所示。

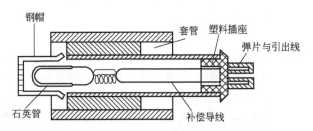

图 6.12 快速消耗型热电偶的结构示意图

测量时，热电偶插入到被测高温介质后，保护帽随即熔化。此时 U 形石英保护管和热电偶即暴露于被测介质中，由于石英管和热电偶的热容量均很小，因此能够快速反应出介质的温度，反应时间一般为 4~6s。测温后，许多部件被烧毁，因此，这种热电偶称为消耗式热电偶，其中铂铑丝可回收。这种热电偶的测温结果可靠、互换性好、准确度高，目前主要用于高温液体金属的测量，如钢液的温度测量等。

4. 标定

热电偶允许的测量误差在国家标准中都是有规定的，因此热电偶除了在出厂之前必须进行标定之外，在长期的使用或保管过程中，测量端受到氧化、腐蚀等影响，其特性也会发生变化，因此在使用热电偶之前，必须核对其误差是否符合国家标准，即热电偶的标定。目前标定方式有两种，即静态标定和动态标定。

1) 静态标定

静态标定有两种方法：定点法和比较法。前者是利用纯元素的沸点或凝固点作为温度的标准，后者标定系统示意图如图 6.13 所示，它是最常用的标定方法。标定时，将被标定热电偶和标准热电偶的工作端置于管式电炉的恒温器，冷端置于装有冰水混合物的冰点槽内，以保持冷端温度为 0℃，并与电位差计连成回路。开启恒温器电源开关，通过调节电接点水银温度计，使恒温器内温度自动控制在所需要的任一温度，同时读出两热电偶在对应温度点的热电势值，然后通过量值比较确定被标定热电偶的误差。该标定系统可以利用一支热电偶同时标定多支热电偶，但应安排好测量序号，并且在每个标定点上采用正反交替的方式多次读取数据。

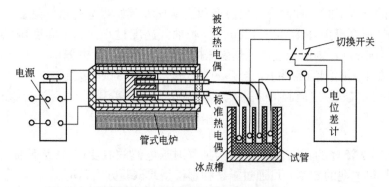

图 6.13　热电偶静态标定系统(比较法)示意图

静态标定由于在标定过程中需要若干点的温度的稳定值，并且温度的调整通过电接点水银温度计完成。温度每调整一次，需要较长的时间能够再次达到稳定，因而标定时间长，另外标定过程中，温度值与热电势值均由人工读取，故不可避免地带来了读数误差。为了克服上述缺陷，目前已采用动态标定方法。

2) 动态标定

动态标定装置是将计算机数据采集系统代替图 6.13 所示的装置中的电位差计。其工作原理是在测试过程中，在电接点温度上升的任一时刻，被测热电偶和标准热电偶同时在同一温度下给出两个热电势信号，即模拟量。通过 A/D 转换，由于标准热电偶的温度与热电势的函数关系已知，可将标准热电偶输出的热电势信号转换成温度，然后通过微机绘制出被测热电偶的热电势—温度特性曲线，并实时显示。数据采集系统是动态标定装置的关键，它主要由硬件和软件两部分组成，图 6.14 为硬件系统的配置图。数据采集系统软件包括中断采集处理程序、采样数据及波形和图形监视、数据采集和处理 3 个模块。

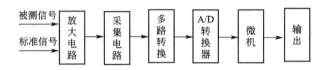

图 6.14　动态标定装置的硬件系统的配置图

热电偶动态标定系统对数据实行定时采集，且热电势与温度可在同一瞬时采集，这样就无需使温度稳定在某一定值上再测热电势，电接点温升为一连续过程，节省了温度从波动到稳定的时间，因而将标定所需时间大大地缩短了。

6.2.4　温度测量误差分析

鉴于上述接触式测温仪表，测温传感器与被测介质相互接触，因而传感器的探头会吸收被测介质的热量，并通过保护套管、连接元件、导线等以辐射和热传导方式向介质流通的管道壁及外界散发热量。由于这种热交换的存在，传感器所感知的温度与被测介质的实际温度之间必然产生一个温差，故导致测量误差。

1. 热辐射引起的误差

假设沿测温传感器保护套管的导热损失忽略不计，则由于传感器感温部分向周围辐射传热产生的测量误差可由式(6-9)给出：

$$\Delta t_f = \frac{C_0 \varepsilon}{\alpha} \left[\left(\frac{T_k}{100} \right)^4 - \left(\frac{T_w}{100} \right)^4 \right] \quad (6-9)$$

式中：C_0 为绝对黑体辐射系数，$C_0 = 5.67 \text{W}^2/(\text{m}^2 \cdot \text{K}^4)$；$\varepsilon$ 为辐射换热系统发射率，由于发生辐射换热的感温部分表面积远小于容器内壁面积，则 ε 为传感器感温部分表面发射率 ε_k；α 为被测介质向传感器感温部分表面的对流换热系数；T_k 为传感器感温部分的绝对温度；T_w 为容器内壁面温度。

由式(6-9)可见，要减小辐射引起的测量误差应使感温部分表面尽量光滑，以减小其发射率 ε_k，同时应改善对流换热条件以提高对流换热系数，此外应减小产生辐射换热两部分间的温度差，即测温元件的温度与容器内壁温度越接近，误差越小，为此可在管道外加绝热覆盖层或者在传感器感温部分的周围加一热容量小的防辐射隔离罩以提高温度 T_w。

2. 热传导引起的误差

由于传感器的感温部分较其他部分的温度高，因此有一部分热量将传递给温度较低的部分，从而引起测量误差。热传导引起的误差可由式(6-10)表示：

$$\Delta t_p = \frac{t - t_0}{\text{ch}\left[L \sqrt{\dfrac{hS}{\lambda f}} \right]} \quad (6-10)$$

式中：Δt_p 为热传导引起的测量误差；t 为被侧介质温度；t_0 为保护套管座处温度；L 为感温部分插入被测介质的深度；h 为被测介质向感温部分的对流换热系数；S 为感温部分外

圆周长，$S=\pi D$；λ 为感温部分材料的导热系数；f 为感温部分的截面积，$f=\dfrac{\pi}{4}(D^2-d^2)$；$D$ 和 d 分别为感温部分的外径和内径；ch 为双曲余弦函数，$\mathrm{ch}x=\dfrac{e^x-e^{-x}}{2}$。

由式(6-10)可见，要减小热传导引起的误差，应使保护旁管座处温度与被测介质温度尽量接近，为此须将管道外壁及保护套管座处均加绝热材料覆盖，增大感温部分的插入深度，并采用较薄的保护套管，以提高 s/f。

3. 高速气流滞止引起的速度误差

当被测介质为高速流动时，由于感温元件置于管道中心，则在感温元件迎流端部产生介质动能转换为热能的现象，造成测温元件附近温度升高，高于实际气体温度。当被测介质流速高于 50m/s 时，此项误差已不可忽略，其值可由式(6-11)表示：

$$\Delta T=T^*-T_g=(1-\gamma)\dfrac{v^2}{2gc_p} \quad (6-11)$$

式中：T^* 为测量温度，也称有效温度；T_g 为气流温度；γ 为恢复系数或称为复温系数，其值与气体的性质、传感器感温部分结构及安装方式有关，通常由实验确定；v 为气体流速；c_p 为气体定压比热容。

由式(6-11)可见，减小速度误差可增大恢复系数 γ，由于气流不会绝热完全滞止，故 $\gamma<1$，对于裸露的热电偶，通常 $\gamma=0.6\sim0.9$。实际测量中常采用加屏蔽罩的方式来增大恢复系数，目的是使高速气流尽可能的屏蔽下来，如图 6.15 所示。另外图 6.15(a)中的屏蔽罩上开有小孔，其作用是增强气流对热电偶的对流换热以减小导热与辐射的热损失。

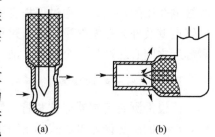

图 6.15 带屏蔽罩的热电偶结构示意图

6.3 瞬态温度测量

瞬态温度测量仪器不仅要求灵敏度高、精度高、耐高温、耐高压、耐冲击等，同时重要的还要求有良好的频响特性及极短的滞后时间。目前用于瞬态温度的测量仪表主要有热电阻（或热电偶）和辐射式温度计，本节重点介绍后者。

6.3.1 辐射测温的基本原理

任何高于绝对零度(-273.15℃)的物体总是以一定的电磁波波长向外辐射能量，能量的强度取决于物体的温度。通过计算已知波长上发射的辐射能，便可获取物体的温度，这就是辐射温度计的测温原理。辐射温度计根据测量波长的范围不同可分为两类：部分辐射温度计和全辐射温度计。部分辐射温度计是测量物体某一特定波长上的能量，属于这一类的温度计有亮度温度计、比色温度计及红外测温仪等；全辐射温度计是测量物体全部波长或至少很宽波长（如可见光波长等）范围内的所有能量。

1. 普朗克定律与维恩公式

普朗克定律：绝对黑体的辐射能力与温度有关，随辐射线波长而变化。不同温度下黑体的单色辐射强度与波长之间的关系为：

$$E_{0\lambda} = C_1 \lambda^{-5} (e^{\frac{C_2}{\lambda T}} - 1)^{-1} \qquad (6-12)$$

式中：$C_1 = 3.68 \times 10^{-16} \text{W/m}^2$ 为普朗克第一辐射常数；$C_2 = 1.438 \times 10^{-2} \text{m} \cdot \text{K}$ 为普朗克第二辐射常数；λ 为波长，m；T 为黑体的热力学温度，K。

温度在 3000K 以下时，普朗克公式可用维恩公式代替，误差在 0.3K 以内，维恩公式为：

$$E_{0\lambda} = C_1 \lambda^{-5} e^{-\frac{C_2}{\lambda T}} \qquad (6-13)$$

不同温度下黑体的光谱辐射强度随波长连续变化，且存在一个峰值，随着温度升高，该峰值向短波方向移动。单色辐射强度峰值处的波长 $\lambda_{\max}$ 和温度 T 之间的关系可用维恩位移定律表示为：

$$\lambda T_{\max} = 2.897 \times 10^{-3} (\text{m} \cdot \text{K}) \qquad (6-14)$$

利用此定律可以方便估计出任何物体的温度辐射所处的波长区域，如一般室温 300K 的黑体，按此式计算出其辐射波长的峰值为 9.7，因此是集中在 8~12 之间的红外波段内。

2. 斯蒂芬-波尔兹曼公式（四次方定律）

普朗克公式仅表示出黑体单色辐射强度随温度变化的规律，而关于黑体的全辐射强度与温度的关系，可由斯蒂芬-玻尔兹曼定律确定，即单色辐射强度在热辐射全部波长范围内积分，可表示为：

$$\begin{aligned} E_b &= \int_0^\infty E_{b\lambda} d\lambda \\ &= \int_0^\infty C_1 \lambda^{-5} (e^{\frac{C_2}{\lambda T}} - 1)^{-1} d\lambda = \sigma_0 T^4 \end{aligned} \qquad (6-15)$$

式中：σ_0 为斯蒂芬-玻尔兹曼常数，$\sigma_0 = 5.67 \times 10^{-8} \text{W/(m}^2 \cdot \text{K}^4)$。

式(6-15)亦称为黑体的四次方定律或全辐射定律。图 6.16 给出了 E_b 和 $E_{b\lambda}$ 随温度变化的曲线，由图 6.16 可见，当温度升高时单色辐射强度要比全辐射出射度增长快得多，这就是后面讲到的单色辐射高温计要比全辐射高温计灵敏度高的原因。

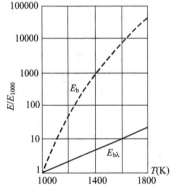

图 6.16 单色辐射强度和全辐射强度随温度的变化关系

6.3.2 部分辐射温度计

部分辐射温度计是通过滤光片及传感元件有选择的测试物体在某狭窄波段范围内发出的单色辐射能，并由此来确定物体的表面温度的。

1. 单色亮度温度计

单色亮度温度计是利用亮度比较取代辐射强度。当物体的温度高于 700℃ 时就会明显发出可见光，并具一定的亮度，其单色亮度与单色辐射强度成正比，即：

$$B_{0\lambda} = C_0 E_{0\lambda} \tag{6-16}$$

式中：C_0 为比例系数。

将维恩公式代入式(6-16)，可得物体和黑体的亮度公式分别为：

$$B_{0\lambda} = C_0 C_1 \lambda^{-5} e^{-\frac{C_2}{\lambda T_s}} \tag{6-17}$$

$$B_\lambda = C_0 \varepsilon_\lambda C_1 \lambda^{-5} e^{-\frac{C_2}{\lambda T}} \tag{6-18}$$

式中：T_s 为黑体的温度；λ 为单色辐射波长；ε_λ 为物体的发射率；T 为物体的温度。

若上述物体与黑体的亮度相同，可得：

$$\frac{1}{T} = \frac{1}{T_s} - \frac{\lambda}{c_2} \ln \frac{1}{\varepsilon_\lambda} \tag{6-19}$$

在给定单色辐射波长下，若已知物体的发射率和光学高温计所测得的温度，利用式(6-19)便可求得物体温度。其中，T_s 又称为亮度温度，可定义为当物体在辐射波长为 λ、温度为 T 时的亮度与黑体在相同波长下、温度为 T_s 时的亮度相等，则称 T_s 为物体在该波长下的亮度温度。由于 $0 < \varepsilon_\lambda < 1$，故 $T > T_s$，也就是说从光学高温计直接测得的温度低于实际物体的温度，因此必须根据物体表面的发射率利用式(6-19)加以修正。

1) 灯丝隐灭式光学高温计

灯丝隐灭式光学高温计是目前最常用的辐射式温度计，其精度最高，常用于复现黄金凝固点以上的国际实用温标。图 6.17 为灯丝隐灭式光学高温计的原理图，其具体工作过程如下。调整物镜，使被测物体成像在高温计灯泡的灯丝平面上。调整目镜，使被测物体成像清晰。调整可变电阻，通过变化灯泡灯丝的加热电流，改变灯丝的亮度，直至灯丝隐灭在物体的像中(如图 6.18 所示)，即认为两者亮度相等。而灯丝电流与亮度的关系已知，电流的读数用温度直接刻度，此时温度计所测得的温度即为亮度温度，通过式(6-19)修正即可得到物体的真实温度。上述测量过程中的吸收玻璃的作用是通过减弱热源进入仪表的亮度来提高测温上限的，这是因为当钨灯丝温度超过 1400℃ 时，钨丝可出现升华现象。红色滤光片的作用是获得人眼较敏感的红光波段($\lambda = 0.6 \sim 0.7 \mu m$)，其有效波长为 $0.66 \mu m$，从而保证获取的是单色辐射光。由于人眼只能看到可见光，温度太低，亮度太弱，人眼就无法辨认，故光学高温计的测温下限一般为 $700 \sim 800℃$。

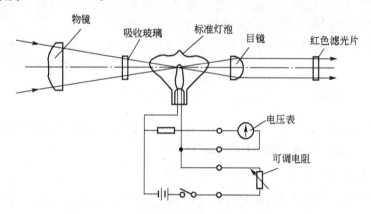

图 6.17 灯丝隐灭式光学高温计的原理图

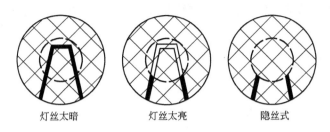

图 6.18　隐丝光学高温计的亮度调整图

２）光电高温计

由于光学高温计是用亮度平衡方法靠人眼判读，故不能进行自动测量，这就使得光学高温计不能够实现温度的自动化测量、记录与控制，使它在生产现场的应用受到限制。后来人们利用光电检测元件代替人眼，发展了光电高温计。目前应用的光电检测元件有光敏电阻和光电池两种，前者主要用于测量低温（100～700℃），后者用于测量高温（700℃以上）。

2. 比色式温度计

比色式温度计是利用两种不同波长的辐射强度的比值来测量温度，故又称为双色高温计。对于发射率为 ε_λ 的物体其单色辐射强度为：

$$E_\lambda = \varepsilon_\lambda C_1 \lambda^{-5} e^{-\frac{C_2}{\lambda T}} \tag{6-20}$$

则两个单色波长为的同温度的辐射强度之比为：

$$\frac{E_{\lambda 1}}{E_{\lambda 2}} = \left(\frac{\lambda_2}{\lambda_1}\right)^5 e^{\frac{C_2\left(\frac{1}{\lambda_2}-\frac{1}{\lambda_1}\right)}{T}} \frac{\varepsilon_{\lambda_1}}{\varepsilon_{\lambda_2}} \tag{6-21}$$

即：

$$T = 1 \Big/ \left[\left(\ln \frac{E_{\lambda 1}}{E_{\lambda 2}} - A - P\right) B\right] \tag{6-22}$$

式中：$A = 5\ln\frac{\lambda_2}{\lambda_1}$；$B = C_2\left(\frac{1}{\lambda_2}-\frac{1}{\lambda_1}\right)$；$P = \ln\left(\frac{\varepsilon_{\lambda_1}}{\varepsilon_{\lambda_2}}\right)$。

由式（6-22）可见，对于黑体有 $\varepsilon_{\lambda_1} = \varepsilon_{\lambda_2} = 1$，灰体有 $\varepsilon_{\lambda_1} = \varepsilon_{\lambda_2}$，此时具有 $P = 0$。因此在利用比色温度计测量灰体时，其温度测量值与等辐射强度比的黑体温度相等，故无需修正。

图 6.19 为单通道光电比色式高温计的原理图。被测物体的辐射能经物镜组聚焦，经过调制盘被硅光电池接受。调制盘上装有两种不同颜色的滤光片，同步电动机带动调制盘转动。这样，硅光电池交替的接受两种不同波长的光束，并输出两个相应的电信号。

比色式温度计最大的优势在于减小了物体发射率对测量结果的影响。测量时，只要针对被测物体的辐射特性以及中间吸收介质的光谱吸收特性，合理选择两个工作波段，即可大大减小因被测体发射率变化以及中间介质吸收的影响而引起的误差。为了进一步减少发射率影响，人们又发展了三波长甚至更多波长的测温仪。当物体的发射率与波长成线性关系时，三波长法可测得物体的真实温度；对于多波长辐

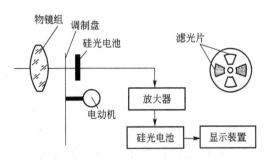

图 6.19　比色式温度计的工作原理示意图

射温度计来讲，由于其测温理论及技术比较复杂，在此不做细致讨论，有兴趣的读者可以参阅相关专著。

6.3.3 全辐射温度计

全辐射温度计是在整个光谱范围内测量被测表面的辐射量。根据四次方定律，对于发射率为 ε 的物体其全辐射强度为：

$$E=\varepsilon_\lambda \sigma_0 T^4 \tag{6-23}$$

若该物体的全辐射强度与某个基准温度 T_1 下的黑体的全辐射强度相等，则有：

$$\varepsilon \sigma_0 T^4 = \sigma_0 T_1^4$$

即：

$$T=T_1\sqrt[4]{\frac{1}{\varepsilon}} \tag{6-24}$$

式中：T_1 为辐射温度。

由式(6-23)可见，只要测量出被测物体的全部辐射能，就可得到物体的温度，为此需要用绝对黑体来接受被测物体所发出的包含所有波长的辐射能。通常选取一表面粗糙并涂黑的金属铂片近似黑体，假设铂片的热容量一定，则铂片接受到一定辐射热量后温度升高，铂片的温度即可反映被测物体的温度。图 6.20 为全辐射温度计的原理示意图，为了增大测温范围，铂片可以采用热电偶堆感受。热电偶堆是由 16 对或 8 对热电偶串联而成的，每对热电偶的热端焊接在靶心镍箔上，冷端有考铜箔串联起来，以此获得较大的电动势，通过显示仪表或记录仪表对电动势的测量进而可得到被测物体的温度，其结构示意图如图 6.21 所示。

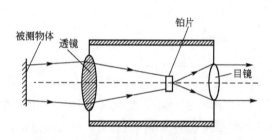

图 6.20 全辐射温度计的原理示意图

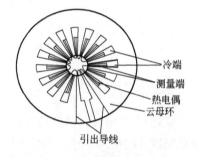

图 6.21 热电偶堆结构示意图

由式(6-24)可知，由于 ε 总小于1，故全辐射温度计测到的辐射温度永远低于物体的实际温度，ε 越小，辐射温度降低得越显著，因此该温度计常用于测量具有高发射率的表面温度。

6.3.4 红外测温仪

辐射式温度计的测温范围理论上是不受上限限制的，同样可以向中温范围(0～700℃)扩展，但是在此温度段内，物体所发出的辐射能不再是可见光而全是红外辐射，故上述介绍的辐射式温度计不再适用，而需要利用红外探测器(如热敏电阻、热电偶或光电池等)来检测。图 6.22 为红外测温仪的典型系统框图，当被测物体发出的红外辐射经光学系统聚焦后照射到红外探测器上，并转换成电信号，再通过放大电路、补偿电路及线性处理后，在显示终端显示被测温度值。

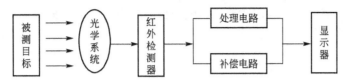

图 6.22 红外测温仪的典型系统框图

红外测温仪也属于辐射温度计，同样可分为部分辐射式和全辐射式。图 6.23 为红外光电测温仪的结构原理示意图，它和光电高温计的工作原理相似。被测物体和参考源发出的辐射能由光学系统聚焦，经光栅盘调制后变为一定频率的光能照射在红外探测器上，经电桥转换为交流电压信号，放大后输出显示并记录。光栅盘由两片扇形光栅板构成，一块为定板，一块为动板。动板受同步电动机带动，按一定频率转动，实现开（透光）和关（不透光），这样使入射能转变为一定频率的能量作用在探测器上。

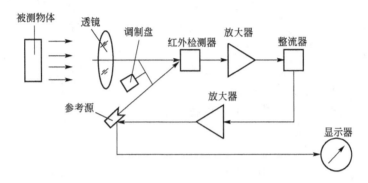

图 6.23 红外光电测温仪的结构原理示意图

近年来，利用红外辐射原理，通过扫描技术将它的热辐射温度分布的数值转换成热图像，制造了各种各样的热像仪，它的分辨力在 0.01℃的范围内，在许多行业发挥了其应用价值。

辐射测温法目前已成为研究内燃机缸内温度场分布的主要测试手段，除了前面介绍的几种测温方法外，辐射测温方法还包括纹影法、阴影法、干涉法、多色法、辐射吸收法和莫尔偏折法等，由于篇幅有限，故在此不做介绍。

6.4 零部件温度的测量

随着发动机性能的提高，其受热零部件（尤其是活塞）的温度随之增高，热负荷增大，因而极易产生热变形、裂纹甚至烧结等。为了分析上述现象产生的原因并探讨解决的方案，往往需要测量发动机的零部件的温度场。目前零部件的温度测量方法主要有两大类：电测法（热电偶法、红外遥感法等）和非电测法（易熔合金法、硬度塞法和示温涂料法）。下面将分别介绍各测温方法的基本原理、特点及适用范围。

6.4.1 电测法

1. 热电偶法

热电偶法是所有现代活塞温度测量法的基础，它测量可靠、精度较高、能够实现发动机各种工况下的零部件温度的连续测量,因而目前应用最广。根据温度信号的引出方式不同,热电偶法又可以分为接触法和引线法两种,前者通常用于高速发动机,而后者用于中、低速发动机上。下面以活塞温度测量为例,分别介绍这两种方法的测量原理。

1) 引线法

引线法是在连杆的基础上采用附属机构将热电偶导线引出缸体外,并与数据采集电路相连接。由于活塞的往复运动,难以保证导线长期测量不折断,目前大多采用摇杆机构、软性导线及弹簧片直接从活塞上引出。图6.24为一热电偶导线引出示意图。如图6.24所示,在连杆的大头盖下特制一轴承体,杆1绕此轴承运动。固定于曲轴箱外的箱体将机构的运动传输到机件之外,热电偶导线通过摇杆机构引出。为了避免小曲度弯曲造成导线折断,通常在连杆小头过渡处利用弹簧钢带绕过小头,并将钢带固定在杆1和杆2的两点上,然后引出箱体外,最后将热电偶导线固定在钢带上。为了增加热电偶的使用寿命,可将热电偶线绕成螺旋形,以减少运动疲劳载荷。

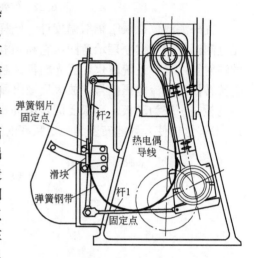

图6.24 热电偶导线引出示意图

2) 接触法

对于高转速的发动机若采用引线法测量,难以保证热电偶导线长期工作的可靠性。当曲轴箱比较紧凑时,则整个机构的布置也比较困难,因而对于高速发动机的活塞温度测量通常采用接触法。

接触法是当活塞运行至接近下止点时,活塞上热电偶通过接触装置和仪表相通。触点是接触法的关键元件,其好坏及使用寿命直接影响测量结果的正确与否,因而触点必须满足两个要求:一是必须保证和热电偶的材料相同,从而避免产生附加电势;二是必须具有良好的导电性能、接触性能及足够的机械强度。触点的结构型式很多,常用的有插针式触点装置、弹性触点装置和滑片式触点装置,图6.25示出了这3种触点装置的安装示意图。

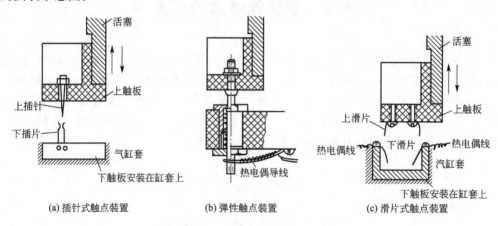

图6.25 热电偶触电装置的安装示意图

热电偶测温法测试活塞的温度精度高、响应快、寿命长，可方便实现不同工况下的活塞温度的测量，但热电偶信号的引出困难、工作量大、不易操作。

2. 红外遥感法

红外遥感测量系统是一种将热电偶信号转换成电信号，通过红外遥感装置输出缸外的测试系统，该系统精度高、抗干扰能力强，是比较理想的内燃机活塞温度测试系统。其工作原理是在活塞预测部位布置好热电偶，通过热电偶将测点的温度信号转变成电压信号，再用电压/频率转换器使之转变成为频率信号，频率信号驱动红外发光二极管发送红外光脉冲。接收端的光敏三极管接收红外光脉冲，经反变换之后通过接收器记录的电压值反映出测点的温度值。

红外遥测技术是靠点传送信号的，其响应速度很快、高温性好、运行可靠，精度可以达到±2.5℃，但此方法也有其局限性，它的结构复杂，活塞上每个测点均需要相应的发送和接收通道，因而成本较高，一般适用于高速发动机零件的测量。

6.4.2 非电测法

1. 易熔合金法

易熔合金法是利用某种给定成分的合金其熔点一定的特性实现零部件的温度测量。当合金熔化时表明温度至少达到了该合金的熔点温度。测量时首先在被测部件的测量部位钻3个相距4mm、直径为1.6mm、深3mm的小孔，根据测量部位的估计温度选用熔点温度与被测温度相接近的3种易熔合金，并制成易熔塞分别置于3个小孔中，并使之接触良好。将被测部件在要求工况下运转15~20min后，卸下被测部件，检查易熔塞的熔化情况，将已熔化的合金熔点与相连未熔化的合金熔点的平均温度作为被测部件的温度的平均值。该方法操作简便，但需要事先估计被测零件的温度，因而往往需要多次才能测得温度，另外易熔合金法需要在被测零件上钻若干小孔，从而影响了零件的强度和温度变化。

2. 硬度塞法

硬度塞法是利用金属材料的硬度变化来确定对应温度的方法，即运用淬火后金属材料的硬度随回火温度的升高、硬度值降低这一特性。测量时将材料为滚珠轴承钢淬火后的M2×3mm的螺塞，拧入零件的被测部位。发动机的工况按照从低负荷向高负荷方向过渡，达到待测工况后，稳定运行2h后，拆下被测零件，拧下螺塞，根据受温后螺塞的硬度变化来确定被测部件的温度。硬度塞法是测量发动机温度场的一种方便实用的方法，硬度塞加工容易、安装简便、成本较低。硬度塞可在发动机燃烧室内多点布置，安全可靠，其缺点是只限定于某一工况下的温度，且测温时间较长，精度不高。但在只需了解零件温度的粗略值时，尤其在活塞温度场的测量中，该方法经常被采用，图6.26为某柴油机活塞上硬度塞的分布图。

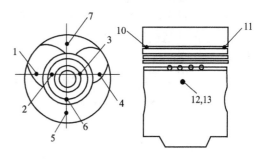

图6.26 活塞硬度塞的分布图

3. 示温涂料法

示温涂料法是利用示温涂料的颜色随温度变化的特性进行测温的,示温涂料是由黏结剂和变色剂组成的。黏结剂起固定作用,将涂料牢固的黏附于零件的被测部位,并且不影响变色剂的颜色。变色剂起检测作用,其颜色随温度变化显著。测量时通常在被测部件的表面涂上厚度为 0.02~0.06mm 的涂料层,在规定工况下运转 15min 后,拆下被测零件的示温涂料,并与标准试片进行对比,从而确定被测温度值。标准试片是将涂有示温涂料的一组试片分别加热到各已知温度,使试片呈现的颜色作为测定温度的标准。

非电测方法测量活塞温度的成本低、稳定可靠、安装方便、没有热电偶的导线引出的问题,其缺点是一次只能测量某种工况下的平均活塞温度,测量精度低,故一般适用于工程测量。

小　　结

温度测量是汽车内燃机试验中的重要项目之一,也是其他动力机械测试中的基本物理量。根据测量项目不同,温度主要归纳为 3 类:稳态温度、瞬态温度和零部件温度。用于稳态温度测量的仪表主要有膨胀式、电阻式和热电偶式,其中热电偶温度计是内燃机试验中最常用,也是最重要的测温仪表,它具有结构简单、精度高、动态响应好等优点,可适用于稳态测量、快速动态测量、点温测量及固体表面温度测量。

辐射式温度计主要用于动态温度的测量,根据其测量波长的范围不同可分为两类:部分辐射温度计和全辐射温度计,考虑到实际物体的黑度影响,前者的精度一般高于后者。

零部件的温度测量方法主要有两大类:电测法(热电偶法、红外遥测法等)和非电测法(易熔合金法、硬度塞法和示温涂料法)。前者测量精度较高,但热电偶的导线引出困难;后者代价小、稳定可靠、安装方便,但缺点是一次只能测量某种工况下的平均活塞温度,测量精度低,一般适用于工程测量。

习　　题

6-1　测温方法主要有哪几类?各类分别有什么特点?

6-2　热电偶的标定是如何操作的?

6-3　接触式温度计的测量误差有哪些?如何采取措施来减小这些误差?

6-4　试分析比较单色亮度法、全辐射法和比色法,3 种温度计的以下性能:①灵敏度;②非黑体造成显示温度与实际温度的差别;③由于所用黑度有误差引起的显示温度的误差。

6-5　对于零部件温度的测量主要有哪几种方法?各自有什么特点?

第 7 章 压力测量与示功图测录

教学提示：压力是研究汽车性能必不可少的物理量，而其中示功图的测录是内燃机测试中重要测试项目之一。本章主要讲解稳、动态压力的测量方法，测量仪器的工作原理，示功图的测录方法及测量误差分析。

教学要求：明确压力的基本概念及其分类，熟悉汽车试验中各项压力的特点、测量方法及各种测压仪表的工作原理，并了解测压仪表的标定方法，同时掌握示功图的测录方法及过程、测量误差分析及减小误差的措施。

垂直作用在物体单位面积上的力称为压强，工程上习惯把压强称为压力。我国法定标准单位为 Pa，$1Pa=1N/m^2$。根据零标准选取方式的不同，通过测量所得到的压力分为绝对压力、表压力和差压力。

(1) 绝对压力：是以完全真空作为零标准的压力，通常记为 p。

(2) 表压力：是以当地大气压作为零标准的压力，记为 p_e；当绝对压力低于大气压时，表压力为负表压，习惯上称之为真空度，记为 p_v。表压力和真空度均为相对压力。通常测压仪表所测得的压力就是指表压力，因此在计算时可采用下式换算成绝对压力，即：

$$p=p_b+p_e \quad \text{或} \quad p=p_b-p_v \tag{7-1}$$

式中：p_b 为当地大气压力。

(3) 差压力：是用两个压力差表示的压力，即以大气压外任意压力作为零标准的压力。

内燃机测试中，压力测量是一项重要测量。按压力变化性质的不同，通常分为两类：一类是稳定的或缓慢变化的压力，如润滑系统滑油压力、冷却系统冷却水压力、大气压力、空气瓶和压力水柜等压力容器压力、离心泵出口压力等；另一类是迅速变化的压力，即动态压力，如汽缸内压力、进排气压力、高压油管中燃油压力等。

7.1 稳态压力测量

稳态压力测量常用的测压仪表有液柱式压力计、弹性式压力计和电气式压力计等，其中液柱式压力计和弹性式压力计最常用。下面分别介绍其工作原理。

7.1.1 液柱式压力计

利用工作液的液柱产生的压力与被测压力相平衡的原理进行测压。其中工作液也称封液，常用的有水、酒精和水银，其主要结构形式有 U 形管压力计、单管压力计和斜管压力计 3 种形式，如图 7.1 所示，其中以 U 形管压力计最为常用。

1. U 形管压力计

在垂直放置的 U 形玻璃管内装有一定量的工作液（如水或水银等）。测量气体压力时，

U形管一端用软管与被测气体相通,另一端与大气相通,如图 7.1(a)所示。U形管内两端工作面的高度差 h 即指示出被测气体的表压力,即:

$$\Delta p = p_1 - p_2 = \rho g h \tag{7-2}$$

式中:ρ 为工作液密度;g 为重力加速度;h 为工作液面高度差。

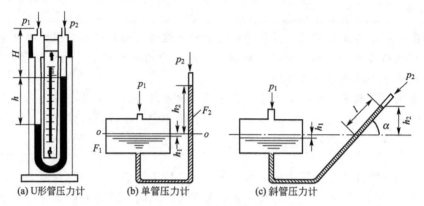

图 7.1 液柱式压力计

2. 单管压力计

单管压力计的结构如图 7.1(b)所示,两端工作面的压力差可表示为:

$$\Delta p = p_1 - p_2 = g(\rho - \rho_1)(1 + F_2/F_1)h_2 \tag{7-3}$$

式中:ρ_1 为左侧介质密度;F_1 和 F_2 分别为容器和测压管的截面积;h_2 为工作液柱的高度。

当 $F_1 \gg F_2$,且 $\rho \gg \rho_1$ 时,则有:

$$\Delta p = g\rho h_2 \tag{7-4}$$

3. 斜管压力计

斜管压力计又称微压计,其结构如图 7.1(c)所示,其两侧工作液的压差为:

$$\Delta p = p_1 - p_2 = g\rho l \sin\alpha \tag{7-5}$$

式中:l 为液柱的长度;α 为斜管的倾斜角度。

由式(7-5)可见,在相同压差下斜管压力计的液柱刻度较 U 形管压力计放大了 $1/\sin\alpha$ 倍,因而提高了测量精度,故适于微压测量,通常测量范围为 2~2000Pa。

液柱式压力计结构简单、价格低廉、测量精度较高,可用来测量缓变的低压、负压和压差,也可用来测量高频变化压力的平均值(如排气压力平均值等)。测量时应根据被测压力大小及要求合理地选择工作液。为了避免小直径玻璃管中的毛细作用,也可用酒精或甲苯做工作液,其缺点是由于受液柱高度及测量精度的限制,测压范围最大不超过 0.2MPa;另外玻璃管易碎,体积也较大。

7.1.2 弹性式压力计

利用弹性元件(如弹簧管、金属膜片和波纹管等)弹性变形产生的弹力与被测压力产生的力相平衡的原理,通过测量其弹性元件的弹性变形来测量压力。弹簧管式压力表结构简单、工作可靠、使用方便、测量范围广、读数直接,因而在内燃机试验中得到广泛的应用。图 7.2 为弹簧管式压力表的结构示意图。

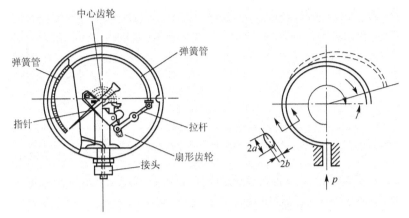

图 7.2 弹簧管式压力表的结构示意图

1. 测量原理

图 7.2 为普通 C 形单管压力计的结构示意图。测量时,弹簧管输入被测压力后,其椭圆形截面有变圆的趋势,即长轴变短、短轴伸长,于是将引起圆弧半径的变化,弹簧管趋于伸直,从而使自由端发生角位移,此位移借助拉杆和扇形齿轮所组成的传动机构转变成中心齿轮的旋转角度。中心齿轮的旋转带动装在中心齿轮轴上的指针转动,当由被测压力作用产生的张力与弹簧管的弹力平衡时,指针稳定在刻度盘上并指示出压力的读数。

弹簧管式压力表可用来测量 0.03~1000MPa 的压力,也可用来测量真空度。当测量脉动压力时,需加阻尼装置。为了防止弹簧管的永久变形,在选择压力计时,静载荷所测压力不应超过测量上限的 3/4,动载荷所测压力不应超过测量上限的 1/2,所测压力的最小值一般不应低于仪表上限的 1/3。

除了普通 C 形单管形式外,弹簧管还有其他多种形式,如图 7.3 所示。弹簧管式压力表结构简单,但缺点是尺寸较大、固有频率较低、有较大的弹性滞后等。为了提高测量,弹性元件还可以做成膜片式和膜盒式,其中膜片可分为弹性膜片和挠性膜片两种,如图 7.4 所示。常用的弹性波纹膜片是一种压有同轴心环状波纹的圆形金属薄片,其四周被固定。测压时,膜片一侧与被测压力相通,另一侧与已知外界压力相通。当两侧压力不相等时,膜片向低压测弯曲,其中心产生的位移量即反映出压力的大小。挠性膜片一般只起隔离作用,是依靠固定在膜片上的弹簧来平衡被测压力,这种压力计通常用于测量腐蚀性或粘性介质的压力。为了增大膜片中心处的位移量,提高测量的灵敏度,将两个膜片周边焊接起来构成膜盒,有时还可将多个膜盒串接在一起,形成膜盒组,图 7.5 所示为膜盒压力

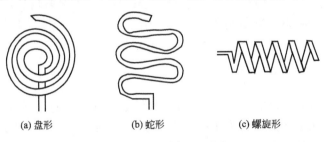

(a) 盘形　　　　　(b) 蛇形　　　　　(c) 螺旋形

图 7.3 弹簧管的不同形状示意图

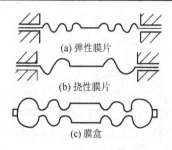

图7.4 膜片和膜盒

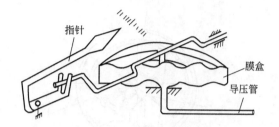

图7.5 膜盒压力计的结构示意图

计的结构示意图,膜盒压力计一般用于低压测量,测量范围为-40~+40kPa。

2. 弹性式压力计的误差分析

弹性式压力计的误差主要来源于以下3个方面。

1) 弹性滞后误差

相同压力下,因为同一弹性元件正反行程的变形量不同,所以产生迟滞误差;并且元件的变形往往滞后于被测压力的变化,而产生弹性滞后误差。另外,在长期使用过程中,弹性元件还会发生弹性衰退,也将引起一定的测量误差。为了减小此误差可采用"全弹性"材料制造弹性元件,如熔凝石英等。

2) 温度误差

制造弹性元件的金属材料的弹性模量是随温度的改变而改变的,温度为0℃时的材料弹性模量 E_t,可用式(7-6)表示,即:

$$E_t = E_0(1 + K\Delta t) \tag{7-6}$$

式中:E_0 为标准温度下材料的弹性模量;K 为弹性模量的温度系数;Δt 为偏离标准温度的温差。

3) 间隙和摩擦误差

弹性式压力计的传动机构间存在间隙,示值与弹性元件的变形不完全一致,因而引起间隙误差。仪表的各活动部件运动时,相互之间的摩擦力会产生摩擦误差,为了减小此误差可采用无干摩擦的弹性支撑或磁悬浮支撑等。

7.2 最高压力测量

内燃机的汽缸最高压力(最大压力)是指汽缸内脉动压力的最高点,即最大爆发压力,它表征机件所受到的最大机械负荷,是内燃机机械强度的主要限制因素。因此在试验和使用管理中,需要直接测量汽缸最高压力,以判断工作过程进行情况及各缸负荷的平衡情况。测量最高压力的仪表,通常有机械式、气电式和电子式3种。

7.2.1 机械式

机械式最高压力表主要由指示仪表和止回阀装置两部分组成。指示仪表为普通的弹簧管式压力表,最高测量压力通常为10~20MPa。止回阀装置主要由止回阀、阀座、节流阀、锁紧螺母、带孔螺钉等组成,如图7.6所示。

测量汽缸压力时,用连接螺母将压力表与内燃机燃烧室接通,压缩空气或燃气通过仪表中间通道,经节流孔和蛇形管进入压力表的测压元件弹簧管中。止回阀是一个单向阀,它将仪表通道分成上下两腔,下腔与燃烧室相通,上腔与指示仪表相通。当压缩空气或燃气进入下腔时,下腔压力高于上腔,止回阀被顶开,离开阀座,从而压缩空气或燃气进入指示仪表;当下腔压力低于上腔时,止回阀落座,防止进入表内的气体倒流。直到上腔压力不再继续增高时,压力表所指示的数值即为汽缸内被测气体的脉动压力最高值。测量结束后,松开手轮,针阀开启,止回阀上腔及压力表内的残气即可放出。

机械式最高压力表测量误差较大,主要是压力表通道过长及散热使得压力峰值衰减过大;当上下两腔压力差较小时,止回阀开度过小,引起节流,使得所测得的最高压力值往往低于实际压力。但由于这种压力表具有结构简单、使用方便等特点,因此常用于检查多缸柴油机各缸工作的均匀性,特别适用于随机监测仪表,以便随时对发动机的技术状态进行不拆卸检查。

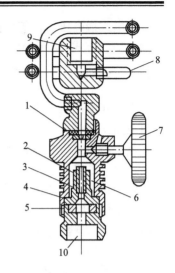

图 7.6 机械式最高压力表
1—节流阀 2—螺帽 3—导向管
4—止回阀 5—阀座 6—螺钉
7—放气手轮 8—蛇形管
9—接压力表 10—接汽缸

7.2.2 气电式

如图 7.7 所示为气电式最高压力表的结构示意图,其压力信号由膜片式传感器产生,传感器的膜片将传感器内腔分为两部分,下部与汽缸相通,上部与外加高压相通。压力表不工作时,传感器的电极与膜片之间保持一定的间隙。测量时,膜片随汽缸压力上升而发生向上变形接通电极,一次线圈导通,使二次线圈产生高压电,经屏蔽的电线接至弧形电极,此时在弧形电极和指针间放电产生火花。同样,当汽缸压力下降时,膜片随之恢复向下,与传感器电极脱离,此时又将引起弧形电极和指针之间的放电。逐渐提高外加高压的压力,指针边移动边放电,直到外加气体压力等于汽缸的最大压力(爆发压力)时,膜片不再与电极接通,一次线圈处于常断开状态,指针不再放电跳火,此时压力表的指示出的数即为汽缸的最高压力。

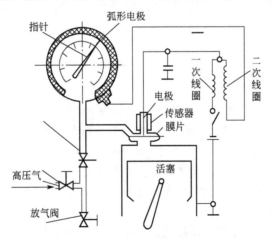

图 7.7 气电式最高压力表的结构示意图

气电式最高压力表较机械式最高压力表精度要高，但其传感器膜片的材料、厚度及传感器的安装方式都会影响到测量精度。

7.2.3 电子式

电子式最高压力表是通过适当的传感器将被测压力信号变成电信号，再经相应的峰值保持电路获得最大压力的电信号。所使用的传感器可以是压电式、电阻应变式、电容式等，其中压电式传感器具有频响高、线性好、耐温范围广度大、使用寿命长、体积小等特点，适合于各类发动机最高爆发压力的测量。

电子式最高压力表的关键部分是峰值保持电路，其工作原理如图 7.8 所示。当触点 1 接通时，电源 E 通过电阻 R 向电容 C 充电，经过时间 t 后，电容上的电压 u 为：

$$u = E(1 - e^{-t/RC}) \qquad (7-7)$$

当按下开关 K 并接通触点 2 时，电容就经电阻 R 放电，经时间 t 后，电容上的电压 u 可用式 (7-8) 表示：

$$u = E e^{-t/RC} \qquad (7-8)$$

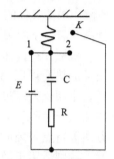

图 7.8 峰值保持电路原理图

由此可见，充电时应使 u/E 达到给定值，放电时应使 u/E 保持约定值，而时间 t 仅与电路的 RC 值有关，故常数 RC 具有时间因次，常称为电路的时间常数，记为 τ。当电路中的电容 C 确定，时间 t 只与电阻 R 有关。

利用电容能够蓄能，而电压不能跃变的特点，减小电路充电时间常数并增大放电的时间常数，这样经历一段时间后，在电容上即可得到一稳定的接近于周期变化的脉冲电压峰值。若充电时间小于脉冲的宽度，放电速度接近于零，则只需一个脉冲即可使电容上的电压达到脉冲的峰值，并且保持下来，这就是峰值保持电路的基本原理。

7.3 动态压力测量

测量动态压力时，通常采用电测的方法，即利用压力传感器将各种压力(如汽缸压力、针阀压力、油管压力等)信号转变成电信号，然后经放大器放大后输入到显示记录装置来进行测录。常用的压力传感器有压电式、电容式、压磁式等，下面分别介绍其原理、结构及性能。

7.3.1 压电式压力传感器

压电式压力传感器主要是利用晶体压电效应而制成，可利用的压电晶体种类很多，其中石英晶体在内燃机电测中应用较广。压电式传感器主要由感压弹性膜片、石英片、引出线、绝缘套管等组成。如图 7.9 所示。其中，石英片一般为三片，与传力件接触的一片称支持片，作用是是保护上部两片工作石英片，防止在被测压力的作用下产生断裂。传感器的头部具有螺纹，以便旋入被测压力腔内。测压时，被测压力通过感压膜片、支持片，加到工作石英片上，由压电效应产生电荷。两片石英片间的金属箔将负电位传导到导电环上，其正极通过壳体接地。负电荷经玻璃导管和胶玻璃导管接到引出导线接头上。

利用压电式压力传感器测量高温介质(如燃气等)压力时，必须采取充分有效的冷却措施，以确保稳定的压电性能。压电式压力传感器具有体积小、结构简单、测量范围宽、无惯性、滞后小等优点，但由于无法避免漏电，故不宜测量太低的压力信号，特别是稳态压力。

7.3.2 电容式压力传感器

电容式压力传感器是通过改变电容器极板间的距离来实现信号转换的。图 7.10 所示为电容式压力传感器的结构示意图，它以感压弹性元件——金属膜片为电容器的活动极板，与固定在传感器整体上的另一极板形成一电容器。当感受到被测压力时，弹性膜片的变形就使得电容器极板之间的距离发生变化，从而导致了电容量的变化，因此通过测量电容的变化就可得到压力的变化。

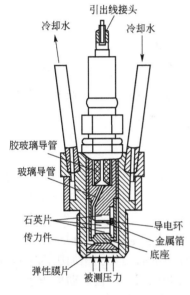

图 7.9 压电式压力传感器结构图

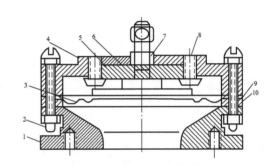

图 7.10 电容式压力传感器的结构示意图
1—支座 2—固定螺钉 3—膜片
4—定极片支座 5—定极片陶瓷支架
6—定极片 7—定极片固定螺母
8—陶瓷支架的固定螺钉
9—标准垫片 10—垫片

电容式压力传感器的优点是灵敏度高、动态响应快、结构简单、输入能量低、不受磁场的影响，其缺点是输出阻抗高、传感器与测量电路的连接导线的寄生电容影响大、输出为非线性量。

7.3.3 压磁式压力传感器

压磁式压力传感器是利用铁磁材料在压力作用下改变其磁导率的物理效应制成的。图 7.11 所示为压磁式汽缸压力传感器的结构原理图，它由感压弹性膜片、线圈、铁心等组成。测量时，传感器直接安装在汽缸示功阀上，汽缸内压力经测压通道孔作用在膜片上。膜片通常是用耐压、耐热、耐腐蚀的材料制成的。膜片通过顶杆将压力传递给压磁式变换器，并将压力信号转换为相应的电压信号输出。变换器前的云母绝热环起隔离高温的作用。

压磁式压力传感器的输出功率大、内阻小、抗干扰能力强、寿命长、维修方便，能在较恶劣的环境(如灰尘、水气、振动等)中长期工作。

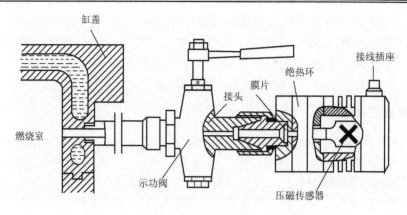

图 7.11 压磁式汽缸压力传感器的结构原理图

7.4 测压仪表的标定

为了保证测压仪表的测量精度，仪表在使用前必须经过标定，对于长期使用的仪表同样需要定期标定。目前标定的方法有静态标定和动态标定两种。

7.4.1 静态标定

压力表或压力测量装置的静态标定，一般应用活塞式压力计，它具有多个精度等级，可用以校验各类压力表。活塞式压力计是以作用在测量活塞已知面积上的标准砝码所产生的压力来平衡待测压力的，从而达到压力校验或压力标定的目的，如图 7.12 所示。工作时，在储油杯、加压活塞缸及管路中均充有变压器油(机油或蓖麻油)。测压活塞的砝码盘上放有已知质量的标准砝码。测量时，首先打开储油杯下的阀门，利用加压活塞将油液吸入加压活塞缸和管路内，然后关闭储油杯阀门，打开其余阀门，缓慢摇动加压手柄，使系统中油压逐渐升高，直至测压活塞被油压顶起一定高度为止。此时作用在被校压力计上的压力应与砝码重力、法码盘重力和活塞重力三者之和相平衡。此压力即可作为基准值对被校压力表进行校验。如果被校压力表精度不高，也可不使用砝码，而将一精度比被校压力表高的标准压力表接上，比较两表的读数即可。

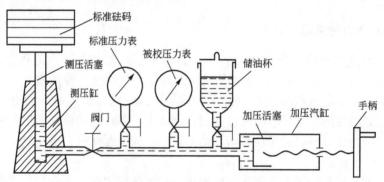

图 7.12 压力表的静态标定示意图

7.4.2 动态标定

目前对压力传感器进行动态标定比较理想的设备是激波管,如图 7.13 所示。激波管是一根密封的金属固管,以薄膜将圆管分隔成高压室和低压室,高、低压两室之间依靠薄膜建立起一定的压比。在保证激波管标准工况的条件下,直流电源接通吸动撞针机构,使撞针瞬间捅破膜片,此时高压室的工作气体便冲向低压室,在适当长度的低压室内就形成一个已知幅值的近似于理想的阶跃波。利用传感器触发记录器,即可记录被校传感器等组成的测量系统在阶跃力作用下的输出波形。对此波形进行分析处理并和已知特性的阶跃波进行比较,即可求得测量系统的频率特性。

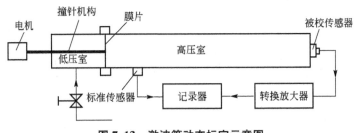

图 7.13 激波管动态标定示意图

7.5 示功图的测录及误差分析

示功图是研究和判断内燃机工作状态、基本性能参数计算及放热规律分析的重要依据和不可缺少的资料,同时也是燃烧过程数字模型精度程度的评价标准。准确测取示功图并有效减小示功图中的各种误差,是获得准确信息的根本保证。对试验工程人员来说,示功图是寻求发动机最佳调整的重要辅助手段。

7.5.1 上止点及曲轴转角信号的测定

1. 上止点的定位

上止点是指活塞与汽缸盖间的最小距离,确定几何上止点位置常用的方法是将缸盖或气门去掉,用千分表找出活塞的最高点位置(静态上止点)。但是由于上止点附近的转角和活塞升程曲线比较平坦,故不易正确找出最高点。因此,可先找出上止点前后 30°左右曲线变化率比较大、升程又相同的两个点,然后过此两点作转角-升程曲线的切线,其交点即为上止点,如图 7.14 所示。

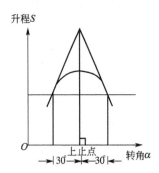

图 7.14 上止点的定位示意图

2. 上止点信号的获取

上止点信号的获取主要有以下几种方法。

1) 磁电法

利用电磁感应原理制成感应式传感器来进行测量,此法应用较广,其原理如图 7.15

所示。首先根据静态上止点将活塞移到最高位置，在飞轮的适当位置装上一个导磁材料制成的尖劈(可用小螺钉代替)，在尖劈相对应处装上用永久磁铁和线圈绕制而成的感应式传感器，尖劈与传感器磁铁开口之间间隙 δ 调到 $0.15\sim0.2$ mm。当飞轮转动时，随着尖劈与磁铁的接近，磁路磁阻逐渐减小，而磁通量 ϕ 逐渐增大。当尖劈正好对准磁铁时，线圈中所感应产生的电压 e 等于零，此时电动势曲线中的 C 点就是所要得到的上止点。

2) 光电法

光电法有透光法和反光法两种，其上止点测定原理如图 7.16 所示。透光法的工作原理是将带有上止点标记的光栅盘对准飞轮的静态上止点，在光栅盘的一边为光源，另一边为光敏元件制成的受光器。反光法的原理与透光法的类似，区别在于光电元件接受的光束是来自光源经反光条的反射光。

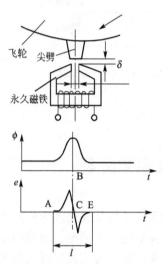

图 7.15　磁电法获取上止点信号原理图

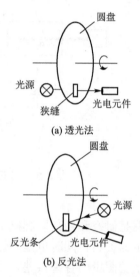

7.16　光电式上止点测定原理图

3) 压缩线法

压缩线法是测量柴油机在被反拖的汽缸压力曲线。在多缸机试验中，只要停止其一缸供油，并保持发动机原有的转速，记录不供油时的压缩膨胀曲线。单缸机测停泊压缩线时则需用电动机拖动。在测录的压缩线上绘制一组与时间坐标相平行的直线，连接各直线的中点即为上止点线，如图 7.17 所示直线 AB，过 A 作大气压力线垂线 AC。由于汽缸内被压缩的气体和燃烧室壁之间存在热交换和气体泄漏的缘故，故实际压缩线不对称，因而所得到的上止点线存在着一定的系统误差。尤其对于强冷却的内燃机(如水冷却的低速柴油机等)和具有辅助燃烧的柴油机，由于强烈的热交换和燃烧室通道的节流作用，会造成压缩线明显不对称，故不宜采用该法。

以上 3 种方法中，磁电法和光电法都依赖于飞轮上的几何上止点标记，当内燃机在负荷状态下工作时，由于温度影响各部件受力的结果，必将造成工作中的动态上止点和非工作状态下的静态上止点间存在一定差异；而压缩线法又没有考虑到热力学损失，因此它们均无法反映活塞运动的真实上止点。

4) 电容法

电容式传感器是一种测量动态上止点的仪器，其测量原理如图 7.18 所示。在缸盖上装一电极作为电容器的定极板,活塞作为动极板,随着两极板间距的变化电容量也发生变化。当活塞移动到最高点时,电容量输出最大,此时所对应的即为上止点。这是一种比较理想的测量上止点的方法,但是由于电容传感器装在缸盖上,并在高温高压下工作,往往受到缸盖结构尺寸以及传感器强度及冷却的限制,故此法应用不普遍。

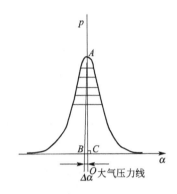

图 7.17　压缩膨胀线法原理示意图

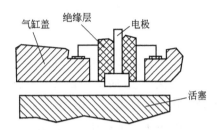

图 7.18　电容式动态上止点测量示意图

3. 曲轴转角信号的测定

示功图通常是以曲轴转角作为时间坐标,并且示功图所体现的各特征点都是和曲轴转角相对应的,故曲轴转角信号的测定是示功图测录的重要环节。曲轴转角信号常用以下方法测定。

1) 光电法

光电法是利用光电传感器的原理,通常在光栅盘的外圈按所要求的角分辨率加工一定数目的转角光栅,光栅盘的内圈仅加工一条光栅作为确定上止点信号用。当光源通过光栅达到另一侧由两个光电元件制成的接收器时,分别产生曲轴转角和上止点两组信号。

2) 磁电法

磁电法是利用磁电传感器的原理。测量时在曲轴上安装一个齿盘,磁电传感器固定,当曲轴旋转时,齿盘上每个齿轮经过传感器均会产生一个感应电动势脉冲,脉冲数取决于齿盘齿轮的个数,由此来确定曲轴转角的信号。

上述两种方法中,光电法信号整形、放大较容易实现,但光栅盘在机车上的安装位置存在一定的困难,并且光栅盘本身的加工精度要求较高。磁电法在机车上易于安装,但某些车型(如东风 4 柴油机等)的齿盘齿轮个数为 102 个,即每隔 3.52°取一个测量值,显然无法满足动态参数的测量间隔要求。目前出现一种上止点-曲轴转角信号发生器,该发生器采用集成电路实现 360 倍频,这样内燃机每转一周产生 360 个脉冲信号,从而实现压力波形采样信号为 1°的分辨率,满足动态参数的测量间隔要求,其工作原理如图 7.19 所示,其工作时仅用一个磁片对准内

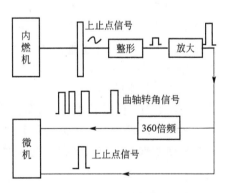

图 7.19　上止点-曲轴转角信号发生器原理框图

燃机汽缸上止点，磁电式转速传感器的输出信号经整形、放大后，一路作为汽缸上止点信号输入微机，另一路经 360 倍频电路倍频后作为曲轴转角信号输入微机，从而实现上止点信号和曲轴转角信号的同时采样，并且能够跟踪内燃机的转速变化，可满足动态参数测试简便、准确的要求。

7.5.2 示功图测录装置

示功图的测录装置简称示功器，根据其信号录入方式不同，可分为 3 种：机械式、气电式和电子式。

1. 机械式

机械式示功器是使用最早的示功器，它主要由压力感受机构、转筒机构和记录机构 3 部分组成，如图 7.20 所示，其基本原理是利用弹簧的弹力去平衡气体压力。测量时，夹有记录纸的转筒经绳索由曲轴或凸轮轴带动，绕其自身转轴偏转，偏转角位移反映内燃机活塞位移，即示功图的横坐标。示功器小活塞在内燃机缸内气体的压力推动下进行上下移动，并由弹簧力平衡。小活塞的运动由活塞杆带动记录机构的画笔杆沿纵坐标移动，移动位移量反应汽缸压力，即示功图的纵坐标，从而绘出缸内气体压力与活塞位置（即容积变化）的相应关系。

示功器的机械惯性大、振动和摩擦均较严重，因此测录的误差较大，不适用于现代高速内燃机示功图的测录，故目前主要用于低速和部分中速内燃机。

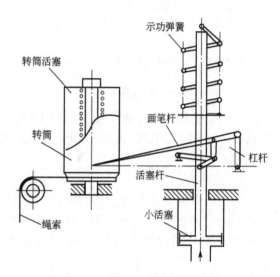

图 7.20　机械式示功器结构简图

2. 气电式

气电式示功器，顾名思义，需要有外加气源的参与，它主要由压力传感器、转筒、电火花控制器和压缩气体瓶等组成，如图 7.21 所示。装有记录纸的转筒由内燃机曲轴带动，压力传感器膜片的一面与汽缸内的压力连通，另一面与从气瓶来的可以准确控制其压力值的平衡压力连通。当两面的压力平衡破坏时，膜片即向一方移动并引起电火花控制器产生高压脉冲，在记录纸的相应位置上击穿成小孔。当逐步改变给定的平衡压力时，则在记录纸的相应于不同曲轴转角的位置上得到一系列代表不同压力的击穿孔，构成了 $p—\alpha$（压力—曲轴转角）示功图。这种示功器测录准确，适用于高速内燃机，所测录的示功曲线图形较大，便于进行定量分析，使用广泛。此外这种示功器测录的 $p—\alpha$ 示功图还可根据曲轴转角与汽缸容积的几何关系，通过作图法改绘为 $p—V$（压力—工作容积）示功图。

3. 电子式

电子式示功器是利用非电量电测原理，将汽缸内的压力和曲轴转角（或活塞位移）等非

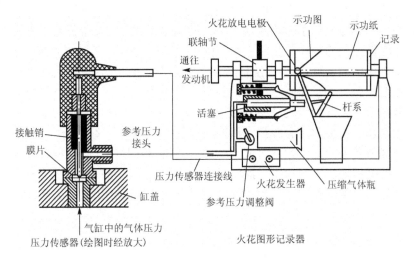

图 7.21 气电式示功器结构示意图

电量分别转换为相应的电量,经放大器等中间环节输送到记录显示装置进行记录或打印。电子式示功器主要由传感器、测量电路和记录显示装置构成,其中压力传感器是关键环节,主要有压电式、电容式及压磁式,可详见 7.3 节。

电子式示功器的突出优点在于其各运动件质量小、固有频率高,即具有良好的高频特性,因此适用于低、中、高速各类内燃机示功图的测录。同时传感器输出的电模拟量可通过模拟/数字转换器(A/D 转换器)输入到计算机,经运算后由打印机得到压力的数字记录带或由绘图仪绘制成压力变化曲线。因此电子式示功器与计算机的结合可实现全自动化的信号处理,是一种颇具有发展前途的示功器,有逐步取代传统机械式和气电式示功器的趋势。图 7.22 所示为示功图自动测录系统构成的基本框图。

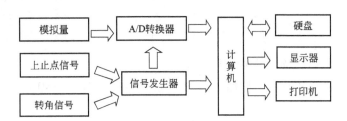

图 7.22 示功图自动测录系统构成的基本框图

7.5.3 示功图的测量误差分析及处理

在实际示功图的测录过程中,常有一系列因素影响示功图本身的准确性,如上止点的偏差、测压通道的腔振等。下面将分析产生示功图误差的原因及消除误差的措施。

1. 上止点定位引起的误差及修正

在影响示功图的诸多因素中,上止点定位误差是影响示功图精度的重要因素。研究结果表明,上止点位置偏差 1°,将造成放热率峰值最大误差达 5%~10%、累积放热量产生大约 10% 的误差、指示压力产生 1%~8% 的误差。

为了提高测试精度，必须采取有效方法进行修正，将上止点误差限制在最低范围内，目前常用的修正方法是热力学上止点修正法。考虑到汽缸内气体的压缩和膨胀过程为复杂的多变过程，在倒拖压缩示功图上，上止点附近较小区段内多变指数 n 接近于常数。由于膨胀多变指数大于压缩多变指数，若上止点位置正确，则在对数坐标的 $\lg p$—$\lg V$ 示功图上，压缩过程线的斜率小于膨胀过程线的斜率，即压缩线在上，膨胀线在下，且两线在上止点附近呈近似直线分开。若上止点位置不正确，则在 $\lg p$—$\lg V$ 示功图上，压缩线和膨胀线不可能为直线，或出现膨胀线高于压缩线的情况，如图 7.23 所示。根据热力学理论，多变指数和燃烧放热规律之间相互对应，因此通过放热率和多变指数间的变化规律来修正上止点，不需要测量纯压缩曲线，只需测量汽缸内压力和转角信号，该方法简易可行、实用性强。燃烧分析仪就是利用这一原理进行转换和绘制 $\lg p$—$\lg V$ 示功图并进行上止点的修正的。

2. 测量通道引起的误差及消除

测量通道是指压力传感器端部与汽缸盖底面即燃烧室之间的通道，如图 7.24 所示。通道效应也是影响示功图测量精度的重要因素之一，具体表现为以下几方面。

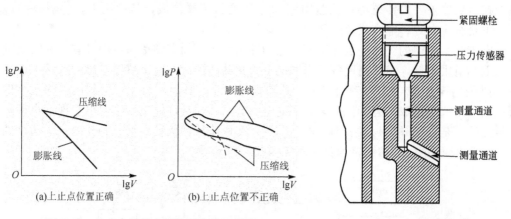

图 7.23　上止点的热力学修正方法示意图　　图 7.24　测量通道

(1) 由于测量通道的存在，增加了内燃机汽缸的压缩容积，使压缩比相应减小，引起示功图的变化。

(2) 汽缸内压力需要经过通道内的弹性气柱传给压力传感器，由于气柱的弹性及阻尼作用，使传感器接收到的压力信号产生相位的滞后，滞后时间相当于压力以燃烧室内声速沿通道传播的时间，如图 7.25 所示为压力波相位滞后示意图。

(3) 汽缸内脉冲压力在通道内交替的传递与反射，形成通道内气柱的自振，即产生"腔振"现象。另外压力波在测压通道内的传播叠加，使测得的压力产生幅值的误差。如图 7.26 所示为实测的示功图，由图 7.26 可看出，在整个压力曲线上分布许多幅值不大的"毛刺"，峰值部分尤为明显。

为了避免通道效应，理论上建议将传感器与燃烧室平齐安装，但是由于汽缸盖结构上的原因，给传感器的布置带来了困难。另外，热冲击对传感器的影响严重，直接暴露在高温燃气中的传感器在内燃机每一个工作循环中，交替接触热火焰和冷气体，从而引起传感器膜片产生周期性的热感应应变，影响传感器的使用寿命。

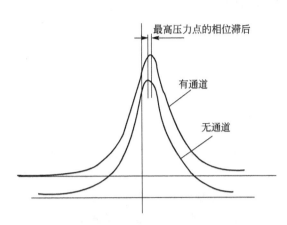

图 7.25 通道效应引起的相位滞后示意图　　　图 7.26 实测的示功图

为了消除通道效应,目前常用频域滤波器将压力信号进行滤波处理。滤波器是一种选频装置,它能使信号中特定的频率成分通过,而抑制或衰减其他频率成分。对实测示功图压力信号进行傅里叶变化后,获得所测信号的频谱分析图,如图 7.27 所示,图 7.27 中发现信号能量主要集中在低频段 1900Hz 左右的一个小范围内。利用 Matlab 工具箱设计低通数字滤波器对其进行滤波。如图 7.28 所示的示功图为进行了滤波处理、滤波后的柴油机示功图,可以清楚地看到在滤掉 1500Hz 以上的高频成分后,通道效应基本消除。

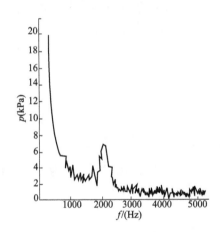
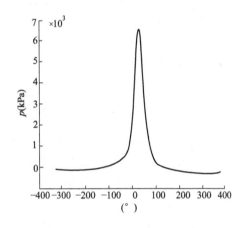

图 7.27 实测示功图的频谱分析图　　　图 7.28 进行滤波后的示功图

3. 示功器频率特性引起的误差

在选择示功器时,除了要考虑其灵敏度和测量范围外,整个装置的频率特性也不容忽视。若所选择的示功器装置的频率特性不恰当,往往导致所录波形严重失真。为了减小这方面误差,必须合理地选择示功器的工作频率。

试验表明,为了准确反映汽缸压力波,示功器的工作频率 f 可按下式选择:

$$f = v \frac{n}{30\tau} \tag{7-9}$$

式中:n 为发动机的转速,r/min;v 为被测压力波的谐波次数,对于汽油机汽缸压力,v

取 100，对柴油机汽缸压力，v 取 150；τ 为发动机的冲程数。

如一台 2000r/min 的四冲程柴油机，其示功器的工作频率必须达到 $f = v\dfrac{n}{30\tau} = 150 \times \dfrac{2000}{30 \times 4} = 2500(\text{Hz})$。

小　　结

压力是研究汽车性能必不可少的物理量，压力包括稳态压力和动态压力。稳态压力的测量，常用的测压仪表有液柱式、弹性式和电气式等，这类测压仪表结构简单、工作可靠。动态压力的测量通常采用电测方法，即利用压力传感器将各种压力（如汽缸压力、针阀压力、油管压力等）信号转变成电信号，然后经整形、放大等处理后输入到显示记录装置来进行测录。常用的压力传感器有压电式、电容式、压磁式等。

示功图的测录是内燃机测试中重要的测试项目之一，它是研究和判断内燃机工作状态、基本性能参数计算及放热规律分析的重要依据和不可缺少的资料。汽缸上止点的定位、上止点信号的获取及转角信号的获取是示功图测录的关键。上止点信号的获取主要有磁电式、光电式、压缩线式和电容式 4 种，其中前两种方法测量的是静态上止点，后两种方法测量的是动态上止点。转角信号的获取主要有光电式和磁电式两种。

测录示功图的装置称为示功器。准确测取示功图、并有效减小示功图中的各种误差，是获得准确信息的根本保证。示功图测录过程的误差主要来源于 3 方面：上止点相位、测量通道效应和示功器频率特性。为了减小测量误差，通常采用热力学方法对上止点相位进行修正；采用频域滤波器将压力信号进行滤波处理，以减小通道效应；同时在选择示功器时必须合理选择其工作频率。

习　　题

7-1　稳态压力的测量主要采用哪些测压仪表？各自的特点是什么？

7-2　在流体测量中，采用 U 形管测量气体流过节流元件后的压力降 Δp 为 500mmHg，这相当于多少帕压力？U 形管内流体如果是水银，其液柱高度为多少？

7-3　动态压力是如何测量的？

7-4　测压仪表的标定主要有哪两种方法？其优缺点各是什么？

7-5　内燃机示功图测录中，上止点信号是如何获取的？

7-6　试分析示功图的测量误差及减小误差的措施。

第8章 流量测量

教学提示：评价内燃机的性能，离不开各种流量的测量。本章主要介绍内燃机的进气流量、燃油消耗量、润滑油消耗量及冷却水量的测量方法，各种测量仪表的工作原理、特点及适用范围。

教学要求：理解流量的概念及表示方法。掌握汽车试验中常见的流量测量方法、所用仪表的工作原理、特点及适用场合。

在发动机台架实验中，流量测量也是其中重要的测量项目之一，其主要包括空气流量、燃油消耗量、冷却水及润滑油的流量，本章将着重介绍上述几种流量测量的基本方法及流量测量仪表的主要工作原理。

8.1 基本概念

8.1.1 流体、流量

流体是指具有流动性能的物质，通常可认为是气体和液体的总称。

流量是指单位时间内流过某有效流通截面的流体的体积或质量数，前者称为体积流量，后者称为质量流量，两者之间的换算关系为：

$$q_m = \rho q_V \tag{8-1}$$

式中：q_m 为质量流量；ρ 为流体介质的密度；q_V 为体积流量。

工程中，还经常需要知道某一段时间间隔内通过某流通截面的流体总量，即所谓的累计流量。累计流量除以相应的时间间隔得到的流量称为该段时间内的平均流量。

在表示和比较流量大小时，必须要标明单位，同时需要考虑压力和温度等状态参数对流体体积的影响。为此，通常将流体的体积流量换算成某约定状态下的值，如标准状态下（20℃，0.10133MPa）的标准体积流量与给定状态下的体积流量存在以下关系式：

$$q_{V,n} = \frac{\rho}{\rho_n} q_V \tag{8-2}$$

式中：$q_{V,n}$ 和 ρ_n 分别为标准状态下流体的体积流量和密度；q_V 和 ρ 分别为给定状态下流体的体积流量和密度。

8.1.2 流量计及其分类

用来测量流量的仪表称为流量计。流量计的种类繁多，根据其测量方法的不同，大致可分为以下三大类。

1. 容积型流量计

容积型流量计又称定排量流量计，它是通过计量单位时间内被测流体充满（或排出）某一定容器的次数，即：

$$q_V = nV \qquad (8-3)$$

式中：V 为定容容器的容积；n 为单位时间内被测流体充满或排出定容容器的次数。

容积型流量计工作原理简单，测量结果受流动状态影响较小，适合于测量高粘度、低雷诺数的流体，但不宜测量高温、高压及脏污流体，属于这类流量计的有椭圆齿轮流量计、腰轮流量计和活塞式流量计等。

2. 速度型流量计

速度型流量计是以流体一元流动的连续方程为理论依据，即当流通截面面积一定时，流体的流量与截面上的平均流速成正比。通过测量流通截面上流体的流速或者与流速有关的物理量就可以确定流体的流量。

速度型流量计使用性能良好、精确度高，是目前应用最为广泛的一类流量计，其可用于高温、高压流体流量的测量。但由于该流量计是以流体的平均流速为测量依据，故测量结果受流动条件（如雷诺数、涡流等）的影响较大，属于这种类型的流量计有节流型流量计、转子流量计、涡轮流量计、超声波流量计等，其中以节流型流量计应用得最为广泛。

3. 质量型流量计

质量型流量计是直接获取到流体的质量流量，无需换算。根据测量方法不同其主要分为直接式、推导式和温度压力补偿式。直接式是通过直接测量与流体质量有关的物理量（如动量等）来换算质量流量的；推导式是同时测取流体的密度和体积流量，通过运算推导出质量流量的；温度压力补偿式也可视为一种推导式流量计，它通过流体温度、压力的测量来转换成密度，取代了推导型流量计中的密度计。目前工业上所用的推导型流量计大多都是温度压力补偿式的质量型流量计。

在进行流量测量时，为了提高测量精度，选用正确的流量计十分关键。一般需要考虑被测流体的种类（如液体、气体、浆液等）、性质（如黏度、密度、导电性、腐蚀性等）、流量的大小、价格及工况条件等因素。表 8-1 给出了常见流量计的基本特性，可供流量计选型时参考。

表 8-1 常见流量计的基本特性

类型	名称		输出信号形式	适用流体及其参数界限				精度
				流体种类	压力(MPa)	温度	雷诺数	
容积型	椭圆形齿轮流量计 腰轮流量计		转速	液、气	6.4	360	不限	0.2～0.5
速度型	节流型	标准孔板	差压	液、气	32	600	5000～8000	1.5
		标准喷嘴					>20000	1.0～2.0
		标准文丘里管					>30000	1.5～4.0
	动压型	皮托管	差压	液、气	32	600	>2000	1.5～4.0
	转子型	玻璃转子流量计	转子位置	液、气	1.6	120	>10000	2.5
		金属转子流量计			25	400		
	涡轮流量计		转速	液、气	32	150	不限	0.1～0.5
	卡门涡街流量计		频率	液、气	32	400	$10^4 \sim 10^6$	1.5
	超声波流量计		电压	液	6.4	120	流速 >0.02m/s	1

8.2 空气流量测量

空气流量的测量可以确定发动机的充气效率、空燃比、增压器效率等一系列重要特性参数。目前内燃机空气流量的测量大多采用测量空气体积流量的方法，常用的装置有节流式流量计、双扭线流量计、卡门涡街式流量计、层流式流量计等。下面分别介绍这些流量计的基本工作原理。

8.2.1 节流式流量计

节流式流量计也称差压式流量计，是应用最广泛的一种速度型流量计，它是利用节流的方法把流量转换成压差信号，通过直接测量压差或由压差引起的其他物理量的变化来测量流量。

1. 测量原理与流量方程

当流体流经在管道内部安装的节流装置时，流束将在节流件处形成节流，由于流速增大，静压力降低，故会在节流件前后产生压差，该压差通过差压计检出。由于流体的体积流量或质量流量与差压计所测得的差压值有确定的数值关系，因此节流式流量计也称为差压式流量计。节流式流量计主要由节流装置、差压信号管道(导压管)和差压计 3 部分组成。图 8.1 给出了节流式流量计测量的基本原理示意图。

图 8.1 中，Ⅰ—Ⅰ 截面是流束收缩前的截面，Ⅱ—Ⅱ 截面是流束收缩至最小的截面，Ⅲ—Ⅲ 是流束充分恢复后的截面。由图 8.1 可看出，截面 Ⅰ—Ⅰ 之前，流体未受节流元件的影响，流束充满整个管道，此时流体的平均静压为 p_1'。当流体流经孔板时，流体的流通截面由圆管截面积 A_1 收缩至孔板的开口截面 A_0，

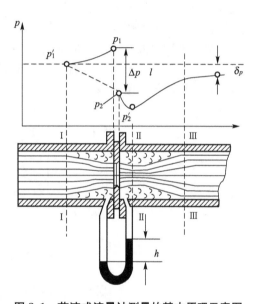

图 8.1 节流式流量计测量的基本原理示意图

流束收缩，平均流速增大，流束中心处静压力开始下降，如图 8.1 中压力曲线的虚线变化过程。但处于孔板前紧贴管壁的那部分流体由于流动突然受到孔板的阻挡，导致部分动能转换成压力势能，静压力增加到 p_1。在惯性力的作用下，流束经过孔板后，流束继续收缩，在截面 Ⅱ—Ⅱ 收缩至最小，平均静压力达到最小值 p_2'，平均流速达到最大。随后流速逐渐扩张，在截面 Ⅲ—Ⅲ，流体重新充满圆管的整个截面。由于流束流经节流元件时产生一定涡流，造成能量的损失，因此平均压力已不能恢复到初始压力 p_1'，而存在压力损失 δ_p，δ_p 与节流元件的种类有关。实际测量时，由于截面 Ⅱ—Ⅱ 的位置随流量的大小产生位置的改变，因而难以确定，在制造节流元件时，通常把取压孔分别固定在孔板的前后截面处，将取压误差通过流量系数进行修正。

根据流动的连续性方程和伯努利方程，可推导出流过流体的流量方程为：

$$q_V = \alpha\varepsilon\frac{\pi}{4}d^2\sqrt{\frac{2\Delta p}{\rho}} = \alpha\varepsilon\frac{\pi}{4}\beta^2 D^2\sqrt{\frac{2\Delta p}{\rho}}\ (\mathrm{m^3/s}) \qquad (8-4)$$

$$q_m = \alpha\omega\frac{\pi}{4}d^2\sqrt{2\Delta p\rho} = \alpha\varepsilon\frac{\pi}{4}\beta^2 D^2\sqrt{2\Delta p\rho}\ (\mathrm{kg/s}) \qquad (8-5)$$

式中：α 为流量系数，其与节流元件的形式、取压方式、直径比及流动状态等有关；ε 为流体膨胀系数，当测量液体时，$\varepsilon=1$；d 为节流元件的开口直径，m；Δp 为流体流经节流元件前后的压差，Pa；ρ 为流体的密度，$\mathrm{kg/m^3}$；$\beta = d/D$ 为直径比；D 为流动管道内的直径，m。

2. 节流元件

节流元件是指安装在流体管道中使流体的流通截面发生变化，引起流体静压变化的一种装置。由于流量方程中的流量系数和流体的膨胀系数与节流元件的形式有关，故对于不同的节流元件，流量方程需要单独标定，从而给流量计的使用带来了很大的不便。为了解决这一问题，国际上统一了节流元件的标准形式，目前主要有标准孔板、标准喷嘴、文丘里喷管和文丘里喷嘴 4 种形式，如图 8.2 所示。其中文丘里管的测量精度最高，然而其价格昂贵，体积也大。标准孔板的价格便宜，可安装于已有的法兰管之间，但其压力损失大、易磨损、精度低。相比之下，标准喷嘴具有文丘里管的众多优势，长度较短，但其价格较贵，且难于正确安装。

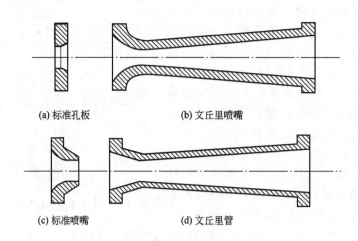

图 8.2 标准节流装置的结构示意图

为了保证测量精度要求，使用标准节流式元件时，流体必须满足以下条件：
(1) 流体必须充满管道和节流装置；
(2) 流体经节流元件时不发生相变；
(3) 流体流量不随时间变化或变化缓慢；
(4) 流体经节流元件前其流束是平行于管道轴线的无旋流。

另外，对于标准节流元件，可以根据相关标准规定的条件和提供的数据进行计算，其流量与压差的关系不必单独标定，而对于非标准节流元件的流量计，则必须用实验的方法对其单独标定。

3. 取压方式

差压式流量计是通过测量节流件前后压力差 Δp 来实现流量测量的,而压力差 Δp 的值与取压方式紧密相关。以孔板流量计为例,节流装置的取压方式主要有 5 种,分别是角接取压、法兰取压、径距取压、理论取压和和管接取压,各种取压方式及取压孔位置如图 8.3 所示。

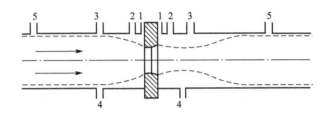

图 8.3 取压方式示意图

1—1 角接取压　2—2 法兰取压　3—3 径距取压　4—4 理论取压　5—5 管接取压

(1) 角接取压:上、下游侧取压管位于孔板(或喷嘴)的前后端面处。角接取压包括单独钻孔和环室取压。

(2) 法兰取压:上、下游侧取压孔的轴线至孔板上、下游侧端面之间的距离均为 25.4 ± 0.8 mm,取压孔开在孔板上、下游侧的法兰上。

(3) 径距取压:上游侧取压孔的轴线至孔板上游端面的距离为 $1D\pm0.1D$,下游侧取压孔的轴线至孔板下游端面的距离为 $0.5D$。

(4) 理论取压:上游侧取压孔的轴线至孔板上游端面的距离为 $1D\pm0.1D$,下游侧取压孔的轴线至孔板上游端面的距离就是理论上流束收缩到最小截面的距离,该距离因直径比 d/D 不同而有所不同,具体见表 8-2。

(5) 管接取压:上游侧取压孔的轴线至孔板上游端面的距离为 $2.5D$,下游侧取压孔的轴线至孔板下游端面的距离为 $8D$,该方法使用很少。

表 8-2 理论取压的下游侧取压孔位置

d/D	下游侧取压孔位置	d/D	下游侧取压孔位置
0.10	$0.84D(1\pm0.30)$	0.50	$0.63D(1\pm0.25)$
0.20	$0.80D(1\pm0.30)$	0.60	$0.55D(1\pm0.25)$
0.30	$0.76D(1\pm0.30)$	0.70	$0.70D(1\pm0.10)$
0.40	$0.70D(1\pm0.30)$	0.80	$0.80D(1\pm0.10)$

注:d 是节流元件的开口直径;D 是流动管道内直径。

以上 5 种取压方式各有不同,其中角接取压和法兰取压已列入我国国家的标准取压方式,前者适用于标准孔板或标准喷嘴,而后者仅用于标准孔板。下面简要介绍这两种取压方式。

1）角接取压装置

角接取压装置又分为环室取压和夹紧环（单独钻孔）取压两种形式，如图 8.4 所示。图 8.4 中上半部分表示标准孔板的环室取压，下半部分表示标准孔板的单独钻孔取压。这两种取压方式各有特点，环室取压的优点是取压口面积宽广，便于取出平均压差，有利于提高测量精度，但费材料，加工安装严格；钻孔取压结构简单、加工方便，但其取压误差大，故一般用于管径大于 200mm 的大口径管道，并要求直管段较长，节流前后压差大的场合。

2）法兰取压装置

法兰取压装置由两个带取压孔的取压法兰组成，如图 8.5 所示。

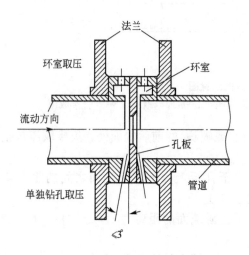

图 8.4 角接取压装置示意图

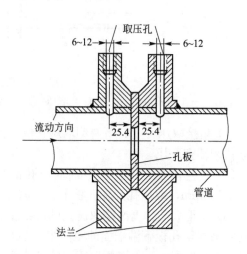

图 8.5 法兰取压装置示意图

4. 测量装置的布置

由于内燃机的进气并非是定常流动，而是以一个工作循环为周期的间歇进气的，因此气流是脉动的，这在单缸低速柴油机上尤为显著。为了消除进气脉动对空气流量测量的影响，通常在节流装置和内燃机进气系统之间安装稳压箱以减弱脉动，如图 8.6 所示。稳压箱的容积通常取被测内燃机单缸容积的 200 倍，低速柴油机可取 300 倍。在稳压箱的一端装上橡皮膜，以便进一步抑制气流的脉动。为了保证测量精度，在多缸机测试时最好保持原进气管道，当布置困难而需要采用较长的连接管时，则宜在稳压箱与进气管间加入空滤器。

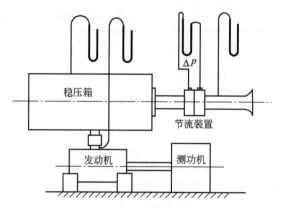

图 8.6 进气流量测量装置布置示意图

8.2.2 双扭线流量计

双扭线流量计也属于一种节流式流量计,它具有结构简单、测量方便、压力损失小等的特点,是一种简易的气流流量测量设备。当测量增压柴油机的空气流量时,由于标准孔板流量计的压力损失较大,会影响增压器的正常工作,因此应多采用双纽线流量计进行进气流量的测量。该流量计是由一段扭线形成的喇叭口和一段直管组成的,故又名喇叭式节流元件,如图8.7所示。喇叭型入口起整流作用,此处截面Ⅰ—Ⅰ与外界大气相连。在距喇叭口整流器后长度为一个管径处,截面Ⅱ—Ⅱ开有测压孔,由U型管测压计测量管内压力与大气压力的差值。流量计的直管段与进气管相连接。根据截面Ⅰ—Ⅰ和截面Ⅱ—Ⅱ的伯努利方程为:

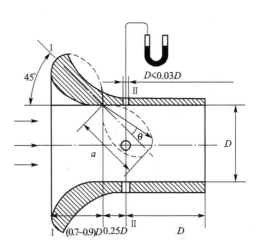

图 8.7 双扭线流量计的原理示意图

$$p_1+\frac{\rho_1 v_1^2}{2}=p_2+\frac{\rho_2 v_2^2}{2} \tag{8-6}$$

若忽略两截面的位能差异,则 $\rho_1=\rho_2=\rho$,又因截面Ⅰ—Ⅰ与大气相连,故对于无限大空气可视为流体处于静止状态,即 $v_1=0$。根据流体的连续性方程,同时考虑使用中其他各种因素的影响,可得到实用的流量方程为:

$$q_V=\frac{\pi}{4}D^2\sqrt{\frac{1}{1+\zeta}}\cdot\sqrt{\frac{2\Delta p}{\rho}}(\text{m}^3/\text{s}) \tag{8-7}$$

式中:ζ 为截面Ⅰ—Ⅰ和截面Ⅱ—Ⅱ区间流体的阻力损失系数,$\zeta=0.02\sim0.04$;D 为节流孔径,m;Δp 为测压孔压力与大气压力的差值,Pa;ρ 为流体密度,kg/m³。

双扭线流量计由于其喇叭口型入口段与直管段结合处无台阶,因而保证流体能够平滑地过渡到直管段,流体流经流量计之后,流场能够快速达到均匀,其测量的精度较高。由图8.7可见,双扭线的极坐标方程为:

$$\rho=a\sqrt{\cos 2\theta} \tag{8-8}$$

设计时,一般取 $a=(0.6\sim0.8)D$。

测量时,一般在距喇叭口断面 $(1.1\sim1.3)D$ 处,利用周向4~6只小孔形成的环室取压,另外,要求入口段的前缘部分一定空间不得有妨碍流束发生扰动的障碍物,通常要求在管道轴线方向10D范围内、在垂直管道轴线方向4D范围内不应有障碍物。

8.2.3 卡门涡街式流量计

卡门涡街式流量计是一种典型的速度型流量计,它是利用卡门涡街原理制成的流量计,图8.8为卡门涡街的形成示意图。流体中垂直置入一根具有对称形状的非流线型柱状物称为旋涡发生体。当雷诺数处于 $500\sim1.8\times10^5$ 时,旋涡

图 8.8 卡门涡街的形成示意图

发生体的下游将会产生两列相互交替的旋涡，并随流体等速向下游运动，形成两个互相平行的涡列，好似一条街道，其称为卡门涡街。若旋涡之间的距离为 l，两涡街之间的距离为 h，实验证明，当 $h/l=0.281$ 时，涡列趋于稳定，此时旋涡的产生频率 f 与流体的流速 v 成正比。卡门涡街流量计就是通过测量旋涡的产生频率来测量速度，进而得到体积流量的。

旋涡的产生频率为：

$$f = S_t \frac{v'}{d} \tag{8-9}$$

式中：v' 为旋涡发生体两侧流体的流速；d 为置于流体管道中的旋涡发生体应流面的最大宽度，当旋涡发生体为圆柱体时，d 为断面直径；S_t 为斯特劳哈尔数，当流体流动的雷诺数在 $500 \sim 1.5 \times 10^5$ 范围内时，S_t 为常数。

根据连续性方程得：

$$Av = A'v' \tag{8-10}$$

式中：A、v 分别为管道流通截面的面积和平均流速；A' 为旋涡发生体两侧的流通面积。

定义截面面积比 $m = A'/A$，则由式(8-9)和式(8-10)可得：

$$q_v = Av = Amdf/S_t \tag{8-11}$$

式(8-11)称为涡街流量计的流量方程。对于一个具体的卡门旋涡式流量计而言，进气管截面积、圆柱体旋涡发生体应流面的最大宽度以及 S_t 均是定值，故体积流量 q_v 仅是旋涡发生频率 f 的函数。

目前测量旋涡发生频率 f 的方法常用的有两种：光电式和超声波式。光电式卡门旋涡流量计内设一对发光二极管(LED)和光敏三极管，如图8.9所示。发光二极管发出的光束被一个反射镜反射到光敏三极管上，使光敏三极管导通。反射镜安装在一薄金属簧片上，簧片在气流旋涡的作用下，其振动频率与单位时间内产生的旋涡数量相同。由于反射镜同簧片一起振动，因此被反射的光束方向也以相同的频率变化，致使光敏三极管也随光束的变化以同样的频率导通和截止，这一频率直接反映旋涡的产生频率。

超声波式卡门街流量计是在产生卡门旋涡处的两侧，相对的设置了电子检测装置——超声波发生器和接收器，如图8.10所示。超声波发生器可对着接收器发出某一频率的超声波信号，由于超声波在介质中的传播速度与介质的流动速度有关，即顺流时的传播速度要大于逆流时的传播速度，故超声波要滞后一定时间才能到达接收器。当进气道上有卡门旋涡时，接收到的超声波信号中有的滞后，有的提前，利用发送信号与接收信号的相位差，在传感器IC电路中就可以形成表征旋涡发生频率的数字信号。

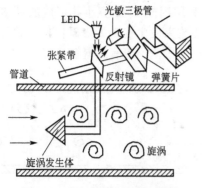

图8.9 光电式卡门涡街流量计

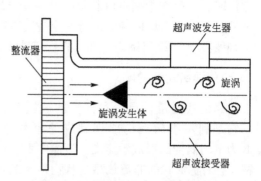

图8.10 超声波式卡门涡街流量计

8.2.4 层流式流量计

层流式流量计又名黏性流量计，其测量元件是由许多平行的细管构成的，如图 8.11 所示。当流经细管的被测流体的雷诺数低于临界雷诺数(2300)时，流动为层流，此时流体经细管束所造成的压力降与流量成正比。表达式为：

$$q_V = \frac{\pi R^4 \Delta p}{8l\eta} \quad (8-12)$$

式中：q_V 为容积流量；R 为细管的半径；l 为细管的长度；η 为流体黏度；Δp 为细管两端的压力差。当细管一定，则 R、l 为常数，q_V 与 Δp 成正比。

测量大流量时，为了满足层流条件，流体的管径应尽量小，此时需要安装若干根相互平行的细管构成一个流体单元。每根细管的长度必须足够长，至少要大于 10 倍的管径。实验证明，当雷诺数小于 150，长度与管径之比应大于 50 时能够获得较好的线性流量关系。

层流式流量计的流量与压差成线性变化，而前面介绍的节流式流量计其压差随流量成平方变化，从而克服了后者大流量时阻力大、小流量时误差大的缺陷。

上述进气量测量方法同样适用于内燃机的废气测量，但由于废气温度高且变化大，同时含有水蒸气，因此通常先除湿降温至 10℃ 左右，再导入流量计进行测量。另外，废气的质量流量还可以通过质量守恒定律求得，即进气流量和燃料消耗量之和为废气流量。

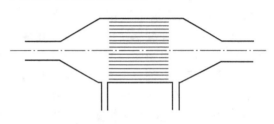

图 8.11 层流式流量计结构示意图

8.3 燃油消耗量的测量

燃油消耗量的测量同样属于流量测量，原则上可用测量液体流量的方法都可用于燃油消耗量的测量。但由于燃油消耗量具有流量小、精度要求高的特点，因而必须采用某些特定方法。目前主要有质量法、容积法、排气法、转子流量计法等。其中，质量法仅适用于处于稳定工况下柴油机的燃油消耗量的测量；容积法可用于汽油机的燃油消耗量的测量；排气法目前主要用于在实验室底盘测功机上进行的复杂行驶工况下汽车的油耗测量；流量计法通常采用转子流量计。下面分别介绍各种方法的基本原理。

8.3.1 质量法

质量法是测定消耗一定质量燃料所用的时间，然后通过计算求得单位时间的燃油消耗量，其计算公式为：

$$q_m = \frac{m \times 3600}{t} \quad (8-13)$$

式中：q_m 为单位时间燃料消耗量，kg/h；m 为消耗的燃油总量，kg；t 为消耗质量为 G 的燃油所经历的时间间隔，s。

质量法测量根据其测量方式不同分为手动测量法和自动测量法两种,下面分别对其进行介绍。

1. 手动测量法

图 8.12 为手动测量燃油消耗量的装置示意图。首先根据发动机功率的大小设置一个秤量适当的天平,天平两端的托盘上分别放置砝码和油杯,在油箱至发动机和油杯的管路上设置一个三通旋塞。发动机正常工作时,三通旋塞处于"供油"位置,油箱向发动机供油。准备测量时,三通旋塞转至"充油"位置,使油箱向发动机供油的同时,也向油杯充油。当油杯内注入的燃油质量与油杯质量之和超过天平另一端砝码质量 $m+M$ 时,天平偏向油杯一端,此时将三通旋塞转至"供油"位置,等待测

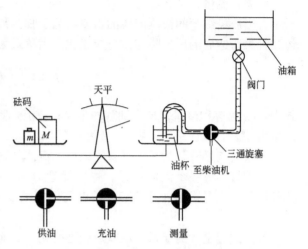

图 8.12 手动测量燃油消耗量的装置示意图

量。测量时,三通旋塞转至"测量"位置,由油杯向发动机供油。随着油杯内燃油被消耗,天平逐渐恢复平衡。当指针指零时,立即按动秒表,开始计时,同时取下质量为 m 的砝码,天平又偏向油杯一端。当油杯内燃油被消耗至天平再次恢复平衡,指针第二次至零时,立即按停秒表,并将三通旋塞转至"充油",准备下一次测量。天平两次平衡之间的时间 t 内所消耗的燃油质量等于所取下的砝码质量 m。将 m 及秒表指示的 t 值代入式(8-13)即可求得燃油消耗量 q_m。每次测量所消耗的燃油量即取下砝码的质量,应根据试验时发动机功率大小及测量所用时间来确定人工操作时间,每次测量时间不能太短,在 1min 左右较好。

2. 自动测量法

为了实现测试工作的自动化,可以采用自动油耗仪进行燃油流量的测量。自动油耗仪主要由称量装置、计数装置和控制装置组成,其工作原理与手动测量装置类似,只是利用顶码的方式代替手动测量中加码机构,图 8.13 为自动油耗测量装置的工作原理图。测量时,油杯内的燃油燃烧减少到一定程度,天平横梁开始转动,油杯与码顶随同横梁左端升起。在码顶与砝码接触前的某一时刻,横梁右端的光电传感器发出一次脉冲作为计时的开始信号。随后燃油逐渐减少,当燃油的消耗量等于砝码的重量时,天平横梁又开始转动,砝码随同横梁左端升起后的某一时刻,光电传感器发出第二次脉冲作为计数结束。

需要指出的是,自动油耗测量装置中,由于天平不能承受振动干扰,

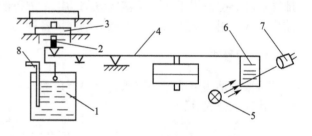

图 8.13 自动油耗测量装置的工作原理图
1—油杯 2—码顶 3—砝码 4—天平横梁
5—光源 6—透光狭缝 7—光敏元件 8—油管

所以必须解决好计量器的隔振问题，否则会影响仪器的测量精度。通常情况下，振动将从底座和输油管传入计量器，因此隔振措施主要从这两方面来考虑。

质量法具有简单易行、设备成本低等优点和人工操作时效率低、产生人为误差等缺点，但由于它消除了燃料密度所带来的误差，所以质量法比容积法测量精度高。

8.3.2 容积法

对于汽油机，由于汽油易挥发，所以不宜采用质量法中的敞口油杯进行测量，而大都采用定容积法。定容积法测量也可以采用手动测量法和自动测量法两种方式进行。

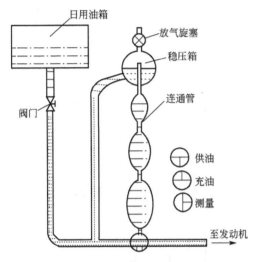

图 8.14 容积式油耗测量装置示意图

图 8.14 为容积式油耗测量装置示意图。装有燃油的油箱通过一个三通阀分别于发动机及葫芦形玻璃量瓶相连。若已知量瓶上下刻度之间的容积（即玻璃泡容积），则测量燃料液面由上刻度降到下刻度所需的时间，则可通过式(8-14)求出单位时间的燃料消耗量，即：

$$q_m = \frac{3600 \times \rho V}{t} \quad (8-14)$$

式中：q_m 为燃料消耗量，kg/h；V 为量瓶上下刻度间的容积，m^3；ρ 为燃油的密度，kg/m^3；t 为液面通过两刻度间所需的时间，s。

测量前，将三通阀置于"充油"位，量瓶内充满燃油。测量时，将三通阀置于"测量"位，由量瓶向发动机供油，用秒表测量燃油液面从量瓶上刻度降到下刻度所需的时间。测量结束后，三通阀置于"供油"，由油箱直接给发动机供油。葫芦形玻璃量瓶的容积随发动机功率及运转工况而不同，通常测量时间为 30~60s。为了让液面通过刻度时速度较大、便于测定，常把量瓶刻度线部分做成细管颈状。

稳压腔的作用是确保在测量状态下，其量瓶供油压力与测量前油箱供油压力相等，避免供油压力发生波动，这是因为稳压腔下部的燃油与油箱相通，上部通过连通管与量瓶相通，因此稳压箱内燃油压力始终保持与量瓶内燃油压力相等，压力大小取决于油箱中液面高度。测量时，量瓶内燃油液面下降，稳压腔上部的空气随后逐渐进入量瓶，从而保持了量瓶内燃油液面压力不变，起到稳压作用。

8.3.3 排气法

排气法也称碳平衡法，所谓碳平衡是指燃油消耗量的碳量与排气中 CO、CO_2、HC 所含的总量相等，应用排气分析的结果计算出燃油消耗量。

测量时，将排气采集装置安装在试验汽车排气管的开口处，连接部位安装固定好，不能有排气泄漏。采集分析所需的排气量(100L 左右)，利用气体成分分析仪分别测出排气中 CO、CO_2、HC 的成分，并按式(8-15)计算出燃油消耗量，即：

$$Q = \frac{0.866 \times G}{0.429 \times w_{CO} + 0.866 w_{HC} + 0.273 \times w_{CO_2}} \tag{8-15}$$

式中：Q 为燃油的消耗量，km/L；G 为 1L 燃油的质量，g；w_{CO} 为 CO 的排出量，g/km；w_{HC} 为 HC 的排出量，g/km；w_{CO_2} 为 CO_2 的排出量，g/km。

排气法是目前国际上通行的实验室内车辆工况油耗测量试验方法，特别适用于底盘测功机上进行的复杂行驶工况下的油耗测量。该方法的测量精度主要取决于气体分析仪的测量精度。需要说明一点，排气法的油耗计算公式在不同国家其表现形式不尽相同，如美国、日本及欧盟均具有不同的油耗计算公式，并且考虑到燃油成分的变化，油耗公式也随着时间而不断修正。由于我国现在排放测试方法均采用欧盟的测试规范，因此排气法的油耗计算同样采用欧盟的计算方法，即式(8-15)。

8.3.4 转子流量计法

转子流量计属于速度型流量计，它可用于测量液体、气体和蒸汽等多种介质的流量，尤其适用于低雷诺数的中、小流量的测量，是测量燃油消耗量的常用仪表。

1. 测量原理

转子流量计也叫浮子流量计，它也是利用流体流动的节流原理进行测量的仪表，其基本结构如图 8.15 所示，它由一段向上扩大的垂直的锥形玻璃管或金属管和可随被测介质流量大小而作上、下浮动的转子所组成。转子（又称浮子）就是这种流量计的节流元件。当被测流体经过转子和锥形管之间的环形缝隙时，出于节流原理所产生的压力差的作用，使得转子上移，环形缝隙随之增大，介质的升力也随之减小，直至介质作用于转子

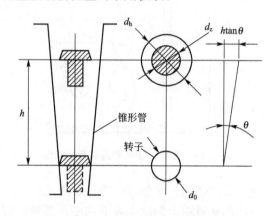

图 8.15 转子流量计工作原理图

的上升力与转子在介质中的重量相平衡，转子将稳定在某一高度上。流量愈大，转子的平衡位置愈高。因此转子所处的平衡位置的高低（即环形缝隙流通截面面积的大小）可作为流量测量的尺度，故转子流量计亦名变面积流量计，同时，由于转子的重量一定，故当转于处于任一平衡位置时，其两端压差为定值，转子流量计又叫恒压差式流量计。

由此可见，转子流量计与前面介绍的孔板式流量计相比，其主要差异在于：孔板流量计是在节流元件开口面积不变的条件下，测量压差的变化来求取流量，即恒面积变压力；而转子流量计则是在恒压差的条件下，利用转子位移产生的流通面积的变化来测量流量，即恒压变面积。

2. 流量方程

假设转子位于某一高度时处于受力平衡状态，即转子位置保持不变，此时对转子进行受力分析。

向上的作用力 F_u 为：

$$F_u = A_Z \Delta p = A_Z \xi \frac{\rho v^2}{2} \tag{8-16}$$

向下的作用力 F_d 为：

$$F_d = gV_Z(\rho_Z - \rho) \tag{8-17}$$

式中：A_Z 为转子垂直于流动方向的最大截面面积，m^2；ξ 为比例系数（与转子形状、流体黏度等有关）；v 为锥管与转子之间的环形流通截面上的流体的平均流速，m/s；V_Z 为转子的体积，m^3；ρ_Z 转子材料的密度，kg/m^3；ρ 为被测流体的密度，kg/m^3。

根据转子的受力平衡条件，即：

$$F_u = F_d \tag{8-18}$$

可得：

$$v = \sqrt{\frac{2V_Z g(\rho_Z - \rho)}{\xi \rho A_Z}} \tag{8-19}$$

定义 $\alpha = \sqrt{\dfrac{1}{\xi}}$ 为流量计的流量系数，则通过锥管和转子之间环形流通截面的流量为：

$$q_V = A_H v = A_H \alpha \sqrt{\frac{2V_Z g(\rho_Z - \rho)}{\rho A_Z}} \tag{8-20}$$

式中：A_H 为锥管和转子之间环形流通截面的面积，m^2。

由图 8.14 可见，环形面积 A_H 为：

$$A_H = \frac{\pi}{4}(d_h^2 - d_Z^2) \tag{8-21}$$

$$d_h = d_0 + 2h\tan\theta \tag{8-22}$$

式中：d_0 和 d_h 分别为转子处于初始位置和平衡位置时所对应的锥管直径；d_Z 为转子的最大直径；θ 为锥管的半锥角。

将式(8-21)和式(8-22)代入式(8-20)可得被测流体的体积流量 q_V 为：

$$q_V = \frac{\pi}{4}\alpha\left[(d_0 + 2h\tan\theta)^2 - d_Z^2\right]\sqrt{\frac{2V_Z g(\rho_Z - \rho)}{\rho A_Z}} \tag{8-23}$$

式(8-23)即为转子流量计的流量方程。在设计时通常满足 $d_0 = d_Z$，即转子处于初始位置时的锥管直径恰好等于转子的最大直径，这样使流量方程可进一步简化为：

$$q_V = \pi \alpha h \tan\theta(d_0 + h\tan\theta)\sqrt{\frac{2V_Z g(\rho_Z - \rho)}{\rho A_Z}} \tag{8-24}$$

对于一个具体的转子流量计，转子的形状、材料、特性及被测流体已知，并均可视为常数，则流量计的流量与转子的平衡位置的高度成正比，也就是说转子流量计具有线性刻度。

3. 流量读数的修正

转子流量计的刻度流量一般是指流体在标准状态（温度 $t_0 = 20℃$，压力 $p_0 = 0.1013MPa$）下的流量。通常，对用于测量液体的是代表标准状态下水的流量值；对用于测量气体的是代表标准状态下的空气的流量值。在内燃机测试中，被测介质不是水，而是柴油或汽油等内燃机燃料，由于它们的密度存在差异，故转子流量计的指示值与实际值存在一定的差别，因此必须对指示值进行修正，一般修正公式为：

$$c = \frac{\alpha}{\alpha_0}\sqrt{\frac{(\rho_z - \rho)\rho_0}{(\rho_z - \rho_0)\rho}} \tag{8-25}$$

式中：c 为转子流量计的流量修正系数；α_0 和 ρ_0 分别为水在标准状态下流量系数和密度；α 和 ρ 分别为被测液体在工作状态下的流量系数和密度；ρ_z 为转子材料的密度。

试验证明，转子流量计的流量系数与转子的形状和雷诺数有关，图 8.16 给出了 3 种形状转子的流量系数与雷诺数的变化关系曲线。

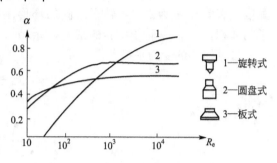

图 8.16　不同形状转子的流量系数与雷诺数的变化关系曲线

8.4　机油消耗量和冷却水量的测量

8.4.1　机油消耗量的测量

正确的测定发动机润滑油的消耗量比较困难，这是由于发动机润滑油的消耗量很少，只有在一个比较长的时间间隔内，甚至在数十小时以上才能有比较明显的变化，所以使得发动机润滑油消耗量的测量很难获得比较精确的结果。

测量油消耗量常用的方法有油标尺法、重量法和流量计法。

1. 油标尺法

油标尺法是一种最简易操作的方法。实验前，通过装在油底壳中的油标尺，测量润滑油的液面高度。实验结束后向发动机曲轴箱内加入已知量的润滑油，使液面重新回到初始高度，这样便可求得润滑油的消耗量。这种方法操作简单，但由于发动机曲轴箱内润滑油的表面积很大，加上油标尺刻度变化较小，所以会给测量结果带来较大的误差。

2. 重量法

所谓重量法就是分别测量实验前、后润滑油的重量，其差值即为润滑油的消耗量，其具体作法为：实验前先将发动机的冷却水和润滑油预热到正常温度，将润滑油从曲轴箱中泄放出来，泄放时间范围在 20～30min。随后将已知重量的润滑油加入曲轴箱中，直至液面恢复到正常水平。实验结束后，在保持冷却水和机油温度与实验前相同条件下，将润滑油按实验前的及泄放间的泄放出来，称其重量。实验前的注入量和实验后的泄放量间的差值即为润滑油消耗量。这种方法较为复杂、耗时间，并且油底壳中的润滑油难以完全泄放出来，故测量精度较低，目前已很少采用。

3. 流量计法

按照我国《内燃机台架性能试验方法》及《汽车发动机性能试验方法》的规定，润滑油消耗量的测定均采用质量法。而润滑油流量的测量既可用质量法和容积法，又可用流量计进行测定，适用的流量计是容积式流量计和涡轮流量计。

1) 容积式流量计

容积式流量计是利用计量流体的体积来测量流量，它的测量腔类似一种固定容积的标准容器，容器内部的运动元件在入口和出口压差作用下转动，不断地把充满在运动元件和壳体之间（即测量腔）的流体排向出口。计数机构与运动元件相连接，其读数与流体的容积总量成正比。容积式流量计由于直接测量流体的体积，故受流体黏度、密度及流态影响很小，测量精度高（可达0.2%），安装方便。但是当流体中含有固体杂质时，会影响仪表的正常运转。显然，容积式流量计常用于测量不含固体杂质的液体，尤其适于测量高黏度和变黏度液体的容积流量。根据运动部件结构不同，容积式流量计主要有腰轮式、椭圆齿轮式和活塞式3种形式。下面以腰轮流量计为例介绍其工作原理。

腰轮流量计又称罗茨流量计，图8.17为其工作原理示意图。两个相同的腰轮在进、出流量计的流体压差作用下，分别让各自的固定轴反向旋转。两腰轮相互不接触，而是由一对相互啮合的齿轮保证相位差为90°。假设流体进口压力为 p_1，出口压力为 p_2，则腰轮A在压差的作用下顺时针旋转，如图8.17(a)所示，并排出腰轮A与壳体之间测量腔内的流体，如图8.17(b)所示。同时腰轮A旋转运动通过齿轮带动腰轮B逆时针旋转，如图8.17(c)所示，此时腰轮B的作用与图8.17(a)腰轮A完全相同，这样两腰轮交替地排出测量腔内的流体。通过计测量腰轮的旋转次数，便可确定流体的流量。

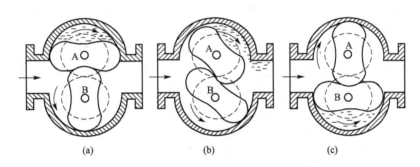

图8.17 腰轮流量计工作原理示意图

由于容积式流量计的运动部件和壳体之间存在间隙，同时测量腔的加工工艺存在偏差，所以测量结果必然存在一定误差。尤其在小流量时，即使运动元件与壳体之间间隙很小，由于此时产生运动元件旋转的驱动力矩很小，故间隙处的泄漏也不容忽视，但流量不能过大，否则会加速运动元件的磨损，同时也加剧间隙的进一步增大，可见容积式流量计既不宜测量小流量、也不宜测量过大流量，其测量范围最好落在间隙误差可以忽略不计的区域内。

2) 涡轮流量计

涡轮流量计是一种速度型流量计，它具有精度高、量程宽、线性好、耐高压、体积小等优点，可广泛用于测量流体的瞬时流量或累计流量。但其测量精度受流体黏度影响较大，通常用于测量冷却水或燃油的流量，而不宜测量机油的流量。

涡轮流量计的工作原理是利用安装于流动管道中的涡轮因叶片受流体流动的冲击而旋

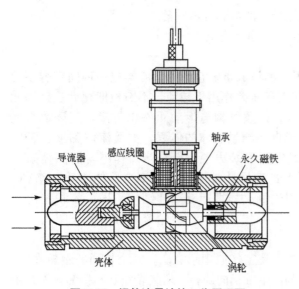

图 8.18 涡轮流量计的工作原理图

转,旋转速度与流体的流量成正比。图 8.18 为涡轮流量计的工作原理图。当被测流体流经涡轮并推动其转动时,高导磁性的涡轮叶片周期性扫过磁电转换器的永久磁铁,磁路中的磁阻随之发生变化,则通过感应线圈的磁通量随之发生周期性变化,从而在线圈内产生交变的感应电动势,即输出交流电脉冲信号。脉冲信号的频率 f 与涡轮的转速成正比,即:

$$f = nz \quad (8-26)$$

式中:f 为磁电转换器输出的电脉冲频率;z 为涡轮的叶片数;n 为涡轮的转速。

根据涡轮运动方程可以推导出,涡轮的转速与流体的平均流速成正比,即与被测流量成正比,即:

$$q_V = \frac{f}{K} \quad (8-27)$$

式中:K 为流量计的仪表常数,也称流量系数,它与涡轮流量计的结构及被测流体的性质有关,一般通过实验确定。

事实上,K 并非常数,它随流量的变化曲线如图 8.19 所示,这主要由于实际使用中,摩擦阻力不可避免,这种阻力主要包括两方面:一是涡轮轴与轴承之间的摩擦力;二是流体具有一定的黏度,因而在流动过程中存在黏滞阻力,此阻力与流动状态有关。在小流量时,流体处于层流状态,阻力较大,且此时流速较慢,涡轮的转动力矩也小,故使得实际的 K—q_V 曲线产具有高峰特性,其峰值一般出现在上限流量的 20%~30%。大流量时,流体处于紊流阻力减小,K—q_V 曲线趋于平缓。因此在使用中,为了保证流量计的准确度,应尽量使测量范围位于流量计 K—q_V 曲线的线性段。

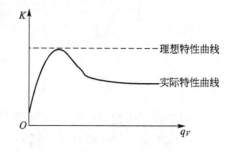

图 8.19 涡轮流量计的特性曲线图

8.4.2 冷却水消耗量的测量

冷却水量的测量类似于润滑油的流量测量,一般精密测量可采用质量法或容积法,也可采用液体流量及如上述卡门涡街流量计、容积式流量计或涡轮流量计等。对于工程测量,可以采用普通水表,常用的是速度式水表,它是一种安装在封闭管道中的运动元件,其在水流运动的驱动下,获得动力速度的水表,典型的速度式水表有旋翼式水表、螺翼式水表。在使用水表时,事先必须要考虑水表是否耐高温,另外对水量较大时,必须要保证水表具有足够的准确度。

8.5 流量计的标定

为了保证流量计准确地测量流量，流量计出厂前都按规定进行标定，以给出流量系数或标宽曲线；对于长期使用的流量计，也必须对其进行定期标定。所谓标定就是指采用基准器（包括秤、计量器和标准流量计）和计时器同步对被测介质流量进行计量，以求得准确的流量，并以此标准流量值来确定被标定流量计的刻度值。

在实际使用过程中，出现某些特殊情况时同样需要标定，具体为：
(1) 长期搁置的流量计重新投入使用时；
(2) 对测量值产生怀疑时；
(3) 流量计拆卸检修，再进行装配时；
(4) 需要重新调整以获得较高测量精度时；
(5) 被测介质的物性发生重大变化时。

由于流量计根据被测介质不同，可分为两类：液体流量计和气体流量计，因而相应的标定方法及装置存在一定差异。下面分别介绍这两种流量计的标定方法。

8.5.1 液体流量计的标定

1. 容积法

容积法是一种计量一段时间内流入定容容量的流体体积，以求得流量的方法，标定时用泵从贮液器中抽出的被测流体通过被校流量计后，进入标准容量器。该容器的读数玻璃管刻有能准确显示体积的刻度，从玻璃管的刻度 L 读出在一定时间内进入标准容器的流体体积，从而获得标准体积流量，然后将此体积流量与被校流量计的示值进行比较，从而达到校准流量计的目的。

2. 质量法

质量法是一种称量在一段测量时间内流入容器的流体质量以求得流量的方法。标定时用泵从贮液器中抽出试验流体通过被校流量计后进入容器，称出进入容器流体质量的同时，测定流体的温度值，并换算成在该温度下的密度值，然后将流体的质量除以密度。换算成体积值，同仪表的体积示值（累计脉冲数）进行比较，校准流量计。

3. 标准流量计对比法

标准流量计对比法是将被校流量计和标准流量计串联在流过试验的管道上，通过比较两者的测量值求出误差。标准流量计的精度必须比被校准流量计的精度高 2～3 倍。

8.5.2 气体流量计的标定

气体流量计的标定一般可采用体积法、质量法和音速喷嘴法等。前两者与前面介绍的液体流量计的标定方法相同；音速喷嘴法国际上迅速发展的一种新型气体流量计标定装置，音速喷嘴有多种形式，最常用的是音速文丘里喷嘴，它具有结构简单、使用方便、精度高、可信度高的特点，故可进行各种压力下的气体流量计的标定。

音速文丘里喷嘴的结构示意图如图 8.20 所示，前部是孔径逐渐缩小的喷嘴，最小孔径的流通部分称喷嘴的喉部。喉部后面是孔径逐渐扩大的圆锥形通道，称为扩压管。

标定气体流量计时，夹好被标气体流量计，由计算机设定流量标定点及其每个标定点的流量大小、标定次数和标定时间，然后启动真空泵，气流流入被标气体流量

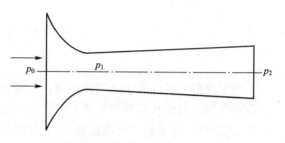

图 8.20 音速文丘里喷嘴的结构示意图

计，再经音速文丘里喷嘴和稳压容器，由真空泵吸入大气。由计算机自动组合流量选择阀和音速文丘里喷嘴，调整该标定点的标准流量，进行逐点标定。整个标定过程除大气压力、相对湿度和所需标定流量点由人工输入外，温度、压力和仪表脉冲累积数全部由计算机自动采样，并进行数据处理，然后打印出气体流量标定结果。

小　　结

评价内燃机的性能离不开各种流量的测量。本章主要介绍了内燃机的进气流量、燃油消耗量、润滑油消耗量及冷却水量的测量方法，各种测量仪表的工作原理、特点及适用范围。

目前内燃机空气流量的测量大多采用测量空气体积流量的方法，常用的装置有节流式流量计、双扭线流量计、卡门涡街流量计等。燃油消耗量的测量原则上可用测量液体流量的方法都可用于燃油消耗量的测量，但由于燃油消耗量具有流量小、精度要求高的特点，所以必须采用某些特定方法，目前主要有质量法、容积法、排气法、转子流量计法等，其中质量法仅适用于处于稳定工况下柴油机的燃油消耗量的测量；容积法可用于汽油机的燃油消耗量的测量；排气法是目前国际上通行的实验室内车辆工况油耗测量试验方法，特别是在底盘测功机上进行的复杂行驶工况下的油耗测量。流量计法通常采用转子流量计。由于发动机润滑油的消耗量极少，故很难获得比较精确的结果，常用的方法有油标尺法、重量法和流量计法，可适用的流量计主要有容积式流量计和涡轮流量计。冷却水量的测量基本与润滑油的测量类似。

习　　题

8-1　流量计主要分为哪 3 类？各自的特点是什么？
8-2　试说明标准孔板流量计的测量原理。
8-3　燃油消耗量主要有哪几种方法？各自的测量原理是什么？
8-4　使用涡轮流量计进行流量测量时，为什么必须要控制其测量下限？
8-5　转子流量计和孔板流量计在测量原理上的异同点分别是什么？
8-6　机油消耗量的测量有什么特点？适宜采用哪些方法进行测量？
8-7　试述容积法油耗仪稳压腔的功能。
8-8　液体流量计和气体流量计的标定有何不同？

第 9 章 转速和扭矩的测量

教学提示：转速和扭矩是最基本的两个性能参数，转速的测量仪根据测量原理的不同基本分为 5 类。电子式转速仪是以电子技术为基础设计制造的，由传感器和显示仪表组成，可根据测量方法、传感器的不同分类。扭矩的测量根据工作原理可分为 3 种：传递法、平衡力法和能量转换法。传递法测扭矩主要有相位差法和电阻应变法。平衡力法测扭矩的代表是测功机，有水力测功机、电力测功机和电涡流测功机。

教学要求：了解转速测量仪的分类，熟悉电子式转速仪的传感器分类和显示仪表的分类，了解转速测量的方法。掌握扭矩测量的方法，了解以相位差法和电阻应变法为基础的扭矩测量方法，熟悉测功机的工作原理。

在动力机械的试验研究中，转速和扭矩是最基本的两个性能参数。无论是研究动力机械的整体性能试验，还是研究其零部件的结构强度、磨损试验等，一般都需要测定转速和扭矩。

9.1 转速的测量

9.1.1 转速测量仪的分类

严格来讲，转速是指旋转部件圆周运动的瞬时角速度。通常情况下，动力机械试验时所测量的大多是平均转速，单位为 r/min。有时也要测动力机械瞬态转速，如研究发动机扭转振动等。发动机曲轴转速是测功必不可少的数据，它也表征了发动机单位时间内所进行的工作循环数。转速测量精度要求是根据具体测量场合而定的，如内燃机台架试验需要精度高些，而对于监视用的转速表，因为要求它们能连续工作，使用寿命长，价格要低，所以精度可以低些。转速测量仪种类众多，随着科学技术的进步，转速的测量方法也在不停地演变，以下是 5 种常见的转速仪。

1. 离心式转速仪

离心式转速仪是最传统的转速测量工具，其工作原理基于与回转轴偏置的重锤在回转时产生的离心力 Q 与回转轴的角速度 ω 的平方成正比，即：

$$Q = m r \omega^2 \qquad (9-1)$$

式中：m 为重锤的质量；r 为重锤至被测轴的垂直距离。

根据结构的不同，离心式转速表又有重块式和圆环式两种。图 9.1 是重块式离心式

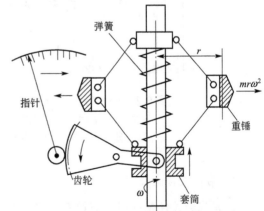

图 9.1 重块式离心式转速表的测量原理图

转速表的测量原理图。当转动轴以 ω 的角速度转动时,重锤产生离心力 Q,转速越大离心力越大,压迫弹簧使它缩短,因而弹簧被压缩的位移与转速成正比,测出弹簧位移就得知转速。离心式转速表是机械式的,惯性较大,测量精度受到一定的限制,但其体积小且携带方便,不需要能源,因此应用比较广泛。

2. 磁性转速仪

磁性转速仪是利用旋转力与游丝力的平衡来指示转速的。磁性转速仪的结构如图 9.2 所示。当永磁铁 3 和铁心 5 随表轴 6 一起转动时,位于永磁铁 3 和铁心 5 之间的金属圆盘 4 便因切割磁力线而在圆盘体内产生感应电流,该电流在永磁铁 3 磁场作用下,使圆盘受到一旋转力矩,并沿表轴 6 的旋转方向偏转,偏转角的大小与表轴的转速成正比。当旋转力矩与游丝 1 的反作用力矩平衡时,和金属圆盘在同一轴上的指针 2 即指示出相应的转速。

磁性转速仪结构较简单,目前较普遍用于摩托车和汽车以及其他机械设备中。

3. 电动式转速仪

电动式转速仪一般由传感器和指示器两部分组成,如图 9.3 所示,其传感器安装在发动机上。发动机运转时,传感器输出三相电势。该三相电势通过导线送到指示器,驱动指示器内的三相同步电动机旋转,同步电动机的扭矩通过磁性离合器传递到指针部件,带动指针偏转,游丝产生一反向的平衡力矩,控制指针的转角,准确指示被测转速,指示器与发送器间用导线连接,故可用来远距离测量发动机的转速。

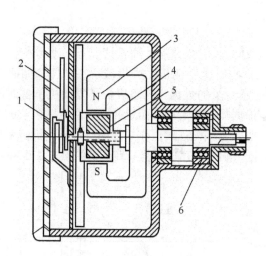

图 9.2 磁性转速仪的结构图
1—游丝 2—指针 3—永磁铁
4—金属圆盘 5—铁心 6—表轴

图 9.3 电动式转速仪

4. 闪光式转速仪

闪光式转速仪是利用已知频率的闪光去照射被测物体,当转动物体频率与闪光的频率同步时,则转动物体看起来好像不动。这是基于人的视觉暂留能力,即人的眼睛能在一段

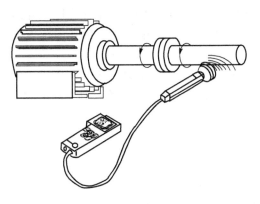

图 9.4 闪光转速仪工作示意图

时间内保持已经从视野中消失物体的视觉能力,其工作示意图如图 9.4 所示。

闪光转速仪采用单片机电路和氙灯,闪光频率可连续调节。使用时可在物体上选取观察点,如有些凹凸不平的表面,不对称的文字、图案或贴标记,以便于观察视觉暂留光学现象的发生,调节闪光频率直到观察点看起来静止不动,则可直接读出转速值。闪光转速仪可测量旋转物的转速、周期性振动频率,也可观察运转机件的磨损变形,广泛应用于机电设备的测量,因为它采用不接触的测量方法,所以不消耗被测物体的动能。

5. 电子式转速仪

电子式转速仪是一个比较笼统的概念,它是以现代电子技术为基础而设计制造的转速测量工具。它一般由传感器和显示器组成,有的还有信号输出和控制,因为传感器和显示器和测量方法的多样性而难以分类。如果仅从安装使用方式上来分,电子式转速仪可分为就地安装式、台式、柜装式和便携式以及手持式。电子技术的不断进步使这一类转速仪有了突飞猛进的发展。

9.1.2 电子式转速仪

电子式转速仪主要由传感器和显示仪表组成,传感器输出与转速相关的信号,显示仪表以一定的测量方法计算出转速值并显示在仪表的显示器上。

1. 转速传感器

数字式转速传感器属于间接式测量装置,其输出信号频率与转速成正比,或其信号峰值间隔与转速成反比。从原理上来分,它有磁电感应式、光电效应式、霍尔效应式等,另外还有间接测量转速的转速传感器,如加速度传感器(通过积分运算,间接导出转速)、位移传感器通过微分运算,间接导出转速等,以下介绍两类常用的传感器。

1) 光电转速传感器

光电转速传感器的功能是将被测转速通过光电转换的原理,转换成为电脉冲信号,供数字式转速表显示,它有透光式和反射式两种。

(1) 透光式光电转速传感器。图 9.5 为透光式光电转速传感器原理图,它由投光器 4、旋转轮 2 和受光器 5 等组成。带光栅(或圆孔)的旋转轮 2 与被测轴 1 安装在一起并随着旋转。投光器 4 中有光源 3,光线经凸透镜聚焦后透过旋转轮上的光栅。受光器 5 将光线再

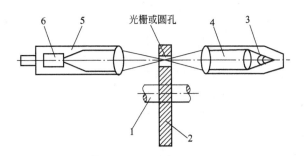

图 9.5 透光式光电转速传感器原理图
1—被测轴 2—旋转轮 3—光源
4—投光器 5—受光器 6—光敏元件

次聚焦到光敏元件 6 上。旋转轮旋转时，当每一条光栅经过投光器的光线聚焦点时，光线便透过光栅照射到光敏元件上，产生一个电脉冲信号 f_x，以供后接的转速数字显示仪处理。旋转轮上有 n 个光栅或圆孔时，则转轴每旋转一转便产生 n 个电脉冲信号。

(2) 反射式光电转速传感器。图 9.6 为反射式光电转速传感器原理图。光源发出的光束经半透膜后，被凸透镜 1 聚焦在旋转轮上。旋转轮转动时，由于黑白条纹对光的反射率不同，反射率变大时，反射光线经过半透膜聚焦到光敏元件上，光敏元件即发出一个脉冲信号；反射率变小时，光敏元件无信号。在一定时间内对信号计数便可测出转轴的转速值。

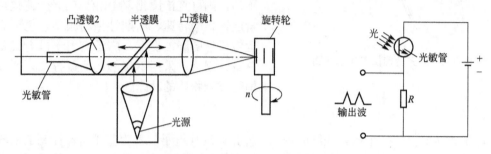

图 9.6 反射式光电转速传感器原理图

2) 磁电式转速传感器

磁电式转速传感器原理图如图 9.7 所示，它由永磁铁 3、励磁线圈 5 和转子 2 组成。转子 2 装在被测转轴 1 上，转子 2 为有 z 个齿的齿轮。当轴旋转时，由永磁铁、空气隙、转子组成磁路的磁阻。由于永磁铁和齿轮间的空气隙大小不断改变，磁路的磁阻也随之变化，检测线圈 4 的磁通也不断变化，从而产生交变的感应电动势，形成与轴的转速相应的电信号，电信号频率 f 正比于被测轴的转速 n，即：

$$f=\frac{nz}{60} \tag{9-2}$$

式中：z 为转子上齿轮的齿数；n 为被测轴转速。

磁电式转速传感器实物图如图 9.8 所示，使用时须在待测旋转体上安装导磁体发讯齿轮或孔板齿轮，模数大于或等于 1，传感器端面距齿顶 1mm 左右。用双芯屏蔽线将信号传输到转速表的磁电式输入端。

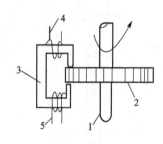

图 9.7 磁电式转速传感器原理图
1—被测转轴 2—转子 3—永磁铁
4—检测线圈 5—励磁线圈

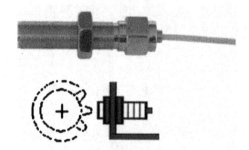

图 9.8 磁电式转速传感器实物图

2. 转速测量方法

针对脉冲信号测转速的方法有：频率积分法（也就是 F/V 转换法，其直接结果是电压或电流）和频率运算法（其直接结果是数字）。频率运算法有定时计数法（测频法）、定数计时法（测周法）和等精度法。下面只介绍频率运算法。

1) 测频法

用测频法测量转速的实质是测定在预定的标准时基内进入计数器的待测信号脉冲的个数，从而求得待测转速。图 9.9 为用测频法测量转速的原理框图，其工作原理如下。

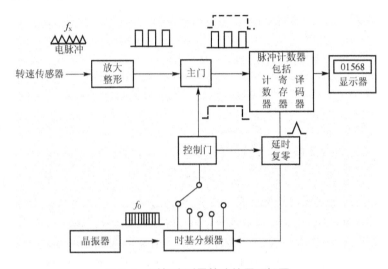

图 9.9　测频法测量转速的原理框图

由转速传感器输出的与转速成正比的电脉冲信号（频率为 f_x），经过放大整形后，被传输到主门的输入端。由晶振器产生的标准频率（f_0）信号，经过时基分频器，产生可调波宽的低频方波信号，即标准时基 t（t 为 0.1s、1s、10s 等）。当选定一个标准时基 t 后，方波的上升沿使控制门内的双稳态触发器翻转而使主门开启，允许经过整形的被测信号 f_x 通过，计数器开始计数。当方波的下降沿进入控制门而使双稳态触发器再次翻转，主门关闭，立即停止待测脉冲 f_x 通过，计数器停止计数，则计数器累计的待测信号脉冲数为 $N_x = f_x \cdot t$（个），待测转速为：

$$n = \frac{60 N_x}{z \cdot t} \tag{9-3}$$

式中：n 为转速，r/min；t 为选定的标准时基，s；z 为被测轴每转产生的电脉冲信号。

转速的不断更新显示是由延时清零电路完成的。每次计数结束后产生一定的时间延迟，使显示器保持一段时间的显示以便读数，延时结束后使分频器和计数器清零，以便重新计数。

控制门输出的时基信号 t 的起始时刻 t_0 落在被测脉冲波上相位是随机的，如图 9.10 所示，同样在 t 时间内，进入的脉冲数可能多一个，也可能少一个，这种误差叫做"±1 个数字的误差"。如果被测频率为 10000Hz，多一或少一的误差相对来讲只不过万分之一；如果被测频率为 2Hz，多一或少一的误差相对来讲就达到了 50%。可见频率越低，误差越大，但延长采样时间，误差可变小。当被测量转速较低而不延长采样时间时，用测频法测量转速会带来较大的误差。

2) 测周法

测周法是以标准时钟脉冲填充待测脉冲，计数器累计一个待测脉冲信号周期 T_x 内的标准时钟脉冲数 N_0，从而求得待测转速 n。图 9.11 为用测周法测量转速的原理框图，其工作原理如下。

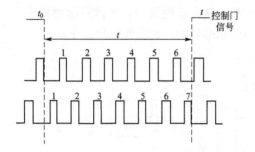

图 9.10　±1 个数字的误差产生示意图　　　　图 9.11　测周法测转速的原理框图

经过放大整形后的晶振脉冲信号（频率为 f_0、周期为 T_0）被传输到主门的输入端，从转速传感器输出的被测信号（频率为 f_x、周期为 T_x）进入控制门。设第一个待测脉冲信号进入控制门时，使门内的双稳态触发器翻转，开启主门，允许晶振脉冲通过。当第二个被测脉冲进入控制门时，使门内的双稳态触发器再次翻转，关闭主门，不允许晶振脉冲通过。两个被测脉冲信号之间的间隔，即为被测脉冲信号的周期 T_x，则计数器累计是在 T_x 内的晶振脉冲数 N_0，晶振脉冲的周期 T_0 可通过时标旋钮选择为 $10\mu s$、$0.1ms$、$1ms$，待测周期 $T_x = N_0 \cdot T_0$，则待测转速 n 为：

$$n = \frac{60}{z \overline{T'_x}} \tag{9-4}$$

式中：$\overline{T'_x}$ 为以秒为单位的 T_x 的值；z 为被测轴每转所产生的脉冲个数。

为了提高测量精度，一般先将待测脉冲信号通过一个周期倍乘器，增加测量的周期数，即主门开启时间为 $K \cdot T_x$，则计数器累计的是 K 个待测脉冲周期内的晶振脉冲总数 N_0，则 K 个周期的平均值 $\overline{T}_x$ 为：

$$\overline{T}_x = \frac{N_0 \cdot T_0}{K} \tag{9-5}$$

脉冲计数器和延时清零电路作用与测频法相同，同理，测周法也存在"±1 个时间单位的误差"，在高速时，误差很大。

3) 等精度法

等精度测频方法是在直接测频方法的基础上发展起来的，它的闸门时间不是固定的值，而是被测信号周期的整数倍，即与被测信号同步，消除了对被测信号计数所产生的±1 误差，且达到了在整个测试频段的等精度测量，测频原理如图 9.12 所示。

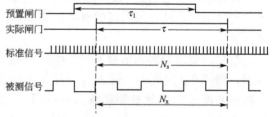

图 9.12　等精度测频原理波形图

在测量过程中,有两个计数器分别对标准信号和被测信号同时计数。首先给出闸门开启信号(预置闸门上升沿),此时计数器并不开始计数,而是等到被测信号的上升沿到来时,计数才真正开始计数。待预置闸门关闭信号(下降沿)时,计数器并不立即停止计数,而是等到被测信号的上升沿到来时才结束计数,完成一次测量过程。可以看出,实际闸门时间 τ 与预置闸门时间 τ_1 并不严格相等,但差值不超过被测信号的一个周期。设在一次实际闸门时间 τ 中,计数器对被测信号的计数值为 N_x,对标准信号的计数值为 N_s,标准信号的频率为 f_s,则被测信号的频率 f_x 为:

$$f_x = \frac{N_x}{N_s} f_s \tag{9-6}$$

等精度测频法的误差可低于万分之一。

3. 转速显示器

显示器从指示形式来分有指针式、数字式、图形及其混合式和虚拟仪表等。

1) 指针式

(1) 动圈式:线圈、游丝指针联于一旋转轴上,给线圈输入电流,线圈感应出磁力,且互成正比;磁力与游丝的扭力平衡,扭力与指针转角成正比,指针的角度也就反映出输入电流的大小。

(2) 动磁式:正交线圈中电流的变化导致合成磁场方向的变化,而指针附着在单对极的永磁体上,指针反映电流的变化。

(3) 电动式:双向旋转的电动机带动电位器的旋转,电位器的取样值与输入信号电压比较,决定双向旋转电动机正转、反转或停止,与电位器联动的指针正确反映输入信号的大小。

上述 3 种指针类表头中,电动式表头属于电子类,动磁式表头和动圈式表头本身不属于电子类,当与表头配套的传感器或表头驱动需要供电电源且依赖现代电子技术时,把它归为电子类。

2) 数字式、图形及其混合式

它们主要是从器件来区分,有数码管、字段式液晶、液晶屏、荧光管、荧光屏、等离子屏和 EL 屏等。

3) 虚拟仪表

随着计算机的普及,利用计算机做显示和操作平台的虚拟仪表也越来越被广泛的运用,目前主流的开发平台是 NI 公司的 LabVIEW。

9.2 扭矩的测量

扭矩是旋转动力机械的重要参数,扭矩测量有吸收型和传递型两大类测功机。

传递型测功机是根据弹性元件在传递扭矩时,物理参数(如变形、应力或应变等)发生变化,从而测量扭矩的,它不能吸收被测机械输出的能量。

吸收型测功器根据平衡力法(任何一种匀速工作的动力机械,当其主轴受到扭矩作用时,在其机体上必定同时作用着方向相反的平衡力矩(支座反力矩),测量此平衡力矩即可确定作用在该动力机械主轴上的扭矩的大小),借助水、磁电等介质吸收动力机械输出轴的能量并指示扭矩。

9.2.1 传递法测扭矩

1. 相位差扭矩仪

相位差扭矩仪的原理是当一段弹性轴在扭矩 M 的作用下产生弹性变形时,如图 9.13 所示,其扭转角 θ 与扭矩 M 有下列关系:

$$M=\frac{G \cdot J}{L}\theta \tag{9-7}$$

式中:G 为材料的剪切弹性模量,N/m^2;J 为轴截面的轴极惯矩,$J=1/32\pi D^4$,m^4;L 为轴段长度,m。

相位差扭矩仪有光学式、光电式和磁电式,目前国内应用最为广泛的是磁电式相位差扭矩仪,故在此只介绍磁电式相位差扭矩仪的结构及工作原理。

磁电式相位差扭矩仪一般由信号发生器(相位差转矩传感器)和测量电路(扭矩测量仪)两部分组成。

磁电式相位差扭矩仪的结构简图如图 9.14 所示。在弹性轴 1 的两端 A、B 处各有一只外齿轮 2。在套筒 8 的两端各有一副永磁铁 3 和内齿轮 6。内齿轮与外齿轮的齿数相等,两者在同一垂直面内,但并不啮合,中间存在气隙。套筒 8 的作用是当弹性轴的转速较低或者不转时,通过传感器顶部的小电动机及皮带传动链带动套筒,使内齿轮反向转动,提高了内、外齿轮之间的相对转速,保证转矩测量精度。在两端的端盖 9 上,各有一组感应线圈 7。这样可以在两端的内外齿轮、永磁铁和感应线圈之间形成两组闭合磁路。

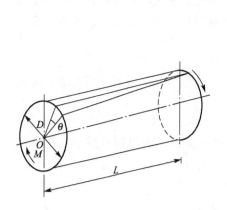

图 9.13 弹性轴扭转变形图

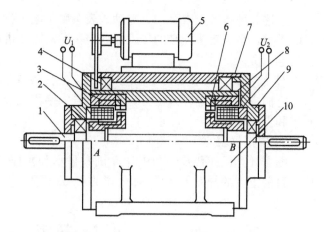

图 9.14 磁电式相位差扭矩仪的结构简图
1—弹性轴 2—外齿轮 3—永磁铁 4—套筒轴承
5—驱动电动机 6—内齿轮 7—感应线圈
8—套筒 9—端盖 10—外壳

当弹性轴旋转时,由于内外齿轮之间的气隙厚度不断改变,使两组磁路中的磁通量呈周期性变化,而在这两个感应线圈中分别产生近似正弦波的电信号,经电路放大整形为脉冲信号。当弹性轴不受扭矩作用时,由于两个外齿轮初始位置不一致,故而测得的两个脉冲波也有一个初始的相位差 φ_0。当弹性轴在扭矩 M 作用下变形时,测得两列脉冲波间的

相位差为 φ_1，则相位差变化量为 $\Delta\varphi=\varphi_1-\varphi_0$，$\Delta\varphi$ 与弹性轴扭转角 θ 成正比，即：

$$\Delta\varphi=Z\theta \tag{9-8}$$

式中：Z 为外齿轮的齿数。

采取初始相位差的原因是：①存在制造和安装误差，使两个正弦信号的初始相位差不能做到完全相等；②如果 A、B 两信号相位十分接近，则它们的相位差的脉冲宽度即近似为零，这样会使下一级的双稳态触发电路不能稳定的工作；③为了使扭矩测量仪能够测量正、反两个方向的扭矩，初始相位差应该有较大的数值，这样在扭矩的正、负量检测范围内，才不会出现相位差为零的情况。

对于一定的弹性轴，一方面其能承受测量的最大扭矩是限定的；另一方面，扭矩过小，扭转角 θ 过小，则 $\Delta\varphi$ 也小，测量精度将受到影响。因此扭矩传感器有多种规格，每一规格有一定的量程，使用时根据所测动力机械的最大扭矩和转速选取适当的扭矩传感器。被测设备的最大扭矩最好在传感器额定扭矩的 66.7%～120% 范围内，且最高转速不要超过传感器的额定转速。

扭矩测量仪通过一个高精度的鉴相器检测出来自相位差型传感器的两路电信号的相位差 $\Delta\varphi$，并将其进行数字处理，直接显示出扭矩值 M，并将传感器的一路信号的频率量作为转速信号进行处理，直接显示出转速值，同时计算出功率。

2. 电阻应变式扭矩仪

电阻应变式转矩仪是根据应变原理测量扭矩的。处于动力机械和负荷之间的被测轴承受扭矩时产生切应力，且最大应力发生在轴的外圆周面上，两个主应力与轴线成 45°和 135°的夹角。因此把应变片粘贴在测点的主应力方向上测出应变值，则可根据式(9-9)测得扭矩，即：

$$M=\frac{E\pi D^3}{64(1+\mu)}\cdot\varepsilon \tag{9-9}$$

式中：E 为轴材料的弹性模量，N/m^2；D 为轴的直径，m；μ 为轴材料的泊松比；ε 为测得的应变值。

为了提高测量灵敏度，可用 4 个应变片按承受的拉、压应力平均分配，两个承受拉应力的应变片 R_1、R_3 分别贴在轴的外圆 0°、180°处并与轴线成 135°夹角，两个承受压应力的应变片 R_2、R_4 分别贴在轴的外圆 90°、270°处并与轴线成 45°夹角，4 个应变片组成全桥回路，这种电桥对扭转应力很灵敏而对轴向应力和弯曲应力不灵敏。应变片的位置及测量电路如图 9.15 所示。

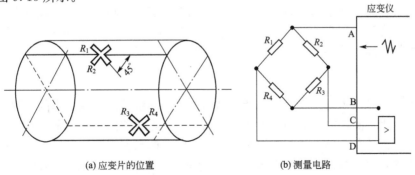

(a) 应变片的位置　　　　(b) 测量电路

图 9.15　应变法测扭矩

电桥信号的输出方式基本上有滑环接触式和旋转变压器无接触感应式两种，信号传至应变仪得到平均应变值。

滑环接触式的电阻应变信号通过引出线、铜环、碳刷传递给显示仪表，由于是接触式传递，在滑环接触处的电阻较大，转速高时影响测量精度，如图9.16(a)所示。

旋转变压器无接触感应式输出方式如图9.16(b)所示，W_1、W_2是固定在轴上的两个变压器线圈并随轴旋转，W_3、W_4是固定在传感器壳体上的两个变压器线圈。W_1、W_3组成供桥输入的变压器，W_2、W_4组成信号输出的变压器，测扭矩时，在线圈W_4的两端有电信号输出。

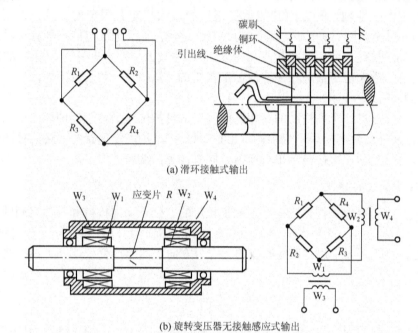

(a) 滑环接触式输出

(b) 旋转变压器无接触感应式输出

图9.16 电阻应变式扭矩传感器的信号输出方式

9.2.2 平衡力法测扭矩

测功机是根据平衡力法来测量扭矩的，测功机有机械式、水力式、电力式和电涡流式。机械式测功机结构简单，但因摩擦系数不稳定等缺点已很少使用。水力式、电力式或电涡流式测功机均有一个与被测机械相连接的转子和一个可绕固定轴转动的定子，当转子由被测机械带动时，在水摩擦力或电磁力的作用下，定子也随之转动，经过定子臂杆、杠杆和摆锤式测力计，使定子稳定在平衡位置上，测得其制动力矩，同时测得机械的转速，即可计算机械的输出功率。

1. 水力测功机

水力测功机是以水为工作介质来产生制动力矩以测量动力机械功率的装置。根据转子结构的不同，水力测功机可分为圆盘式、柱销式、叶轮式和涡流式4种形式。下面以国产某型号水涡流测功机为例，详细介绍其工作原理、结构和工作特性。

该水力测功机主要由水力制动器、测力机构、进排水部件、校正部件、电动排水阀、自动调节装置、润滑系统等组成，如图9.17所示。

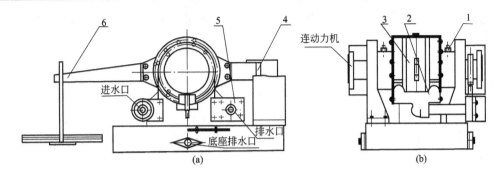

图 9.17　水力测功机外形图

1—注油嘴　2—进水部件　3—机体　4—测力机构　5—电动排水阀　6—校正部件

1）水力制动器

水力制动器是测功机利用水来吸收动力机有效转矩的重要部件。动力机输出的机械能在这里转化为热能，并由进入壳体中的水吸收而排出带走，极少部分则由测功机外壳壁散热到空气，其结构示意图如图 9.18 所示。

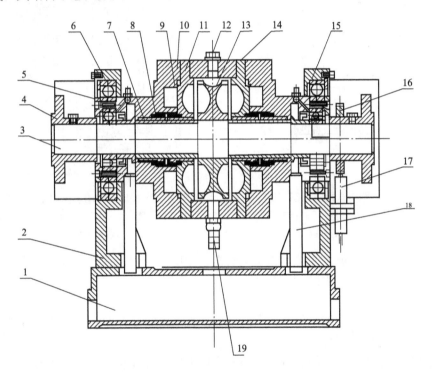

图 9.18　水力制动器结构示意图

1—底座　2—左右轴承座　3—主轴　4—联轴节　5—轴承压板　6—油封　7—轴套
8，9—双金属轴套　10—左右轴承外壳　11—左右侧壳　12—螺塞　13—转子　14—外壳
15—封水圈　16—测速齿轮　17—转速传感器　18—溢水管　19—放水旋塞

测功机转子安装在主轴中间，左右侧壳及左右轴承外壳分别对称安装于转子两侧，转子凹坑与左右侧壳凹坑形成工作腔。外壳与左右轴承外壳连接的双金属轴套还能对腔内的水起密封作用。左右均加一个骨架式油封以防止轴承进水。

主轴两端锥部安装有联轴节,其中一侧装有测速齿轮,通过测速传感器,主轴转速可在数字显示表上显示出来。

2) 测力机构部件

测力机构部件用于测定制动力矩,主要由制动臂、拉压力传感器和活节螺栓等组成,其结构示意图如图 9.19 所示。机体部件所产生的制动力矩与制动臂上拉压力传感器的反力矩相平衡,此机型采用应变式拉压传感器,其发出的电信号传至显示仪表,经处理运算后,在数字显示仪表上直接显示力矩值。在工作过程中为保护传感器,在一端活节螺栓处加装有尼龙圈或橡胶圈以缓冲保护。

3) 电动排水阀部件

电动排水阀部件用来自动控制排水阀的阀片开度位置,调整测功机的内腔压力,使水环厚度随之产生变化而改变工况,即改变负荷的大小,如图 9.20 所示。

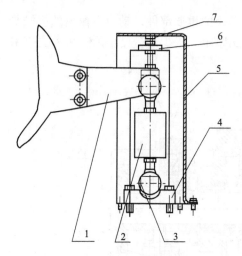

图 9.19 测力机构结构示意图
1—制动臂 2—拉压力传感器 3—活节螺栓
4—支承座 5—保护罩

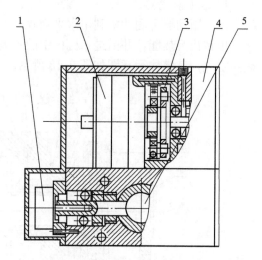

图 9.20 电动排水阀结构示意图
1—电位器 2—力矩电动机 3—行星齿轮副
4—壳体 5—蝶阀

电动排水阀部件主要由壳体、力矩电动机、行星齿轮副、蝶阀、电位器等组成,其与电控柜配套,可实现隔室操纵阀门开度。

4) 校正部件

测功机作为一种扭矩测量的设备,为了保证其测量精度,在安装后要进行标定,在使用过程中也必须定期进行标定。

校正部件是用作测功机静态校正,即使测功机与动力机脱开,也可在测功机外壳能灵活摆动的情况下进行校正,其结构示意图如图 9.21 所示,主要由校正臂、吊勾部件、吊杆、托盘及砝码等组成。校正臂有效长度为 973.8 ± 0.125 mm,砝码盘上放 1kg 砝码,相应显示值为 10N,2kg 显示值为 20N。

在砝码盘上加标准砝码,一次性加到满量程的 80% 左右进行比例标定,使负荷显示值与所加砝码的重量相应,卸下所加的砝码,负荷表应为零。再按次序进行加减载试验使砝码值与数显值对应呈线性关系,满量程范围内的校准点不少于 5 个,反复调整直至达到精度。

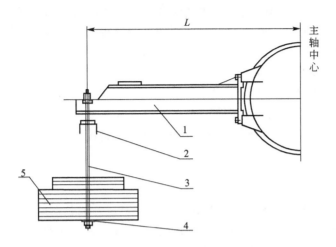

图 9.21　校正部件结构示意图
1—校正臂　2—吊勾部件　3—吊杆　4—托盘　5—砝码

在进行扭矩标定时,要保证轴承处于良好的润滑状态,以减小标定误差。标定后,卸去校正力臂,对扭矩读数调零后即可正常使用测功系统。

根据平衡力法测扭矩的测功机都需要标定,其标定机构与此类同,以下不再赘述。

5) 水力式测功机的测功范围

水力式测功机的应用范围可以从它的特性曲线上看出,特性曲线表示了测功机在不同转速下所能吸收的功率范围,其特性曲线如图 9.22 所示。

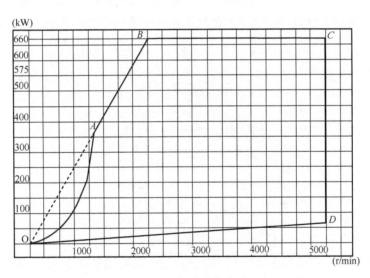

图 9.22　水力式测功机的特性曲线

OA 曲线表示测功机在最大负荷时吸收的功率,即测功机内腔充水量最大时,其所能吸收的最大功率,一般它与转速呈 3 次方关系。在 A 点,测功机转子的扭矩达到其强度所允许的最大值,即最大制动力矩。

AB 直线为测功机制动力矩为最大值时,随着转速的变化,测功机所能吸收的最大功率线。在 B 点，测功机的排水温度达到最大允许值时，其所能吸收的最大功率即为极限功率。

BC 直线为测功机在最大排水温度下，测功机所能吸收的最大功率限制线。C 点为测功机转子转速达到其强度所允许的最大值，即极限转速。

CD 直线为测功机最高转速限制线。

OD 曲线为测功机不充水时的制动功率线（空气摩擦阻力）。

OABCDO 所包围的区域表示了该型水力测功机所能吸收的功率范围。选择水力测功机时，被测动力机械的特性必须在其特性曲线所包围的范围内，才能在该型水力测功机上进行特性试验。

2. 电涡流测功机

电涡流测功机主要由电涡流制动器和测量控制仪（包括加载控制、测力、测速）两大部分组成。根据转子结构的不同，电涡流测功机通常有鼓式和盘式两种。下面以国产某型号鼓式电涡流测功机为例，介绍其结构和工作原理。

1) 电涡流制动器

电涡流制动器主要由转动部分（感应体）、摆动部分（定子，包括电枢和励磁部分）、测力部分和校正部分组成，其中测力、校正部分与水力测功机类同。电涡流制动器结构简图如图 9.23 所示，励磁线圈 7 通上直流电后，则围绕励磁绕组产生一个闭合磁通。磁通的大小与励磁线圈的线圈数及通过电流的大小有关。感应体 6 形状犹如直齿轮，由原动机带动旋转。感应体和定子要求磁力线能顺利通过，材料应具有高的导磁率，电工纯铁和低碳钢适合于做这些零件的材料。为了避免磁力线通过转子轴造成不必要的损失，转子轴可采用非导磁材料制造。涡流产生于导磁涡流环 9 中，故要求制作涡流环的材料电阻越小越好。进、出水管道 2 通过冷却涡流环的冷却水。在转速测量上，采用非接触式的磁电式转速传感器。

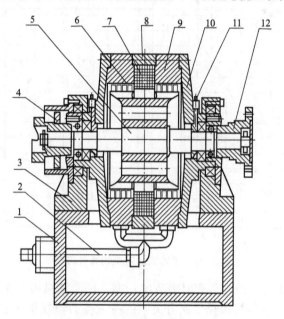

图 9.23 电涡流制动器结构简图

1—底座　2—进、出水管道　3—轴承座　4—齿轮　5—主轴　6—感应体　7—励磁线圈　8—外环　9—导磁涡流环　10—支承端　11—油杯　12—联轴器

2) 基本工作原理

电涡流制动器的基本工作原理图如图 9.24 所示。当励磁线圈 3 通以直流电时,在转子(感应体)6 与定子间隙处就有磁力线 2 通过。此间隙的磁通分布在转子齿顶处的磁通密度大,而通过齿槽处的磁通密度小,如图 9.24(b)所示。当转子以转速 n 旋转时,则在 A 处的磁通减少。由磁感应定理可知,此时在定子的涡流环体内产生感应电动势,力图阻止磁通的减小,即产生涡电流,涡电流方向以右手定则判定,如图 9.24(b)中"•"、"×"所示。在 B 处的磁通增加,同理,产生的涡电流方向如图 9.24(b)所示。由此可知在齿顶对应的涡流环处的涡电流方向为"•",用左手定则判定此时定子受力 F,方向如图 9.24(b)所示。同理,齿槽对应的涡流环处产生的电磁力方向与上述位置相反,但由于磁通很小,故电磁力也很小,则总的受力 F 方向不变。涡流环即受到一个与转子旋转方向相同的扭矩,而使浮动的定子顺着转子旋转方向摆动。此扭矩作用在转子上,转子则产生一个与自己转动方向相反的转矩,该转矩是转子转速和磁场电流的函数。由于转子与主轴相连,就等于给主轴施加了一个制动力矩。制动力矩的大小可以通过控制励磁电流来调节,故电涡流测功机很容易实现自动控制,与定子外壳相连接的力臂即将此力引入测力机构便可进行力矩测量。

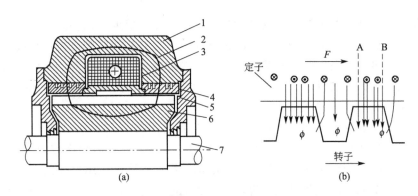

图 9.24 电涡流制动器的基本工作原理图
1—定子 2—磁力线 3—励磁线圈 4—涡流环 5—空气隙 6—感应体 7—主轴

当测功机转子以转速 n(r/min)转动,且给励磁线圈加一定的电流时,可摆动的定子外壳就产生一定的阻力矩 T(N·m),由此可得到吸收功率 P,即:

$$p = \frac{T \cdot n}{9549} \text{(kW)} \quad (9-10)$$

3) 电涡流测功机的工作范围

如图 9.25 所示为吸收功率为 63~400kW 的国产圆柱式电涡流测功机的功率特性曲线。

0a 段表示励磁电流最大时测功机所能吸收的功率随转速变化的曲线。

ab 段表示测功机所能测量的最大功率线,即测功机在允许的最高温度下工作时的功率线。

bc 段表示允许使用的最大转速线,其受转子离心力负荷的限制。

c0 段表示无励磁电流通过时的制动功率随转速变化的曲线,由空气阻力和摩擦阻力决定。

被测动力机械的特性必须在 0abc0 特性曲线所包围的范围内,才能在该型号的电涡流测功机上进行特性试验。

3. 电力测功机

在我国,电力测功机主要是指直流电力测功机和交流电力测功机。水力、电涡流测功

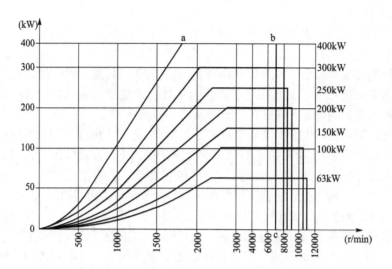

图 9.25　国产圆柱式电涡流测功机的功率特性曲线

机是将原动机在测试中产生的能量转换为热能并由水冷却带走，且转换过程中还要耗费能量，而电力测功机却可以把原动机产生的机械能转换为电能回馈到电网，使能量得到充分利用。水力测功机只能在一个方向加载，电涡流测功机虽然可以双向加载但不可以作为动力倒拖原动机，电力测功机可方便地实现双向加载且可以作为动力倒拖原动机。

1) 直流电力测功机的工作原理

电力测功机主要由定子和转子组成，其结构简图如图 9.26 所示。定子的外壳被支承在摆动轴承上，可绕轴线摆动。定子外壳上固定一个与测力机构相连的力臂可测定扭矩。电力测功机转子随被测机械一起旋转，转子电枢绕组切割定子绕组产生的磁力线而产生感应电动势，则转子电枢回路有电流通过，转子受到电磁力的作用后，产生一个与旋转方向相反的制动力矩（作发电机时）或与转向相同的驱动力矩（作电动机时）。作为发电机时产生的制动力矩即为加给被测机械的负荷，同时转子电流产生的磁场对定子磁极产生作用力，该力形成摆动力矩作用于定子上。当被测机械的输出扭矩与电力测功机的制动力矩相等时，转子匀速旋转，定子的摆作用力与测力机构的反作用力相平衡，相应仪表显示出被测机械的力矩值。

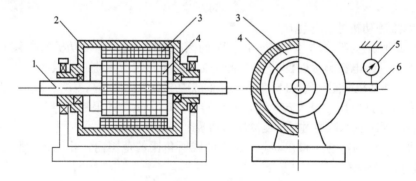

图 9.26　直流电力测功机的结构简图
1—转子　2—定子　3—定子绕组　4—转子绕组　5—测力机构　6—力臂

2) 直流电力测功机的控制方式

直流电力测功机的控制方式通常根据其作为发电机时负荷方式的不同分为两种：负荷电阻控制方式和自动馈网控制方式。

(1) 负荷电阻控制方式。直流电力测功机负荷电阻控制方式的电路简图如图 9.27 所示。当合上直流电源与测功机间的总开关 S_1 后，励磁绕组 F-F 中有电流通过，其大小可由粗、细可调变阻器改变。当测功机在发电状态(测功)时，开关 S_2 合向 G 一侧，由被测机带动发电机发出的电能被消耗在主变阻器 P 和主负荷电阻 R_L 上，其所测功率(扭矩和转速)的大小可通过调节变阻器 P、W、V 改变。

当测功机在电动状态(驱动被测机)时，开关 S_2 合向 M 一侧，这时电源加到由主变阻器 P、电枢绕组 H-H 和串励绕组 C-C 组成的串联回路上，当主变阻器 P 的电阻值逐挡减小时，主电流(电枢电流)逐级加大，发电机的转速也逐级升高，进一步提高发电机的转速可通过分别调节粗、细调节变阻器 W、V、减小励磁绕组 F-F 的电流来实现。

负荷电阻控制方式的结构简单，一般采用手动。由于测功机所测的功率基本上消耗在负荷电阻上(发热)而难以利用，因此这种控制方式只适用于中、小功率动力机械的功率测量。

(2) 自动馈网控制方式。直流电力测功机自动馈网控制方式的控制线路简图如图 9.28 所示。主变流机组由一个三相交流异步发电机和直流发电机组成，当测功机在发电状态运行时，它将测功机输出的直流电变为交流电再反馈给电网；当测功机在电动状态运行时，它将三相交流电变为直流电向测功机供电。励磁电流由一个小型的励磁变流机组提供，励磁电流大小通过励磁调整电阻来调节。

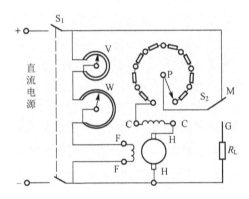
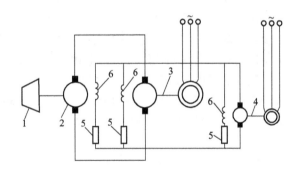

图 9.27 负荷电阻控制方式的电路简图
S_1、S_2—开关 V、W—细、粗调节变阻器
P—主调节变阻器 C-C—串励绕组
H-H—电枢 F-F—励磁绕组 R_L—负荷

图 9.28 自动馈网控制方式的电路简图
1—被测动力机械 2—电力测功机 3—主变流机组
4—励磁变流机组 5—励磁调整电阻 6—励磁组

自动馈网控制方式的直流电力测功机，能够将吸收的被测机的能量反馈回电网，故适用于大功率动力机械的功率测量。

直流电力测功机虽然可以把测试中产生的部分能量反馈给电网或重复使用，由于换向器的影响，不能适用于高速运行，因此在转速很高的情况下，往往采用机械减速装置，但系统复杂且噪声增大。

3) 交流电力测功机

交流电力测功机的测功原理与直流电力测功机相同，交流电力测功机吸收和发出的都是交流电，可直接由外电网供电，吸收的能量可在负荷电阻上转换为热能，也可直接输出到供电电网加以利用。交流电力测功机可采用同步电机或异步电机。随着电力电子技术和变频器技术的日趋成熟，调速问题得到了很好的解决，交流电力测功机正逐步得到广泛的应用。

(1) 同步电机测功机。由同步电机的运行原理可知，同步电机的转速等于旋转磁场的转速，即同步转速为：

$$M = 60f/z \tag{9-11}$$

式中：z 为极对数；f 为定子供电频率，Hz；M 为同步电机的转速，r/s。

由式(9-11)可见，在极对数不变的情况下，改变定子供电频率是同步电机调速唯一可行的方法。目前多用它制式变频方式，其输出转速由系统外部的基准频率振荡器给定，故当频率突变或过载时电机容易失步。因此同步电机测功机应精确控制供电频率，以防电机在过载情况下工作时发生失步现象。

三相同步电机在同步转速的发电状态下运行时，其发出的电能可纳入外电网加以利用，但此时无法对转速进行调节；在非同步转速的发电状态下运行时，其发出的频率与外源电网不一致而无法并网，这时要用负荷电阻来消耗发出的电能。

(2) 异步电机测功机。采用鼠笼式三相异步电机作为加载设备，由变频器提供可变频率的驱动电源，运用直接转矩控制技术实行转矩控制。变频器由整流/回馈单元和逆变器组成，能实现能量的双向流动（四象限工作），发电工作桥通过自耦变压器和电网相连，当测功机在发电状态下运行时，可通过回馈单元将电能回馈到电网；当测功机在电动状态下运行时，相当于普通的电动机在变频调速下运行，从电网吸收有功功率和无功功率。

用交流测功机测试发动机时，其系统组成框图如图 9.29 所示，当其工作频率对应的同步转速高于被测机时，测功机为电动状态，驱动被测机；当异步电机的同步转速低于被测机的转速时，测功机运行在发电状态，为被测机提供负荷。

交流变频电力测功机的扭矩特性图如图 9.30 所示，当测功机在发电状态下运行时，ab 段（零转速至额定转速）为恒扭矩线；bc 段（额定转速至最高转速）为恒功率线，cd 段为最高转速线。某一时刻的同步转速可以通过变频方式来动态改变，调速范围很宽，可高可低。

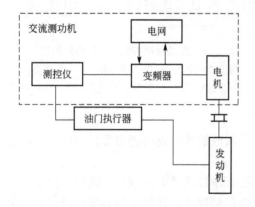

图 9.29　交流变频电力测功机系统组成框图

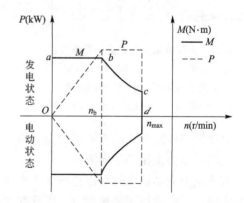

图 9.30　交流变频电力测功机的扭矩特性图

对比以上几种测功机的性能，见表9-1。

表9-1 几种测功机的性能对比

	水力测功机	电涡流测功机	直流电力测功机	交流电力测功机
拖动能力	无	无	能	能
能量反馈	无	无	能	几乎100%能
控制精度	低	较高	高	很高
转速范围	高	高	适中	适中
功率范围	高	高	适中	适中
响应时间	慢	较快	快	很快
系统结构	复杂、笨重	复杂	模块化、体积小	模块化、体积小
冷却方式	水冷	水冷	风冷	风冷

水力测功机工作时噪声大，而且在转速高、制动扭矩小的区段几乎不能稳定工作。电涡流测功机只能吸收发动机的功，将其全部转化为热能消耗而不能回收，且不能反拖发动机工作。直流电力测功机结构上存在机械换向器和电刷，其造价偏高、维护困难、寿命短等，导致在高速测功系统中难以广泛应用。交流电力测功机测功范围宽，在测定原动机性能参数的同时，还以发电的形式回收能量，转矩控制响应迅速而且测量精度高。随着电子技术的高度发展，水力测功机和直流电力测功机将逐渐被淘汰，交流电力测功机将代表其发展方向。

小　　结

转速、扭矩是动力机械的两个基本性能参数，而且用扭矩和转速来计算功率是得到动力装置功率的方法之一。随着电子技术的进步，电子式转速测量仪得到了广泛的应用。扭矩的测量主要有传递型测功机和吸收型测功机。传递法测扭矩主要有相位差式和电阻应变式两种。吸收型测功机中的水力测功机和电涡流测功机在国内应用较多，随着变频技术的日趋成熟，交流电力测功机正逐步广泛应用。

习　　题

9-1 测频法和测周法在测转速上的区别是什么？
9-2 转速传感器有哪几种？它们是如何把转速转换为电信号的？
9-3 吸收型测功机分哪几种？
9-4 传递法测扭矩和吸收法测扭矩的特点和区别是什么？
9-5 试述磁电式扭矩传感器测扭矩的原理。
9-6 以平衡力法为测量原理的测功机有哪几类？试分述其特点。

第 10 章　汽车典型总成试验与测试

教学提示：汽车总成试验是检查加工、装配质量及总成性能的必要手段。本章重点讲述发动机、传动系统及减振器等总成试验项目、方法及设备，并结合试验原理进行必要的理论分析。

教学要求：本章主要应掌握发动机、离合器、变速器及驱动桥的试验原理和试验方法。

将要出厂或经大修后的汽车总成均应在台架上进行试验，以检查加工质量、装配质量、修理质量和工作性能，并为整车总装创造良好的质量条件。发动机及传动系的总成试验一般分为空荷试验和负荷试验两种。前者主要是通过规定工况下的运转，使总成的主要配合表面得以磨合，并根据运转情况检查和判断加工、修理和装配质量；负荷试验是在负荷下对总成进行试验，由于运转工况比较接近实际工况，因而能真实地反映出被试总成在负荷下的性能。

总成试验设备根据功率传递路线和负荷的形成又可分为开式和闭式两种。开式负荷试验设备的功率传递路线，由动力装置经被试总成至耗能加载装置形成单方向的功率流线，因而需要较大的动力和负荷，试验费用较大，但传递过程和实现方法简单。闭式负荷试验设备是将被试总成置于封闭的机械式或电回路之中，其中机械回路由专门的加载机构使回路中各传力构件产生相对扭转，扭转产生的弹性变形在整个回路中形成负荷力矩，它也就是被试总成承受的负荷。这时动力装置仅需克服回路中的各种内部机械耗损，在回路种形成了强大的封闭功率流 N_0（图 10.1），使驱动功率大大降低，同样，电封闭式试验台采用电动机做动力源，发电机做耗功设备，通过适当装置将发电机所发出的电再送至电动机实现电功率回路。因此显然采用闭式负荷设备是比较经济的。

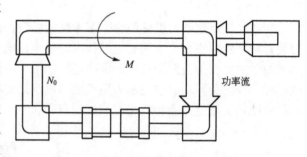

图 10.1　闭式负荷试验设备的功率回路

汽车各总成由于功能的不同，其试验测试要求、方法和设备也都不同，本章将分别介绍发动机、汽车传动系等总成的试验设备及方法。

10.1　发动机磨合试验

对新组装或大修后发动机进行磨合的目的，在于使其在理想的磨合条件下，逐渐磨去各摩擦表面机械加工时所残留的微观平面度误差，纠正几何形状的偏差，从而改善摩擦表面间的配合状况，提高零件耐磨性和抗腐蚀性。而且通过磨合试验可查明总成因装配工作和零部件加工、修理质量不良而可能产生的问题，测定发动机的功率及损耗等性能参数，以鉴定发动机的工作性能是否达到规定的技术要求。

在选择或设计发动机磨合试验设备时，必须合理地选用试验规范，即磨合过程各阶段采用的转速、负荷、持续时间及所用的润滑剂等。通常磨合试验规范根据发动机类型、零件的表面修理加工质量及磨合时所用润滑剂的性质等因素通过试验来确定。一般来说磨合转速和负荷应逐渐增加，以提高配合表面的承载能力。

根据磨合试验规范，对试验设备的基本要求为：试验台应具有带动发动机转动的驱动装置，并能根据磨合试验规范的要求改变转速；具备加载装置，并能根据需要改变发动机的负荷；应有测量装置，以测定发动机的水温、机油温度、机油压力、油耗量等；同时，试验台的结构要便于装拆发动机，便于连接油路和水路，便于排除废气，便于观察发动机工作情况和便于在磨合试验中对其进行维护。

10.1.1 试验测试用驱动及加载装置

1. 驱动装置

试验所用的典型驱动装置有以下 3 种。

（1）绕线式转子异步电动机。这种电动机的优点是转速的变化可由改变电动机转子电路中的电阻来实现，变速过程平稳。另外这种电动机具有可逆性，即在冷磨时，异步电动机可作驱动装置，这时从电源吸取电能，当进行试验的转速超过异步电动机同步转速时，可以像发电机那样产生制动力矩，将机械能变为电能。

（2）鼠笼式异步电动机通过减速装置（变速器）来驱动。试验转速的变化是通过改变减速装置的传动比来进行的。

（3）用汽车发动机通过变速器来带动需磨合试验的发动机。试验转速的变化由变速器的不同速比来实现。

2. 加载装置

加载装置是用来吸收磨合试验发动机所发出的功率。加载装置的类型主要有液力式加载装置和电力式测功器两种。

1）液力式加载装置

常见的液力式加载装置为水力测功器，主要由制动机构和测力机构两部分组成。制动机构具体结构各异，但基本结构相同，由转子和定子（外壳）构成，转子固定在制动器轴上，轴与外壳之间有水封和轴承，转子在外壳中可自由转动，外壳通过浮动轴承装在支承座上，可以摆动。外壳上、下部分均有进出水管，均由水阀予以调节。转子和定子均装有阻扰部分，转子在充有水的定子中转动，转子在水作用下受到阻力形成制动作用，同时经过水环、转子的力矩传给外壳，并经力臂至测量机构，功率的消耗由水环厚度来调解。发动机的功率最终转化为热能使水温升高。

设计试验台时，应根据被试发动机的外特性曲线选用水力测功器，首先必须了解水力测功器的外特性曲线，发动机的外特性曲线必须完全在水力测功器的工作特性曲线范围内才能配合使用，但如果发动机的最大功率没有超过测功器的最大制动功率，则可通过变速器改变转速，使发动机外特性落入测功器的工作特性曲线范围内才能使用。

水力测功器结构简单、操作方便、工作平稳,因此使用广泛,其不足之处是消耗水量大,必须采用驱动装置,而且功率输出不便利用,无法组成闭式试验台。

2)电力式测功器

电力式测功器种类较多,常用的有绕线式异步电动机和电涡流测功器两种。

用三相绕线式异步电动机作为制动装置时,当电动机转子被外来动力带动拖转而超过同步转速时,异步电动机就成为发电机,在其主轴上形成制动力矩。电动机两端支承在支架上,允许外壳(定子)自由摆动,与外壳相联的测量机构与水力测功器相同。

若在电动机转子电路中串联可变电阻,调整转子绕组内电阻,则可平稳地改变转子的转速和扭矩,从而得到不同的制动功率。同样被试发动机的外特性曲线应落在异步电动机的特性曲线范围内。

电涡流测功器是一种在结构原理上和异步电磁离合器相似的感应电动机,它不能作为驱动装置,只能作为吸收功率的制动装置。

电涡流测功器是由定子、激磁线圈、转子3个主要部分组成的。当激磁线圈内通过直流电时,转子转化成一块磁铁,磁力线通过转子和定子形成一个封闭的磁路,磁力大小只和激磁线圈的圈数和所通过的电流有关,而和转子是否转动无关。由于通过转子齿顶和凹槽的磁通不一样,当转子旋转时,通过定子内圈的磁通就发生变化,当转子齿顶通过这一点时,它的磁通最大;反之亦然,即 $\dfrac{d\varphi}{d\theta}$ 在不断变化,这样就会在定子内产生感应电流。由于定子铸成整体式的,所以产生的感应电流是封闭的,通常称为涡电流。由于涡电流和外磁场的相互作用,对转子产生一个制动扭矩,同理,在定子上也作用数值相同的扭矩,它使定子顺着转子旋转方向摆动。通过与定子相连的测量机构可测出扭矩的大小。

定子中因涡流所产生的热量,通常采用水冷却,所需冷却水量为 $0.5\sim0.7\text{L/kW}\cdot\text{min}$,制动扭矩的大小可以通过控制激磁电流来调节。激磁电流愈大时通过转子和定子的磁通也愈大,这样在定子中产生的涡流愈大,制动力矩也愈大。选择电涡流测功器时,同样要求发动机外特性曲线落在电涡流测功器特性曲线范围内。

10.1.2 试验台的结构方案

1. 试验台总布置方案

根据工艺安排和选用装置类型的不同,试验台的总布置方案有以下几种。

(1) 采用液力或电涡流测功器可进行热试和冷磨的综合布置方案,如图 10.2 所示。

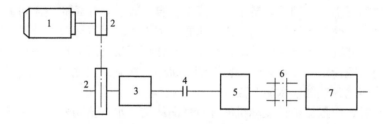

图 10.2 发动机磨合试验台

—电动机 2—皮带轮 3—变速器 4—离合器 5—测功器 6—联轴器 7—发动机

冷磨试验时，磨合发动机由转速为1450r/min的异步电动机带动，电动机通过传动比为1∶2的三角皮带驱动变速器主轴，变速器用来保证发动机可在不同转速下磨合，当进行测功或热试时，离合器将传动装置与测功器分开，发动机安装支架应可调，以适应各种不同尺寸发动机的测试。

（2）采用绕线式异步电动机的综合式试验台布置方案。图10.3为采用绕线式异步电动机的试验台布置方案，由于绕线式异步电动机具有可逆性，故这种试验台结构简单且紧凑。

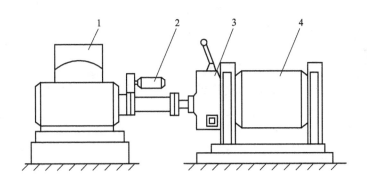

图10.3　开式试验台
1—电力测功器仪表板　2—测速电动机
3—变速器　4—被试发动机

（3）冷磨热试分开的试验台布置方案。图10.4(a)为冷磨合试验方案，图10.4(b)为热试验方案。

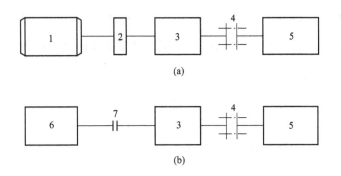

图10.4　分置式试验台布置方案
1—电动机　2—离合器　3—变速器　4—联轴器
5—发动机　6—测功器　7—牙嵌式离合器

2. 试验台的冷却水、燃料及润滑油供给方案

试验台工作时，无论是驱动装置还是加载装置都会产生热量，为了使试验工作稳定并获得准确测量结果，冷却和润滑必不可少。

对于驱动装置，一般发动机由水来冷却，而电力驱动装置据功率的大小一般可用强制风冷却或自然风冷却，而对于加载装置，则必须进行强制冷却。

10.2 无外载测功

发动机功率试验与检测分为稳态和动态两种情况。所谓稳态测功是指发动机或整车在节气门开度一定、转速一定和其他参数保持不变的稳定状态下，使用水力、电力测功器或底盘测功试验台进行功率测定。通过给发动机施加一定负荷，测出额定转速相应扭矩，然后计算出功率数。这种测试方法结果准确可靠，但使用成本较高，需大型固定设备，不利于运输交通部门采用及整车不解体检测。由于稳态测功必须对发动机施加外部负荷，因而也称其为有外载测功。

动态测功是指在发动机节气门开度和转速均为变动的状态下测定其功率。由于动态测功无需对发动机施加外部载荷，因而又称无外载（无负荷）测功。这种测功方法是：当发动机在怠速或空载某一低速下运转时，突然全开节气门，使发动机克服惯性和内摩擦阻力加速运转，用其加速性能的好坏直接反映出最大功率的大小。

10.2.1 瞬时加速功率测量

把发动机所有运动部件看作一个绕曲轴中心线转动的简单回转件，没有外界负荷的发动机在油门突然全开后，发动机产生的动力除克服机械等阻力矩外，剩余的扭矩即有效扭矩 M_e 将全部用来加速发动机运动部件，此时实际上发动机的所有运动部件变为载荷。加速过程运动方程为：

$$M_e = J \cdot \frac{d\omega}{dt} (\text{N} \cdot \text{m}) \quad (10-1)$$

式中：J 为发动机运动部件（常含离合器从动盘，变速器空挡时输入轴及相关常啮合齿轮）对曲轴中心线的当量转动惯量，$\text{N} \cdot \text{m} \cdot \text{s}^2$；$\frac{d\omega}{dt}$ 为曲轴角加速度，$1/\text{s}^2$。

发动机有效功率为：

$$N_e = \frac{M_0 n}{9549} (\text{kW}) \quad (10-2)$$

将式(10-1)代入式(10-2)，得：

$$N_e = k_1 n \frac{dn}{dt} \quad (10-3)$$

式中：$k_1 = \frac{\pi J}{9549 \times 30}$，对一定发动机可视作常量，称为测功系数；$n$ 为曲轴转速，r/min；$\frac{dn}{dt}$ 为对应转速 n 的曲轴角加速度或称转速变化率，r/s^2。

式(10-3)表明，发动机在加速过程中，发动机某一转速下的功率与该转速下的角加速度成正比，如果发动机型号一定，J 是定值，测量某一转速（通常为额定转速）下的功率，就可以用测量该转速下的角加速度来替代。若连续测量各转速下的角加速度就可测量全部加速度过程的发动机外特性。

10.2.2 平均加速功率测量

在实际使用中，常有驾驶员猛踩油门踏板，以观察发动机空载转速变化快慢及运动情况，来判断发动机的动力性，另外，在使用中不仅需要知道额定转速下的功率，而且希望知道转速范围内的发动机功率状况。根据功能原理，绕曲轴中轴线转动的运动部件的动能增量等于发动机所作的功，即：

$$A = \frac{1}{2}J\omega_2^2 - \frac{1}{2}J\omega_1^2 \qquad (10-4)$$

式中：J 为发动机当量的转动惯量，$N \cdot m \cdot s^2$；ω_1、ω_2 分别为发动机加速过程测定区间的起始转速和终止转速，$1/s$。

因此该转速范围 ω_1 至 ω_2 内的平均功率为：

$$N_{om} = A/\Delta T \qquad (10-5)$$

式中：ΔT 为加速区间的加速时间，s。

经转换得加速过程平均功率为：

$$N_{om} = K_2/\Delta T \qquad (10-6)$$

式中：$K_2 = J\left(\frac{\pi}{30}\right)^2(n_2^2 - n_1^2)$，只要被测发动机及加速区间确定，$K_2$ 为常数，称为平均功率测功系数；J 为发动机当量的转动惯量；n_1、n_2 分别为加速区间起始转速、终止转速，r/min。

式(10-6)的物理意义为：无外载发动机加速过程中某一转速范围的平均功率和这一转速范围的加速时间成双曲线函数关系，这样，测量某一转速范围的平均功率可以用测量这一转速范围的加速时间来取代。

经试验研究，起始转速要较高于怠速转速。为减小怠速和加速泵的影响，终止转速宜取额定转速。以 CA10B 为例，$n_1 = 1000 r/min$，$n_2 = 2800 r/min$，实际测得 $J = 0.944 N \cdot m \cdot s^2$。经计算 $K_2 = 35.4$，因此 CA10B 发动机平均加速功率为：

$$N_{om} = 35.4/\Delta T (kW) \qquad (10-7)$$

10.2.3 加速测功仪的逻辑方案

对于瞬时加速功率测量有测量转速差和测量周期差两种方法。节气门全开后测量加速至稳定转速 n_0（通常为额定转速）时的瞬时加速度为：

$$j_0 = \left(\frac{dn}{dt}\right)_0 = \frac{\Delta n}{\Delta t} = \frac{n_2 - n_1}{\Delta t} \qquad (10-8)$$

式中：Δt 为测量时间，s；Δn 为测量时间内的转速增量，r/s；n_1、n_2 为终点与起点的转速值，r/s。

当 Δt 足够小时，$n_0 = n_1$，则 $(n_1 - n_2)$ 即可表示 n_0 点的加速度。Δt 愈小，测量愈接近 n_0 转速的瞬时值，这种方法要求转速脉冲信号精度高，仪表测量电路也复杂。由于周期是频率的倒数 $(T = 1/n)$，故测转速差，可改为测周期差 $(T_1 - T_2)$。

图 10.5 为瞬时加速功率测量方框图，转速脉冲信号可以取自曲轴齿轮的齿数、分电器的总高压线感应电压、低压电路感应电压、高压油管脉动（柴油机）信号等。目前汽油车通常直接把传感器串联到点火低压（初级）电路中获得稳定的转速信号，简单而方便。信号

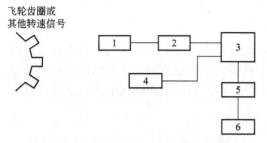

图 10.5　瞬时加速功率测量方框图
1—感应传感器　2—整形装置　3—计算与控制机构
4—时标　5—相似转换装置　6—功率显示装置

进入整形装置经放大,以矩形触发脉冲输入计算电路,只有达到一定的测量转速 n(额定转速 n_0 或全加速过程测量的起始转速)时,计算装置才开始工作,计算器为可逆计数器,记录的是周期差,它与曲轴角加速度成正比,即表示该测量转速下的加速度。

从可逆计数器输出的加速全过程的各个周期差信号经转换装置在预先设定的转动惯量 J 和转速及转速范围条件下,直接在显示装置上显示测量结果(可以是数显或打印绘图输出)。

图 10.6 是平均加速功率测量仪的逻辑框图。以点火初级电路白金触点开闭的初级电流的感应信号作为转速脉冲信号。信号经整形为矩形触发波,而后转变为电压信号,此电压值与发动机的转速成正比。当发动机在节气门全开下加速到起始转速 n_1,此时与起始转速对应的电压信号去触发(控制)计算与控制电路,使实际信号进入计算器并寄存。当发动机不间断地加速到终止转速 n_2 时,此时转速的电压信号又去触发计算与控制电路使时标停止进入计算器。并把寄存器中实际脉冲经 D/A 转换成电流,以表头读数或数字显示加速时间或功率。

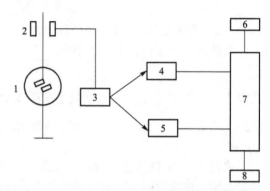

图 10.6　平均加速功率测量仪的逻辑框图
1—分电器触点　2—转速信号传感器　3—转速脉冲整形　4—起始转速 n_1 触发器　5—终止转速 n_2 触发器　6—时标　7—计算与控制机构
8—加速时间—功率显示器

10.3　变速器总成试验

变速器是汽车传动系统中重要的总成之一。目前变速器设计工作中许多计算都需经过试验来验证,以判断设计的新产品在可靠性、寿命、性能各方面是否达到预期结果,并找出薄弱环节,作为改进设计的依据,对于已定型并投入成批生产的产品,在生产过程中也要通过试验来保证产品的质量,至于产品的局部结构改进时,重大的材料和工艺变更同样要通过试验做出是否可行的判断。因此汽车变速器的产品试验是一项十分重要的工作。

变速器试验中,最接近实际情况的方法是把试验变速器装于汽车上在运输行驶中进行使用试验;其次是试验车在特定行驶条件下进行的道路试验。使用试验和道路试验是必不可少的试验,但其试验周期长、耗费大。

室内台架试验具有试验周期短、不受天气情况、季节、时间以及交通道路条件的限制等优点,而且可在很大程度上排除人为的错误,全部试验条件可以准确地复现,对不同的试验进行对比尤为方便。

10.3.1 变速器试验项目

变速器作为汽车的一个重要部件，要求使用可靠、寿命长，易于操作和维修，安全、高效、质量轻和成本低。为验证是否满足以上要求，需进行的变速器试验工作是相当复杂的，其试验项目也是全方位的。

1. 变速器性能方面

变速器匹配试验（整车动力性与经济性试验）；
变速器噪声及振动试验；
变速器换挡操作轻便性试验，包括冷态操作试验；
同步器性能试验；
变速器脱挡试验；
变速器密封性能试验；
变速器效率试验。

2. 变速器可靠性方面

变速器静强度和刚度试验；
变速器冲击载荷试验；
变速器换挡拨叉超负荷试验。

3. 变速器寿命台架试验

变速器齿轮轮齿弯曲疲劳寿命试验；
变速器齿轮轮齿接触疲劳寿命试验；
变速器轴承寿命试验；
变速器同步器寿命试验；
变速器油封寿命试验。

4. 变速器产品验收质量考核试验

变速器换挡力测定；
变速器噪声测定；
变速器摩擦力矩测定；
变速器密封性测定；
这里对变速器传动效率试验、疲劳寿命试验及噪声试验加以介绍。

10.3.2 变速器传动效率试验

汽车变速器传动效率是评价变速器结构合理性及制造水平的重要指标之一，提高变速器的传动效率对降低汽车的动力消耗、改善汽车变速器本身的工作条件、延长其使用寿命均有一定的价值，特别是目前重视汽车节能的情况下，改善汽车变速器的传动效率日益受到重视。

变速器的传动效率随变速器工作状况的不同而变化，试验时按不同的挡位输入扭矩及转速、油的品种及油温进行，国内汽车变速器制造厂家推荐按以下工作情况进行试验。

(1) 试验扭矩。取该汽车发动机最大扭矩 M_{emax} 的 20%、40%、60%、80% 和 100% 共 5 种工况。

(2) 试验转速。被试变速器第一轴分别按汽车最低稳定车速时的发动机转速和发动机最大功率时的转速进行试验,并在该转速范围内再取 3 种大体等分的试验转速。

(3) 试验用油及油温。试验时按设计规定选定变速器油的品种和油量,油温取 40℃、60℃、80℃ 和 100℃。

汽车变速器传动效率用的试验设备通常是开式试验台,也可在封闭功率流式变速器总成试验台上进行,但所用闭式试验台的加载器应能在试验运转过程中随时按要求改变扭矩(如采用液压加载器、行星机构加载器、摇摆箱式加载器等),闭式试验台的驱动部分应能变速。在闭式试验台上进行变速器传动效率试验时,被试变速器的输入轴与输出轴均应接入扭矩转速传感器,下面介绍开式试验台及其试验方法。

图 10.7、图 10.8 为测定变速器传动效率用的开式试验台装置图。如图 10.7 所示试验台需较大的制动测功机;如图 10.8 所示试验台吸收功率装置较小,但测量结果为两台变速器效率的平均值,精度相对低一些。

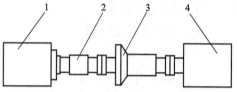

图 10.7 试验单台变速器的开式试验台
1—电动机 2—扭矩及转速传感器
3—被试变速器 4—电涡流测功机

按如图 10.7 所示的方式测定变速器效率可分为 3 种测定方式。

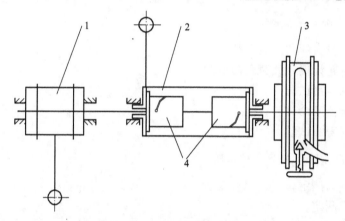

图 10.8 试验两台变速器的开式试验台
1—平衡电动机 2—平衡框架 3—水力测功机或电涡流测功机 4—被试变速器

(1) 测定变速器输入功率 N_1 和输出功率 N_2。N_1 和 N_2 分别由发出功率的电动机和吸收功率的装置测得,可按公式(10-9)计算传动效率,即:

$$\eta = \frac{N_2}{N_1} \qquad (10-9)$$

(2) 测定试验变速器输入扭矩 M_1 和输出扭矩 M_2。它们分别由变速器输入端和输出端的扭矩仪测得,用下列公式计算变速器的效率,即:

$$\eta = \frac{M_2}{iM_1} \qquad (10-10)$$

式中:i 为变速器传动比。

(3) 测定输入扭矩 M_1 和变速器壳体上的反作用力矩 M_p。为了测定被试变速器的反作用力矩 M_p，其壳体必须由轴承支承并加以平衡，这时变速器效率公式为：

$$\eta = \frac{1}{2}(1 + M_p/M_1) \tag{10-11}$$

如图 10.8 所示，将两台相同的被试变速器在第二轴凸缘处连接，装于平衡架上。试验时测定 M_p 以及 M_1（或 M_2）后，按以下方式计算，即：

$$\eta = \sqrt{1 - M_p/M_1} \quad （用于测量 M_1 时） \tag{10-12}$$

$$\eta = \sqrt{\frac{M_2}{M_2 + M_p}} \quad （用于测量 M_2 时） \tag{10-13}$$

这种试验方法所测的效率是取两台被试变速器的平均值，而两台变速器的质量状况、载荷大小以及回转方向的不一致使测得结果不够精确。

汽车变速器传动效率的实测值，依挡位和车型不同，大致在 0.95～0.99 之间。若测定条件不一致，则数据之间无可比性。

10.3.3 变速器疲劳寿命试验

汽车变速器的室内台架疲劳试验是变速器台架试验的主要部分，其试验规范比较接近变速器在汽车上的使用条件，通过疲劳试验可以在较短的时间内确定变速器在台架条件下的工作寿命，在实际生产中应用得比较广泛。

试验台有开式和闭式两种。

如图 10.7、图 10.8 所示为开式试验台，被试变速器由原动机带动，动力经被试变速器传给功率吸收装置。试验用的原动机可为汽车发动机或电力测功机，吸收功率装置可用水力测功机、电涡流测功机及机械式制动器等。

由于发动机的振动对变速器试验有影响，故用汽车发动机作为试验原动机最接近实际情况，这是它的优点，其缺点是用汽车发动机的运转费用大，试验操作也不如其他原动力（如电动机或电力测功机等）方便。

1. 闭式试验台

闭式试验台的特点是被试变速器所传递的功率在试验台内部进行循环，而用来克服试验台内摩擦阻力仅占变速器所传动功率的 20%～25%，下面简要介绍试验台的封闭功率流系统及加载装置。

1) 封闭功率流系统

最简单的封闭功率流系统由 2 个圆柱齿轮箱及 3 根传动轴组成，如图 10.9 所示。为保证该系统自运转，应使两对圆柱齿轮（图 10.9 中未全部示出）的传动比相等。封闭系统产生载荷的最简单方法是将轴 1 与轴 2 各给一个方向相反的转角，并把该相对转角用螺栓固定下来，使轴 1 与轴 2 各存在一方向相反的扭矩，这时在整个封闭系统中每个截面均存在着方向相反的平衡扭矩，不论系统是否旋转，此扭矩始终存在，形成封闭力流。系统由外加原动机驱动，该原动机的功率用来克服系统内的摩擦损失。

封闭系统中的载荷理论上应为固定值，而实际上在传递过程中，系统的载荷因摩擦损失而变化。

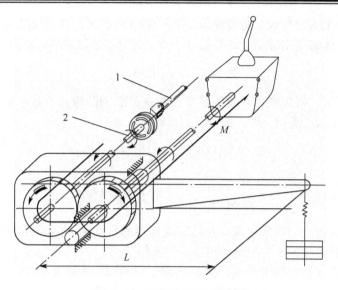

图 10.9 封闭功率流系统简图

2) 加载装置

闭式试验台的加载装置有扭杆式、液压式、摇摆箱式及行星机构式等。

(1) 扭杆式加载器。扭杆式加载器是最简单的一种,早期国内汽车变速器试验中应用较多,其缺点是不能在运转过程中加载,且试验台结构环节较多,易出现磨损问题。

(2) 液压加载器。液压加载器由液压箱、加载器及控制器构成,图 10.10 是液压加载器的结构。加载器的油缸经过凸缘与试验台左轴连成一体,叶片与油缸内壁及内端面的配合间隙应尽量小。叶片数量视试验系统刚度大小而定,一般为 2~4 片,刚度大时可增加,当一定压力的液压油进入油缸体的工作腔时,油缸体与叶片轴间便产生相对转动,同时在

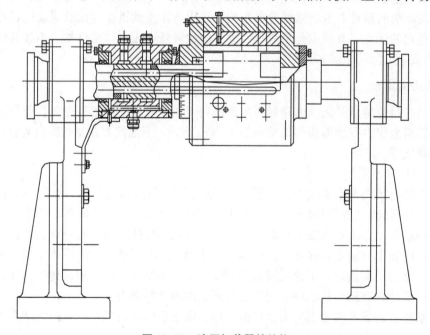

图 10.10 液压加载器的结构

试验台的两根轴上便产生大小相等方向相反的扭矩,扭矩可由液压调节,油路系统中的换向阀用来控制加载方向。

加载时输出扭矩为:

$$M = \frac{PZB \cdot (D^2 - d^2)}{80} (\text{N} \cdot \text{m}) \tag{10-14}$$

式中:P 为油缸中工作腔与卸压腔间的压力差;Z 为叶片数;B 为叶片宽;D 为叶片外径;d 为叶片轴直径。

液压加载装置扭矩随油压变化的规律比较稳定,运用子程序控制载荷。旋转油缸的结构有多种形式,扭矩范围为 $500 \sim 6000 \text{N} \cdot \text{m}$,转角可达 $100°$,因此适于高频变化载荷试验。

(3) 摇摆箱式加载器。图 10.11 为摇摆箱式加载器示意图。封闭系统中的平衡减速器 3 由支架悬起来并可自由旋转,平衡减速器的杠杆上加重砣,以产生封闭系统的载荷。被试变速器 4 的第一轴顺时针方向旋转,作用于此轴上的扭矩为:

$$M = \frac{GL}{1 + \dfrac{Z_1}{Z_2 \eta}} + M_{\text{in}} \tag{10-15}$$

式中:M_{in} 为作用于减速器靠近电机侧的扭矩。

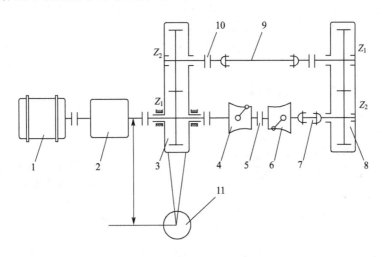

图 10.11 摇摆箱式加载器示意图

1—电动机 2—无级变速器或滑动齿轮式变速器 3—带有悬挂重砣杠杆的平衡减速器
4—被试变速器 5—变速器二轴联轴节 6—陪试变速器 7—万向传动轴 8—平衡
减速器 9—万向传动轴 10—调整角度用的联轴节凸缘 11—重砣

为了使平衡减速器 3 的杠杆在加载后保持水平,在封闭系统中装有能调整角度用的联轴节凸缘 10,轴的刚度不应太小,以免平衡减速箱转角过大。

(4) 行星加载器。如图 10.12 所示,该加载器可在运转过程中调整扭矩,加载器本身是一个独立的装置,可以安装在试验台的任何部位,对轴的角度无要求。

加载器由两个行星排组成。加载时将重砣加在力臂为 L 的杠杆上,该杠杆与一个太阳轮刚性连接,另一太阳轮与蜗轮相连接,该蜗轮由壳体中的蜗杆带动,转动蜗杆可使杠杆调到水平位置。

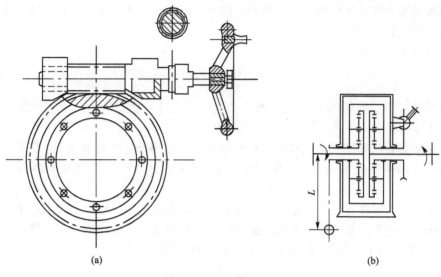

图 10.12 行星加载器

2. 电封闭试验台

图 10.13 是电封闭试验台示意图。试验台由主传动部分、自动调节系统、数字程控定值器及参数测量系统构成,其中一台电机作为电动机运行,另一台作为发电机运行,通过升速机构与变速器第二轴相连,吸收功率并将发出的电能输回电动机。在试验过程中消耗的能量由电网经可控整流器给以补充。

自动调节系统包括转速和扭矩自动调节系统,程序控制定值器是由 TTL 集成电路逻辑元件制成的数字控制系统,参数测量系统由两台数字式转速扭矩仪及实际运算器组成。

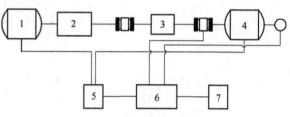

图 10.13 电封闭试验台示意图
1—电动机 2—无级变速器或滑动齿轮式变速器
3—被试变速器 4—发电机 5—电机调节器
6—控制器 7—显示装置

表 10-1 为汽车变速器疲劳寿命试验规范。试验的总转数分两个循环进行,每个循环均从高挡逐渐降到低挡。变速器第一轴转速为:测试一挡及倒挡时为 $(2\,000\sim2\,500)$ r/min,测试其余各挡时为 $(3\,000\sim4\,000)$ r/min;试验油温为 (80 ± 10) ℃,油量允许比规定值高 10%。

表 10-1 汽车变速器疲劳寿命试验规范

挡位	轿 车		货 车	
	载 荷	第二轴循环数	载 荷	第二轴循环数
V(超速)	$90\%M_e$	100h	$90\%M_e$	100h
IV	$90\%M_e$	3×10^6	$90\%M_e$	7×10^6
III	$90\%M_e$	2×10^6	$90\%M_e$	7×10^6
II	$80\%M_e$	1×10^6	$80\%M_e$	3.5×10^6
I	$65\%M_e$	0.5×10^6	$75\%M_e$	0.75×10^6
倒	$50\%M_e$	0.25×10^6	$50\%M_e$	0.5×10^6

10.3.4 变速器噪声试验

汽车变速器运转时,由于载荷、摩擦及冲击造成变速器各种零件发生振动而产生噪声。汽车变速器噪声大小决定于变速器的设计结构参数、制造质量、零件材料及润滑油品种、使用条件等因素,是个相当复杂的问题。

1. 润滑油对噪声的影响

润滑油的使用使噪声减小是由于润滑油使金属不能直接接触,缓和了轮齿啮合时的冲击。润滑油对变速器的其他零件,如轴承、轴、壳体的振动也有阻尼作用,并减低了声音的辐射,且润滑油本身有吸振作用。

润滑油的黏度以及油面高度或油量的多少与变速器噪声有密切关系。

根据台架试验结果可绘出变速器噪声声压级与所用润滑油量及油的黏度的关系曲线。当油的黏度减小时噪声明显增大;油量减小同样引起噪声的增加,但其影响不如黏度那么显著。

齿轮油中的添加剂对降低齿轮传动噪声的作用是目前引起注视的问题,试验结果表明不能忽视这方面的影响。

2. 背景噪声的影响

背景噪声包括齿轮装置停止运转时周围环境的噪声、发动机或其他驱动装置噪声、载荷及吸收装置(如制动器或测功机等)噪声。理想的测定条件是把齿轮装置安装在消声室内,把驱动装置及功率吸收装置置于室外,使齿轮装置的噪声在不受这些装置噪声影响的条件下进行测定。

当齿轮装置与原动机、功率吸收装置安装在同一室内时,需要测定原动机及功率吸收装置在各种运转条件下的噪声作为背景噪声。

测定背景噪声时,当齿轮噪声的实测值大于背景噪声10dB以上时,可以不考虑背景噪声对齿轮装置噪声测定结果的影响,可以用仪器在测量开始时的指示值表示齿轮的噪声级,当齿轮装置的噪声测值与背景噪声相差不到10dB时,可按表10-2进行测定值的校正,以大致判定齿轮装置的噪声级,指示值相等的,可以判定齿轮装置的噪声比背景噪声小,但不能判定其噪声级,因此差值小于3dB时测量结果无效。

表10-2 噪声修正值

噪声实测值与背景噪声之差	3	4	5	6	7	8	9
修正值	-3	-2	-2	-1	-1	-1	-1

为了减小背景噪声的影响,可以在齿轮传动装置与原动机及功率吸收装置之间用间隔噪声材料加以简单的屏蔽。这时为避免驻波和反射的影响,测定空间应尽可以加大,室内墙壁辅以简单的吸声材料。

3. 反射声的影响

被测变速器以及拾音器附近有较大反射物时,除来自声源的直接声之外,还有来自反射物的反射声影响测定结果的精确性。在室内测定时,要求在足够大的房间内远离墙壁或地面的位置上进行测量,以减小反射声的影响。

4. 噪声级的测量位置

齿轮箱外形轮廓尺寸不到 500mm 时，拾音器距被测箱体 300mm；齿轮箱的外形轮廓尺寸超过 500mm 时，拾音器距被测箱体 1 000mm；测定在齿轮箱的前、后、左、右 4 个位置上进行，根据需要可以在箱体顶部上方加一处。另外，当出现噪声级大部位时应选择靠近该部位处进行测量。

10.4 驱动桥总成试验

根据驱动桥总成的工作条件及对它提出的要求，通常对驱动桥总成和其主要零部件进行磨合试验、综合性试验、疲劳寿命试验、刚度试验、驱动桥壳的刚度试验、静强度试验、驱动桥壳的弯曲疲劳寿命试验、半轴的静扭试验及半轴的扭转疲劳寿命试验。这里主要介绍驱动桥总成试验。

10.4.1 道路试验

在汽车行驶过程中，驱动桥承受着繁重而复杂的载荷，如扭矩、垂直、纵向、横向的静动载荷及制动力矩等，在这些载荷的作用下，驱动桥必须有足够的强度、刚度，足够的寿命和良好的性能。为此驱动桥必须经受严格的试验。与其他主要总成部件一样，可进行整车道路试验及室内台架试验。

由于汽车使用条件复杂，道路试验是最接近实际使用情况的一种试验，可在测定各项性能指标的同时，考察汽车驱动桥对使用条件的适应性、可靠性和耐久性。

1. 使用试验

在实际使用条件下对驱动桥总成及其零部件进行观察、测定，并作考核记录。从而测定驱动桥总成对各种道路条件的适应性、零部件的可靠性与耐久性、齿轮噪声大小、油封密封好坏、油温高低等。

2. 性能试验

在特定的道路和地形上测定汽车的各项性能指标。驱动桥总成的结构特点直接影响到汽车的通过性，因此对越野汽车来说，通过性试验就成为整车性能试验中必不可少的内容，通过汽车在特定地形(如台阶、壕沟、坎坷不平地面、侧坡等)和无路地段(如泥泞、沼泽、雪地、沙漠、松软土壤等)的通过性试验来确定整车及驱动桥对各种地形和地表面越野行驶的适应性。

3. 汽车试验场试验

汽车试验场有高速跑道和各种特殊的跑道、特殊的试验路段等。

在试验场上，为了考验驱动桥的可靠性，可进行带有强烈冲击载荷的"落轮"试验，即使驱动轮突然垂直落下，这时驱动桥在上下方向的加速度可超过 2.5g；利用"猛起步"等冲击试验来考验驱动桥齿轮、半轴和其他传动件的可靠性。

除道路试验外，整车驱动桥也可以在试验条件下模拟汽车实际行驶状况进行试验，用这种方法进行寿命试验，可简化试验条件，提高效率，并缩短实验周期。为加速汽车以及驱动桥产品的发展，必须缩短试验时间，为此应充分发挥汽车试验场与室内模拟试验的作用，并与大量的使用试验相结合。

10.4.2 驱动桥总成磨合试验

驱动桥在装配或修理后应在专门的试验台上进行磨合试验，检查驱动桥的装配质量和改善配合副的接触状况，以便进行其他试验。

驱动桥磨合试验分无负荷和有负荷两个阶段进行。在通常情况下，磨合时间不得小于 20~25min，其中负荷试验时间不得小于 10~15min，试验时主动锥齿轮的转速一般为 (1 400~1 500)r/min，加在每根半轴上的制动力矩可参见有关的技术规范。

驱动桥磨合试验台主要由驱动装置、加载装置和台架等组成。驱动装置通常采用三相交流鼠笼式异步电动机，它直接或通过万向节轴与被试后桥的主动齿轮轴相连。加载方式可采用电涡流制动器或绕线式异步电动机作为加载装置，也可利用驱动桥本身的制动器来作为短期加载。试验是由本身的液力制动系统产生的制动力矩来加载，试验台上应装有制动总泵、制动杠杆、压力表和油管，所加扭矩是根据制动系统中液体的压力来确定的。

试验台架由槽钢焊接而成，在台架上装有两个用来安装被试驱动桥的支架，支架上带有铰链式夹紧装置，以保证快速而可靠地固定驱动桥。

电动机通过联轴器、中间支承轴和传动轴驱动主动齿轮旋转。为了确定车轮制动器所产生的制动力矩值和制动系统内压力间的关系，以及左右车轮制动力是否平衡，试验台上需要有一种装在轮毂上的测力仪，这样试验台除能检查后轮装配质量外，还能检查车轮制动器的装配质量和进行制动器的调整，但注意不能在有负荷的情况下长时间连续工作。

10.4.3 驱动桥总成的综合性试验

所谓综合性试验是区别于（以某一试验为目的）单项试验、专门实验、驱动桥总成的综合性实验，通常是在能进行多种试验研究、测试多种参数的开式驱动桥试验台上进行的。

开式驱动桥试验台都是采用可调节转速的直流电动机或变频调速交流电动机作为动力驱动装置，而其加载装置或耗能装置则可采用电力式（即电力测功器，包括直流电动机、交流电动机及电涡流测功器）、液力式（即水力测功器）和机械式（机械摩擦式制动器和飞轮装置）等。载荷应稳定并能平稳的加载和卸载，同时能准确地测量被试驱动桥总成输入、输出轴的转速、扭矩。

图 10.14~图 10.16 是开式驱动桥试验台的各种布置方案。图 10.14 是被试驱动桥总成 4 由电动机 1 经变速器 2 驱动，并由装在半轴上的带式制动器 5 加载，后者的制动力矩可由可调重块 3 改变，并用水冷却。图 10.15 是水力测功器加载的开式驱动桥试验台的布置方案。电动机 1 驱动被试驱动桥总成 3，动力经链传动 4 传给差速器已被锁住并作为升速器的同型驱动桥 5，而后传给水力测功器 6，当装在被试总成左右半轴上的链轮半径不同时，差速器起作用，则可试验差速器。

图 10.16 是开式驱动桥转鼓试验台的布置图，在这种试验台上可模拟各种行驶条件进行综合性试验研究和疲劳试验。

如图 10.16 所示，被试驱动桥 1 置于两个转鼓 6 上，并以安装在汽车上的同样方法安装，经钢板弹簧承载着一个可安装重块以模拟汽车满载轴负荷的单轴车架 2。由汽车发动

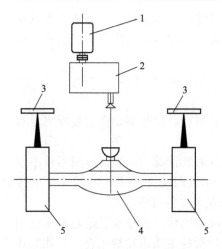

图 10.14　带有机械式加载装置的开式
　　　　　驱动桥试验台
1—电动机　2—变速器　3—可调重块
4—被试驱动桥总成　5—带式制动器

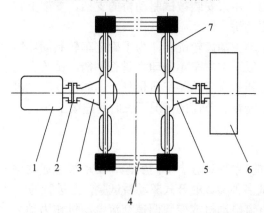

图 10.15　装用水力测功器的开式驱动桥试验台
　1—电动机　2—联轴节　3—被试驱动桥
总成　4—链传动　5—作为升速器的同型驱动桥
　　6—水力测功器　7—支架

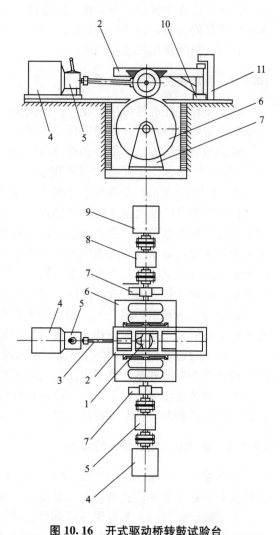

图 10.16　开式驱动桥转鼓试验台
　1—被试驱动桥　2—单轴车架　3—万向节传动轴
4—汽车发动机　5—变速器　6—左、右转鼓
7—转鼓支架　8—升速器　9—平衡式发电机
10—压力测力计　11—立柱

机 4 输出的扭矩经变速器 5、万向节传动轴 3 传给被试驱动桥 1，两个转鼓的一侧经两个升速器 8（一个为五挡，另一个为固定速比，图中只画出了一个）与平衡式发电机 9 相连，以便吸收功率（由于升速器的存在，发电机可以吸取更大的功率）。两个转鼓的另一侧经变速器 5 与另一台汽车发动机 4（安置在地板下）连接，后者用于汽车滑行工况的试验，这时驱动桥的主动齿轮轴则经万向节传动轴 3 与发电机连接，发动机及发电机均有循环水冷却。两个钢制转鼓（直径为 1220mm，宽为 990mm）可互相脱离，也可与驱动装置和加载装置脱离连接，即必要时可自由空转。两个转鼓可用液力制动器同时制动或使其中一个制动，以便试验差速器。为了模拟坏路面上产生的冲击载荷，可在转鼓的工作表面上安装适当尺寸和形状的凸块，这种凸块应由轻质材料制造，并应拆卸方便。

10.4.4 驱动桥的疲劳寿命试验

驱动桥的主减速器轴承、差速器壳、半轴及桥壳等在工作中承受着交变载荷，都有疲劳寿命问题，但通常以驱动桥总成的形式在台架上进行的疲劳寿命试验大都是考验主减速齿轮、轴承及其他零件的疲劳寿命，而半轴及桥壳等的疲劳寿命试验，则在专门的试验台上进行。

前面介绍的开式驱动桥试验台，虽然也可做驱动桥的疲劳寿命试验，但是开式试验功率消耗太大，一般常在闭式驱动桥寿命试验台上进行。闭式试验台运转时的能量消耗比开式节约60%～75%，但闭式试验台在结构上要复杂些。

如图10.17所示的闭式驱动桥寿命试验台，两个被试驱动桥（主试驱动桥13、辅试驱

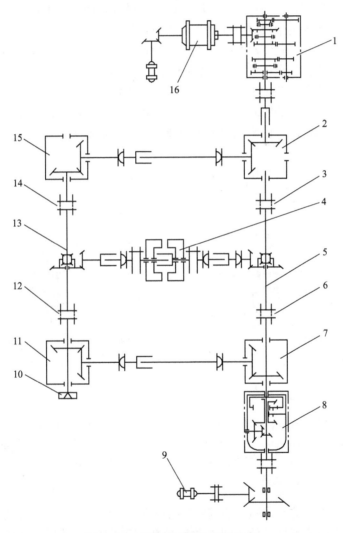

图 10.17 闭式驱动桥寿命试验台

1—四挡变速器　2、7、11、15—角传动器　3、6、12、14—齿轮联轴器
4—中央万向节传动轴支承座　5—辅试驱动桥　8—行星齿轮式加载箱
9—加载电动机　10—转数计　13—主试驱动桥　16—直流电动机

动桥 5，它们传递功率流的方向相反）的主动齿轮轴与试验台的中央万向传动轴相连，而它们的两端则通过齿轮连轴器 12、14、3、6 与角传动器 11、15、2、7 及万向节弹性轴连成一个封闭传动回路，传动回路中扭矩的加载是由操纵加载电动机 9 使行星齿轮式加载箱的两个输出轴之间相对转动某一角度来实现的。两个被试驱动桥在试验平台上，后者在平台下面用杠杆系统与磅秤机构相连，用以测量作用在驱动桥体上的反作用力矩，它等于两个半轴扭矩的总和（即试验过程中封闭系统扭矩的两倍）。试验时，整个封闭回路由直流电动机 16 驱动，转速可由电动机进行连续调节，也可由四挡变速器 1 进行有级调节。为了保证被试驱动桥的左右半轴有相同的转速或保证整个封闭传动回路都运转起来，必须使两个被试驱动桥中的一个桥的差速器锁住（通常将辅试驱动桥的差速器锁住）。

由于寿命试验是在高负荷条件下长时间地进行试验，故机件的润滑和冷却需要特别注意，通常由循环水冷却两个被试驱动桥和油底壳，并用温度表指示有关温度。

如图 10.18 所示的闭式传动系疲劳寿命试验台，其结构布置简单、紧凑。在这种布置方案中可同时进行两套汽车传动系（变速器及与其相匹配的驱动桥）的疲劳寿命试验，试验时每个驱动桥的差速器都要锁住，仅由各桥的一个半轴参与试验。

图 10.19 是一种简易的闭式驱动桥寿命试验台，封闭传动回路是由弹簧式扭转加载装置加载的。两个驱动桥的一侧半轴由链传动连接，另一半轴由电动机驱动，并使整个回路运转。

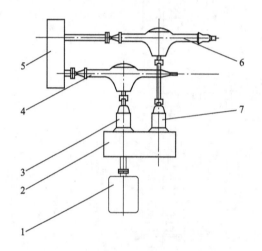

图 10.18 闭式传动系（变速器、驱动桥）寿命试验台
1—直流电动机　2—加载机构及齿轮传动箱
3—被试汽车变速器　4，6—被试驱动器
5—齿轮传动箱

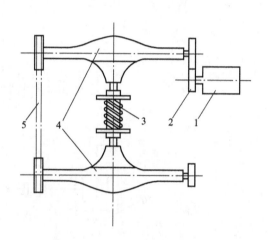

图 10.19 闭式驱动桥寿命试验台
1—直流电动机　2—齿轮传动　3—弹簧
扭转加载装置　4—被试驱动桥
5—无声链传动

除了上述 3 种典型的闭式驱动桥试验台的布置方案外，也可以有其他布置方案，比如改变电动机旋转方向或引进其他中间传动装置等。有时为了模拟驱动桥的实际受载情况，在进行磨损和疲劳寿命试验时，除加载扭矩外，还应在桥壳上的钢板弹簧座和轮毂轴承处加载，这种试验对桥壳刚度较差的驱动桥来说是很有必要的。

另外，驱动桥主减速齿轮在进行正式试验前必须经过磨合。表 10-3 为驱动桥磨合试验规范。

表 10-3 驱动桥磨合试验规范

	齿轮弯曲疲劳寿命试验	齿轮接触疲劳寿命试验
磨合时间(h)	1	2
载荷(N·m)	$M_{emax} I_g I_0 \eta$	$0.62 M_{emax} I_g I_0 \eta$
转速(r/min)	从动齿轮转速为 50r/min（相当于 M_{emax}，$i_g=1$ 时齿轮转速的 1.5 倍）	
机油温度(℃)	80~90	

注：载荷指主减速器从动齿轮上的扭矩。

在闭式试验台上还可以进行驱动桥的刚度试验，这里不再详细介绍。

10.4.5 驱动桥壳的刚度试验与静强度试验

以上介绍了驱动桥的总成试验，在此基础上，需进一步对驱动桥主要零部件进行台架试验，驱动桥壳在汽车行驶过程中承受着巨大弯矩和扭矩。由于驱动桥壳的刚度不好而可能引起半轴轴承、差速器零件、壳体等的损坏，因此刚度试验和强度试验显得十分重要。

通常，驱动桥壳的抗弯刚度试验与静弯曲强度试验是在材料实验用油压机上进行的。为了模拟驱动桥壳在汽车上受载时的实际安装条件，试件应是由桥壳、半轴套板簧座、后盖等已组合完好的桥壳总成，并紧固上主减速器壳。有时为了选择驱动桥壳的结构型式、尺寸和几何形状，而进行几种桥壳的比较试验，亦可不装主减速器壳等。图 10.20 是驱动桥试验支承和加载情况，专用支架的左右支承中心与车轮中心线位置相重合，即支承中心的距离等于轮距。为测试桥壳的变形情况，可选择 3 点（如图 10.20 所示）作为测试点，由千分尺指示变形量。有时为了研究驱动桥壳沿其全长上的各处的变形情况，而选择多个测试点，这时就可画出驱动桥沿其全长上的各点的变形曲线，如图 10.21 所示，图中垂线表示安装千分表的位置，a—a 断面为最大变形断面，实际上有些疲劳损坏的桥壳就是在此处产生疲劳裂纹的。

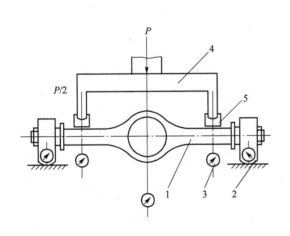

图 10.20 驱动桥试验支承和加载情况

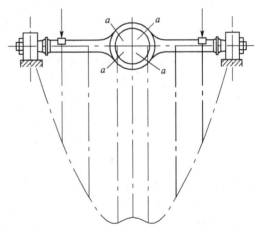

图 10.21 驱动桥壳的挠度分布曲线

刚度试验时，由零开始逐步增加载荷，并记录每次加载后的变形量，直至将载荷加到汽车满载时被测驱动桥负荷的2.5倍，然后进行卸载试验，反复几次以取得稳定实验数据。而后拆下千分表并继续平稳地加大载荷，记录桥壳材料达到屈服极限时的载荷及最后达到强度极限时的破坏载荷。

10.5 转向器试验

汽车转向系统的性能对操纵稳定性的影响早已被大量试验所证实，其中转向器起着重要的作用，因此，转向器在拆修后应对下列性能进行检查：转向器的传动间隙特性、起动力矩、传动效率等。转向器的传动间隙特性是指转向盘在任意位置上所对应的摇臂轴自由摆动量及该量在整个转角内的变化规律。通过调整摇臂轴调整螺钉，可以得到转向器在转向盘中间位置上的不同传动间隙，中间位置间隙大时转向器反应迟钝。所谓转向器起动力矩是指摇臂轴无负荷时，转动转向盘所需的静操纵力矩，其值的大小反映了转向器空载内摩擦的阻力矩值。各厂生产的转向器在中间位置的起动力矩规定值见表10-4。所谓传动效率是指转向器扭矩和转角的输入输出特性，其正效率是摇臂轴输出功率与转向轴瞬时输入功率之比 $\eta_\text{正} = (M_\text{摇} \cdot d\beta)/(M_\text{轴} \cdot d\varphi)$，逆效率则相反，表10-4为6种转向器的传动效率值。

表10-4 转向器的传动效率值

型　号	SJ760	NT130	BJ212	BJ130	红旗	TOYOTA
转向器中间位置起动力矩(N·m)	1.176	1.960	0.951	0.98	0.98	0.950
$\eta_\text{正}$(%)	68	73	71	70	72	80
$\eta_\text{逆}$(%)	45	60	60	60	60	68

因此，为了检查转向器的性能，需测量 $M_\text{轴}$、$M_\text{摇}$、$\Delta\varphi$ 和 $\Delta\beta$，其中转向轴扭矩 $M_\text{轴}$、摇臂轴扭矩 $M_\text{摇}$ 和转向轴转向角 $\Delta\varphi$ 可利用一般测量方法测得，而摇臂轴的摆动量 $\Delta\beta$ 是测量的关键，图10.22所示为转向器角位移的测量装置。

机电转换器是把角位移转换成线位移，并把该位移按要求自动地回至零位，它是一个电磁常压式锥形离合器，主动盘1安装在摇臂轴圆盘10上，外壳3通过杆2固定在试验台机架上。当摇臂轴圆盘10做顺时针旋转时，锥体4在弹簧片5的作用下与摇臂轴圆盘10一起旋转，这时，固定在锥体4大端面上的摇臂测量圆9的伸缩触头12（差动变压器）向上方推动。此时电感测量头便将摆臂14微量转角所对应的线位移转换成电信号（电压）输出。当电磁铁接通后，铁心吸住带有推杆6的吸盘8，使推杆6将弹簧片5向右推开，此时，锥体4失去了弹簧片5的压力，在分离弹簧11的作用下，与摇臂轴圆盘10分离，至此完成了一次测量动作，如果切断通往电磁铁的电流，锥体4转动，摆臂14便推动伸缩触头12，进行下一次测量，如此在摇臂轴圆盘10不断地旋转情况下，若电磁铁也在不断地断通，则电感比较仪的伸缩触头12便不断地输出三角波信号。该信号的峰值即表示摇臂轴在不同时刻内的平均转

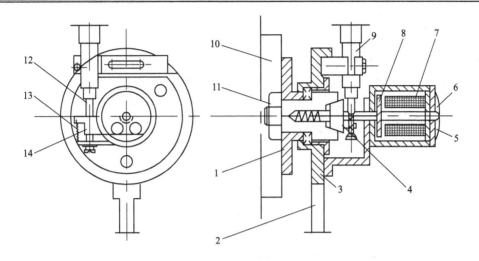

图 10.22 转向器角位移的测量装置

1—主动盘 2—杆 3—外壳 4—锥体 5—弹簧片 6—推杆 7—铁心 8—吸盘
9—摇臂测量圆 10—摇臂轴圆盘 11—分离弹簧 12—伸缩触头
13—回位弹簧 14—摇臂

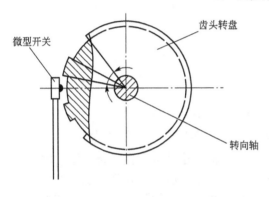

图 10.23 脉冲信号转角器工作原理

角 $\Delta\beta$ 值。电磁铁的接通和切断是由安装在转向轴上的脉冲信号转角器来完成的。该转角器由齿状转盘和微型开关构成，如图 10.23 所示。转盘固定在转向轴上，微型开关安装在试验台架上；后者的触头与转盘外缘相接触，当转盘在转向轴带动下旋转时，触头便在转盘外缘上往复伸缩，从而控制通往电磁铁电流的通断。若转盘每齿对应的中心角为 15°，则转向轴每转 $\Delta\varphi=15°$ 时，可测得相应的摇臂转角值 $\Delta\beta$。

10.6 汽车传动轴试验

10.6.1 试验项目

万向传动轴主要用于汽车上在工作过程中相对位置不断改变的两根轴间传递动力的场合，除了可靠传递动力的要求外，应对传动效率、振动、噪声等进行试验。

汽车传动轴总成台架试验包括以下项目：静扭强度试验、扭转疲劳试验万向节磨损试验、滑动花键磨损试验、剩余不平衡试验、临界转速试验、扭转间隙试验、静扭转刚性试验、静态跳动量试验等，最近还进行了冲击强度试验、不平衡量引起的传动系噪声试验、复合弯曲共振转速试验、环境模拟试验等。就目前国内状况，上述诸多试验项目中，实际在产品鉴定、行检等活动中通常只做前4项试验。

10.6.2 传动轴静扭转强度试验

传动轴静扭转强度试验一般采用扭力机进行,试验台及试件的安装如图 10.24 所示。扭力机是由两级蜗轮蜗杆机构组成的,外壳体浮动支承在轴承座上,外壳有力矩通过测力装置与固定底板相连,主轴通过法兰盘与被试件的一端相连,被试件的另一端通法兰和固定在底板上的支架相连,浮动壳体与支座间设有测量相对转角的测量装置,在一级蜗轮蜗杆机构的蜗杆法兰处设有驱动电动机。

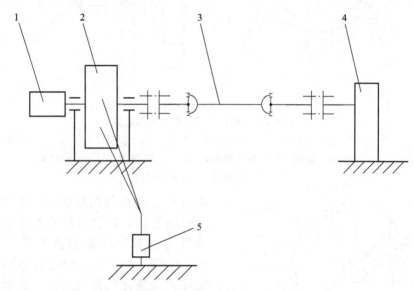

图 10.24 传动轴静扭转强度试验
1—角位移传感器 2—扭力机 3—被试传动轴 4—后固定架 5—负荷传感器

当被试件固定之后,驱动电动机旋转带动扭力机的输出法兰盘缓慢旋转,驱动电动机扭矩经两级蜗杆作用在传动轴上,由于传动轴的另一端通过支座固定在底板上,故此时传动轴受的是扭矩,由于扭力机壳体是浮动的,故作用扭矩通过与地板连接的负荷传感器测量,同时测出被试件的转角,这样从开始加载到整个试件的某一薄弱环节出现破坏或屈服的全过程都记录了下来,于是就得到了完整的试验曲线,经过数据处理后就可得到试验结果。

10.6.3 传动轴扭转疲劳试验

此项试验目的在于测量传动轴的扭转疲劳寿命,试验台分为液压扭转疲劳试验台和机械式激振扭转疲劳试验台,图 10.25 是机械式激振扭转疲劳试验台的结构简图。

图 10.25 中 1 是转速和扭矩可控制的驱动电动机,行星式振头 2 支承在前支架 3 上,其输出法兰与被试传动轴总成 4 相连,被试传动轴经测力轴与后支座相连,振头经振臂与空气弹簧 6 相连。

振头是行星机构式,太阳齿轮与驱动电动机柔性相连,带动 4 个偏质心行星齿轮,行星轮系支承固定在与被试传动轴相连的振臂壳上。

图 10.26 是振头产生周期性作用力矩的原理示意图。图 10.26(a)为偏心质量产生顺时针的作用力矩;图 10.26(b)为太阳轮继续顺时针转动,各行星齿轮自转 90°,偏心质量产

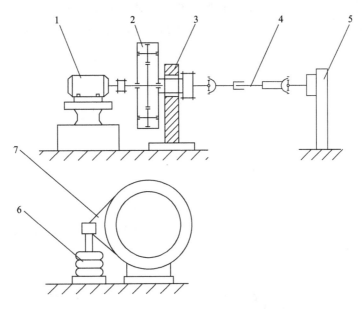

图 10.25 机械式激振扭转疲劳试验台的结构简图
1—驱动电动机 2—行星式振头 3—前支架 4—被试传动轴总成
5—后支架 6—空气弹簧 7—振臂

生的离心力互相抵消振壳产生的力矩为 0；图 10.26(c) 为是太阳轮继续转动各行星齿轮继续过 90°，偏心质量产生的离心力形成逆时针的力矩；图 10.26(d) 为当太阳轮继续转动又使行星齿轮转过 90°时，离心力再次互相抵消，离心力的方向同图 10.26(b) 中的方向相反，振壳对外输出的作用扭矩再次为零，于是振壳就这样对被试传动轴施加周期性的作用扭矩。扭矩波形图如图 10.27 所示。

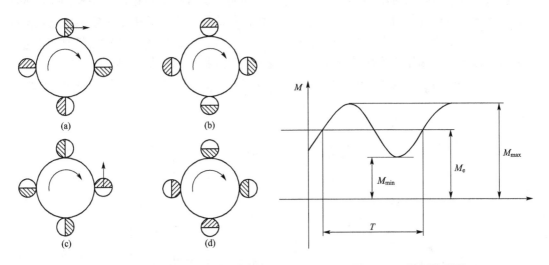

图 10.26 振头产生周期性作用力矩的原理示意图 **图 10.27 扭矩波形图**

由于间隙的存在和扭矩的影响，试验中易产生冲击噪声，于是又增加了空气弹簧来施加静载荷，与振头共同作用使被试传动轴承受脉动循环扭矩。

测力轴为全桥式电阻应变片式,试验以被试传动轴破坏或达到规定的试验循环次数为止,试件数不应少于3~5件,最终以统计方法获得试件扭转疲劳寿命的循环次数。

10.6.4 传动轴万向节总成磨损试验

试验装置一般采用机械闭式传动轴试验台,其结构如图10.28所示。

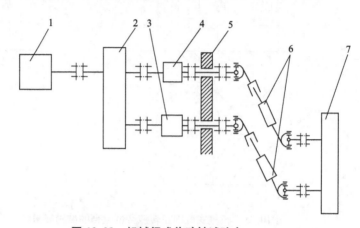

图10.28 机械闭式传动轴试验台
1—动力装置 2—前齿轮箱 3—测量装置 4—加载装置 5—中间支承
6—被试传动轴 7—后齿轮箱

驱动装置为交流电动机,为适应转速和扭矩变化要求,在中间支承和前齿轮箱之间装有加载装置和弹性轴及测量装置(测力轴或扭矩仪),齿轮箱可沿纵向和横向移动,以适应不同长度和不同夹角要求的被试传动轴的试验(试验取7°),试验转速通常取500r/min,终止试验温度为(60±5)℃,或运行到规定的循环次数为止。

机械加载装置是通过给两个法兰盘施加载荷使两者保持一定的相位差来维持一定的扭矩。这种加载方法简单可靠,但不能在运行中监视载荷的变化,且由于十字轴的磨损产生间隙而使负荷下降(试验终了时载荷约下降2%),目前常用蜗轮蜗杆机械加载器来代替盘式机械加载器,并用扭矩仪代替弹性轴,可实现试验过程中的负荷监视。

对于传动轴滑动花键磨损试验,通常与万向节磨损使用同一试验台,如图10.29所

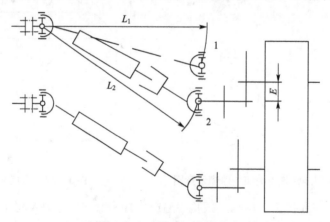

图10.29 传动轴花键磨损试验台

示,为了产生花键的滑移位移,在后齿轮箱的法兰处安装偏心夹具,当后齿轮箱的法兰转过一周时,传动轴的万向节由图 10.29 中的位置 1 转到位置 2,传动轴的长度由 L_1 变为 L_2,则花键产生的位移 $\Delta L = L_2 - L_1$,通常取 $\Delta L = 10 \text{mm}$,偏心夹具的偏心量视传动轴的长度而定。

试验时空载磨合 1h,然后施加 4% 额定载荷磨合 3h,而后施加 16% 额定载荷扭矩正式试验,滑动花键往复频率通常取 58 次/min,检测花键,如有 3 齿以上的磨损量超过或达到 0.5mm,或者达到规定的试验循环次数时即终止试验。

10.7 离合器总成试验

汽车传动系包括离合器、变速器、万向传动机构和驱动桥,其试验分为性能试验和寿命试验。

在汽车传动系中,离合器是作为一个独立部件而存在的,它依靠主、从动部分的摩擦来传递扭矩,离合器质量的优劣除零件的材料质量、加工质量和装配质量以外,离合器在工作中的性能更加重要。例如,离合器是否可靠地传递发动机的最大扭矩、接合是否平稳、分离是否彻底、离合器吸收振动的性能如何、通风散热能力良好与否等多方面性能都是评价离合器质量优劣的重要依据,然而以上这些离合器的性能要求只有通过试验才能予以正确评定,可见试验工作在离合器设计与生产当中具有重要的地位。

10.7.1 离合器的基本工作状况

汽车离合器实际上是一种依靠主、从动部分之间的摩擦来传递动力,并能分离的机构,其基本工作状况有 3 种。

一是起步工况。汽车停在原地,发动机工作,在汽车起步时,通过离合器主动部分(与发动机输出轴相连)和从动部分(与变速器第一轴相连)之间的滑磨,使转速逐渐接近,在此过程中将动力逐渐而平稳地传给汽车的传动系统,再传到车轮上克服道路阻力矩,推动汽车前进。

二是换挡工况。汽车行驶过程中由于各种原因需要经常改变车速,这需要改变变速器的挡位来实现,此时要将发动机与传动系统暂时脱开,这就要分离离合器,使变速箱齿轮在无负荷的状态下实现脱开与接合,然后再接合离合器,驱动汽车继续行驶。

三是防止传动系超载工况。当汽车在行驶过程中由于某种原因(未分离离合器时紧急制动)使其扭矩超过离合器所能传递的最大扭矩(即离合器的最大摩擦力矩)时,其主、从动部分将产生滑磨,这样离合器又起到了防止传动系部件过载的作用。

3 种基本工作状况都是使主从动部分产生相对滑转,摩擦副之间产生相对滑磨,使摩擦副磨损的同时,消耗发动机能量,产生热能,使工作件温度升高,进一步加剧摩擦副磨损,降低离合器的使用寿命。离合器滑磨的严重程度常用滑磨功的大小来衡量,离合器滑磨功是指离合器在接合过程中有多少机械能转换成热能。离合器的滑磨功愈大意味着变成热能的数量愈多,摩擦副的发热和磨损也就愈严重,因此,如何准确测量出滑磨功十分重要。

10.7.2 惯性式离合器综合性能试验台

惯性式离合器综合性能试验台又分为驱动式和制动式两种。图 10.30 所示为驱动式离合器试验台简图，其工作过程是驱动电动机把所有的试验台旋转部件带到规定转速后，被试离合器分离→后部制动器制动使惯性飞轮停止→制动器松开→被试离合器接合把惯性飞轮带到和电动机的转速同步为止即完成一个循环动作。制动式离合器试验台简图如图 10.31 所示，它设有制动器，而在电动机和惯性飞轮之间有一个断续离合器，被试离合器装在最后部，并将从动轴固定，在断续离合器与被试离合器之间装有惯性飞轮，在断续离合器接合，被试离合器分离的状态下启动电动机，使其达到规定的转速→断续离合器分离→被试离合器接合使惯性飞轮到静止状态→被试离合器分离→断续离合器接合，电动机又把惯性飞轮带到了规定的转速即完成一个循环。

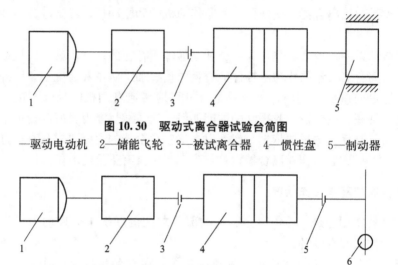

图 10.30 驱动式离合器试验台简图
1—驱动电动机　2—储能飞轮　3—被试离合器　4—惯性盘　5—制动器

图 10.31 制动式离合器试验台简图
1—驱动电动机　2—储能飞轮　3—断续离合器　4—惯性飞轮
5—被试离合器　6—扭矩测量机构

以上两种试验台，从能量吸收的观点来看应该说是等价的，但是如果把汽车道路阻力矩考虑进去的话，制动方式的结构型式是没法施加的，而且试验证明道路阻力矩对离合器接合过程的滑磨功及离合器的发热情况影响很大，特别是道路条件不好时影响更为突出，因此下面只对驱动方式的离合器惯性综合性能试验台予以简单介绍。

试验台的动力源最好用原发动机，但它成本高、控制复杂，故一般不采用，因而通常用直流电动机晶闸管控制或交流电动机加变频器作为动力源。

为了使试验台驱动电动机功率选择小些，在电动机与试验台之间连接储能飞轮，与电动机及试验台主动部分一起旋转，在离合器未接合之前存储一部分动能，当离合器接合时，储能飞轮释放能量，以惯性力矩的型式与电动机输出转矩一起克服负荷力矩，力图维持原来的转速，而不使发动机短期过载。

可变惯量飞轮是用来模拟整车平移质量和旋转质量的装置，是被试离合器的主要负荷之一，由于试验对象不同，要求惯性飞轮的惯量大小可变，能够通过选择不同的飞轮使其组合成所需的惯量。

飞轮的转动惯量为：

$$I=\frac{\pi}{32}(D^4-d^4)brg \qquad (10-16)$$

式中：I 为转动惯量，N·m·s²；D 为飞轮外径，m；d 为飞轮内径，m；b 为飞轮宽度，m；r 为材料比重，N/m³；g 为重力加速度，9.8m/s²。

离合器轴上的当量惯量应由整车的平移质量及旋转质量两部分组成，即：

$$J=\frac{G_a R^2}{g\, i_g^2 i_0^2}\delta_0 \qquad (10-17)$$

式中：J 为汽车当量惯量，N·m·s²；G_a 为汽车总重，kg；R 为车轮滚动半径，m；i_g 为变速器速比；i_0 为主减速器速比；δ_0 为计入旋转质量惯性影响系数（取 1.02～1.04）。

同时把道路阻力矩也转化到离合器轴上，即：

$$M_T=\frac{G_a \varphi R}{i_g i_0} \qquad (10-18)$$

式中：M_T 为汽车道路阻力矩，N·m；φ 为道路阻力系数。

因此在试验时，离合器在起步过程中可以简化为克服装在离合器轴上的转动惯性为 I 的飞轮所产生的惯性力矩与克服道路阻力矩转化到离合器轴上的值 M_T 之和，惯性式离合器综合试验台即为能满足以上要求的检测系统。

其中道路阻力矩模拟装置结构形式很多，如机械摩擦式、磁粉离合器等。实践证明机械摩擦式稳定性差，而磁粉离合器模拟道路阻力矩比较理想，其结构简图如图 10.32 所示，它由装有线圈的磁系统和离合器主动件与从动件构成。当线圈不通电时，即无激磁状态，此时主动件运转，由于离心力的作用磁粉被压在圆柱体的内壁上磁粉与转子之间产生间隙，主从动件之间不传递扭矩。如果线圈通电，即处于激磁状态，则形成图 10.32 中虚线所示的磁通路，这时磁粉沿磁通相连接，靠这些磁粉间的抗剪力传递扭矩。

因为这种磁粉离合器由于磁粉本身惯性小，而且磁场建立时间非常短，所以它具有反应速度快、制动力矩稳定、工作无冲击、噪声小、结构简单、调整控制方便等优点，但需要强制冷却。

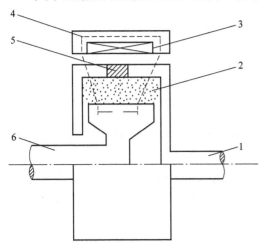

图 10.32　磁粉离合器结构简图
1—输入端　2—磁粉　3—线圈　4—磁路
5—隔磁环　6—输出端

10.7.3　惯性式离合器性能试验台试验项目

1. 离合器热负荷测定

该试验用以确定离合器在起步过程中每接合一次的滑磨功及连续起步时的发热情况。要求起步转速为：货车为 1 500r/min、轿车为 2 000r/min，载荷应相当于汽车满载时，常用起步挡，在 8% 的坡路上起步时的惯量及道路阻力矩；连续起步周期 30s，进行 10 次；

测量接合过程中力矩变化，滑磨角度、滑磨时间及摩擦表面温度的各参数直接送计算机进行处理，即：

$$A=\int_{t_0}^{t} M_c(\omega_1-\omega_2)dt \quad (10-19)$$

式中：A 为滑磨功，N·m；M_c 为摩擦扭矩，N·m；ω_1 为主动部分角速度，rad/s；ω_2 为从动部分角速度，rad/s；t_0 为接合过程开始时间，s；t 为接合过程终止时间，s。

2. 离合器摩擦力矩的测定

主要测定离合器的静摩擦力矩和滑动摩擦力矩。试验时，样品必须先进行磨合，而后测量离合器压紧力，静摩擦力矩(在室温下加载至主从动部分相对打滑为止)，滑动摩擦力矩要求离合器摩擦片最大线速度为(14 ± 1)m/s，从室温到300℃测10点。

3. 离合器摩擦片磨损试验

试验时载荷及主轴转速同上；进行必要的试验前磨合；摩擦表面温度应控制在150~200℃；进行连续起步循环试验，达到规定的试验参数(3×10^4 次)后，测量试验前后摩擦片厚度之差(以铆钉头为基准用深度尺进行测量)，测点应在摩擦片中径处且每面不应少于3点，同时应记录试验前后静摩擦力矩。

除此之外，离合器还应在不同的专用试验台上进行高速破坏试验，扭转减振器静特性及耐久性试验，这里暂不介绍。

10.8 减振器试验

10.8.1 减振器的工作特点及其要求

减振器是与弹性元件并联装在汽车的悬架系统中的，当汽车车架(或车身)在悬架上振动时，减振器内的油液从一个腔经阻尼孔流入到另一个内腔，此时孔壁与油液的摩擦及液体分子内摩擦等便形成了对振动的阻尼力，衰减车身的振动，并将汽车的振动能量转化为热能散失掉，减振器阻尼力的大小随车架与车轴的相对速度一起增减，从而提高了汽车的行驶平稳性和操纵稳定性。

因此减振器必须满足以下的要求。
(1) 性能稳定。复原阻力和压缩阻力应在允许误差范围内，当温度变化时，性能变化小。
(2) 工作可靠。长期运转后，阻力衰减小。

10.8.2 试验项目

根据汽车减振器的试验规定，需对减振器进行以下几项试验。
(1) 示功试验：测取试件的示功图和速度图。
(2) 速度特性实验：测量减振器在不同活塞速度下的阻力，取得减振器的速度特性。
(3) 温度特性实验：测定温度特性 $P-T$ 曲线及计算热衰减率。
(4) 耐久性试验：测定减振器的耐久性(寿命)。

10.8.3 试验方法

1. 示功试验

要求试验环境温度为(20 ± 2)℃，在减振器示功试验台上进行试验。试验行程 $s=(100\pm1)$mm，试验频率 $f=(100\pm2)$cpm，则减振器试验速度为：

$$v=\frac{sf}{6}\times10^{-4}(\text{m/s}) \tag{10-20}$$

试验的装置方向和试验位置：铅垂方向，位置大致在减振器行程的中间部分。

按以上条件加振，在试件往复3~5次内记录示功图。根据示功图和标定常数(N/mm)以及示功图的基准线可以计算出复原阻力和压缩阻力。

2. 速度特性试验

试验条件是使试验温度为(20 ± 2)℃，试验行程 s 为 20~100mm，试验速度 v 由下式决定，即：

$$v=\frac{\pi sf}{6}\times10^{-4}(\text{m/s}) \tag{10-21}$$

式中：f 为最高速度(需高于1.5m/s)时的频率，cpm。

试件铅垂安装，试验位置大致在行程中间位置。

(1) 直接记录法：在减振器示功试验台上，采用相应的电测量装置利用传感元件取得减振器活塞速度和相应的阻力信号，将两个信号同时输入记录装置而直接算得减振器的速度特性。

如图10.33为减振器的速度特性曲线。

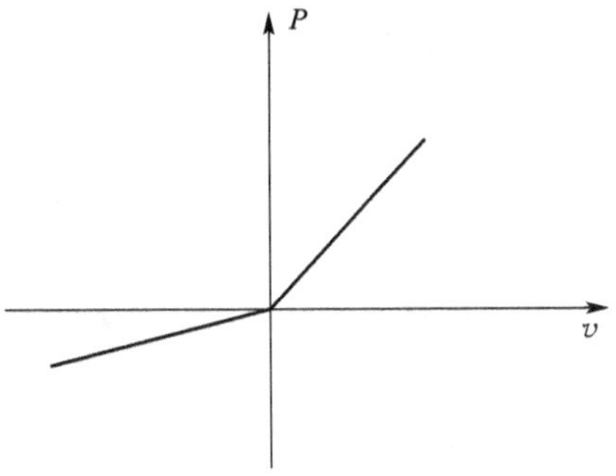

(2) 多工况合成法：根据速度的计算公式知道，可以变化行程 s 或频率而取得变化的速度值 v，以及相应工况下的阻力 P 形成速度特性的若干点。最终光滑连接构成速度特性 P—v 试验曲线。

图10.33 减振器速度特性曲线

图10.34和图10.35分别表示出固定行程变化频率时所取得的试验速度特性 P—v 曲线和固定频率变化行程所取得的试验速度特性 P—v 曲线。

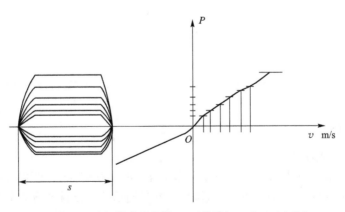

图10.34 减振器速度特性 P—v 曲线(s一定，f变化)

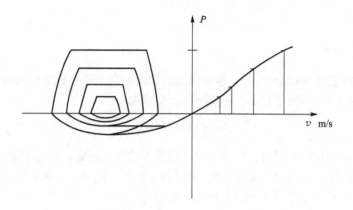

图 10.35 减振器速度特性 P—v 曲线(f 一定，s 变化)

3. 温度特性试验

(1) 试验设备：减振器示功试验台，配以电热鼓风箱及电冰箱等。

(2) 试验条件：试验温度取以下各点 $-30℃$、$-20℃$、$-10℃$、$0℃$、$20℃$、$40℃$、$80℃$、$100℃$（误差允许在 $±3℃$），达到所规定温度后，保温 1.5h，试验行程 100m，试验速度 0.52m/s，试件装置方向为铅垂，试验位置大致在减振器行程的中间部分。

(3) 试验方法：试件升温到试验温度之后，试件立即按示功试验方法进行试验，记录各种温度下的 P_f 和 P_y 值，最后制成温度特性 P—T 曲线，如图 10.36 所示。

(4) 热衰减率计算如下。以速度为 0.5m/s 的试验效果计算复原（或压缩）的热衰减率，即：

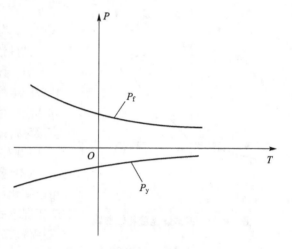

图 10.36 温度特性 P—T 曲线

$$\varepsilon_{f(y)} = \left[\frac{P_{20} - P_{100}}{P_{20}}\right] \times 100\% \tag{10-22}$$

式中：P_{20}、P_{100} 分别表示试验在 $20℃$、$100℃$ 时的阻力值；下标 f、y 分别表示复原、压缩工况。

4. 耐久性实验

1) 单动耐久性试验台

试验条件：试验速度为 0.52m/s（加振规范为 $s \times n = 100 \times 100$）；试件升温后外壁上端温度，以强制冷却方式保持在 $(70±10)℃$ 范围内，并适时监测；试件装置方向和试验位置以试件上下端装接应对中良好，并沿铅垂方向安装，位置大致在减振器行程中间部分。

2) 试验方法

按上述试验条件下对减振器加振进行耐久性试验,在试验开始与结束时用示功试验方法记录示功图,工作循环次数 10^6 次。

根据示功图计算阻力变化率为:

$$\varepsilon_{nf(y)} = \left[\frac{P_0 - P_0'}{P_0}\right] \times 100\% \tag{10-23}$$

式中:P_0、P_0' 分别表示试件在试验前和试验后的阻力。

检查减振器试件关键部位、关键零件的磨损情况以及其他异常情况的发生。

3) 双动试验台试验法

试验台运动方式为上下两端同时沿铅垂方向运动,上端加振规范为 $s \times n = 100 \times 100$,下端加振规范为其速度,应达到 0.52m/s($s = 14 \sim 20$mm,$n = 500 \sim 720$cpm)。

其他条件与上面方法相同,试验结果应按有关标准来评价。

减振器的油温升降引起的阻尼力变化,当试件油温从 10~20℃ 升至 100℃ 时复原阻力衰减率 ε_f 高于 20%,压缩阻尼力衰减率 ε_Y 不高于 30%。

经耐久试验后,复原阻力与压缩阻尼力的变化率 ε_n 均不高于 20%(适用单动和双动两种试验方法),示功图应保持正常,零件不得有损坏现象。

小 结

汽车典型总成是汽车完成各种功能的载体,本章介绍的试验方法和原理都是在汽车的使用要求的基础上进行的。每个总成因工作条件不同,在试验时对其性能要求的重点也不同:对发动机,关心的是磨合和功率;对变速器,关心的是效率、寿命和噪声;对驱动桥,关心的是强度和寿命;对转向器,关心的是操纵力矩和传动效率;对传动轴,关心的是强度和寿命;对离合器,关心的是力矩传递性能;对减振器,关心的是速度和温度特性。

习 题

10-1 发动机磨合试验台有哪几种常用结构方案?

10-2 发动机稳态测功和动态测功的理论有何区别?

10-3 变速器总成试验有哪些方面的内容?

10-4 驱动桥总成试验有哪些内容?

10-5 离合器的试验有哪些内容?

第 11 章　汽车整车使用性能试验

教学提示：汽车整车使用性能试验是检查汽车是否达到整车设计性能目标的试验。本章重点讲述整车重量及尺寸参数、动力性、经济性、制动性、操纵稳定性、平顺性、通过性等试验的内容、项目及方法。

教学要求：本章主要应掌握汽车动力性、燃油经济性、制动性及操纵稳定性的试验项目和试验方法。

11.1　通用试验条件

汽车整车性能试验种类很多，各项试验中所要求的试验条件也不相同，但各项试验中的大多数试验条件是通用的。这些共性的试验条件归纳起来就是通用的试验条件。

(1) 装载质量。除了特殊规定之外，试验车辆在试验时都处在该车的厂定最大装载质量状态或最大总质量状态，装载质量应均匀地分布在车厢内。对于货车，装载的货物高度不得超过车厢挡板，要求装载固定牢靠，不得因振动、晃动而离开原位，也不得因飞散、下雨潮湿等原因而改变质量，因此对于货车，较好的装载物为大小适中的铁块或混凝土块；对于客车、轿车，以砂袋、卵石为宜；而对于特殊用途的专用车应根据汽车的结构特点和使用要求来选择装载物。对于乘员质量，可使用相同质量的重物来代替，一般客车、轿车按每人 60kg 计算，其他车辆按每人 65kg 计算。

(2) 车辆装备及试验仪器。试验车的各总成、零部件必须齐全有效，特别是备胎和随车工具等附属装置必须放在规定的位置上。试验仪器、设备必须计量标定，并在有效期内使用。同时，在使用前应调整、标定，使之符合精度要求。对于在车上使用的仪器，应选择好合适的位置并固定，若仪器过于沉重，则应作为装载质量或乘员质量的一部分。

(3) 轮胎气压。轮胎气压明显影响试验数据的准确性，在试验之前，应使轮胎充气压力在冷态时符合试验车技术条件的规定，误差不超过 ±10kPa。

(4) 燃料、润滑油(脂)和制动液。试验车应使用符合该车技术条件中规定的燃料、润滑油(脂)和制动液。除可靠性行驶试验、耐久性道路试验及使用试验无法控制外，同一次试验的各项性能测定必须使用同一批生产的燃料、润滑油(脂)和制动液，否则将影响动力性、燃油经济性、制动性等试验数据。

(5) 试验车调整、保养和修理工作的要求。在整个试验期间，应根据汽车的技术条件或使用说明书进行技术保养，不允许任意调节、更换、保养及修理汽车，对进行的调整、保修工作必须要详细记录。

(6) 预热行驶。在进行性能试验之前必须进行预热行驶，使汽车各总成的热状态在试验时符合汽车技术条件的规定，并保持稳定。其目的是使燃料雾化良好，燃烧完全；降低发动机和底盘的内摩擦损失；使轮胎达到热状态。如果技术条件无规定，保修工作必须要详细记录。

发动机出水温度为 80～90℃；发动机润滑油温度为 50～95℃；变速器及主减速器滑润油温度不得低于 50℃。

当大气温度较低时，如果预热行驶仍达不到要求的热状态，应采取保温措施。

(7) 气象条件。气象条件对整车性能试验的试验结果影响较大，应严格控制。除了对气象有特殊要求的试验项目（如防雨、密封性试验等）外，都要求试验在无雨、无雾的晴天或阴天进行；风速不超过 3m/s；气温为 0～40℃；相对湿度小于 95%。

(8) 试验道路条件。除了特殊规定之外，各项性能试验都应在专用试车场或飞机跑道上进行。路面应平坦、坚硬、干燥、清洁，用沥青或混凝土铺装路面。道路直线段长 2～3km，宽不小于 8m，纵向坡度在 0.1% 以内。

11.2　汽车参数测量

11.2.1　汽车主要尺寸的测量方法

1. 测量汽车尺寸的目的

汽车的主要尺寸是表征汽车结构的重要参数，其测量的目的如下：

(1) 检验新试制或现生产汽车的结构是否符合设计要求，从中发现设计、制造及装配中的问题；

(2) 测定未知参数的样车的尺寸，为汽车设计师提供参考数据；

(3) 对进行可靠性、耐久性试验的汽车进行主要尺寸参数的测定，评价其尺寸参数在试验过程中保持原技术状态的能力，为进一步提高汽车的可靠性和耐久性提供依据。

2. 测量场地、测量设备及仪器

测量场地应平整、坚实、清洁，最好是水磨石地面。其平面度应为 $1m^2$ 范围内小于 ±1mm，面积应能足够容纳被测车辆。

测量设备最理想的是三坐标测量仪，它能精确地测出三维空间的点、线、面的位置关系。若与三维 H 点人体模型配合使用，能实现国标中要求的主要尺寸的全部测量。在没有三坐标测量仪的情况下也可使用常规测量仪器，常规测量仪器包括：

(1) 高度尺：量程为 0～1 000mm，最小刻度值为 0.5mm；

(2) 离地间隙仪：量程为 0～500mm，最小刻度值为 0.5mm；

(3) 角度尺：量程为 0°～180°，最小刻度值为 1°；

(4) 钢卷尺：量程为 0～20m，最小刻度值为 1mm；

(5) 水平仪；

(6) 铅锤；

(7) 油泥、划针、粉笔及千斤顶等辅助工具。

3. 测量前的准备工作

被测量的汽车必须符合测量条件及设计任务书规定的要求，因此在测量前应首先将汽车调整到符合技术条件的状态,其次应使汽车载荷达到规定的状态。

4. 尺寸测量方法说明

尺寸测量方法的国家标准为《汽车主要尺寸测量方法》及《轿车客厢内部尺寸测量方法》。使用三维坐标系和 R 点的概念,使所测量的尺寸都有相应的标准。在汽车三维坐标系中,按 X、Y、Z 这 3 个基准平面所定的三维坐标可测量出全部重要尺寸,3 个基准平面规定如下。

(1) Y 基准平面即汽车纵向中心平面。

(2) X 基准平面即垂直于 Y 基准平面的铅垂面。具体的平面由制造厂规定,一般取过前轴中心线且垂直于 Y 基准平面的铅垂面。

(3) Z 基准平面即垂直于 Y 和 X 的水平面。该基准平面也由制造厂规定,一般选为车架上平面、地平面或者其他水平面。

测量内部尺寸时,必须首先确定出座椅 R 点,再由 R 点测量全部内部尺寸,因此 R 点是一个非常重要的点。精确的 R 点位置,只有使用三维 H 点人体模型和三坐标测量仪才能测出。下面介绍一下 H 点与 R 点的概念。

H 点在三维 H 点人体模型上的位置,是其躯干与大腿的铰接中心点,它位于此模型两侧 H 点标记钮的连接线的中心点上。三维 H 点的人体模型如图 11.1 所示。

汽车座椅的实际 H 点是将人体模型以制造厂规定的正常驾驶或乘坐的姿势放置到座椅的最后位置,此时即是与人体模型上 H 点标记钮连线中点重合的座椅上的点。

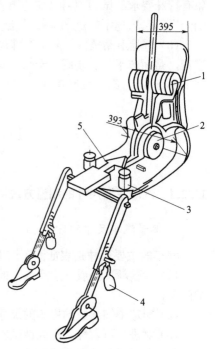

图 11.1 三维 H 点的人体模型
1—上躯干重块 2—臀部重块
3—大腿重块 4—小腿重块 5—加载方向

设计 H 点是指在任何设计的座椅位置上放置二维尺寸样板上的 H 点的绘图。如果设计的座椅是可调式的,则调节到各个位置上的全体座椅设计 H 点便构成了设计 H 点行程线。设计 H 点或设计 H 点的行程图可在汽车坐标系中确定其位置。

R 点即座椅参考点(Seating Reference Point,SRP,进一步又缩写为 R 点),它是制造厂的设计参考点,也是一个唯一的设计 H 点,同样也是模拟人体躯干和大腿的铰接中心点,制造厂用它来规定每个座椅的正常位置(若座椅垂直可调,应调至最低位置)。

虽然在理论上座椅的实际 H 点应与 R 点为一点,但是由于制造、测量误差的影响,故这两个点的位置往往都出现偏差。如果测量的结果是座椅的实际 H 点处于以 R 点为对角线的交点,水平边长 30mm,铅垂边长 20mm,并且在座椅纵向中心面上的矩形内,则认为所测量的座椅符合要求。

我国目前大多数企业、事业单位无能力测定 R 点的位置,一般都采用近似方法测量内部尺寸。

测量外部尺寸时应按照国家标准中规定的外部宽度、高度、长度等测量项目进行。由于标准不可能包括各种汽车的全部尺寸，尤其是专用汽车尺寸，因此其他一些尺寸可参照标准或根据技术要求自行确定测量项目。

5. 测量的主要项目

(1) 水平尺寸测量。水平尺寸可用钢卷尺直接测量，也可使用铅锤将测量尺寸两端投影到地面上，并将投影点标记明显的"十"字号，而后测量两投影点距离。水平尺寸测量包括：轴距、轮距、汽车总长、汽车前悬、汽车后悬、汽车宽度、前后车门开启时的最大宽度、尾部车门全开时的汽车宽度、前后车轮挡泥板汽车宽度、外后视镜汽车宽度。

(2) 高度尺寸测量。高度尺寸可借助于高度尺、离地间隙仪、钢卷尺及铅锤等进行直接或间接测量。高度尺寸测量包括：汽车总高，行李舱盖开启车辆高度，前大灯、尾灯中心高度，前后轮胎静力半径，最小离地间隙，前、后保险杠中心离地高度及宽度，前后拖钩中心离地高度，货厢底板离地高度。

(3) 角度尺寸测量。角度尺寸测量包括：接近角、离去角及纵向通过角，驾驶室翻转角，车门玻璃内倾角、风窗玻璃倾角及后窗玻璃倾角。

(4) 货厢尺寸及内部尺寸。货厢尺寸可用钢卷尺直接测量。

内部尺寸的测量大多涉及 R 点，最好使用三维 H 点人体模型和三坐标测量仪测量。若无以上两种设备，则只能测出部分尺寸。

11.2.2 汽车最小转弯直径的测定试验

1. 概述

为了评价试验汽车几何通过性的优劣，检验新试制或现生产的汽车的结构是否符合设计要求或设计本身是否合理，需要测量汽车最小转弯直径和最大通道宽度。在试验中，为了测量以上两个尺寸，通常需要测量出以下4个参数(图 11.2)。

(1) 前外轮最小转弯直径 d_1：即汽车转向轮处于最大转角状态下行驶时，汽车前轴上距离转向中心最远的车轮轮胎外缘中心在地面上形成的轨迹圆直径。

(2) 后内轮最小转弯直径 d_2：即汽车前转向轮处于最大转角状态下行驶时，汽车后轴上距离转向中心最近的车轮轮胎外缘中心在地面上形成的轨迹圆直径。

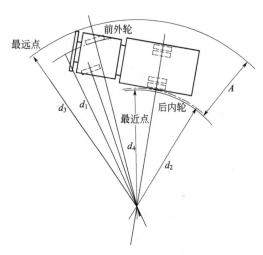

图 11.2 汽车最小转弯直径和最大通道宽度

(3) 最远点最小转弯直径 d_3：即汽车前转向轮处于最大转角状态下行驶时，车体距离转向中心最远点形成的轨迹圆直径。

(4) 最近点最小转弯直径 d_4：即汽车前转向轮处于最大转角状态下行驶时，车体距离转向中心最近点形成的轨迹圆直径。

2. 试验的步骤与方法

(1) 起动汽车，使其低速行驶，将转向盘转到极限位置，并保持此位置不变，使汽车沿圆周行驶(车轮运动轨迹封闭)。

(2) 当汽车能稳定地在圆周上行驶后，启动安装在前外轮和后内轮的轨迹显示装置，使该装置引到轮胎上的水管随汽车行驶缓缓放水。

(3) 等轨迹显示装置显示的轨迹达到一个圆周时，将汽车停下，但不得松开转向盘。找出汽车上距离转向中心最远的点，并用铅锤将其向地面投影，再从此投影点向前外轮轨迹中心线做垂线(圆的法线)，具体做法为：以投影点为原点，将钢卷尺"0"点压在投影点上，而后拉开钢卷尺，并在前外轮轨迹中心线近侧圆弧上摆动，找出投影点到此段圆弧上最近的点，测量原点到该点的距离，这一距离记为 a。同样，在汽车上找出距离转向中心最近的点，用铅锤向地面投影，以此投影点向后内轮轨迹胎面中心线作垂线，并用钢卷尺测量此垂线长度 b。测取 a、b 参数后，将汽车驶出轨迹圆。

(4) 用钢卷尺分别测量两个轨迹圆的直径。在相互垂直的两个方向上各测一次，取两者算术平均值作为试验结果。

(5) 重复试验步骤(1)~(4)，使汽车向相反方向行驶，即汽车向左转、向右转各试验一次。

(6) 数据处理。将试验步骤(4)~(5)测得的向左转和向右转的前外轮最小转弯直径 d_1 作为汽车的最小转弯直径；d_2 作为向内轮最小转弯直径；最远点最小转弯直径 $d_3 = d_1 + 2a$；最近点最小转弯直径 $d_4 = d_2 - 2b$；最大通道宽度 A 按下式计算，即：

$$A = \frac{d_3 - d_4}{2} \tag{11-1}$$

11.2.3 车轮滚动半径测定试验

车轮滚动半径通常在试验道路上采用印迹法测量，也可在转鼓试验台上测量，下面介绍在试验道路上进行的印迹法。

在路面上沿垂直于道路方向上涂一条具有一定颜色的宽约为 50mm 的易于分辨的油漆线，并保证汽车以各种车速行驶过油漆线时汽车轮胎能在路面上压出清晰的印迹。

试验车速一般根据具体要求确定。如果对试验车速无明确规定，可以在从略高于最低稳定车速的整数车速起(一般为 20km/h)，至接近最高车速 80% 的整数车速止的范围内，选取整个车速作为试验车速。

试验时，应分别测量左、右驱动轮连续滚动 3 圈时在路面上压出的印迹间的长度 S_i，具体测量时，应在始、末两印迹上的同一轮胎花纹边缘压出的明显印迹点处测量(图 11.3)，测量误差应低于 5mm。

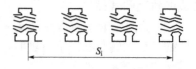

图 11.3 车轮滚动半径测量示意图

试验结束后，按下式计算左、右车轮的滚动半径为：

$$r_i = \frac{S_i}{6\pi} \tag{11-2}$$

式中：r_i 为左或右侧车轮滚动半径，m；S_i 为左或右侧车轮印迹长度，m。

再计算出左、右侧车轮滚动半径的平均值 r，并将其作为该试验汽车的车轮滚动半径。

11.2.4 汽车质量参数的测定试验

汽车的整备质量和最大总质量是汽车设计的重要指标，它能体现汽车设计和制造水平，并在很大程度上反映了汽车性能的优劣，而轴载质量对汽车的行驶安全性有重要的影响，因此汽车质量参数的测定是汽车试验中必不可少的一项。

试验设备通常使用地中衡，也可以使用车轮负荷计，精度要求达到0.5%，下面介绍使用地中衡测量时的试验方法。

(1) 将地中衡调零，调好后将汽车以低速驶上地中衡，使汽车在要求的位置时停稳，打开地中衡锁止装置，以防对地中衡刃口造成冲击损伤。值得注意的是，汽车在台面上不允许制动，以防对地中衡刃口造成冲击损伤；也不得用三角木楔顶车轮，以免产生附加力。

(2) 测量顺序为前轴轴载质量、整车质量、后轴轴载质量。

(3) 测量完毕后将汽车调头，并从相反方向驶上地中衡，按试验步骤(2)的顺序测量质量参数。

整备质量 G_o 为两个方向称量值的算术平均值，空车时测得的即为整备质量，满载时测得的即为最大总质量。

轴载质量按下式计算：

$$\overline{G_{oi}} = \frac{G'_{oi} + G''_{oi}}{2} \quad (11-3)$$

式中：$\overline{G_{oi}}$ 为第 i 轴轴载质量，kg；G'_{oi}、G''_{oi} 分别为两个方向称量的第 i 轴轴载质量，kg；i 为汽车车轴序号，$i=1, 2, \cdots, n$（n 为被测汽车的轴数）。

当轴载质量之和不等于整车质量时，用各轴的轴载质量之比例分配整车质量，而按下式计算修正后的轴载质量，即：

$$F_{Gi} = \frac{\overline{G_{oi}}}{\sum_{i=1}^{n} \overline{G_{oi}}} \times G_o \quad (11-4)$$

式中：F_{Gi} 为修正后的第 i 轴轴载质量，kg。

根据各轴载质量即可计算出汽车质心纵向位置。

对于双后轴或双前轴的汽车，在地中衡上无法单独称量双轴中一个轴的轴载质量，则把称量的后轴或前轴的轴载质量称为双车轴载质量。

11.2.5 汽车质心高度的测定试验

汽车质心高度是汽车发生侧翻的主要影响因素，它对汽车的操纵稳定性和制动稳定性影响较大，是设计汽车时的重要参数之一，但是，通过计算很难准确求出质心高度，一般都用实车测定求出。实车测定汽车质心高度的最常使用的方法有力矩平衡法、摇摆法及侧倾法，一般都在整备质量状态下测量。这里只介绍一下简单易行的力矩平衡法。

(1) 使用地中衡或其他等效测量设备称量出汽车整备质量、前轴轴载质量、后轴轴载质量，并利用图11.4求出质心的纵向位置。由几何关系得：

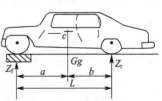

图11.4 测定轴荷示意图

$$a = \frac{LZ_r}{Gg} = L\frac{G_2}{G} \qquad (11-5)$$

$$b = \frac{LZ_f}{Gg} = L\frac{G_1}{G} \qquad (11-6)$$

式中：a 为前轴到汽车质心的距离，mm；b 为后轴到汽车质心的距离，mm；L 为汽车轴距，mm；Z_r 为后轴轴荷，N；Z_f 为前轴轴荷，N；G_2 为后轴轴载质量，kg；G_1 为前轴轴载质量，kg；G 为汽车整备质量，kg；g 为重力加速度，9.8m/s²。

(2) 将汽车的前悬架、后悬架锁死在正常位置上，如图 11.5 所示，把汽车的一根车轴放置在地中衡上，而将另一根车轴抬高到一任意高度 n。在抬高车轴时，一般不要在地中衡上的车轮前、后楔放三角木，同时也不要使举升器触及到车轮以外的任何零部件，以免产生附加力矩而影响测量结果的准确程度。如果使用吊车吊起车轴，一般应在被吊起的车轮下面垫上一物体，然后再放下吊索，使车轮压在物体上，解下吊索，否则很难使吊索垂直于地面，造成重力转移而影响测量精度。由图 11.5 可以看出，如图求出 b' 就能够用绘图法找到 b' 与 b 尺寸左侧边线的交点 c，此点即为汽车的质心位置，则质心高度 h_g 就可以用比例尺量出。

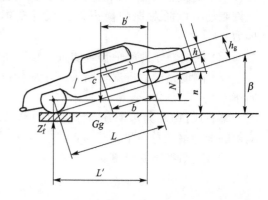

图 11.5 用力矩平衡法测量质心高度的示意图

为求出距离 b'，对后轴中心取力矩，则有：

$$b' = \frac{Z_f'}{Gg}L' = \frac{Z_f'}{Gg}\sqrt{L^2 - N^2} = \frac{Z_f'}{Gg}\sqrt{L^2 - (n-r)^2} \qquad (11-7)$$

式中：b' 为后轴抬起后，后轴中心到质心的水平距离，mm；Z_f' 为后轴抬起后，地中衡称量的前轴轴荷，N；L' 为后轴抬起后，后轴中心到前轴中心的水平距离，mm；N 为后轴抬起后，后轴中心距前轴中心的铅垂距离，mm；n 为后轴抬起后，后轴中心距地面高度，mm；r 为车轮静力半径，mm。

对于一般的性能计算，利用绘图法求解汽车质心高度已具有足够的精度了，遗憾地是这种测定方法比较繁杂。利用图 11.5 的几何关系，可以得出汽车的质心高度 h_g 为：

$$h_g = r + \frac{\Delta G_1}{G} \cdot L \cdot \sqrt{\left(\frac{L^2}{\Delta h^a}\right) - 1} \qquad (11-8)$$

式中：ΔG_1 为前轴轴载质量增量，kg，$\Delta G_1 = G_1^a - G_1^0$；$G_1^a$ 为汽车后轴抬高到使汽车成某一角度 a 时的前轴轴载质量，kg；G_1^0 为汽车处于水平状态时前轴轴载质量，kg；Δh^a 为汽车后轴抬高到使汽车成某一角度 a 时车轮中心的抬高量（即图 11.5 中的 $N = n - r$），mm。

为了测量方便，测量点直接设在轴头油泥表层所画圆圈的中心处，此时下式成立：

$$\Delta h^a = |\Delta h_1^a| + |\Delta h_2^a| \qquad (11-9)$$

式中：Δh_1^a、Δh_2^a 分别为汽车后轴抬高到使汽车成某一 a 角度时前轴、后轴中心的铅垂位移（皆为左、右侧测量结果的平均值），mm。

这样，只要测量出车轮静力半径 r、轴距 L、后轴抬起后的前、后轴中心的铅垂位移量 Δh^a、后轴抬起后的前轴轴载质量 G_1^a、汽车处于水平状态时前轴轴载质量 G_1^0 及汽车整备质量就可以用公式计算出汽车的质心高度。

在使用力矩平衡法测量汽车质心高度时，为了保证有较高的测量精度应抬起3种不同的高度，并且应分别抬起后轴、前轴，即总共将汽车抬起6次，而以6次的平均值作为最后的测量结果。抬起前轴与抬起后轴时的测量方法完全相同，只需在计算质心高度时将公式中的 $\Delta G_1 = (G_1^a - G_1^0)$ 换为 $\Delta G_2 = (G_2^a - G_2^0)$ 即可。

测量实践表明，无论抬起后轴还是抬起前轴，使汽车所成角度越大，测量误差越小。因此在保证不溜车以及接近角离去角允许的前提下，应尽量加大汽车抬起的角度。

11.3 汽车动力性试验

汽车的动力性是指汽车的加速度、爬坡和所能达到的最高车速的能力。汽车的动力性越好，汽车以最快的平均速度完成客、货运输的能力越强。因此，汽车动力性是汽车最基本、最重要的性能之一。

汽车的动力性通常以汽车的加速性能、最高车速、爬坡性能和牵引性能等作为评价指标。通过对动力性各项评价指标的测定，可以考察其是否符合设计要求，是否符合用户的使用要求，从而为改进设计提供依据，另外，还可以用于两种车型的优劣的比较以及生产质量的检查和科研等。

11.3.1 滑行试验及滑行阻力系数测定试验

汽车的滑行性能是指汽车行驶时利用车辆本身所具有的动能克服行驶阻力的能力。提高汽车的滑行性能不仅可改善汽车的动力性，而且可提高汽车的燃油经济性，因此进行基本性能试验的第一项内容应是滑行性能试验。滑行试验主要用于检查汽车底盘的技术状况和调整状况，试验时测定汽车的滑行距离与滑行阻力，为基本性能试验做准备。如果滑行距离达不到设计要求，则接下去的动力性试验以及燃油经济性试验都会受到影响。

试验条件应遵守11.1节讲述的"通用试验条件"的规定，并应特别注意底盘处于正常的技术状态，冷态轮胎气压达到其规定值。

1. 滑行距离的测定

滑行试验时，首先以 (50 ± 0.3) km/h 的车速匀速行驶，当行驶到滑行试验区段起点时，迅速踏下离合器踏板，变速器挂空挡进行滑行直至停车。与此同时，用五轮仪测定滑行时间和滑行距离。滑行过程中应保持汽车直线行驶，尽可能不转动转向盘，也不允许使用制动器。试验至少往返各滑行一次，并且往返区段应尽量重合。

由于滑行初速度很难准确地控制到 50km/h，故为了使试验结果具有可比性，应将实测的滑行距离换算成标准滑行初速度 $v_0 = 50$ km/h 下的滑行距离，其换算公式为：

$$S = \frac{-b \pm \sqrt{b^2 + ac}}{2a} \quad (11-10)$$

$$a = \frac{v_0^2 - bs'}{s'^2}$$

式中：S 为初速度为 50km/h 时的滑行距离，m；v_0 为实测滑行初速度 m/s；b 为常数（当汽车与总重力不大于40000N，且滑行距离不大于600m时，$b=0.3$；其他情况下 $b=0.2$），m/s²；s' 为实测滑行距离，m；c 为常数，m²/s²，c 取 771.6m²/s²。

取换算后的两个方向滑行距离的平均值作为试验结果。

另外，利用五轮仪的记录纸带及换算后的结果，绘制速度—距离曲线、速度—时间曲线。根据这两条曲线，可以求出滑行总距离和滑行总时间，还可以得到不同车速时的滑行距离、滑行时间。图11.6给出了某试验车的滑行曲线，表11-1为该滑行试验数据的结果。

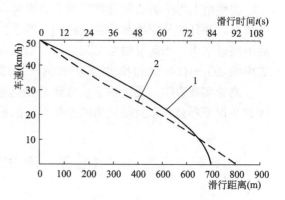

图 11.6 某试验车的滑行曲线

1—滑行速度—距离曲线 2—滑行速度—时间曲线

表 11-1 滑行试验数据的结果

滑行区间(km/h)	50～40	50～30	50～20	50～10	50～0
滑行距离(m)	225.77	422.39	575.76	671.78	696.37
滑行时间(s)	17.5	38.5	60.8	82.3	100.8

2. 汽车滑行阻力系数的测定

汽车的滑行阻力包括滚动阻力、空气阻力及动力传动系的内摩擦阻力。

试验前，在滑行试验的同一场地，选定长度为100m的测量路段，并将其分为两段，每段各50m，然后反复预试，找出该车在(20±2)s时间内能通过100m路段的滑行初速度。

试验时，驾驶汽车匀速接近测量段起点，在驶至起点的瞬间，迅速踩下离合器踏板，变速器挂空挡，控制汽车使其通过100m的滑行时间为(20±2)s，同时测定汽车通过开始50m路段和整个100m路段的滑行时间 t_1 和 t_2，往返测量至少3次。如果测量重复性差，应进行补充试验，直至合格为止。

根据测得的 t_1 和 t_2，按下列公式计算试验车的滑行阻力系数及滑行阻力等，即：

$$f=\frac{a}{9.8} \quad (11-11)$$

式中：f 为滑行阻力系数；a 为滑行减速度，$a=\frac{100}{t_2}\left(\frac{1}{t_2}-\frac{1}{t_2-t_1}\right)$，m/s²；$t_1$ 为通过开始50m路段的滑行时间，s；t_2 为通过整个100m路段的滑行时间，s。

$$R=(G+G_f)f \quad (11-12)$$

式中：R 为滑行阻力，N；G 为试验时汽车的总重力，N；G_f 为试验车旋转部件的当量重力（如果 G_f 为未知数，一般载货汽车取 $G_f=0.07G_0$，轿车、轻型货车及客车取 $G_f=0.05G_0$），N。

$$V_1=50/t_1 \quad (11-13)$$

式中：V_1 为通过开始50m路段的平均速度，m/s。

$$V_2 = 50/(t_2 - t_1) \qquad (11-14)$$

式中：V_2 为通过后 50m 路段的平均速度，m/s。

11.3.2 最低稳定车速试验

最低稳定车速通常指变速器挂直接挡时，汽车能稳定行驶的最低速度，它表明汽车低速行驶的动力性。最低稳定车速试验时，载重汽车用直接挡（或超速挡）、越野汽车用直接挡及传动系最低挡，在 50m 长的平坦坚实的直线试验路段前，保持可以稳定的最小车速（传动系不抖动且能稳定行驶）驶入试验段，测量通过试验段的时间，当驶离试验段时，急速踏下油门踏板，发动机不应熄火，传动系不应抖动。试验至少往返各进行两次，另外，在试验过程中，不允许为保持汽车稳定行驶而切断离合器或使用制动器制动。

如果用五轮仪作为试验仪器，可直接给出最低稳定车速，取平均值作为试验结果。如果用秒表测试，应测出每次通过 50m 路段的时间，按以下公式计算最低稳定车速，即：

$$V_{\min} = \frac{50}{\frac{1}{n}\sum_{i=1}^{n} t_i} \qquad (11-15)$$

式中：$V_{\min}$ 为最低稳定车速，m/s；n 为试验次数；t_i 为第 i 次测得的通过 50m 的时间，s。

11.3.3 最高车速试验

最高车速是指汽车在最大总质量状态下，变速器挂高挡，在表面坚硬、平整的水平道路上行驶时所能达到的最高车速。

试验路段一般长为 200m，并要求前后有足够的加速距离和制动距离，试验时，在达到试验路段前，就使汽车达到最高稳定车速，而后以此车速通过试验路段，并进行测量，试验往返各一次。

如果用五轮仪进行测量，应先分别求出两个方向试验时纸带上打印出来的瞬时速度的算术平均值，而后再计算出两个方向平均速度的平均值，即作为该车的最高车速。

当使用光电管遮蔽测速度装置测量时，由于能直接读出两个方向试验时通过 200m 路段的平均速度，故将两者平均即为最高车速。

当使用秒表测量时，用秒表测量通过 200m 测量路段的时间，并对试验结果做如下处理：

$$V_{\max} = 720/t \,(\text{km/h}) \qquad (11-16)$$

式中：$V_{\max}$ 为汽车最高车速，km/h；t 为往、返试验所测时间的算术平均值，s。

11.3.4 加速性试验

加速性是指汽车在各种使用条件下迅速增大行驶速度的能力，它是汽车最重要、最基本的使用性能之一；加速性的评价指标主要是加速过程中的加速度、加速时间和加速距离。在加速过程中，加速度越大，加速到一定速度的加速时间和加速距离越短，汽车的加速性越好，汽车的动力性越好，汽车就可以获得较高的平均行驶速度。

加速性试验通常分为固定挡加速试验和起步连续换挡加速试验。

1. 固定挡加速性试验

固定挡加速性能表征汽车的超车加速性能，通常进行最高挡和次高挡加速性试验。

试验前应先选择好试验路面，检查车辆技术状况，特别注意检查节气门能否全开。试验时，变速器挂预定挡位，以稍高于该挡位下最低稳定车速的速度作为初速度（一般选 5 的整倍数的速度，如 20km/h、25km/h 等）而匀速行驶，当驶入试验路段时，立即迅速将加速踏板踏到底并保持到加速结束，使汽车加速行驶至该挡位下最高车速的 80% 以上（对于轿车，车速应达到 100km/h 以上）。与此同时，用五轮仪记录加速行驶的全过程。试验往、返各进行一次，并且往、返加速性试验路段应尽量重合。

利用五轮仪打印出的两个方向的试验数据，绘制汽车固定挡加速性曲线（图 11.7），而后整理出加速到各车速时的加速距离和加速时间（表 11-2）。

表 11-2　汽车固定挡加速性试验结果

加速区间(km/h)	20～30	20～40	20～50	20～60
加速距离(m)	117.61	244.38	414.78	663.30
加速时间(s)	14.76	28.45	42.54	58.56

2. 起步连续换挡加速性试验

起步连续换挡加速性表征汽车从起步开始快速达到较高行驶车速的能力。

试验时，将汽车停于加速试验路段的起点，变速器预先置于起步挡位（通常三挡变速器为一挡，四挡以上的变速器为二挡），然后迅速起步，并将加速踏板踩到底，使汽车尽快加速行驶。当发动机达到最大功率转速时，力求迅速无声地换到高一挡位，换挡后立即将加速踏板踩到底，直到车速升至最高挡最高车速的 80% 以上（对于轿车，应加速到 100km/h 以上）。与此同时，用五轮仪记录加速行驶的全过程。试验往、返各进行一次，并且往、返试验的路段应尽量重合，两次试验的换挡车速也应尽量接近（有利于数据处理时曲线的拟合）。

试验结束后，利用五轮仪打印出的两个方向试验的数据，绘制汽车起步连续换挡加速性曲线（图 11.8），同时整理出加速到各车速时的加速距离和加速时间（表 11-3）。

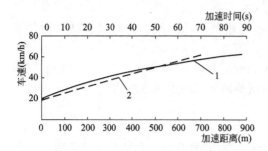

图 11.7　汽车固定挡加速性曲线
1—车速—加速距离曲线　2—车速—加速时间曲线

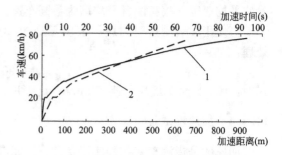

图 11.8　汽车起步连续换挡加速性曲线
1—车速—加速距离曲线　2—车速—加速时间曲线

表 11-3　汽车起步连续换挡加速性试验结果

加速区间(km/h)	0～10	0～20	0～30	0～40	0～50	0～60	0～70
加速距离(m)	3.93	16.68	60.32	113.35	240.03	445.41	797.94
加速时间(s)	2.65	5.61	12.03	19.39	27.83	41.58	60.60

11.3.5 爬坡性能试验

爬坡性能是指汽车可以爬越的最大极限坡度和通过坡道的能力,它分为爬陡坡试验和爬长坡试验两种。

1. 爬陡坡试验

爬陡坡试验的目的是测量汽车的最大爬坡度,试验在专门修建的试验坡路或表面平整、坚实的自然直线坡道上进行。试验前,试验车预热行驶,使油温、水温达到正常的工作状态,而后停于接近坡道的平直路段上。将变速器挂最低挡(如果设有分动器和副变速器,也应置于最低挡)起步,立即迅速将加速踏板踏到底,保持节气门全开(或喷油泵齿条行程最大),用最低挡(不允许换挡)爬至坡顶。与此同时,测定汽车通过10m测定路段的时间、发动机转速,监视各仪表的工作状况,监视并测定发动机冷却水温度、润滑油温度和压力,以及一些总成的润滑油温度。当爬至坡顶时,检查汽车各部位有无异常现象,并做记录,同时记录坡道的坡度、长度、类型及道路表面状况等。

如果试验车克服了该坡道,再到大一级坡度的坡道上进行上述试验,以此类推,直到汽车不能克服的坡度的坡道为止。如果第一次爬不上去,可进行第二次,但不允许超过两次。最后以能爬至坡顶的最大坡度作为该车的最大爬坡度。

另外,如果汽车中途不能爬到坡顶时,应测量停车点(后轮接地中心)到坡底的距离,并记录爬不上的原因,以供试验结果分析用。

如果找不到汽车制造厂规定的坡度的坡道,也可以在其他坡道上进行试验。此时可以通过增减载荷或改变变速器挡位,并按下式折算成厂定最大总质量状态下,变速器挂最低挡位时的爬坡度,即:

$$a_{max} = \arcsin\left(\frac{G}{G_a} \frac{i_1}{i} \sin a \right) \tag{11-17}$$

式中:a_{max} 为折算后得到的最大爬坡度,(°);a 为试验用坡道的实际坡度,(°);G_a 为汽车制造厂规定的试验车最大总质量,kg;G 为试验时试验车的总质量,kg;i_1 为变速器最低挡速比;i 为试验时被试汽车的传动系总速比。

当用百分数表示爬坡度时,可用下式计算:

$$\theta = \tan\alpha \times 100\% \tag{11-18}$$

式中:θ 为用百分数表示的坡度值,%;α 为用角度表示的坡度值,(°)。

也可用负荷拖车测量法测量汽车的最大爬坡度。利用负荷拖车的电动机制动,测量试验车最大拖钩牵引力 P_{Gmax},而后按下式计算最大爬坡度,即:

$$\alpha_{max} = \arcsin \frac{P_{Gmax}}{W} \tag{11-19}$$

式中:α_{max} 为最大爬坡度,(°);P_{Gmax} 为试验车最大拖钩牵引力,N;W 为汽车总重,N。

2. 爬长坡试验

爬长坡试验的目的在于检查汽车长时间在较大功率下工作时的动力性、发动机和传动系的热状态和机械状态、变速器排挡使用状况及燃料消耗等。

试验路面为表面平整、坚实的连续上坡道,坡道长为8~10km,上坡路段应占坡道长度的90%以上,最大纵向坡度不小于8%。

试验开始时,将试验车停放在试验起点处,并记录里程表指示里程,启动燃油流量计,然后起步向上爬坡,爬坡中尽可能使用较高的挡位,并且各挡位下都应全负荷行驶,以便在保证安全和交通法规允许的前提下尽量以较高车速行驶,一直爬至试验终点。与此同时,记录起步时刻,每行驶0.5km里程记录一次各部位的温度值,记录试验全过程中的排挡使用次数和使用时间(行驶里程),并观察仪表、发动机及动力传动系等的工作状况。当爬至试验终点时,记录此时时刻、里程表指示里程及燃油流量计读数,连同试验起点时的这些参数值供计算平均车速和平均百公里燃油消耗量用。

如果在爬坡过程中发现发动机冷却水沸腾,或发动机润滑油温度超过105℃、供油系发生气阻、发动机强烈爆震、动力系脱挡等,使汽车不能正常行驶,应立即停车检查,并记录停车处的行驶里程、行驶时间、燃料消耗量及各部位温度,同时,还要详细记录故障形态,以供试验结果分析用。

11.3.6 汽车牵引性能试验

汽车牵引性能试验主要用于确定汽车牵引挂车的动力性,分为牵引能力试验与最大拖钩牵引力试验。

1. 汽车牵引性能试验

汽车牵引能力试验最好采用试验汽车牵引负荷拖车的方式进行,当没有负荷拖车时,也可以用处于最大总质量状态的其他汽车代替负荷拖车。当使用负荷拖车进行试验时,试验汽车上安装五轮仪,以供测量车速。试验汽车与负荷拖车之间用牵引杆连接,在牵引杆内部安装一只拉力传感器,并用传声器或对讲机进行联系,使前、后车的运动协调。试验时要求牵引杆应保持水平,其纵向与试验汽车及负荷拖车的纵向中心平面平行。试验要求在平整、坚实、水平的路面上进行,试验前应检查汽车是否处于良好的技术状态、仪器及器具安装是否正确。

试验时,汽车起步后马上加速并将变速器排挡升到需要的挡位,而后逐渐将加速踏板踩到底,一次加速到该挡最高车速的80%以上,再使负荷拖车慢慢施加负荷,在试验汽车发动机正常使用的转速范围内,测取五六个间隔均匀的稳定车速(要求10km/h以上)及相应的拖钩牵引力。试验往、返各进行一次,取两次试验结果的算术平均值作为最后的试验结果。

当使用处于最大总质量状态的其他汽车代替负荷拖车进行牵引性能试验时,两车之间可以用牵引杆或钢丝绳连接(用钢线绳连接时,其长度不得小于7m),同样,也在两车间串接适当量程的拉力传感器,并使传感器的后端固定于处于最大总质量状态的汽车的前拖钩上,前端与牵引杆(或钢丝绳)连接。各连接点一定连接可靠,以免试验时因连接脱开而造成事故。试验时,被拖曳的汽车变速器挂最低挡,利用发动机制动,必要时也可以用制动器制动,以产生较大的阻力。本试验的试验仪器、试验方法等同于使用负荷拖车的牵引性能试验。图11.9绘出了某汽车的牵引性能曲线。

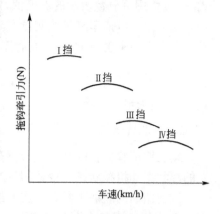

图11.9 某汽车的牵引性能曲线

2. 汽车最大拖钩牵引力试验

汽车最大拖钩牵引力试验所需用仪器、器具及试验道路同汽车牵引性能试验。试验方法也分使用负荷拖车、处于最大总质量状态的其他汽车两种，其中后一种方法与汽车牵引性能试验基本相同。下面介绍使用负荷拖车的汽车最大拖钩牵引力试验。

试验时，试验汽车动力传动系均处于最大传动比状态，驱动轮均处于驱动状态，自锁差速器应锁住。如果用钢丝绳牵引，两者之间的钢丝绳不得短于15m。

试验开始时，试验汽车应缓慢起步，待钢丝绳（或牵引杆）拉直后，逐渐将加速踏板踩到底，以该工况下最高车速80%的速度行驶。当驶到测定路段时，负荷拖车开始平稳均匀地施加负荷，使试验车速平稳下降，直到试验汽车发动机熄火或驱动轮完全滑转为止，并从牵引力测量仪器上读取最大拖钩牵引力。试验往返各进行一次，以两个方向试验测得的最大拖钩牵引力的算术平均值作为最终的试验结果。

11.4 汽车燃油经济性试验

11.4.1 概述

汽车燃油经济性是汽车最主要、最基本的性能之一，由于汽车使用工况极为复杂，故汽车燃油经济性的试验与动力性试验相比要复杂得多，这种复杂不在于方法本身，而在于用什么样的方法来评价燃油经济性才能具有科学性、可比性和可行性。目前各国测定汽车燃油经济性的方法多种多样，按试验的各种因素的控制程度进行分类，可分为以下4类。

（1）不控制的道路试验：这种试验指对行驶道路、交通状况、驾驶习惯及周围环境等不做任何控制的道路试验，实际上这种试验是将试验车投放到试验点（使用单位）的使用试验。

（2）控制的道路试验：这种试验是维持行驶道路和交通状况等使用因素基本不变的条件下，进行燃料消耗量测定。

（3）道路上的循环试验：这种试验指完全按照规定的车速—时间规范在试验道路上进行的试验。

（4）底盘测功机上的循环试验：这种试验指按照一定的工况循环在底盘测功机上进行的试验，它能严格控制试验条件，排除外界干扰，并能完成复杂的工况循环。

我国目前使用的《汽车燃料消耗量试验方法》标准中，包括载货车、重型载货车、轻型载货车、客车、轿车等燃料消耗的试验方法。试验共分4项，即等速行驶燃料消耗量试验、多工况燃料消耗量试验、直接挡全负荷加速燃料消耗量试验和限定条件下的平均使用燃料消耗量试验。

评价燃油经济性的指标主要是指单位行驶里程的燃料消耗量或单位燃料消耗量能使汽车行驶的里程。试验用的主要仪器为燃料流量计等。

11.4.2 等速行驶燃料消耗量试验

等速行驶燃料消耗量试验是测定汽车燃料消耗量的最基本的试验，世界主要汽车生产国家都用这种试验方法，该方法具有简便、易于操作、试验精度高且受外部影响小（主要是驾驶操作影响）的特点。

试验道路应选择平坦、坚实的铺装路面，路段长度为500m，并且在路段的两端各延伸50m作为稳速段。测量区段应使用标杆做出明显的标记。

本试验一般使用汽车的常用挡位，即直接挡。对于设有超速挡的汽车，应进行超速挡和直接挡两个挡位的等速行驶燃料消耗量的测定。

最高挡位等速燃料消耗量试验车速一般是从20km/h开始的（当该车最低稳定车速高于20km/h时，以30km/h开始），每增加10km/h的车速定为一个试验车速，直到该挡最大车速的90%时止。每个挡位至少测定5个试验车速，每一车速往返各进行两次，两次试验间隔尽可能短，以保持发动机及其他总成的热状态不变。

试验时应保持车速稳定，保证整车及发动机状况不变，并对试验结果随时记录。对每一车速下的试验，都使用燃油流量计测量通过500m段的燃料消耗量和行驶时间，而后计算百千米油耗（L/100km），并最终绘制出等速燃油消耗量曲线。

11.4.3 多工况燃料消耗量试验

20世纪70年代初期，一些汽车工业发达的国家或地区先后制定了汽车多工况燃料消耗量试验方法。多工况试验规范制定的基点是通过对各类汽车实际使用工况的测定并对测定结果进行统计分析，而后将加速、减速、等速、滑行及换挡工况等按一定比例组合，以模拟各类汽车实际使用工况。由于各国、各地区在汽车使用上不完全一样，因此多工况燃料消耗率试验规范也不尽相同。

我国从1983年起，陆续制定了一些比较符合汽车实际使用状况的多工况燃料消耗量试验方法，其中包括中型和重型载货汽车的六工况燃料消耗量试验方法，轿车和最大总质量小于3500kg的载货汽车的十五工况循环燃料消耗量试验方法，城市客车四工况燃料消耗量试验方法及微型汽车十工况循环燃料消耗量试验方法。这些试验方法中包括了怠速、加速、等速、减速滑行、制动及换挡等工况，现以适用于轿车、最大总质量小于3500kg的轻型载货汽车的十五工况循环燃料消耗量试验方法为例，对多工况燃料消耗量试验方法加以介绍。

由于十五工况循环比较复杂，故在进行正式试验之前，需要进行预备性试验循环，使操作人员适应和能够正确操作加速踏板、制动踏板等，正确控制加、减速运行，以满足规范要求并获得理想的试验结果。

试验中变速器挡位的使用必须执行十五工况循环试验方法的规定。对装用有级变速器的汽车，预先用理论计算法计算出一挡最高车速，如果该车速低于15km/h，应用二挡起步；如果一挡最高车速高于15km/h，可以用一挡起步。另外，如果该车使用说明书中允许在水平路面上用二挡起步，也可以使用二挡起步。

对于装用半自动变速器的汽车，试验时使用正常驾驶时所用挡位，并按该车使用说明书的规定使用换挡器，但绝不能错挂入低挡（坏路挡或爬坡挡）。

对于装用自动变速器的汽车，试验时应使用行驶挡（最高挡）。

十五工况循环由3个运转工况组成，运转工况难度逐渐增大。为了保证十五工况循环道路试验取得正确的试验结果，预先将十五工况模式板设定在跟踪记录仪上，驾驶员跟踪施加在模式板上的信号完成工况操作。十五工况模式包括4个怠速工况、6个加速工况、

4个匀速工况、4个换挡工况及4个减速工况。

对于怠速工况可采用下面两种方式中的任意一种：离合器接合、变速器挂空挡；离合器分离，变速器挂一挡或二挡。后一种怠速运转工况便于迅速使怠速工况转入加速工况（规范中规定，在怠速工况结束前5s必须进入后一种运转工况）。

对于加速工况要求全过程中加速度尽可能保持不变，同时要求换挡加速时，每个挡位下的加速度尽可能相同，换挡时间不超过2s，这对于技术熟练的驾驶员是很容易做到的。另外，当加速过程在规定的时间内未完成时，允许超出的时间从换挡时间或接着的匀速工况时间中扣除，显然，这样完成的加速工况得到的试验结果是有一定的误差的。

对于减速工况要求全工况运转过程中变速器不脱挡，加速踏板必须完全放松、离合器处于接合状态（只有当减速工况转入怠速工况前3s时或车速降低到10km/h时，离合器允许处于分离状态）。当减速工况时间有可能超出规定的时间时，允许使用脚制动器调节减速度，以达到与试验循环同步的目的。

对于匀速工况，要求车速一定稳定，加速踏板位置不变或做微小的缓慢调整。尤其是当加速工况向匀速工况过渡时，不要完全松开加速踏板而使车速下降过大，这是因为车速下降过大还得再踏加速踏板而使车速上升，这种反复"泵油"影响测量精度。

在十五工况循环燃料消耗量试验规范中，对运转顺序、加速度、车速、运转时间及使用挡位等都做了详细规定，见表11-4及如图11.10所示。

表11-4 轿车十五工况循环试验规范

序号	运转程序	工况序号	加速度 (m/s²)	车速 (km/h)	程序时间 (s)	工况时间 (s)	累计时间 (s)	手动变速器使用挡
1	怠 速	1	—	—	11	11	11	PM6s+K₁5s
2	加 速	2	1.04	0~15	4	4	15	I
3	匀 速	3	—	15	8	8	23	I
4	减 速	4	0.69	15~10	2	5	25	I
5	减速(离合器脱开)		0.92	10~0	3		28	K₂
6	怠 速	5	—	—	21	21	49	PM6s+K₁5s
7	加 速	6	0.83	0~15	5	12	54	I
8	换 挡				2		56	II
9	加 速		0.94	15~32	5		61	III
10	匀 速	7	—	32	24	24	85	II
11	减 速		0.75	31~10	8	11	93	II
12	减速(离合器脱开)	8	0.92	10~0	3		96	K₂
13	怠 速	9	—	—	21	21	117	PM6s+K₁5s

续表

序号	运转程序	工况序号	加速度 (m/s²)	车速 (km/h)	程序时间 (s)	工况时间 (s)	累计时间 (s)	手动变速器使用挡
14	加速		0.83	0～15	5		122	
15	换挡				2		124	Ⅰ
16	加速	10	0.62	15～35	9	26	133	Ⅱ
17	换挡				2		135	Ⅲ
18	加速		0.52	35～50	8		143	
19	匀速	11	—	50	12	12	155	Ⅲ
20	减速	12	0.52	50～35	8	8	163	Ⅲ
21	匀速	13	—	35	13	13	176	Ⅲ
22	换挡				2		179	
23	减速	14	0.86 0.92	32～10 10～0	7	12	185	Ⅱ K₂
24	减速(离合器脱开)				3		188	
25	急速	15			7	7	195	PM7s

注：① PM 变速器在空挡、离合器接合的状态；
② K₁、K₂ 为变速器挂挡、离合器脱开的状态。

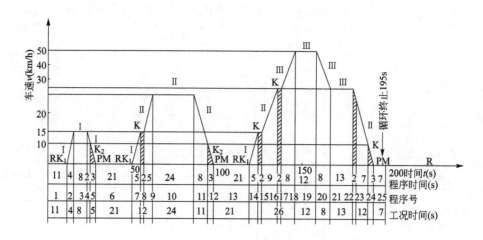

图 11.10 轿车十五工况循环燃料消耗量试验规范

K—离合器 K₁、K₂—离合器分离，变速器分别挂一挡、二挡
Ⅰ、Ⅱ、Ⅲ—变速器挂一、二、三挡 PM—空挡 R—急速

微型汽车十工况循环燃料消耗量试验、中型和重型载货汽车六工况燃料消耗量试验和客车四工况燃料消耗量试验相对简单一些，在此不再详细介绍。

11.4.4 直接挡全负荷加速燃料消耗量试验

直接挡全负荷加速燃料消耗量试验是检验汽车在大负荷工作时的动力性和燃油经济性

的综合性试验，也是燃料消耗量的首做试验。本项试验结束后，进行其他燃料消耗量试验时，发动机不得做任何调整，但是可以根据本项试验结果判断其他试验项目有无进行的必要，以及是否需要对发动机进行调整。本项试验方法比较简单，只要能保证准确的初速度就能获得满意的试验结果。

试验路段长度500m，两端各需50m长的预备段。

试验时，汽车用直接挡(无直接挡时可挂最高挡)以(30±1)km/h的初速度稳定通过50m的预备路段，当行驶到试验路段的起点时，负荷全开，加速行驶通过测试路段。与此同时，测量并记录通过测试路段的加速时间、燃料消耗量及汽车行驶到试验路段终点的速度。试验往返各进行两次，测得同方向加速时间的相对误差不得大于5%，取4次加速时间测定结果的算术平均值作为加速时间测定值。

试验结果应符合该车技术条件的规定。对于轻型汽车，其技术条件规定试验路段为400m，可在试验数据中截取通过400m长的一段数据进行处理。

11.4.5 限定条件下的平均使用燃料消耗量试验

限定条件下的平均使用燃料消耗量试验通常也称做百千米油耗测定试验，是最原始的传统的试验，汽车设计任务书和技术文件中多采用本项试验结果作为汽车燃料消耗量的评价指标。本项试验由于受使用条件诸如道路、交通流量、环境及气象等随机因素的影响，试验结果重复性差、置信度低，另外，由于各制造厂选取的试验道路不可能相同，使试验结果的可比性较差，但是受传统习惯的影响，目前尚不能抛开本项试验。

本项试验应在3级以上的平原地区公路上进行，试验路段长度不得小于50km。

试验时，在正常交通状况下尽可能保持匀速行驶，各类汽车的试验车速如下：轿车的平均车速为(60±2)km/h；铰接式客车的平均车速为(35±2)km/h；其他车辆的平均车速为(50±2)km/h。

客车试验时，每隔10km停车一次，怠速运转1min后重新起步(模拟客车实际行驶状态)。

试验往、返各进行一次，取两次测量结果的算术平均值作为限定条件下的平均使用燃料消耗量的测定值。

试验中要记录制动次数、各挡位使用次数、行驶时间及里程，并测定50km单程的燃料消耗量。

等速燃料消耗量试验及多工况燃料消耗量试验、试验结果必须经过重复性检验。

试验重复性按第95百分位分布来判别。第95百分位分布的标准差R与重复试验次数n的关系见表11-5。设$\Delta \overline{Q}_{max}$为某项试验中几次试验结果中最大燃料消耗量与最小燃料消耗量值之差，单位为L/100km，则重复性检验判别原则如下。

表11-5 第95百分位分布的R与n的关系

重复试验次数n	标准差R(L/100km)	重复试验次数n	标准差R(L/100km)
2	0.053Q	5	0.073Q
3	0.063Q	10	0.085Q
4	0.069Q		

注：Q为某项试验中n次试验测得的燃料消耗量的算术平均值，单位为L/100km。

当 $\Delta \overline{Q}_{max} < R$ 时，试验结果重复性好，可以不必增加试验次数。

数据真实平均值的评定按置信度90%进行，计算公式为：

$$\overline{Q}_r = \overline{Q} \pm \frac{0.031}{\sqrt{n}}\overline{Q} \qquad (11-20)$$

式中：$\overline{Q}_r$ 为燃料消耗量真实平均值，L/100km；$\overline{Q}$ 为 n 次试验的燃料消耗量实测值的算术平均值，L/100km；n 为重复试验的次数。

11.5 汽车制动性试验

汽车制动性是指汽车从高速急剧减速，甚至完全停车的能力，它是汽车的主要性能之一。评价汽车的制动性的指标为制动效能、制动效能的恒定性和制动时汽车的方向稳定性。

(1) 制动效能：即汽车在坚实、平坦路面上从一定初速度制动到停车的制动距离与制动减速度，它是汽车制动性最基本的评价指标。

(2) 制动效能的恒定性：即汽车在高速高强度制动或下长坡连续制动等工况下保持冷态制动效能的特性。这一性能主要用抗热衰退性能表示，这是因为汽车制动过程实际上利用制动器将汽车行驶的动能转变为热能并被制动器吸收，制动器摩擦材料受热后性能下降的过程。

(3) 制动时汽车的方向稳定性：即汽车制动时不发生跑偏、侧滑及失去转向能力的特性，通常用制动时汽车按给定轨迹行驶的能力来评价。

试验应在天气晴朗、风速不高于5m/s，大气温度为0~35℃下进行；试验道路应为干燥、干净、坚硬、平整的水泥路面或具有相同附着系数的其他路面，试验道路的纵向坡度不得大于±1%，横向坡度不得大于±2%。

完成汽车一整套制动试验需要以下仪器：行车制动器操纵力测定仪；驻车制动器操纵力测定仪；应急制动器操纵力测定仪；减速度计；速度测定装置或经标定的车速表；五轮仪(测定制动距离、制动时间)；制动器温度测量系统(热电偶及其配套的温度计)；制动系反应时间测量装置；管路压力传感器；操纵行程指示仪；车轮抱死指示仪；风速仪；失效模拟装置(在试验汽车上可以安装附加装置和管路失效模拟装置，但这些装置不得与试验汽车原有的装置发生相互作用)。

11.5.1 试验项目

目前，国内汽车制动性试验标准和法规的试验项目各不相同，综合起来有以下几项：磨合试验；冷态效能试验；热态效能试验；制动管路失效试验；热衰退性能试验；涉水恢复试验；制动系统时间特性试验；驻车制动试验等。下面介绍我国制动系试验方法。

11.5.2 制动系试验方法

1. 磨合前的检查试验

试验时制动初速度为30km/h，末速度为0，减速度为3.0m/s²，或保持相应的制动踏板力、制动管路压力，制动间隔距离 1.6km 进行制动，制动 10 次。与此同时，测量制动管路压力、制动减速度及制动器初速度。

2. **磨合前的制动效能试验**

制动初速度为 30km/h、65km/h(对于最高车速超过 100km/h 的汽车，需加做制动初速度为 80km/h 的制动试验)，制动末速度为 0；每次制动时，离合器分离，并保持制动减速度一定，或制动踏板力一定，或制动管路压力一定；对于每种制动初速度的制动，由较低的制动减速度或踏板力或制动管路压力开始，而后逐渐升高进行试验(推荐减速度从 $1.5m/s^2$ 开始，递增幅度为 $(1±0.2)m/s^2$)，直至车轮出现抱死，或车辆驶出 3.7m 宽的道路，或制动踏板力超出汽车制造厂的规定值任何一种情况为止，此时测定的汽车制动效能即为最大制动效能。与此同时，测量制动初速度(每种制动初速度至少测量 5 个点，每个测量点往返各进行一次)、制动踏板力或管路压力、制动减速度、制动距离、被抱死的车轮是否超出 3.7m 宽的通道等。

3. **磨合试验**

对最大质量小于 4500kg 的汽车，制动初速度为 65km/h，制动末速度为 0，制动减速度为 $4.5m/s^2$；对于最大总质量大于或等于 4500kg 的汽车，制动初速度为 65km/h，制动末速度为 30km/h，减速度为 $3m/s^2$，制动间隔里程不得大于 1.6km，制动器温度皆不高于 120℃，制动次数都为 200 次。在制动过程中，记录第一次，以后每 25 次制动记录一次制动减速度、制动踏板力、制动管路压力及制动器初始温度。

4. **冷态制动效能试验**

冷态制动效能试验规范同磨合前制动效能试验规范。

5. **制动系部分回路失效后制动效能试验**

制动系部分回路失效后制动效能试验规范同磨合前制动效能试验规范。不过本试验允许汽车配备必要的附加装置和管路，并且附加装置等不得影响汽车的制动效能和制动系部分回路失效后的制动效能。

6. **应急制动系制动效能试验**

应急制动系制动效能试验规范同磨合前制动效能试验规范。

7. **制动器热衰退性能恢复试验**

(1) 基准试验。基准试验的制动初速度为 65km/h，制动末速度为 0，制动减速度为 $4.5m/s^2$(最大总质量小于 4500kg 的汽车)、$3m/s^2$(最大总质量大于 4500kg 的汽车)，制动器初始温度为 90℃，共制动 3 次。试验过程中测量制动减速度、制动踏板力和制动管路压力。

(2) 热衰退性能试验。制动器热衰退性能试验，对于最大总质量小于 4500kg 的汽车，制动初速度 65km/h，制动末速度为 0，制动减速度为 $4.5m/s^2$；对于最大总质量大于 4500kg 的汽车，制动初速度 65km/h，制动末速度为 30km/h，制动减速度为 $3.0m/s^2$；制动间隔时间皆为 60s，冷却车速皆为 65km/h，制动次数为 20 次。试验时，记录制动踏板力、制动管路压力、制动减速度及制动器初始温度。

(3) 恢复试验。制动器热衰退性能试验后，立即进行恢复试验。恢复试验的制动初速度、制动末速度、制动减速度同热衰退性能试验，制动间隔时间为 180s，冷却车速为 65km/h，制动次数为 15 次，要求最后一次制动制动器初始温度应降到 120℃以下。试验时，记录制动踏板力、制动管路压力、制动减速度及制动器初始温度。

8. 涉水恢复试验

(1) 基准试验。基准试验的制动初速度为 30km/h，制动末速度为 0，制动减速度为 4.5m/s^2（最大总质量小于 4500kg 的汽车）、3.0m/s^2（最大总质量大于 4500kg 的汽车），制动器初始温度不超过 90℃，共制动 3 次，试验时记录制动踏板力、制动管路压力及制动减速度。

(2) 涉水。将汽车驶入水槽，使车轮浸入水深大于车轮半径，并使制动器处于放松状态，然后驾驶汽车以 10km/h 以下的车速往、返行驶 2min 后驶出水槽。

(3) 恢复试验。汽车涉水结束后，驶出水槽 1min 时进行恢复试验。恢复试验的制动初速度为 30km/h，制动末速度为 0，制动减速度为 4.5m/s^2（最大总质量小于 4500kg 的汽车）、3.0m/s^2（最大总质量大于 4500kg 的汽车），冷却车速为 30km/h，制动间隔距离为 0.5km。试验时记录制动踏板力、制动管路压力及制动减速度。

9. 热态制动效能试验

驾驶汽车连续制动，使制动器温度达到 180℃以上，然后立即按磨合前制动效能试验规范进行试验。试验过程中记录制动踏板力、制动管路压力、制动减速度、制动器初始温度及制动距离。

10. 汽车制动方向稳定性试验

汽车制动方向稳定性的要求是在正常制动条件下，汽车制动过程中不偏出 3.7m 宽的通道。

11.5.3 制动系时间特性测定试验

我国《汽车制动系结构、性能及试验方法》标准中的制动系时间特性测定方法，它适用于助力式、动力式、液压式及气压液压复合式行车制动系。

1. 制动反应时间测定方式

(1) 试验前，将各制动气室的挺杆行程调至汽车制造厂规定的范围之内；将制动力调节装置调至汽车最大总质量状态的工作位置，每次试验开始，将贮气筒压力调节至等于调压阀再一次向装置供气时的最低压力（对于不装用调节阀的制动系，贮气筒压力在开始试验时应达到汽车制造厂规定值的 90%）。

(2) 对于全挂牵引车，制动反应和制动解除时间不仅要在制动气室处测量，而且还要在与挂车控制管路接头相接的长 2.5m，直径 ϕ13mm 的管子端部测量，同时把容积为 $(385\pm5)\text{cm}^3$（相当于一条长 2.5m，内径 ϕ13mm，压力为 0.05MPa 的管子）的管子接到全挂牵引车供给管路的接头上。

(3) 对于半挂牵引车，供气管路和控制管路上必须装有半挂牵引车用的跨接软管总成，并对软管的内径和长度做记录。

(4) 对于制动管路压力的确定,汽车在最大总质量状态下进行冷态制动效能试验,M_1、N_1 类汽车基准车速(制动初速度)为 80km/h,其他汽车为 60km/h,制动时断开发动机。

试验时,从减速度 $1.5m/s^2$ 起,以 $(1±0.2)m/s^2$ 的减速度增量逐级进行制动试验,直至测出汽车极限制动性能,并取平均制动减速度(对于 M_1 类汽车,要求不小于 $5.8m/s^2$,其余汽车应不小于 $5.0m/s^2$)时的管路压力作为制动反应时间和制动解除时间测定的管路压力。这里所指的平均制动减速度均采用了制动过程前 2/3 段平均的办法求得的减速度(图 11.11)。

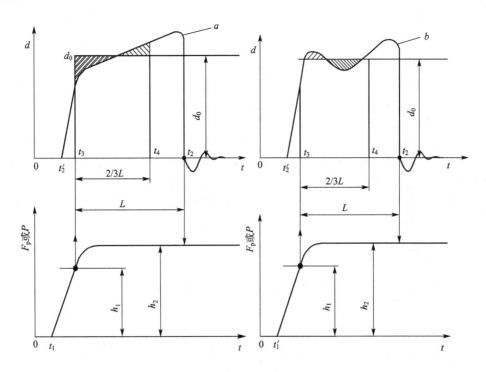

图 11.11 平均制动减速度示意图

a—渐增型减速度曲线　b—马鞍型减速度曲线　d—减速度　F_p—制动踏板力　P—管路压力　d_0—平均减速度　t—时间　h_1—75% F_{pmax} 或 75% P_{max}　h_2—F_{pmax} 或 P_{max}

在 0.2s 时间内,将制动踏板踩至确定的管路压力值或大于已确定的管路力值,但最大踏板力不得超过 700N。然后在 0.1s 时间内将脚从踏板上移开,与此同时,测量从踏板动作起至管路压力消失止的踏板力、踏板行程以及前、后制动器管路力随时间的变化关系,共重复试验 3 次,取平均值作为试验结果,而后根据试验结果计算出制动反应和解除时间。

2. 时间特性性能要求

(1) 从制动踏板动作起至气压增长最慢的制动气室管路压力达到给定最大值的 25% 的时间应小于 0.6s。从放松制动踏板起至上述气室处管路压力降至给定最大值的 25% 的时间应小于 0.6s。

(2) 从制动踏板开始动作,到控制管路连接器处测得的制动气压达到给定最大气压

10%的时间不超过0.2s,达到给定最大气压的75%的时间不超过0.4s。

(3) 助力或动力液压制动系,从制动踏板动作起,至液压增长最慢的车轮制动气室压力达到给定最大值75%的时间应小于0.36s;从放松制动踏板起至压力降到给定最大值25%时的时间应小于0.6s。

3. 制动反应时间和制动解除性能要求

《机动车辆安全运行技术条件》标准中规定了汽车制动反应时间、制动解除性能要求。

(1) 制动反应时间要求。在紧急制动时,从踏板开始动作到制动减速度或制动距离达到一定值所需时间要求如下。

对于最大总质量小于4500kg的汽车,处于整备质量状态下,制动初速度为30km/h,当制动减速度不小于$6.9m/s^2$时,或者在最大总质量状态下,制动初速度为30km/h,制动减速度不小于$6.4m/s^2$时,制动反应时间要求不大于0.33s。

对于最大总质量不小于4500kg、不大于12000kg的汽车、汽车列车及无轨电车,在整备质量状态下,制动初速度为20km/h,制动减速度不小于$6.4m/s^2$,或者制动初速度为30km/h,制动减速度不小于$6.0m/s^2$时,制动反应时间不大于0.45s。

对于最大总质量大于12000kg的汽车、汽车列车及无轨电车,在最大总质量状态下,制动初速度为20km/h,制动减速度不小于$5.5m/s^2$时,或在最大总质量状态下,制动初速度为30km/h,制动减速度不小于$4.8m/s^2$时,制动反应时间不大于4.56s。

(2) 制动完全解除时间。对于各类汽车,从松开制动踏板起到制动完全解除为止所需时间不得大于0.80s。

11.5.4 驻车制动试验方法

我国已详尽规定了汽车驻车制动试验规范,下面对其中的几种驻车制动试验规范做一简单介绍。

1. 坡道驻车制动试验

试验时汽车分别处于整备质量状态和最大总质量状态。先将试验汽车行驶到试验坡道上,用行车制动器停车,然后将变速器置于空挡位置,以规定的力做驻车制动,再松开行车制动器,停车5min,观察汽车驻车状态。此试验步骤在上坡、下坡两个方向各进行3次。

当挂车与其牵引车(货车、客车)的驻车制动系不联动时,应按上述试验步骤分别进行驻车制动试验。对于装有弹簧制动气室的驻车制动器,不要求操作控制力大小,只要求完成规定的操作即可。

2. 牵引法驻车制动试验

试验时汽车处于最大总质量状态。先将试验车行驶到试验路段上,用行车制动器停车,将变速器置于空挡位置,然后按规定的制动操作力进行驻车制动,再用牵引设备车牵引试验车,牵引时应缓慢均匀地增大牵引力,测定试验车产生移动瞬时的牵引力。上述试验步骤在正、反两个方向各进行3次。

3. 台架驻车制动试验

试验的汽车处于最大总质量状态。先将试验车停放在试验台架上,转动滚筒,读出施加制动控制力时仪器的读数,并以此为原始值,然后转动滚筒,以规定的操作力进行驻车制动,使试验车保持驻车状态,读出仪器的读数。

11.6 汽车操纵稳定性试验

汽车操纵稳定性可分为两个方面:一是操纵性;二是稳定性。操纵性是指汽车能够确切地响应驾驶员转向指令的能力;稳定性是指汽车受到外界扰动(路面扰动或阵风扰动)后恢复原来运动状态的能力。两者很难截然分开,稳定性的好坏可直接影响操纵性的好坏,反之亦然,因此,把两者统称为操纵稳定性。

汽车操纵稳定性的试验研究是与汽车车速的不断提高分不开的。早期的低速汽车还谈不上操纵稳定性的问题。最早提出汽车操纵稳定性问题是在具有较高车速的赛车上,后来随车速的不断提高,汽车操纵稳定性对汽车行车安全性的影响越来越大,成为汽车的重要性能之一。操纵稳定性不好的汽车可表现为"高速发飘"、"响应迟钝"、"丧失路感"和"丧失控制"等。

我国《汽车操纵稳定性试验方法》标准和《汽车操纵稳定性指标限值与评价方法》中规定汽车操纵稳定性试验包括:稳态回转试验、转向瞬态响应试验、转向瞬态转向试验、转向回正性试验、转向轻便性试验、蛇形试验等。

常用汽车操纵稳定性试验的仪器有陀螺仪(用于汽车运动状态下测动态参数,如汽车行进方位角、汽车横摆角速度、车身侧倾角及纵倾角等)、光束水准车轮定位仪(测车轮外倾角、主销内倾角、主销外倾角、车轮前束、车轮最大转角及转角差)、车辆动态测试仪(测汽车横摆角速度、车身侧倾角及纵倾角、汽车横向加速度与纵向加速度等运动参数)、力矩及转角仪(测转向盘转角或力矩)、五轮仪和磁带机等。

11.6.1 稳态回转试验

稳态回转试验的目的是测定汽车的稳态转向特性及车身侧倾特性,试验方法有两种:定转向盘转角连续加速法和定转弯半径法。

1. 定转向盘转角连续加速法

为了试验有可比性,消除了初始圆周半径对稳态回转试验的影响,我国规定初始圆周半径 $R_0=15m$,纵向加速度不得大于 $0.25m/s^2$,侧向加速度达到 $6.5m/s^2$ 为止,记录不同采样时刻时的车速与汽车横摆角速度,并进行数据处理绘制。

(1) R_i/R_0—a_y 曲线。

汽车瞬时转向半径为 $R_i=V_i/r_i$,其中:V_i 为 i 时刻的车速,m/s;r_i 为 i 时刻的横摆角速度的瞬时值,rad/s。

由于汽车的横向加速度与向心加速度相差甚小,在数据处理中,用向心加速度代替横向加速度完全可以满足精度要求,故各时刻的横向加速度可按下式计算:

$$a_{yi}=V_i r_i \tag{11-21}$$

式中:a_{yi} 为汽车在 i 时刻的横向加速度,m/s^2;R_0 为初始圆周半径,$R_0=15m$。这样可以计算出数组 R_i/R_0、a_{yi} 的数值,据此绘制汽车转弯半径比 R_i/R_0 与横向加速度 a_y 的关系曲线。

(2) $(\delta_1-\delta_2)—a_y$ 曲线。

汽车高速转向时汽车的瞬时回转半径 R_i 和某瞬时前后桥综合侧偏角之差 $\delta_1-\delta_2$(°)具有以下关系：

$$\delta_1-\delta_2=\frac{360°}{2\pi}L \cdot (1/R_0-1/R_i) \tag{11-22}$$

式中：L 为汽车轴距。

根据前面计算的 a_y 值，就可以绘制出 $(\delta_1-\delta_2)—a_y$ 曲线。

2. 定转弯半径法

定转弯半径法的转弯半径为 30m，试验时转弯半径不变，以不同车速通过时，靠调整方向盘转角来保证汽车沿固定转弯半径运动，测出车速与方向盘转角，并绘制 $\theta—a_y$ 曲线。

转向盘转角 θ 可直接利用时间历程曲线进行采样，而后乘以标定系数即可求得。

侧向加速度 a_y 可采用下述两种方法之一求得。

(1) 计算法。

利用下式直接计算出侧向加速度 a_y，即：

$$a_y=Vr \tag{11-23}$$

式中：V 为汽车前进速度，m/s；r 为汽车横摆角速度，rad/s。

(2) 用侧向加速度计测量。

测量时，若侧向加速度计不是装在陀螺仪平台上，则应从测量值中减去由于车身侧倾而引起的侧向加速度增量 $\Delta a_y=g\sin\phi$（g 为重力加速度，ϕ 为车身侧倾角）。

求出数组 θ、a_y 值后，即可绘制出 $\theta—a_y$ 曲线。参照 $\theta—a_y$ 曲线的绘制方法，还可以绘制出 $\phi—a_y$ 曲线、M(转向力矩)$—a_y$ 曲线及 β(汽车质心侧偏角)$—a_y$ 曲线。

3. 定转向盘转角连续加速法与定转弯半径法之间的关系

利用定转弯半径法也可求出汽车前、后桥综合侧偏角之差与侧向加速度的关系，进而绘制出 $(\delta_1-\delta_2)—a_y$ 曲线。侧向加速度 a_y 仍可利用上述方法求之，下面介绍利用定转弯半径法求汽车前后桥综合侧偏角之差的求取方法。

回转半径 R 与前后桥综合侧偏角之差的关系为：

$$R=\frac{L}{\theta_i/i-(\delta_1-\delta_2)} \tag{11-24}$$

式中：i 为转向系总传动比。

当车速为零时，$\theta=\theta_0$，$\delta_1-\delta_2=0$，由式(11-24)得转向系总传动比为：

$$i=\theta_0 R/L \tag{11-25}$$

将式(11-25)代入 R 中，整理得：

$$\delta_1-\delta_2=L/R(\theta_i/\theta_0-1) \tag{11-26}$$

可利用式(11-26)求出前后桥综合侧偏角之差 $(\delta_1-\delta_2)$ 值，而后即可绘制出 $(\delta_1-\delta_2)—a_y$ 曲线。

4. 转向特性的判别

(1) 中性转向：在车速一定而改变横向加速度时，若名义转向角的斜率等于阿克曼转角的斜率,则该汽车的转向特性为中性转向特性,简写为 NS。在试验中,若汽车的回转半径不随车速的改变而变化(定转向盘转角连续加速法试验)或者转向盘转角不随侧向加速度的增大而增大(定转弯半径法),则被试汽车的转向特性为中性转向特性(图 11.12)。

(2) 不足转向:在车速一定而改变横向加速度,若名义转向角的斜率大于阿克曼转角的斜率,则该汽车的转向特性为不足转向特性,简写为 US。在试验中,若汽车的回转半径随车速的升高而增大(定转向盘转角连续加速法)或者转向盘转角随侧向加速度的增大而增大(定转弯半径法),则被试汽车的转向特性为不足转向特性(图 11.12)。

(3) 过度转向:在车速一定而改变横向加速度时,若名义转向角的斜率小于阿克曼转角的斜率,则该汽车的转向特性为过度转向特性,简写为 OS。在试验中,若汽车的回转半径随车速的升高而减小(定转向盘转角连续加速法)或者转向盘转角随侧向加速度的增大而减小(定转弯半径法),则被试汽车的转向特性为过度转向特性(图 11.12)。

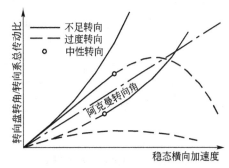

图 11.12 汽车转向特性

5. 评价指标

在《汽车操纵稳定性指标极限值与评价方法》中,对稳态回转试验的评价指标规定了 3 项,即中性转向点侧向加速度值 a_n(前后桥侧偏角之差与侧向加速度关系曲线上斜率为零的点的侧向加速度值)、不足转向度(按前后桥侧偏角之差与侧向加速度关系曲线上侧向加速度为 $2m/s^2$ 点的平均值计算)、车厢侧倾度 K(按车厢侧倾角与侧向加速度关系曲线上侧向加速度为 $2m/s^2$ 点的平均斜率计算)。

11.6.2 转向瞬态响应试验

转向瞬态响应试验是测定从转向盘转角阶跃输入开始,到所测各变量达到新的稳态值时为止的一段时间内的汽车的瞬态响应过程。试验时汽车以恒定的车速直线行驶,驾驶员突然将方向盘转过一定的角度,使汽车由直线行驶进入到转弯运动状态,同时记录汽车的运动状态:横摆角速度、汽车方位角、车身侧倾角、侧向加速度等运动参数的变化过程。

1. 试验数据处理

(1) 响应时间 t。以转向盘转角达到终值 50% 的时刻作为时间坐标的原点,到所测变量过渡到新稳态值 90% 的时刻为止,这一段时间间隔称为响应时间,也就是横摆减速度响应时间或侧向加速度响应时间(图 11.13)。

(2) 峰值响应时间 t_p。以转向盘转角达到终值 50% 的时刻作为时间坐标的原点,到所测变量响应第一个峰值时止的一段时间间隔

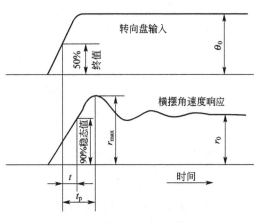

图 11.13 阶跃响应示意图

称为峰值响应时间。

(3) 横摆角速度超调量 σ。横摆角速度超调量 σ 可按下式计算：

$$\sigma = \frac{r_{\max} - r_0}{r_0} \times 100\% \tag{11-27}$$

式中：$r_{\max}$ 为横摆角速度响应最大值，rad/s；r_0 为横摆角速度响应稳态值，rad/s。

(4) 横摆角速度总方差 E_r。横摆角速度总方差 E_r 通常按下式计算：

$$E_r = \sum_{i=1}^{n} (\theta_i/\theta_0 - r_i/r_0) \cdot \Delta t \tag{11-28}$$

式中：θ_i 为阶跃试验时转向盘转角输入值，(°)；r_i 为汽车横摆角速度响应的瞬时值，rad/s；θ_0 为阶跃试验时转向盘转入的终值，(°)；r_0 为汽车横摆角速度响应的新稳态值，rad/s；n 为采样点数，取至新稳态值时止；Δt 为采样时间间隔，s。

(5) 汽车因素 TB。汽车因素 TB 是汽车横摆角速度峰值响应时间与汽车质心侧偏角的乘积。汽车质心侧偏角可由瞬态回转试验求得。

2. 评价指标

在我国《汽车操纵稳定性试验方法》标准中规定了 7 项评价指标，由于测量方法的不完善及个别指标在某些汽车上不存在等原因，故在《汽车操纵稳定性指标极限值与评价方法》标准中仅对汽车横摆角速度响应时间进行了分析。

11.6.3 转向瞬态转向试验

转向瞬态转向试验是在频率域内对汽车转向瞬态响应进行评价的试验方法，主要有以下 3 种：转向盘转角随机输入试验；转向盘转角正弦波输入试验；转向盘转角脉冲输入试验。

我国采用第三种试验方法并制定了有关的国家标准。

转向盘转角脉冲输入试验就是汽车以恒定的车速直线行驶，驾驶员突然转动方向盘到一定的角度，再立即转回到原来的位置，方向盘的输入波形不同于转向瞬态响应试验，不是阶跃形的，而是脉冲形的。试验记录汽车横摆角速度的输入波形。

1. 试验数据处理

频率特性的分析计算可在专门的信号处理机上进行，例如日本生产的 CF-700 型、7T08 型信号处理机等。如果没有专门的处理设备，也可以使用计算机按下式计算：

$$G(jk\omega_0) = \frac{\int_0^T r(t)\cos k\omega_0 t \mathrm{d}t + j\int_0^T r(t)\sin k\omega_0 t \mathrm{d}t}{\int_0^T \theta(t)\cos k\omega_0 t \mathrm{d}t + j\int_0^T \theta(t)\sin k\omega_0 t \mathrm{d}t} \tag{11-29}$$

式中：$G(jk\omega_0)$ 为复数形式的传递函数；$r(t)$ 为横摆角速度的时间历程；T 为总采样的时间间隔，s；$T = k\mathrm{d}t (k=1, 2, 3, \cdots, n, n \cdot \omega_0 = 3\mathrm{Hz})$；$\mathrm{d}t$ 为采样的时间间隔，s；ω_0 为计算时选用的最小圆周率，一般取 $\omega_0 = 0.1\mathrm{Hz}$；$\theta(t)$ 为汽车转向盘转角的时间历程。

2. 评价指标

在《汽车操纵稳定性指标极限与评价方法》中规定了 3 项评价指标，即谐振峰频率 f_p、谐振水平 D 及相位滞后角 a。

11.6.4 转向回正试验

转向回正性试验是鉴别汽车转向回正力的一种试验,也是转向盘力输入的一个基本试验,该试验能表征和评价一辆汽车由曲线行驶自由恢复到直线行驶的过渡过程和能力。

在本项试验中,在驾驶员松开转向盘之前,驾驶员作用于转向盘上的力为一定值,当驾驶员松开转向盘的一瞬间,作用于转向盘上的力由定值突然变为零,因此,实质上本试验也是转向盘力阶跃输入的瞬态响应试验,在一定程度上还能反映汽车"路感"的好坏。

1. 试验数据处理

在汽车转向回正试验中,汽车横摆角速度过渡过程曲线大致有如图 11.14 所示的几种情况,其中曲线 1、2 为发散型,不进行数据处理;曲线 3~7 为收敛型,进行数据处理。

(1) 时间坐标原点。由于惯性作用,驾驶员松手后转向盘不可能马上转动,因此,开始一段显现出圆角形状(图 11.14 中的 AB),以往是将松手前的一段直线与松手后的直线部分进行曲线拟合的(图 11.14 中的虚线部分),其交点即为时间原点,但这样误差较大,现改为:在微动开关时间历程曲线上,以松开转向盘时微动开关所做的标记为时间坐标的原点。

(2) 稳定时间。稳定时间由松开转向盘的时刻起,至汽车横摆角速度到新稳态时为止的一段时间间隔(图 11.14 中的 t)。

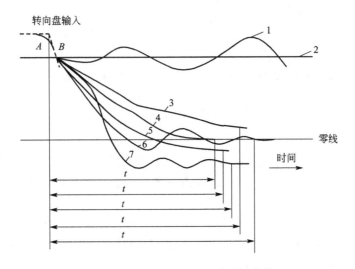

图 11.14 回正性试验几种过程曲线

(3) 残留横摆角速度。汽车横摆角速度新稳态值与零线之差即为残留横摆角速度。

(4) 自然频率。由于系统是多自由度的,横摆角速度并不是一个严格的等圆周运动,相邻振幅的比值也不等于常数(图 11.15)。为了减小逼近误差,用下式计算 f_0,即:

$$f_0 = \frac{\sum_{i=1}^{n} A_i}{2\sum_{i=1}^{\infty} A_i t_i} \tag{11-30}$$

式中：A_i 为横摆角速度过渡曲线的峰值，rad/s；Δt_i 为横摆角速度过渡曲线峰值间的时间间隔，s。

(5) 衰减率（阻尼）D'。衰减率 D' 可用下式计算：

$$D' = \frac{A_1}{\sum_{i=1}^{\infty} A_i} \tag{11-31}$$

式中：A_1 为横摆角速度响应的第 1 个峰的峰值，rad/s；A_i' 为横摆角速度响应的第 i 个峰的峰值，rad/s。

求得衰减率 D' 后，可在图 11.16 上查得与其相对应的阻尼系数 ζ，或用下式计算：

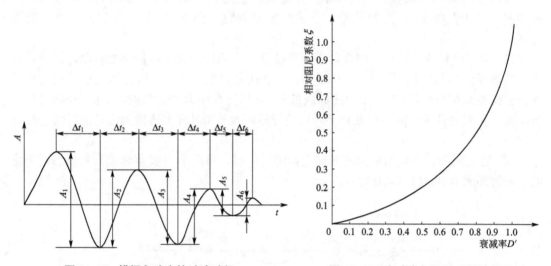

图 11.15　横摆角速度的过渡过程　　　　图 11.16　衰减率与阻尼系数的关系

$$\zeta = \frac{1}{\sqrt{\left[\frac{\pi}{\ln(1-D')}\right]^2 + 1}} \tag{11-32}$$

当 $D'=0$ 时，表明运动不衰减；当 $D'=1$ 时，表明除了 $A_1 \neq 0$ 外，其他幅值皆为零。

(6) 力输入总方差。在力输入下，横摆角速度总方差 E 按下式计算：

$$E = \left[\sum_{i=0}^{n}\left(\frac{r_i}{r_0}\right)^2 - 0.5\right] \cdot \Delta t \tag{11-33}$$

式中：r_i 为横摆角速度响应的瞬时值，rad/s；r_0 为横摆角速度响应的稳定值，rad/s；Δt 为采样时间间隔，s；n 为采样点数。

(7) 横摆角速度超调量。横摆角速度超调量 σ 是横摆角速度响应的第 1 个峰值超过稳态值的部分与稳态值之比（图 11.17），可按下式计算：

$$\sigma = \frac{r_1}{r_0} \times 100\% \tag{11-34}$$

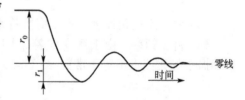

图 11.17　超调量计算示意图

式中：r_1 为横摆速度响应的第 1 个峰值超过稳态值的部分，rad/s。

2. 评价指标

我国转向回正试验的评价指标是横摆角速度总方差及残留横摆角速度。

11.6.5 转向轻便性试验

转向轻便性试验用来测定操舵力的大小,常见的操舵力试验有低速大转向角试验、中转速小转向角试验、高速转弯操舵力试验和原地操舵力试验 4 种,我国采用低速大转向角试验,试验车速为 (10 ± 1) km/h,若试验车速超过此范围,则视为无效。

1. 试验路线

如图 11.18 所示,转向轻便性试验有 4 种试验路线。

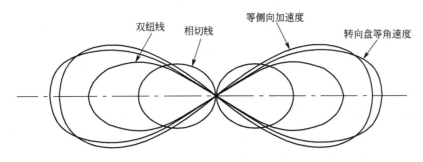

图 11.18 转向轻便性试验的 4 种试验路线

(1) 两个相切圆的"8"字形试验。这种路线节省场地、试验方便,但获得的有用数据较小。

(2) 转向盘以等速度转动时的"8"字形路线。这种路线的优点是消除了操舵力中的惯性力部分,缺点是整个试验过程中驾驶员难于控制使转向盘的转动角速度相等,因此,此试验难以实现。

(3) 侧向加速度变化率为常数的"8"字形路线。这一试验状态很接近汽车实际行驶形态,但对驾驶员的驾驶技术要求较高,一般驾驶员很难保证整个试验过程中侧向加速度变化率为常数。

(4) 双纽线的"8"字形路线。由于双纽线上各点的曲率皆不相同,在整个试验过程中操舵力是连续变化的,所以可以获得许多有用的信息。

我国采用双纽线的"8"字形路线。

为使各种类型、各种级别的汽车都能测试到转向角从左极限至右极限的程度,应按下述方法选取双纽线路线的最小曲率半径,即将被试汽车中的最小转弯半径乘以 1.05,取比此乘积大的相邻整数作为最小曲率半径值。

双纽线的画线通常有以下两种。

(1) 通过极坐标方程画出。

如图 11.19 所示,利用下面的极坐标方程求出数组极角、极径值后画出,即:

$$t = d\sqrt{\cos 2\varphi}$$

式中:t 为极径,m;d 为 $3R$(R 为双纽线路线上最小曲率半径),m。

这种画法由于在试验场地上难于确定 φ 角的值，画起来困难，故不宜采用。

(2) 利用直角坐标方程画出。

如图 11.19 所示，利用下面的直角坐标方程求出数组 (x, y) 值后即可画出，即：

$$(x^2+y^2)^2 = a^2(x^2-y^2) \qquad (11-35)$$

式中：$a=d$，m。

为了方便画圆，可将计算出来的一些 d、x、y 值列于表中，以供画双纽线路线的人员直接利用。

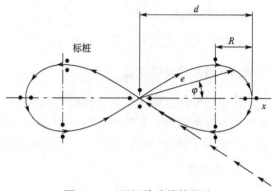

图 11.19 双纽线路线的画法

最大操舵力矩 M_{max} 的计算公式为：

$$M_{max} = \frac{|M_{max1}|+|M_{max2}|+|M_{max3}|}{3} \qquad (11-36)$$

式中：M_{max1}、M_{max2}、M_{max3} 分别为第一、二、三次试验时转向盘操舵力矩的最大值，N·m。

最大操舵力 F_{max} 的计算公式为：

$$F_{max} = \frac{M_{max}}{D''} \qquad (11-37)$$

式中：D'' 为被试汽车的转向盘中径，m。

沿双纽线路线行驶一周的作用功 W_1 按下式计算：

$$W_1 = \int_{-\theta_{max}}^{\theta_{max}} |\Delta M_1(\theta)| d\theta \qquad (11-38)$$

式中：$\Delta M_1(\theta)$ 为沿双曲线路线行驶一周的转向盘往返力矩差随转向盘转角的变化关系式，N·m；$+\theta_{max1}$、$-\theta_{max1}$ 分别为汽车沿双纽线路线行驶一周的转向盘向左、向右的最大转角，rad。

3 次试验的平均作用功 W 的计算公式为：

$$W = \frac{W_1+W_2+W_3}{3} \qquad (11-39)$$

式中：W_1、W_2、W_3 依次为第一、二、三次试验的作用功，N·m。

转向盘平均操舵力矩 M_{sw1} 的计算公式为：

$$M_{sw1} = \frac{W_1}{|+\theta_{max1}|+|-\theta_{max1}|} \qquad (11-40)$$

3 次试验的转向盘平均操舵力矩 M_{sw} 按下式计算为：

$$M_{sw} = \frac{M_{sw1}+M_{sw2}+M_{sw3}}{3} \qquad (11-41)$$

式中：M_{sw1}、M_{sw2}、M_{sw3} 分别为第一、二、三次试验的转向盘平均操舵力矩，N·m。

转向盘平均操舵力 F_{sw} 的计算公式为：

$$F_{sw} = \frac{2M_{sw}}{D''} \qquad (11-42)$$

式中：D'' 为被试汽车的转向盘中径，m。

2. 评价指标

评价汽车转向轻便性的指标为平均操舵力。

11.6.6 蛇形试验

蛇形试验是评价汽车随动性、收敛性、方向操纵轻便性及事故可避免性的典型试验，也是包括车辆—驾驶员—环境在内的一种闭环试验，其试验结果不但取决于车辆本身的特性，而且还取决于驾驶员的自身特性和驾驶技术。

本项试验是在保证安全的前提下，以尽可能高的车速进行的，因此可以考验汽车在接近侧滑或侧翻工况下的操纵性能，也可以作为若干汽车进行操纵性对比时主观评价的一种感觉试验。

蛇形试验的试验场地如图 11.20 所示，标桩间距离按《汽车操纵稳定性试验方法》中的所列数据选取。

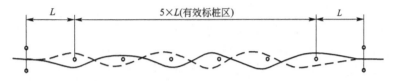

图 11.20 蛇形试验场地标杆布置

1. 试验数据处理

蛇形试验的数据处理比较简单，可按照《汽车操纵稳定性试验方法》中的数据处理方法进行。这里说明一点，在确定基准车速的评价指标时，分别将 θ—V、r—V、Ψ—V 关系图中的试验点用最小二乘法进行曲线拟合，求出表达式，而后将基准车速代入表达式，即可确定出各自的评价指标值。

2. 评价指标

由于蛇形试验是一种"闭环试验"，评价比较困难，以往都用汽车蛇形通过标桩的时间进行评价，但试验中驾驶员特性差异对试验结果影响较大，所以客观性较差，另外由于追求高指标，故往往忽视安全。为了更客观地进行评价，用基准车速下的平均转向盘转角峰值、平均横摆角速度峰值及平均车身侧倾角峰值进行评价，我国已制定了这3项指标的限值标准。

11.7 汽车平顺性试验

11.7.1 概述

汽车在道路上行驶时，会因路面凹凸不平而产生振动。汽车平顺性试验就是试验并评价因汽车振动而使乘客感到不舒适或疲劳（或使运载的货物造成损坏）程度的试验。

汽车平顺性试验的主要对象是"路面—汽车—人（或货物）"系统。在这个系统中，输入是路面的不平度，它经过汽车的轮胎、悬架及座椅等弹性元件滤波后传到人体，再由人的生理、心理和机械等复杂因素的综合产生系统的输出——人(或物)对振动的响应。在制定汽车平顺性的试验方法和评价指标时，都是针对上述整个系统而不是其中的某一个环节。

汽车平顺性试验一般分为评价性试验和改进性试验两种。所谓评价性试验就是对已生产出来的汽车进行平顺性试验，并用相应的评价指标评价其平顺性；所谓改进性试验就是根据前次试验结果，对不理想的平顺性指标查找原因，进行结构改进，再进行平顺性试验，评价改进效果反复试验，最后达到提高平顺性的目的。由于改进性试验方法多种多样，并随试验技术的发展而变化，故本节主要讨论评价性试验。

评价性试验又可分为主观感觉评价试验和客观物理量评价试验两种。主观感觉评价试验就是依靠试验人员乘坐的主观感觉进行试验评价的，同时也包括通过测定有关人体生理学、心理学变化的情况进行分析的内容；客观物理量评价试验是指首先对振动测定位移、速度及加速度等物理量，然后根据测定结果进行评价，并且在评价过程中，要对测取的物理量按与人的感觉有关的标准等进行平顺性评价指标运算，从客观物理量评价试验过程来看，它是建立在主观感觉评价试验基础之上进行的。图11.21给出了平顺性试验方法的分类框图。

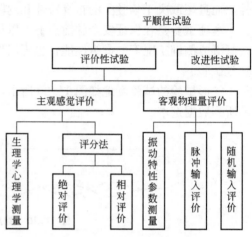

图 11.21 平顺性试验方法的分类框图

汽车在路面上行驶时，路面的凹凸不平是引起汽车振动的主要因素。路面的种类极其繁多，各种路面的平度特性也不相同，但如果从引起汽车振动出发，大致可分为以下两种。

一种是接近平稳随机的不平路面，其不平整主要是由于在施工和使用的过程中的一些随机因素而形成的，不平整状态比较均匀，如一般的沥青路面、砂石路面等。这些路面的特性可以用统计特性来描述，它的频率成分一般是很丰富的，是一种宽带随机过程。汽车平顺性随机输入行驶试验就是在这种路面上进行的。

另一种路面是冲击性不平整路面。在这种路面上往往出现单个或数个较平均不平度明显大的凸起、凹坑，如水泥路面的凸起接缝、横过道路的水沟、桥梁与道路的不良连接处以及公路交叉的铁轨等。当汽车驾驶员没有适当地降低速度通过这些障碍时，常常会造成严重的振动冲击，甚至会伤害人的健康。这些冲击型障碍可以用其主要的几何尺寸来描述，汽车平顺性脉冲输入行驶试验就是模拟这种使用工况的。

汽车平顺性试验常用的试验仪器有加速度传感器、放大器、磁带记录器和数据处理机。

11.7.2 随机输入行驶试验

随机输入行驶试验的国家标准中规定：试验在平坦、干燥、无突变的路面上进行，试验车速包括常用车速在内，至少应选择3种试验车速，即用所谓的"车速特性"来全面评价汽车的平顺性。

进行汽车平顺性试验时，在各测量部位安装的加速度传感器应使用能测3个方向振动的传感器。试验时的车速应保持稳定,尽可能以匀速驶过试验路段,同时用磁带记录器记录加速度时间历程,每个样本的记录长度不应小于 3min。

进行数据处理的采样时间间隔 Δt 可按下面的采样定理公式确定:

$$\Delta t = 1/2 f_c \tag{11-43}$$

式中:Δt 为采样时间间隔,ms;f_c 为截断频率,Hz。

目前的汽车平顺性数据处理,通常取 $f_c = 100$Hz,从而得到 $\Delta t = 0.005$ms。

有效分辨带宽 Δf 与计算机平滑方式有关,当采用整体平滑时,有效分辨带宽 Δf 可按下式计算:

$$\Delta f = N/\Delta t \tag{11-44}$$

式中:Δf 为有效分辨带宽,Hz;N 为采样点数,个。

总体平滑独立样本个数的选取与要求的随机误差有关,例如当要求误差低于 20% 时,样本个数取为 25 即可满足要求,进行数据处理时也可以加板。

试验的评价指标有 3 个,即"疲劳—降低工效界限"、"舒适降低界限"及"暴露极限"。在评价货车的平顺性时,用"疲劳—降低工效界限"来评价驾驶员的工作环境,并用车厢测量部位的加速度功率密度函数及加速度的总均方根值来评价货厢的振动,对于客车、货车等用车,用"舒适降低界限"来评价其测量部位的平顺性。

11.7.3 脉冲输入行驶试验

脉冲输入行驶试验是模拟冲击性不平整路面进行的试验。汽车行驶时遇到的障碍物虽然多种多样,但是总可以归纳为一个基本几何形状,通常按下述的基本要求选择凸块:

(1) 具有足够的脉冲强度;
(2) 具有相当的频带宽度;
(3) 能够模拟路面的形状,并且易实现。

三角形凸块频率成分丰富,能激起汽车较强的振动,而且实际路面的许多障碍物都可以简化为三角形凸块。《汽车平顺性脉冲输入行驶试验方法》标准中规定的凸块就是三角形凸块(图 11.22)。图 11.22 中的尺寸 h 可以根据车型分别取为 60mm、90mm、120mm,凸块宽度 B 视车轮宽度而定。

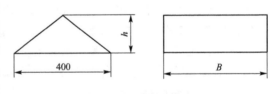

图 11.22 三角形凸块

汽车在道路上行驶,当驾驶员发现障碍物时,一般是降低车速后驶过,但是有时发现障碍物时已来不及减速了,只能以较高车速通过。为了模拟实际使用工况,进行脉冲输入试验时,从低速(10km/h)做起,以后每次升高 10km/h,一直做到 60km/h 时为止。

试验时为了提高信号的信噪比,故试验应在平整的路面上进行,将两个凸块摆放在汽车行驶方向垂直的同一条直线上,驾驶员起动汽车,当汽车行驶到距凸块 50m 远时,车速稳定在试验车速上,而后以稳定的试验车速驶过凸块,同时用磁带记录器记录汽车振动的全过程。

数据处理方法依据信号记录器的型式而定,如果是用磁带记录器记录信号,须在数据处理设备上进行数据处理,这时采样间隔以取 0.005s 为宜。经数据处理求得各车速下各次试验的加速度最大值后,将同一车速下各次试验测量的加速度最大值相加,除以次数后得到的算术平均值即定为该车速的加速度最大值。

由于汽车脉冲输入试验是评价汽车振动的极端状况,所以用响应的最大值作为评价指标,由于试验时采用多种试验车速,不同车速的响应值不一样,故汽车脉冲输入试验的全面评价用 Z_{max}(响应最大值)—V(车速)的关系曲线进行。

11.8　汽车通过性能试验

汽车通过性是指汽车通过各种道路,特别是坏路、无路地区及某些地形(如垂直障碍物、凸岭、水平壕沟、路沟、弹坑、涉水池等)的能力。通过性是汽车主要使用性能之一,它不仅影响运输任务的完成,也影响其他性能的发挥。

汽车通过性主要取决于汽车几何参数(如接近角、离去角、离地间隙、横向通过半径、纵向通过半径、轮胎印迹面积、汽车最小转弯半径和转向通道宽度等),同时,汽车的其他性能、结构因素与使用因素对通过性也有很大的影响。

由于我国对汽车通过性,特别是对汽车与相接触的道路和土壤等因素之间的关系,目前尚处于理论分析、研究阶段,故对地面通过性尚没有规范化的评价指标,目前主要采用比较试验方法。

所谓比较试验就是根据该被试验车的特点,适当选用比较试验车作为基准车,以与其进行比较。在一般情况下,测试新研制开发的试验车,比较试验车多选用现生产车或市场上有竞争能力的同类新车。

试验时选择有经验的驾驶员 3~5 名,轮流驾驶试验车和基准车。分别给试验车打分,然后进行统计计算。打分方法很多,这里介绍 7 分制打分法,如图 11.23 所示,其中符合含义为:0 表示与基准车相同,这是比较成功的设计;1 表示比基准车稍好,这是最成功的设计;2 表示比基准车好,但这可能造成生产成本的提高,可根据情况适当修改设计,以保证生产成本不至过高;3 表示比基准车质量好得多,但这可能引起生产成本大幅度提高,因此必须修改设计;-1 表示比基准车稍差,可根据具体情况考虑修改或不修改设计;-2 表示比基准车差,市场竞争能力差,应该修改设计;-3 表示比基准车质量差得很多,这是失败的设计,必须修改设计。

| -3 | -2 | -1 | 0 | 1 | 2 | 3 |

图 11.23　7 分制打分法

通过性试验项目包括:

(1) 汽车最大拖钩牵引力试验;

(2) 行驶阻力试验;

(3) 沙地通过性试验;

(4) 泥泞地通过性试验;

(5) 冰雪路面通过性试验;

(6) 凸凹不平路面通过性试验;

(7) 连续高速行驶试验;

(8) 涉水性能试验;

(9) 地形通过性试验,它包括:通过垂直障碍物试验、通过凸岭能力试验、测定通过水平壕沟的最大宽度、通过路沟试验。

小 结

汽车整车的性能试验是依据使用要求而进行的。整车性能的试验包括动力性、经济性、制动性、操纵稳定性、平顺性和通过性。各种性能试验有一些通用试验条件,同时又依试验项目而有很大不同;另外,整车试验的项目中,有些项目有具体的指标参数,而有些则需要主观评价,这也正是汽车作为商品的特殊性。

习 题

11-1 整车通用试验条件有哪些方面?
11-2 汽车尺寸参数测量有哪些具体项目?
11-3 汽车动力性试验有哪些项目?
11-4 汽车经济性试验有哪些项目?
11-5 汽车制动性能试验有哪些项目?
11-6 汽车操纵稳定性试验有哪些项目?

第12章 汽车公害及检测

教学提示：汽车的有害排放主要是一氧化碳(CO)、碳氢化合物(HC)、氮氧化物(NO_x)、微粒和噪声，为了保护我们的生存环境，各国均制定了强制性的排放标准以控制汽车排出污染物的量。为此人们研究出了一系列评定汽车排放的方法，研制了测定各种排放物的仪器设备。

教学要求：了解汽车排气成分测定的试验规范、常用取样方法和测试仪器，了解我国现行排放法规及与国际先进国家的差别。

12.1 汽车公害的分类

汽车作为一种交通工具已深入到人类生活的各个领域，汽车的普及极大地改善了人们的出行条件，促进和加快了物资的流通，但另一方面也带来了空气污染、噪声、交通事故和电波干扰等社会公害。随着社会的文明与进步，减小汽车公害已受到人们的高度重视。

汽车公害一般指以下3个方面：汽车尾气对大气的污染；噪声对环境的危害；汽车电气设备的电波干扰。其中，尾气污染对人类的生活环境影响最大，其次是噪声，而电波公害不直接影响人的身体健康，没有前两者严重。

1. 排气公害

汽车排气公害统称排放污染，是由发动机排气、供油系统的燃料蒸发和泄漏造成的，排气污染占汽油机总污染量的65%～85%，其中有害气体为：未燃或不完全燃烧的碳氢化合物(HC)、氮氧化合物(NO_x)、CO以及柴油发动机排出的碳烟、微粒。

据有关资料介绍，一辆汽车在行驶过程中平均每天排出CO约为3kg，HC为0.2～0.4kg，NO_x为0.05～0.15kg。当然，由于发动机类型、排量、燃料、技术状况、运行工况、时间、气流和道路条件不同，上述数据会有很大的差异。另外对城市的污染还与城市环境有关，东京在1970年的CO、HC和NO_x的日排放量分别达到4 200t、700t、420t；而美国的洛杉矶在1958年上述3种污染物的日排放量就分别达到4 200t、1 000t、433t。可见，车辆污染物排放量是相当惊人的。

车用汽油机数量大，多用于轿车、轻型车，且集中于市区，同时，相同排量的汽油机较柴油机排出的污染物量大，因此控制汽油机的污染远比控制柴油机的污染重要；柴油机的排烟大，既污染大气又影响视距，也应加以控制。

表12-1列出了汽车排放污染物的性质及危害。

车辆排放中除表12-1中所述污染物对人类造成危害外，还有二氧化硫(SO_2)和一些致癌物质。SO_2可造成水和土壤酸化，进而影响生态平衡。

表 12-1 汽车排放污染物的性质及危害

排 放 物	物 理 性 质	危 害
一氧化碳(CO)	无色无味，难溶于水，对空气比重为 0.967(0℃)，在空气中点燃可产生蓝色火焰，生成 CO_2。	CO 与血液中的血色素的亲和能力比氧大 210 倍，形成碳氧血色素，从而使血液的输氧能力下降，空气中 CO 浓度达 40L 即引起中毒。
碳氢化合物(HC)	HC 是指碳氢有机化合物的总称，按化学性质分为链烷、烃、环烷烃、烯烃及芳香烃。	HC 浓度增加，有刺激粘膜、破坏组织作用，特别是苯和甲苯危害更大。活性 HC(烯烃、芳香烃)是产生光化学烟雾的根源，一些高分子重芳香烃可以致癌。
氮氧化物(NO_x)	NO_x 主要是 NO 和 NO_2，NO 无色无味，难溶于水，与空气接触生成 NO_2；NO_2 是暗褐色有刺激臭味的气体，与水反应生成亚硝酸、硝酸。	NO_x 对鼻、眼、口腔、咽喉及呼吸道有刺激作用，能引起失眠和咳嗽等中毒症状。NO_x 也是光化学烟雾的主要根源。
碳烟	柴油不完全燃烧的产物呈现蜂窝状，其中含有大量黑色碳颗粒和少量带有特殊臭味的乙醇。	碳烟往往引起人们恶心和头晕，同时浓度大时影响道路能见度。

HC 和 NO_x 在强阳光照射下生成臭氧(O_3)和过氧酰基硝酸盐(PAN)等物质，即浅蓝色的光化学烟雾，其中 O_3 是强氧化剂，能使植物变黑直至枯死；使橡胶开裂。

2. 噪声公害

噪声是指引起人们不适感而必须用一定措施加以控制的声音总称，如城市中的环境噪声、生产噪声、生活噪声等。在现代城市中，交通噪声是道路上交通流发出的持续性的变动噪声，是环境噪声的主要部分。交通噪声的主要声源是机动车(如汽车、电力、摩托车等)，其中汽车噪声影响最大。汽车噪声是一种包括多种不同性质噪声的综合噪声，其中主要来自发动机、轮胎、排气、吸气和喇叭声等。交通噪声与交通量、道路结构、道路周围的建筑物等因素有关。

机动车噪声一般是 60~90dB 的中强度噪声，但是由于其影响面广、时间长，因此危害大。

高于 70~80dB 的噪声会使人心情不安、烦燥、疲倦、工作效率下降、语言通信困难，从而影响人们正常的工作、学习和生活，长时间处于噪声环境，会导致心脏病和胃病及神经官能症，甚至使听力受损。

3. 电波公害

汽车电器中有许多导线、线圈和零件都具有不同的电容和电感，在闭合回路中形成振荡回路。当电气设备产生火花时，就会引起高频振荡并以电磁波的形式发射到空中，干扰无线电和电子设备正常工作，尤以点火系所引起的干扰最为严重。

其次，发动机电刷、喇叭、调节器、触点以及灯开关等，工作时易产生火花而引起无线电干扰。由于它们的电容和电感不同，产生的振荡频率也不相同，因而干扰的频率范围很广（0.15～1000MHz），导致汽车上及周围数百米处的收音机、电视机和其他电子装置受到干扰。这种无线电干扰，按其传播方式可分为传导干扰和辐射干扰两种。传导干扰是电磁波通过汽车导线直接传播的，辐射干扰则是通过空气传播的。

必须采取有效措施，以抑制汽车电器所产生的无线电干扰，或提高汽车电子装置的抗干扰能力。例如，在汽车收音机天线上加扼制线圈，在电源上加滤波器以及合理选择收音机的安装位置并加金属罩屏蔽等，但更重要的是在产生干扰电磁波的汽车电器上采取抑制装置，如：①加阻尼电阻和高压阻尼线，可以削弱电火花产生高频振荡；②在易产生火花处并联一个电容器，可以吸收火花，从而削弱高频振荡电磁波的发射；③将汽车上所有容易产生火花的电器、导线用金属罩、网或管遮盖，使产生干扰的高频电磁流在屏蔽的金属罩内产生涡流，变成热能消耗掉，使电磁波不能发射出去。第三种方法效果良好，但成本高，且增大点火装置高压电路的分布电容，影响点火性能，一般只装在有高灵敏度无线电设备的汽车上，且采用此方法时必须完全遮盖，并使金属罩之间、金属罩和车体间接触良好，使之具有同一电位，否则会产生火花，影响效果。为了获得较好的防扰效果，可将上述3种方法综合使用。

12.2 汽车排气的检验与测量

为了治理环境污染，各国相继对大气中各种排放污染源提出控制要求，制定强制性排放标准。美国、日本和欧洲的汽车排放法规形成当今世界三大汽车排放法规体系。我国的汽车排放法规主要参照欧洲的，1984年实施第一个汽车排放法规，目前实行的《轻型汽车污染物排放限值及测量方法Ⅱ》的污染物排放限值已相当于欧Ⅱ水平，2005年公布了中国轻型汽车Ⅲ、Ⅳ号排放标准，其污染物排放限值与欧Ⅲ、欧Ⅳ标准完全相同。目前，我国已有少数城市实行国Ⅲ排放标准。尽管各国汽车排放法规有所不同，但都是按照特定的运转工况、取样方法和使用规定的分析仪器、综合排放量的计算方法、测定待测汽车排放的污染物是否在现行法规的限值以内。

排气成分的分析结果也反映了发动机燃料和空气的供给、混合、燃烧是否良好，为研究提高经济性或强化工作指标等提供依据，并帮助判断在使用中内燃机的技术状况（如内燃机的配气相位、喷油提前角等是否合理、磨损程度以及故障等）。本节将分别介绍排放试验的试验规范、取样方法和分析仪器，并举例说明。

12.2.1 试验规范

目前各国排放法规中对排放测试装置、取样方法、分析仪器等方面大都取得一致意见，但车辆的试验规范（即行驶循环的工况曲线）和排放量限值仍有差异，就试验规范而言，基本有3种：怠速法、工况法、烟度法。

1. 怠速法

汽车处于怠速工况时，其燃烧条件比较恶劣，怠速燃烧质量的稳定是其他工况燃烧质量稳定的前提条件，测量怠速工况下排气中各种排放物的浓度，可以判断发动机燃烧质量的好坏。怠速法分为单怠速法和双怠速法。怠速法对于发现化油器轿车中的高排放车非常有效,对于装备电子燃油喷射系统和三元催化转化器的轿车则效率明显降低。双怠速法能测量怠速污染物排放浓度,还可以监控因化油器量孔磨损或催化转化器转化率下降而造成的汽车排放恶化。国外普遍采用双怠速法测量。

我国轻型汽车污染物排放限值及测量方法Ⅲ(GB 18352.3—2005)中规定除装压燃式发动机的汽车外,所有汽车都必须进行双怠速试验,即测量常规怠速转速、高怠速转速的 HC 和 CO 排放量和高怠速的 λ 值(过量空气系数),常规怠速转速是指车辆使用说明书上规定的怠速转速;对于高怠速转速,不同国家有不同的规定,我国国家标准规定为50%额定功率转速,美国高怠速规定为2500r/min,俄罗斯和匈牙利高怠速规定为60%额定功率。

测量过量空气系数 λ,主要是为了适应电子燃油喷射系统和三元催化转化器技术的广泛使用。对于装配三元催化转化器和氧传感器的电喷车辆,若发动机管理系统没有调整到正确的 λ 值(当 λ 的值在 1 ± 0.03 的范围之外时),即使催化器自身的各项性能正常,也无法发挥作用,导致车辆污染物排放很高,同时也会加速催化器的老化失效。通过对 λ 值的测量,可以及时判断车辆的控制和尾气净化系统是否处于正常的工作状态,及时发现和维修车辆故障,从而达到有效减少尾气排放的目的。

双怠速试验主要程序如下。

(1) 试验期间环境温度必须在20~30℃之间,预热发动机直到冷却液、润滑剂的温度及润滑剂的压力达到平衡。

(2) 试验时将变速器置于"空挡"位置,离合器接合。

(3) 首先根据汽车制造厂规定的调整状态进行测量;对各调整怠速的部件所有可能的位置,进行排气中 CO 和 HC 含量的测量;对于连续变位的调整怠速的部件,应确定足够数量的特征位置。

(4) 取样探头放在连接排气和取样袋的管路中,并尽可能地接近排气。

(5) 记录各调整位置测得的 CO 和 HC 浓度最高的两个组合值,以及试验时发动机的机油温度、各调整位置的发动机转速范围。

(6) 将发动机的怠速转速调整到制造厂规定的高怠速转速(应不低于2000r/min),记录排气中的 CO、HC、CO_2 和 O_2 的浓度,计算 λ 值,λ 值应为 1.00 ± 0.03(或制造厂规定的范围)。

我国装用点燃式发动机的新生产汽车、型式核准和生产一致性检查的排气污染物排放限值见表12-2,在用汽车排放限值见表12-3。

表12-2 装用点燃式发动机的新生产汽车、型式核准和生产一致性检查的排气污染物排放限值

车 型	类 别			
	怠 速		高 怠 速	
	CO(%)	HC(10^{-6})	CO(%)	HC(10^{-6})
2005年7月1日起新生产的第一类轻型汽车	0.5	100	0.3	100
2005年7月1日起新生产的第二类轻型汽车	0.8	150	0.5	150
2005年7月1日起新生产的重型汽车	1.0	200	0.7	200

注:第一类轻型汽车指总座位数不超过6个座,且最大总质量不超过2500kg的载客汽车;
第二类轻型汽车指 GB 18352.3—2005 适用范围内除第一类车以外的其他所有轻型汽车。

表 12-3 在用汽车排放限值

车 型	类 别			
	怠 速		高 怠 速	
	CO(%)	HC(10^{-6})	CO(%)	HC(10^{-6})
1995年7月1日前生产的轻型汽车	4.5	1200	3.0	900
1995年7月1日起生产的轻型汽车	4.5	900	3.0	900
2000年7月1日起生产的第一类轻型汽车	0.8	150	0.3	100
2001年10月1日起生产的第二类轻型汽车	1.0	200	0.5	150
1995年7月1日前生产的重型汽车	5.0	2000	3.5	1200
1995年7月1日起生产的重型汽车	4.5	1200	3.0	900
2004年9月1日起生产的重型汽车	1.5	250	0.7	200

2. 工况法

由于汽车在道路上行驶时条件差异很大，没有严格的对比基准，因此，按照汽车在城市典型道路上的实际行驶情况，制定可再现真实运行工况的模拟规范，使汽车在转鼓试验台（即底盘测功机）上运转，以测定汽车排气污染物的浓度和数量，这种监测方法称为工况法。

工况法要有转鼓试验台、为转鼓配以模拟试验汽车运行惯性的等价惯性重量，要经过大量调查研究与数据处理，制定出模拟城市（城区和郊区）内汽车运行工况的试验程序，还要配备复杂而昂贵的大型综合分析仪和保证发动机按试验程序运转所需的程序自动控制系统。目前，世界各国执行的汽车行驶试验规范有简有繁，就轻型车的试验工况来说，有日本20段6循环工况、11段4循环工况、欧洲的ECE-15+EUDC工况和美国的FTP-72工况，如图12.1(a)、图12.1(b)、图12.1(c)、图12.1(d)所示。欧洲的ECE-15+EUDC工况包括两部分：第一部分为ECE-15段4循环（城市道路），第二部分为EUDC工况（郊区道路），总试验时间为1220s，行驶里程为11.007km，不包括开始的怠速运转40s，平均车速为33.6km/h，最高车速为120km/h。FTP-72工况由18个宏观加减工况和12个怠速工况组成，最高车速为56.7mile/h，平均车速为19.6mile/h，历时1372s。

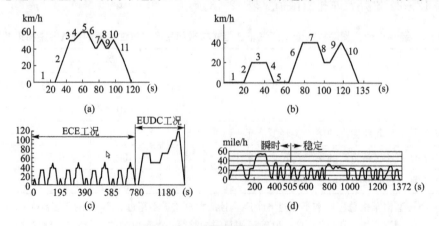

图 12.1 4种轻型车试验工况

我国轻型汽车污染物排放限值及测量方法Ⅲ(GB 18352.3—2005)中规定汽车在试验之前，应放置于温度相对稳定在293～303K(20～30℃)之间的室内预置至少6h，直到发动机机油温度和冷却液温度达到室内温度的±2K范围内，启动后立即开始按如图12.2所示的运转循环工况运转并取样。运转循环是由1部(包含4个市区运转循环)和2部(市郊运转循环)组成，共持续1180s。市区运转循环单元示意图如图12.3所示，包含15个工况(怠

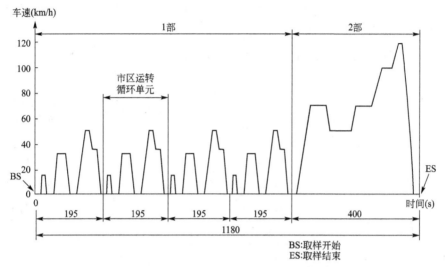

图12.2 GB 18352.3—2005中试验用运转循环工况

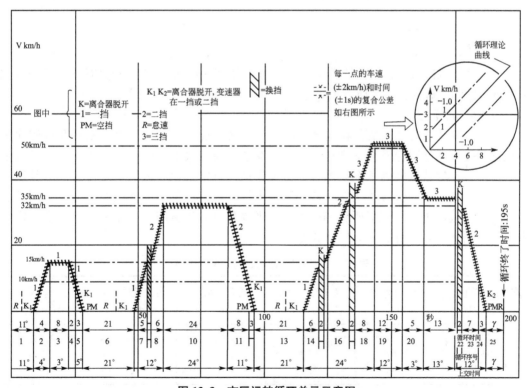

图12.3 市区运转循环单元示意图

K—离合器脱开 K_1、K_2—离合器脱开，变速器在1、2挡
1、2、3—变速器在1、2、3挡 PM—变速器在空挡，离合器接合 R—发动机怠速运转

速、加速、匀速、减速等);市郊循环包含13个工况(怠速、加速、匀速、减速等)。采用定容取样法(CVS)取样(见 12.2.2)。取样应在发动机起动的起点或之前开始(BS),终止于运转循环2部的最后一个怠速期结束时(ES),在运转循环结束后20min内进行分析,并测量稀释排气的总容积。用 NDIR 分析仪测定 CO 和 CO_2,用 FID 测定点燃式发动机的HC,用 HFID 测定压燃式发动机的 HC,用 CLD 分析仪测定 NO_x(详见 12.2.3),用重量法测定收集的颗粒物。试验应重复3次,试验结果乘以相应劣化系数,求得的排气污染物排放量必须小于表 12-4 中的限值。

表 12-4 我国现阶段实行的轻型汽车型式核准试验排放限值

类别	级别	基准质量 (RM)(kg)	限值(g/km)									
			一氧化碳 (CO)		碳氢化合物 (HC)		氮氧化合物 (NO_x)		碳氢化合物+氮氧化合物 (HC+NO_x)		颗粒物 (PM)	
			L_1		L_2		L_3		L_2+L_3		L_4	
			汽油	柴油	汽油	柴油	汽油	柴油	汽油	柴油	柴油	
第一类车	—	全部	2.30	0.64	0.20	—	0.15	0.50	—	0.56	0.050	
第二类车	Ⅰ	RM≤1305	2.30	0.64	0.20	—	0.15	0.50	—	0.56	0.050	
	Ⅱ	1305＜RM≤1760	4.17	0.80	0.25	—	0.18	0.65	—	0.72	0.070	
	Ⅲ	1760＜RM	5.22	0.95	0.29	—	0.21	0.78	—	0.86	0.100	

3. 烟度法

由于柴油机排出的碳烟颗粒要比汽油机的高出 30~80 倍,故一般要对柴油机的排烟浓度进行监测。烟度法分为稳态和非稳态两种。

1)稳态烟度法

稳态烟度法通常在全负荷稳定运转时测量。我国现行《车用压燃发动机和压燃式发动机汽车排气烟度限值及测量方法》规定:在全负荷曲线上不同稳定转速下测定排气烟度,要进行足够数量转速工况点测量,范围在最高额定转速和最低额定转速之间且适当分布,其中测点必须包含最大功率转速和最大扭矩转速。排气的光吸收系数 k 使用不透光烟度计测量,每一转速下所测得的排气光吸收系数测量值应不大于表 12-5 中规定的限值。根据下列公式计算名义气体流量。

表 12-5 稳定转速试验的烟度排放限值

名义气体流量 $G(L/s)$	光吸收系数 $k(m^{-1})$	名义气体流量 $G(L/s)$	光吸收系数 $k(m^{-1})$	名义气体流量 $G(L/s)$	光吸收系数 $k(m^{-1})$
≤42	2.26	105	1.465	165	1.17
45	2.19	110	1.425	170	1.155
50	2.08	120	1.395	175	1.14

续表

名义气体流量 $G(L/s)$	光吸收系数 $k(m^{-1})$	名义气体流量 $G(L/s)$	光吸收系数 $k(m^{-1})$	名义气体流量 $G(L/s)$	光吸收系数 $k(m^{-1})$
55	1.985	120	1.37	180	1.125
60	1.90	125	1.345	185	1.11
65	1.84	130	1.32	190	1.095
70	1.775				
75	1.72	135	1.30	195	1.08
80	1.665	140	1.27	≥200	1.065
85	1.62	145	1.25		
90	1.575	150	1.225		
95	1.535	155	1.205		
100	1.495	160	1.19		

对于二冲程发动机： $G=Vn/60$ （12-1）

对于四冲程发动机： $G=Vn/120$ （12-2）

式中：G 为名义气体流量；V 为发动机排量；n 为发动机转速。

2）非稳态烟度法

柴油机在非稳态下的排气烟度受多种不稳定因素影响而变化很大，可见非稳态烟度测定有其严格控制的试验程序。目前，我国排放法规中的非稳态烟度测定有自由加速法和加载减速法两种方法。

(1) 自由加速法(Free Acceleration)。

自由加速法分不透光烟度法和滤纸烟度法，区别在于一个采用不透光烟度计，另一个采用滤纸式烟度计作为测量仪器。

自由加速法无需测功机。在发动机怠速状态下，迅速地操作油门执行器，使喷油泵在最短时间内供给最大油量。在发动机达到调速器允许的最大转速前，保持此位置。一旦达到最大转速，立即松开油门执行器，使发动机恢复至怠速。观察每次连续加速中不透光烟度计的最大读数值，直到得到稳定值为止。如计数值连续4次均在 $0.25m^{-1}$ 的带宽内，并且没有连续下降趋势，则应认为读数值是稳定的，所记录的光吸收系数应为这4个数值的算术平均值。

自由加速法是在发动机空载工况下检测的，当加速踏板瞬间加大时，如果进气流量和瞬时供油量的响应速度不同步而有所滞后，则供入汽缸内的燃料就会在缺氧的情况下燃烧不完全而冒黑烟，自由加速法是用于初步判定柴油机燃烧状况是否正常的简便的测试方法之一，尤其对柴油机进气系统出现的严重故障较敏感。

目前国际上多数国家使用自由加速不透光烟度法，该方法较滤纸烟度法有较大改进但仍是一种怠速状态下的测量方法，对于车辆有负荷时的排放情况仍然难以反映出来，尤其是对于近年为减少压燃式发动机在用汽车颗粒物排放而较多采用的涡轮增压技术的压燃式发动机在用汽车，由于其比自然吸气式的柴油车需要更长的起效时间，因而在使用自由加速法测量时反而较自然吸气式的压燃式发动机在用汽车的排放更高，这显然是不合理的。

(2) 加载减速法(LUG-DOWN)。

加载减速法(LUG-DOWN)是在一定工况条件下测量柴油车排气的可见污染物的方

法。加载减速测试过程必须完全自动化，自动控制系统采集3组检测状态下的数据，即实测最大轮边功率时的转鼓线速度(VELMAXHP)、90％VELMAXHP和80％VELMAXHP。将上述3个检测速度段所测量到的数据，包括轮边功率、发动机转速、转鼓线速度和排气光吸收系数k，作为检测结果。LUG-DOWN检测设备可实现对柴油车尾气排放和动力输出的动态检测，将检测结果与标准中提供的烟度限值进行比较，只有上述3个工况点测得的光吸收系数k或烟度值均满足标准限值，排放测试才判定为合格。测试设备主要包括底盘测功机、不透光烟度计和发动机转速计，由计算机控制系统集中控制。

LUG-DOWN来自香港地区。香港环保署于2000年6月颁布了修订后的柴油车加载减速排放限值和测量方法，我国北京、上海也开始使用加载减速工况法检测在用柴油车的烟度。国家环保总局发布的《确定压燃式发动机在用汽车加载减速法排气烟度限值的基本原则和方法 T241—2005》中建议加载减速法排放限值范围见表12-6。

表12-6 加载减速法排放限值

车型		光吸收系数(m^{-1})
轻型车	重型车	
2000年7月1日以前生产的第一类轻型汽车和2001年10月1日以前生产的第二类轻型汽车	2001年9月1日以前生产的重型汽车	1.86～2.13
2000年7月1日以前生产的第一类轻型汽车和2001年10月1日起生产的第二类轻型汽车	2001年9月1日起生产的重型汽车	1.39～1.86
2005年7月1日以前生产的第一类轻型汽车和2006年7月1日起生产的第二类轻型汽车	2004年9月1日起生产的重型汽车	1.00～1.39
按照GB 17691—2005中第Ⅲ阶段标准生产的轻型汽车	按照GB 17691—2005中第Ⅲ阶段标准生产的重型汽车	1.00～1.39

4. 其他检测方法

随着科学技术的进步，汽车排放物的测检方法日新月异，检测方法、方向多样，如曲轴箱污染物排放试验、蒸发污染物排放试验、遥感测量技术、车载诊断系统OBD的功能性项目试验等。

1) 遥感测量技术

车辆尾气遥感检测技术于20世纪80年代末开始在美国出现，目前已经在北美、欧洲、东亚等国家和地区得到了广泛的应用。遥测主要利用分子对不同波段的吸收光谱特性，当遥测设备的光源发生器发出红外光(或激光)和紫外光光束时，其道路对面的红外线(或激光)和紫外光反光镜又将其反射回设备的光源检测器，道路上行驶的车辆通过这些光束时，排出的尾气会对红外光(或激光)产生吸收，红外线发射接收器通过分析接收光光谱的变化情况计算出车辆行驶中一氧化碳(CO)、二氧化碳(CO_2)、碳氢化合物(HC)及氮氧化物

(NO_x)的排放浓度。同时由车辆辨别系统记录下车辆的车牌，速度传感器测量其车速和加速度，气象仪器记录环境参数。

遥测具有检测效率高、不影响车辆正常行驶、防止舞弊和能较真实反映车辆道路实际排放状况等突出优点，但由于遥测技术是使用非接触式方法进行排气测量，故受测量条件的影响较大，测量精度和重复性相对较差。影响遥测结果的因素有车辆的实际行驶工况、道路坡度以及环境条件的变化等。遥测作为传统机动车排气检测方法的补充手段，被广泛应用于高排放车筛选、低排放车豁免、机动车排放调查等方面。

2) 车载诊断系统(On-Board Diagnostics，OBD)

OBD是一种装在汽车上，用于监测汽车排放状况的系统，它通过车载计算机对所有影响排放性能的部件进行监测，并在发现问题时及时给驾驶员以提示。欧洲2000年执行的欧Ⅲ标准规定所有的车辆必须装有OBD，一旦影响排放水平故障出现后能自动报警。目前出现的OBD可以利用车载无线收发系统通过无线蜂窝通信卫星通信，或GPS系统将车辆的VIN故障码及所在位置等信息自动通告管理部门，管理部门根据该车辆排放问题的等级对其可发出指令，包括去何处维修的建议、解决排放问题的时限等，在法律允许的前提下，对超出时限的车辆发出禁行密码指令。

12.2.2 排气分析的取样方法

1. 直接取样法(Direct Sampling)

直接取样法是将取样探头直接插入发动机排气管内，用取样泵直接采取一定量的气样，经过粗、细滤器滤去气体中的灰尘，供废气分析仪分析。为防止气样中的水分对分析仪的干扰，一般在系统中加由冷凝器和排水装置组成的水分离器，用冷凝法除湿。为防止HC中那些蒸汽压力低的高沸点成分溶于水而产生测量误差，取样导管应做成加热式，对于汽油机应保持在150℃左右，柴油机应保持在180~200℃之间。直接采样法较简单，操作方便，适于连续观察变工况引起的排气成分变化。

2. 全量取样法(Full Flow Sampling)

全量取样法是将发动机排气试验中的全部排气采集到一个有足够容积的气袋中以供分析，这种取样法既能测定排气污染物的平均浓度，也能作排放量的计算。从样本气体进袋到最后测定期间HC易被气袋吸附，且产生HC中易引起反应的组分之间的相互反应或聚合NO_x的氧化等现象，取样完成后应尽快分析，以减小误差。为防止样本气体中的水蒸气在气袋中凝结，应在气袋前安置热交换器，热交换器以10~15℃水冷却，但高沸点的HC也容易凝聚而溶于水中随之被放掉，造成一定的误差。

3. 变稀释度取样法

变稀释度取样法也称为定容取样法(Constant Volume Sampler，CVS)，是一种接近于汽车排气扩散到大气中的实际状态的取样方法。CVS是将排气全部用清洁空气稀释，并使稀释后的总流量保持一定，再将部分稀释后的排气按未被稀释排气的流量成一定比例地搜集在样品袋子里，然后导入分析仪进行分析，可测定排气成分的真实浓度。该法易于进行连续测量及对有害成分质量排放率的自动实时计算。变稀释度取样法的示意图如图12.4所示。现在世界各国的排放法规均规定用CVS取样。

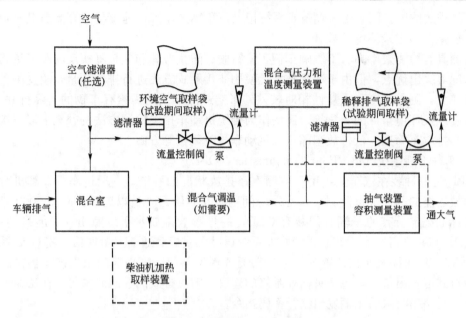

图 12.4 测量排气污染物的变稀释度取样法的示意图

定容取样法有 CVS-1 和 CVS-3 两种系统。CVS-1 只用 1 个取样袋,CVS-3 取样系统用 3 个取样袋,可分别对冷起动、稳定运转、热起动阶段 3 次取样。如美国的 FTP-72 采用 CVS-1 系统,只需按规定工况运行完毕后,对 1 个排气取样袋进行分析即可;而 FTP-75 采用 CVS-3 系统,第一次取样时间相当于 LA-4CH 工况的冷起动开始至 505s 减速终止期间,由第一个"瞬变"袋取样;第二次取样时间相当于 505s 稳定运转开始至 1327s 结束期间,由"稳定"袋取样,第三次取样时间是在 1327s 运行结束 10min 以后,至第二次热起动开始至第二个 505s 为止,由新换的第二只"瞬变"袋取样。

定容取样法(CVS)装置常见的有 3 种,即带容积泵的定容取样器(PDP-CVS)、带临界流量文丘里管的定容取样器(CFV-CVS)和用量孔控制稳定流量的定容取样装置(CFO-CVS)。

1) 容积泵—定容取样器(PDP-CVS)

容积泵—定容取样器(PDP-CVS),如图 12.5 所示,它是用容积泵(PDP)来保证对流量的要求。在容积泵前安装温度、压力传感器监测被稀释排气的温度和压力值。容积测量装置应该在所有的运转条件下,保持其标定准确度在±2%以内。如果该装置不能在测量点补偿排气和稀释空气混合气的温度变化,须用一个热交换器以保持温度在规定的运转温度±6K 以内。通过测量经过标定的容积泵的转数得到总容积。在稳定流速下,通过泵、流量计和流量控制阀实现比例取样。

2) 带临界流量文丘里管的定容取样器(CFV-CVS)

带临界流量文丘里管的定容取样器(CFV-CVS),如图 12.6 所示,它与容积泵—定容取样器(PDP-CVS)的主要差别在于 CFV 是借助鼓风机,用一只测量 MV 来测量流过管中的稀释排气的总容积;借助取样泵 P,用一只小型临界流量的文丘里管(SV)对稀释气体进行取样。鼓风机输送稀释排气的能力与 PDP 相同。两个文丘里管进口的压力、温度相同,取样容积与总容积之比保持一定。

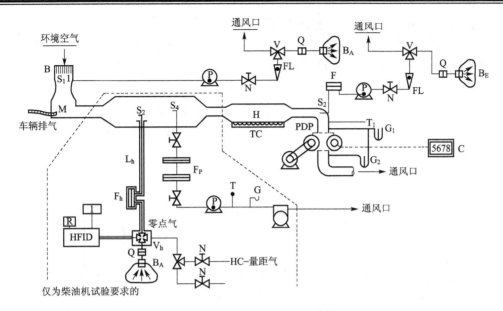

图 12.5 PDP-CVS 流程示意图

M—混合室　H—热交换器　TC—温度控制系统　PDP—容积泵　T_1、T—温度传感器　G_1、G_2、G—压力表　S_1、S_2—取样口　S_3—取样点　P—取样泵　N—流量控制器　FL—流量计　V—快速动作阀　Q—气密式快速紧固接头　B_A—稀释空气取样袋　B_E—稀释排气取样袋　C—计数器　F_h—加热式滤清器　V_h—加热式多通阀　HFID—加热式氢火焰离子分析仪　R、I—记录和积分瞬时 HC 浓度的设备　L_h—加热的管道　F_P—过滤单元

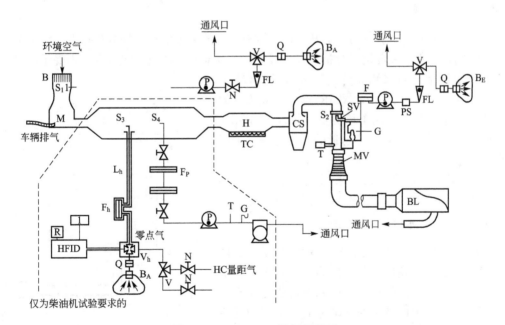

图 12.6 CFV-CVS 流程示意图

CS—旋风分离器　PS—缓冲器　MV—测量临界流量的文丘里管　SV—取样用临界流量文丘里管　BL—鼓风机　其余符号同图 12.5 的注释

3) 用量孔控制稳定流量的定容取样器(CFO-CVS)

CFO-CVS 流程示意图如图 12.7 所示，不同于前两种 CVS，吸气泵 P 输送稀释排气，用量孔来计量稀释排气的总容积。

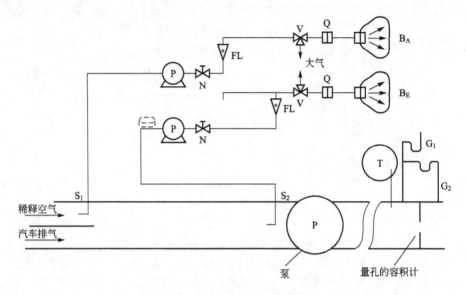

图 12.7　CFO-CVS 流程示意图

$S_1 S_2$—取样探头　P—泵　N—流量控制器　T—温度传感器　G_1、G_2—压力表
FL—流量计　B_A、B_E—取样袋　V—三通阀　Q—快速接头元件

12.2.3　分析仪器

现代内燃机排气成分的分析方法一般要求有较高的灵敏度和良好的选择性，测量范围适中，能进行高、低浓度的精确分析，仪表线性好、反应快，领教稳定可靠，不受干扰等。目前，世界上许多同行采用非分光红外分析仪(Non-dispersive Infrared Analyzer, NDIR)作为测定 CO 的标准方法，采用氢火焰离子检测器(Flame Ionization Detertor, FID)作为测定 HC 总量的标准方法，采用化学发光测试仪(Chemiluminescent Detector, CLD)作为测定 NO_x 的标准方法，采用气相色谱仪(Gas Chromatograph, GC)作为测定 HC 分量的标准方法。

1. 不分光红外分析仪(NDIR)

NDIR 由两个单独的红外线辐射光源、试样室、基准室以及薄膜微音器式检测室、放大器和指示器组成。红外线分析仪的测量原理是建立在气体具有吸收电磁辐射的特性的基础上的。不同的气体在红外波段($0.8 \sim 600 \mu m$)内都有其特定的吸收带（如 CO 为 $4.5 \sim 5 \mu m$，CO_2 为 $4 \sim 4.5 \mu m$ 等），而且气体浓度愈高，吸收能力愈强。辐射吸收强度是衡量气体浓度的尺度。NDIR 原理图如图 12.8 所示。

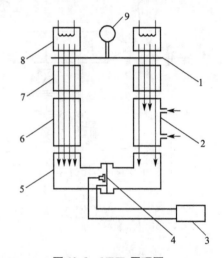

图 12.8　NDIR 原理图

1—旋转遮光片　2—试样室　3—电测量装置
4—膜片　5—检查室　6—对比室
7—滤波室　8—红外线辐射室　9—电动机

红外线光源可给两个室输入恒定的红外线光能,并用切光片把连续光束变成一定频率的光信号。其中一路红外线通过试样室到达检测室,另一路则通过基准室到达检测室。基准室充填着对红外线不吸收的气体(如 N_2 等);检测器内有两个基本相同的空腔(中间用柔性薄膜分开),其内充入纯待测气体。检测器内的薄膜电容检测器是一个以膜片为动板,以铝合金圆柱体为定极的电容器。当试样室通入待测气体时,通过基准室的红外线光能仍然保持不变,而通过试样室的红外线光能由于待测气体吸收了一部分能量,则使到达检测室的能量变小了。此时因电容器动极(薄膜)两面的能量与温度不同,对薄膜产生了压差,使膜片向一侧弯曲,从而改变了两极之间的距离,电容器的电容便随之变化。由于电容的变化与切光片的频率同步,因此便产生了充电和放电电流。此电流信号经放大器后,将稳定的、放大的电信号传给指示器。试样室的被测气体浓度越大,吸收的红外线光能也越多,两个辐射接收检测室所接收的辐射差值也越大,即信号越强,从而可以获得被测气体的浓度与测量信号之间的比例关系。

为了使红外线分析仪在测定废气中某一种气体的浓度时不受其他气体浓度变化的影响,还需要在光源和试样室与基准室之间设置滤波室。滤波室是采用充以干扰气体的方法,如 CO_2、水蒸气等,来滤掉光辐射中干扰气体所对应的那部分辐射。

NDIR 还可测定 HC、CO_2 的浓度,也能分析 NO,但精度不及测定 CO 时高。

2. 氢火焰离子化检测器(FID)

FID 是目前检测排气中的 HC 最有效的方法,灵敏度很高,其工作原理是基于大多数有机碳氢化合物在氢火焰中产生大量电离的现象来测定 HC 的。电离度与引入火焰中的 HC 分子中 C 原子数成正比。

这是一种把单位时间内流过检测器的组分质量转换为毫伏或毫安信号输出的检测器,它的灵敏度定义为单位时间内,1g 待测组分通过检测器时,检测器所输出的毫伏数或毫安数,其单位为 $mV \cdot s/g$ 或 $mA \cdot s/g$。氢火焰离子化检测器仅对气样中的有机碳氢化合物有响应,其响应信号随着化合物中碳原子数量增多而增大,但对所有惰性气体(如 CO、CO_2、SO_2 等)均没有响应。由于氢火焰离子化检测器具有灵敏度高、反应快、线性范围宽、最小检测量低等特点,故应用得十分广泛。氢火焰离子化检测器的原理图如图 12.9 所示。HC 试样随载气与纯氢气混合进入检测器,从喷气口喷出,点火丝通电点燃氢气,有机化合物在燃烧中所产生的离子及电子由收集电极 3 和极化电极 4 收集,收集到的离子电流经静电放大器放大后通过显示仪表指示和记录。

整个系统应加电磁屏蔽,以避免外界电磁干扰。一般来说,氢火焰离子化检测器的效率是很低的,约每 50 万个碳原子中有一个被电离成离子对,而产生离子对数目的多少直接影响到仪器的灵敏度,在组分浓度一定的情况下产生的离子对数越多,则仪器的灵敏度就越高。事实证明,合理地选择结构及运行参数对灵敏度是有很大影响的。一般来说,工作电压的选择范围在 150~250V,载气的流速与氢气的流速比例在 1:1~ 2:1 范围以内。

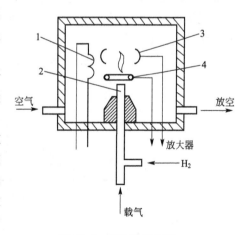

图 12.9 FID 的原理图

柴油机排气中的HC包含多种化合物的混合物，如各种烷烃、环烷烃、烯烃、炔烃、芳香烃以及少量的含氧烃化合物等，且碳氢成分的分子量变化范围很广，如已测得C1～C40的碳氢成分，其中大量是高沸点的碳氢化合物，常温下将凝聚于取样系统中管路的壁面，使测量结果产生误差，可见，取样系统必须恒定在一定的高温下，以避免高沸点碳氢化合物凝聚于管壁而损失。因为许多国家的排放法规规定采用加热型氢火焰离子分析仪(HFID)测定压燃式发动机排气中HC的标准方法。HFID首先要求HC分析的整个气路必须达到一定的高温：用于汽油机测量的管路要求达到110℃以上；用于柴油机测量的管路要求达到180℃以上，但均不能超过230℃。

3. 化学发光测试(CLD)

CLD是目前测定NO_x的最好方法，其特点是分辨率高(约为0.1×10^{-6})，反应速度快(一般为2～4s)，可连续分析，线性范围广，对高低浓度的NO_x气样均可测定。化学发光法分析NO_x的原理是利用NO和O_3在反应器中反应产生了部分电子激发态NO_2^*分子，这些NO_2^*分子从激发状态衰减到基态时，辐射出波长为$0.6\sim3\mu m$的光子hv，其化学发光的反应机理为：

$$NO_2^* + O_3 \rightarrow NO_2 + O_2 \tag{12-3}$$

$$NO_2^* \rightarrow NO_2 + hv \tag{12-4}$$

式中：h为普朗克常数；v为辐射光频率。

化学发光的强度I直接与O_3、NO两反应物的浓度乘积成正比，即：

$$I = K[O_3][NO] \tag{12-5}$$

式中：K为反应常数。

由于O_3在正常工作情况下数量大，浓度无变化，故：

$$I = K'[NO] \tag{12-6}$$

式中：K'为反应常数。

可见测出发光强度即可求得NO的浓度。如图12.10所示为CLD原理图。干燥清洁的空气以一定的流速进入臭氧发生器1，经紫外线照射产生浓度约为0.5%的O_3，被测量气体分两路进入，一路经除尘干燥器2，再经三通电磁阀4，与含有O_3的空气同时进入反应器5，被测气体中的NO与O_3立即产生化学发光反应。石英窗6和滤光片7用来分离给定的光谱区域，以避免反应气体中其他一些化学发光反应的干扰。应用高增益和低暗流的光电倍增管8和能测量$10^{-6}\sim10^{-10}$A阴极电流的直流放大器10可测到很低水平的化学发光反应，反应后的气体被排至大气中。图12.10中9为电源，11为显示记录仪。

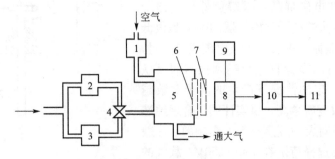

图12.10 CLD原理图

虽然 CLD 只能直接测定 NO 的浓度，但用于测定汽车排气成分的 CLD 通常带有 NO_2-NO 转换器，故另一路被测气体经 NO—NO_2 转换器 3，利用转换器的表面热反应（加热到 600℃）使 NO_2 分解为 NO，这样所测得的浓度是被测气体中原有的 NO 和由 NO_2 转化的 NO 两部分浓度之和，即为 NO_x 的浓度减去汽车排气未经过 NO_2-NO 转换器所测的 NO 的差值。

12.2.4　气相色谱分析法(GC)

色谱分析法又称色层或层析法，它是利用物质的吸附能力、溶解度、亲和力、阴滞作用等物理性质的不同，对混合物中各组分进行分离、分析的方法。色谱分离过程中有流动相和固定相两相，根据所用流动相的不同，色谱法可分为气相色谱法和液相色谱法两大类。现在世界各国多用气相色谱法测定汽车排气中各种 HC 的含量。

气相色谱分析法所用的流动相为气体(即载气)，固定相是硅胶之类的吸附性固体或浸有硅油类液体的耐火砖类的固体微粒(即担体)。欲分离的组分分布在固定相和沿着固定相作相对移动的流动相中，不同的组分由于物理性质的差异，有的组分不易被流动相带走，而在固定相中停留的时间长；反之，有的组分易随流动相流走而在固定相中停留的时间短，则经过一定时间，各组分在色谱柱中得以分离。用分配系数 k_i 来标志组分的这一特性，其定义为：

$$k_i = C_i / C_m \tag{12-7}$$

式中：C_i 为组分 i 在固定相中的浓度；C_m 为组分 i 在流动相中的浓度。

气相色谱分析装置的基本组成及工作流程如图 12.11 所示。①常用干燥的 He、H_2、N_2 作载气，以免因含有水蒸气而使载气与试样或固定相中的充填剂相互作用；②流量控制器常用气体稳压阀或稳流阀，将载气流速控制为与有关组分停留时间相一致的常数值，以便对该组分进行必要的定量分析；③进样装置因用途和试样状态不同而异，分析气体样品时，可用定量管定量，由专用程序控制器控制电磁阀及执行元件，并对样品的压力和温度进行控制，以实现取样、进样的自动化和保证进样量的准确性；④色谱柱的职能是对混合样品进行分离，气态样品随载气进入色谱柱后，样品中各组分按其分配系数大小依次流出色谱柱，色谱柱的分离效率与担体性质及其颗粒大小、固定液种类及用量、涂层厚度、柱管直径及长度、吸附剂性质等多种因素有关；⑤由于温度变化直接影响组分在色谱柱中的保留时间，故需将色谱柱装入恒温箱内进行精密的温度控制，恒温箱温度的选择取决于分析对象的要求；⑥检测器用以检知并定量测定经色谱柱分离的物质组分，并将各组分在性质上的差别转变成电信号，用于测量和记录，目前使用较广的是氢火焰离子检测器和热导式检测器；⑦记录仪将检测器输出的信号转为可见的显示，并提供每一组分分析的永久记录；⑧当测量高浓度或反应灵敏的组分时，由于输出信号太大而超出指示记录仪的测量范围，可用信号衰减器进行衰减；⑨气体流量计用于计量管柱末端流出的载气流量，计量时需保持一定的温度和压力，可用皂膜流、节流差压流量计或转子流量计。

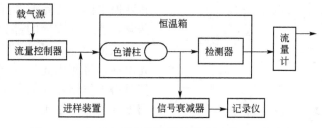

图 12.11　气相色谱分析装置的基本组成及工作流程

12.2.5 烟度测试

发动机排烟是由燃烧或热解而成的、悬浮在排气中的可见固体和(或)液体颗粒,黑烟(碳烟)主要由碳粒组成,蓝烟通常由燃料或润滑油不完全燃烧产生的微滴形成,而白烟通常由凝结水和(或)液体燃油产生。测定排烟浓度的方法主要有两种:第一种是滤纸式烟度计,它是使排烟通过一定规格的滤纸,排烟中的碳烟被吸附在滤纸表面,然后测定滤纸的反光程度,以表示排烟烟度;第二种是不透光式烟度计,它是让一定规范的光束直接通过部分或全部排烟,用透光度来测定排烟烟度。下面介绍各类烟度计的工作原理。

1. 滤纸式烟度计

滤纸式烟度计工作原理示意图如图 12.12 所示。抽气泵抽取一定量的废气,并使它通过一张已知面积的白色滤纸,废气中的碳粒吸附在滤纸上将滤纸染黑,其黑度即可用以度量排气中的碳烟含量。滤纸的黑度可用染黑滤纸相对于清洁滤纸对光的反射率来计算评定;滤纸上的吸光率可用光电检测装置测量。

光电检测装置是一个光电变换器,它是根据光反射作用,灯光通过圆孔照射到滤纸上,一部分被滤纸上的碳粒所吸收,一部分经滤纸反射到硒光电池上,硒光电池输出相应的光电流,输送到指示仪上。光电检测装置的指示电流表有的用 $0\sim10R_B$ 波许单位表示,也有的用污染度(%)表示。采用波许单位时,示值为"0"表示全白色滤纸的烟度,"10"表示全黑滤纸的烟度。

滤纸式烟度计适于评定排气中的碳烟含量,并能用于碳烟的重量测量,但不适用于测量蓝烟或白烟,且只能对废气作抽样试验,不能作连续测量,但可通过自动化缩短抽样时间。我国现行压燃式发动机汽车排放法规中规定,在用汽车的自由加速度试验用滤纸烟度计测量烟度。

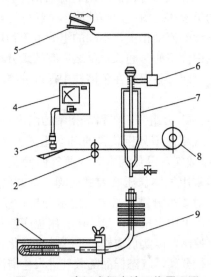

图 12.12 滤纸式烟度计工作原理图
1—排气管 2—滤纸进给机构 3—光电传感器
4—指示仪表 5—脚踏板 6—电磁阀
7—抽气泵 8—滤纸卷 9—取样探头

2. 不透光式烟度计

不透光式烟度计可测量黑烟、蓝烟和白烟共 3 种烟度,但最适于测量黑烟和蓝烟,其工作原理如图 12.13 所示。测量前,首先用空气向校正器中吹入干净空气,旋转转换手柄,使光源和光电池移至测试管两侧,然后将排烟的部分或全部连续不断地导入测试管,让光线透过导入的废气,光电池即可测出光线的衰减率,通过记录仪可得出排烟随时间的变化情况。不透光烟度计的显示仪表应有两种计量单位,一

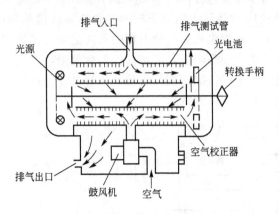

图 12.13 不透光式烟度计

种为绝对光吸收系数 k 单位,从 0 到趋于 $\infty(\mathrm{m}^{-1})$;另一种为不透光度的线性分度单位,从 0%~100%,两种计量单位的量程均以光全通过时为 0,全遮挡时为满量程。光吸收系数 k 表示光束被单位长度的排烟衰减的一个系数,它是单位体积的微粒数、微粒的平均投影面积和微粒的消光系数三者的乘积。光吸收系数 k 按式(12-8)计算,即:

$$\phi = \phi_0 \times e^{-kL} \tag{12-8}$$

式中:ϕ_0 为入射光通量;ϕ 为出射光通量;L 为通过被测气体的光通道的有效长度。

不透光度 N 和光吸收系数 k 的关系如式(12-9)所示:

$$k = -\frac{1}{L} \log_e \left(1 - \frac{N}{100}\right) \tag{12-9}$$

式中:N 为不透光度读数,%;k 光吸收系数值;L 为通过被测气体的光通道的有效长度。

我国现行压燃式发动机汽车排放法规规定:型式核准试验中的全负荷稳定转速度试验、自由加速度试验、在用车加载减速试验等要用不透光烟度计测量烟度。

12.3 噪声测量

随着现代工业、交通运输和城市建设的迅速发展,噪声对环境的污染日益严重,为此,国际标准化组织以及许多国家都纷纷制定了有关标准,用于环境噪声的监测和各类噪声的控制。在众多的噪声源中,动力机械发出的噪声占着主要位置,例如,对城市环境影响最大的是交通噪声,即车辆噪声,而内燃机作为各类交通运输工具的主要动力,其噪声对环境的污染也就集中地反映在交通噪声方面,且已成为城市环境噪声的主要来源之一。此外,直接影响生活环境的还有空调与通风设备的噪声等。

噪声测量是噪声控制的基础。本节主要介绍与噪声测量有关的基本声学概念、测量与评价方法以及典型的测量仪器。

12.3.1 噪声测量中的基本声学概念

噪声是一种声音,因而具有声波的一切特性,物理学中的声学知识均可用于对噪声的理解与分析。这里主要选取与噪声测量有关的声学概念加以简要说明。

1. 声场

声波传播的空间统称为声场;允许声波在任何方向作无反射自由传播的空间叫自由声场;而允许声波在任何方向作无吸收传播的空间叫混响声场。显然,自由声场可以是一种没有边界、介质均匀且各向同性的无反射空间,也可以是一种能将各个方向的声能完全吸收的消声空间。与此相反,混响声场是一种全反射型声场。然而,除非人为特别创造,否则在现实的生活环境中并不存在上述两种极端的空间。如果某一空间仅以地面为反射面,而其余各个方向均符合自由声场的条件,则称半自由声场。对于房屋等生活空间,其边界(如墙壁、地面、天花板或摆设物等)既不完全反射声波,也不完全吸收声波,这种空间称为半混响声场。

2. 声压与声压级

声压是指声波波动引起传播介质压力变化的量值。设介质处于平衡状态时各处的静压

为 p_1，当声波通过时介质中某点的压强变为 p_2，其变化量 p 即为声压，即：

$$p = p_2 - p_1 \tag{12-10}$$

通常，声压的数值要比大气压小得多，例如，对于一台内燃机的工作噪声，在距离内燃机表面 1m 处的声压只有 1Pa，仅为大气压的 $1/10^5$。人的感官对声波的接收不仅有频率范围，也有声压范围。具有正常听力的人能够听到的最弱的声压为 1×10^{-5}Pa，称为听阈声压(国际上把频率为 1kHz 的听阈声压作为基准声压)。当声压达到 20Pa 时，人耳开始感到疼痛，称之为痛阈声压。虽然从听阈到痛阈是正常听觉的声压范围，但两阈值之间相差 100 万倍。可见，用声压的绝对值来衡量声音的强弱很不方便。为此，声学上引入"级"的概念，用成倍比关系的对数量来表示声音的强弱，即用声压级表示声压的大小。相对于声压为 p(Pa) 的声音，其声压级 L_p 的定义为：

$$L_p = 10\lg\left(\frac{p}{p_0}\right)^2 = 20\lg\frac{p}{p_0} \tag{12-11}$$

式中：p_0 为基准声压，$p_0 = 2\times10^{-5}$Pa。

声压级 L_p 的单位为分贝(dB)，它是一个相对于基准的比较指标，用以反映声音的相对强度。根据定义式(12-11)，声压变化 10 倍，声压级改变 20dB。可见，引入级的概念后，听觉范围由原来百万倍的声压变化幅度缩小为 0～120dB 的声压级变化。

3. 声能、声能密度、声功率、声能流密度和声强

1) 声能、声能密度和声功率

声波的传播过程实质上是声源的振动能量在介质中的传播过程。声波传播时质点受激产生振动，同时也产生压缩及膨胀的形变。显然介质中既有振动的动能又有形变的位能，这两部分相加就是声能。单位体积的声能定义为声能密度，用 e 表示；单位时间内声源传播的总声能用声功率(W)表示。

2) 声能流密度和声强

定义单位时间内通过与能量传播方向垂直的单位面积的声能为声能流密度，记做 w (W/mm^2)。w 是矢量，指向为声波传播方向，其瞬时值在数量上可表示为相应质点振动速度 v 和声压 p 的乘积，即：

$$w = pv \tag{12-12}$$

为了表示声波能量的强度，取声能流密度 w 在一个周期 T 内的时间平均值，称做声强 I，即：

$$I = \frac{1}{T}\int_0^T w\,dt = \frac{1}{T}\int_0^T pv\,dt \tag{12-13}$$

式(12-13)中的 v 和 p 均取其实部。

记瞬时声强为 $I(x,t)$，由式(12-13)可知，声能流密度 w 实际上就是 $I(x,t)$。声强 I 也是矢量，指向也是声波传播的方向。图 12.14 表示声场中某一点的声压 p、质点振速 v、声能流密度 w 和声强 I 随时间的变化关系，声强 I 是 w 的时间平均值。

4. 声功率级和声强级

与声压和声压级之间的关系相似，声功率和声强的相对大小也可用"级"来度量。声功率级和声强级的定义分别为：

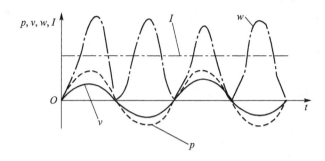

图 12.14 质点声压、质点振速、声能流密度和声强间的关系

$$L_w = 10\lg \frac{W}{W_0} \quad (12-14)$$

$$L_I = 10\lg \frac{I}{I_0} \quad (12-15)$$

式中：L_w 为声功率级，dB；W 为声源辐射的声功率，W；$W_0 = 10^{-12}$ W，为基准声功率；L_I 为声强级，dB；I 为声波声强，W/mm^2；$I_0 = 10^{-12}$ W/mm^2 为基准声强。

表 12-7 给出了点声源的声功率级与声压级的换算关系，式(12-16)则反映了声强级与声压级之间的对应关系：

$$L_I = 10\lg \frac{I}{I_0} = 10\lg \left[\frac{p^2}{\rho_0 c}\frac{400}{p_0^2}\right] = L_p + 10\lg \frac{400}{\rho_0 c} \quad (12-16)$$

式中：ρ_0 为传播介质的密度；c 为声波传播速度；$\rho_0 c$ 为传播介质的特性阻抗，由于修正项 $10\lg \frac{400}{\rho_0 c}$ 很小，故声压级与声强级的数值基本相等。

表 12-7 点声源的声功率级与声压级的换算关系

	适用环境	关 系 式	备 注
自由声场	全消声室	$L_w = L_p + 20\lg r + 11$	r 为离声源的距离，m
半自由声场	半消声室、大房间、户外	$L_w = L_p + 20\lg r + 8$	t 为混响时间，s $t_0 = 1$s
混响声场	全反射室	$L_w = L_p + 10\lg \frac{t}{t_0} - 10\lg \frac{V}{V_0} -$ $10\lg \left(1 + \frac{S\lambda}{8V}\right) - 10\lg \frac{p_0}{10} + 14$	V 为体积，m^3 $V_0 = 1$m^3 S 为室表面积，m^2 λ 为声波长，m p_0 为大气压，Pa

5. 频谱

1) 频程

振幅（强度）、频率和位相是描述波动现象的特性参数，声波也不例外。通常，噪声由大量不同频率的声音复合而成，有时噪声中占主导地位的可能仅仅是某些频率成分的声音，了解这些声音的来源和性质是确定降噪措施的基本依据。在很多情况下，只测量噪声的总强度（即噪声总声级）是不够的，还需要测量噪声强度关于频率的分布。但是，如果要在正常听觉的声频范围 $20 \sim 2 \times 10^4$ Hz 内对不同频率的噪声强度逐一进行测量，不仅很困难，而且也不必要。对此，通常是将声频范围划分为若干个区段，这些区段称为频程或频带。测量时,通过改变滤波器通频带的方法,逐一测量出每段频程上的噪声强度,这就是所谓的分频程测量。

噪声测量中最常用的是1倍频程和1/3倍频程。1倍频程是指频带的上、下限频率之比为2:1的频程;1/3倍频程是对1倍频程3等分后得到的频程,即其频带宽度仅为1倍频程的1/3。表12-8和表12-9分别是1倍频程和1/3倍频程中常用的中心频率及相应的频率范围。

表12-8 1倍频程的中心频率及其频率范围

中心频率	31.5	63	125	250	500
频率范围	22~45	45~90	90~180	180~355	355~710
中心频率	1000	2000	4000	8000	16000
频率范围	710~1400	1400~2800	2800~5600	5600~11200	11200~22400

表12-9 1/3倍频程的中心频率及其频率范围

中心频率	50	63	80	100	125	160
频率范围	45~56	56~71	71~90	90~112	112~140	140~180
中心频率	200	250	310	400	500	630
频率范围	180~224	224~280	280~355	355~450	450~560	560~710
中心频率	800	1000	1250	1600	2000	2500
频率范围	710~900	900~1120	1120~1400	1400~1800	1800~2240	2240~2800
中心频率	3150	4000	5000	6300	8000	10000
频率范围	2800~3500	3550~4500	4500~5600	5600~7100	7100~9000	9000~1120
中心频率	12500	16000				
频率范围	11200~14000	14000以上				

2) 频程声压级和频谱能级

噪声频谱中,声压级分布在350Hz以下的噪声称为低频噪声,声压级分布在350~1000Hz范围内的噪声称为中频噪声,声压级分布在1000Hz以上的噪声称为高频噪声。图12.15为某一增压柴油机(24缸,转速1050r/min)的1/3倍频程噪声频谱图。由图12.15可见,在整机噪声中,中、低频部分以柴油机噪声为主,而高频部分则以废气涡轮增压器的噪声为主。

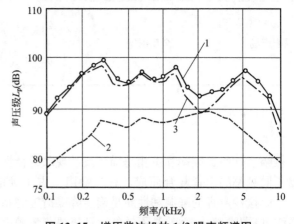

图12.15 增压柴油机的1/3噪声频谱图
1—带增压器的柴油机整机噪声频谱 2—增压器的噪声估算频谱 3—不带增压器时的柴油机噪声频谱

12.3.2 噪声测量中的声级计算

1. 声级的合成

当声场中同时存在 n 个互相独立的声源时,根据能量的叠加性,可得这些声源的合成总声功率 W_t 为

$$W_t = W_1 + W_2 + \cdots + W_n \tag{12-17}$$

式中:W_1、W_2、$\cdots$、W_n 分别为各声源的声功率。

根据声功率级的定义可得由各声源的合成的总声功率级 L_{W_t} 为

$$L_{W_t} = 10\lg \frac{W_t}{W_0} = 10\lg \frac{W_1 + W_2 + \cdots + W_n}{W_0} \tag{12-18}$$

可见,声功率级的合成并非是各声源功率级的直接相加,而是在遵循能量叠加原则下的对数运算,这是由"级"的对数量性质所决定的。

实际上,声功率级的数值常常用声压级的测量值换算得到。假设已经测得各声源单独发声的声压级为 $L_{p_i}(i=1, 2, \cdots, n)$,需要求出它们同时作用时的总声压级 L_{pt}。根据式(12-19)的形式可以推断,$L_{pt} \neq L_{p_1} + L_{p_2} + \cdots + L_{p_n}$。根据声压级的定义,总声压级的表达式为

$$L_{pt} = 20\lg \frac{p_t}{p_0} \tag{12-20}$$

式中:p_t 为各声源合成的总声压。

根据能量的叠加性和 $W \propto p^2$ 的关系,可以推导出总声压 p_t 的计算式为

$$p_t = \sqrt{p_1^2 + p_2^2 + \cdots + p_n^2} \tag{12-21}$$

式中:$p_i(i=1, 2, \cdots, n)$ 为各声源的总声压。

将式(12-21)代入式(12-20)得

$$L_{pt} = 20\lg \sqrt{\frac{p_1^2 + p_2^2 + \cdots + p_n^2}{p_0}}$$

或写成

$$L_{pt} = 10\lg \left[\left(\frac{p_1}{p_0}\right)^2 + \left(\frac{p_2}{p_0}\right)^2 + \cdots + \left(\frac{p_n}{p_0}\right)^2 \right] \tag{12-22}$$

由定义式(12-11)可以求出

$$\left(\frac{p_i}{p_0}\right)^2 = 10^{0.1L_{pi}} \quad (i=1, 2, \cdots, n) \tag{12-23}$$

因此,总声压级 L_{pt} 与各声源声压级 $L_{pi}(i=1, 2, \cdots, n)$ 之间的关系可表示为:

$$L_{pt} = 10\lg \left(\sum_{i=1}^{n} 10^{0.1L_{pi}} \right) \tag{12-24}$$

设有两个声源,单独发声时的声压级均为 100dB,即 $L_{p1} = L_{p2} = 100$dB,可以求出它们同时发声时的合成总声压级 L_{pt} 为 103dB,而不是 200dB。

2. 声级的分解

以上关于声级合成原理的论述实际上也是说明了合成总声级的分解方法。这里仅简要地补充介绍如何从多声源的环境中分解出某一声源的具体做法。实际上,在噪声测量中经

常会碰到这样的问题：测量现场除待测声源外，还存在其他声源，例如，在实验室中进行内燃机噪声测量时，周围还存在排风扇、测功机等设备的运转噪声。另外的情况还有：为了判断某一机器设备运转时的主要噪声源，需要从机器中逐一分解出单个运动部件产生的噪声等。为此，首先要测出合成噪声的声级，如总声压级 L_{pt}。对于前一种情况，L_{pt} 是待测部件与其他部件一起工作时的整机噪声声压级，然后让待测的机器停止运转或拆除待测部件，再测量这时的噪声声压级，记为 L_{pb}。通常，L_{pb} 称为待测噪声的背景噪声。显然，L_{pt} 与 L_{pb} 的差别就是待测噪声声压级 L_{pm}，它们之间的关系满足：

$$L_{pt} = 10\lg(10^{0.1L_{pb}} + 10^{0.1L_{pm}})$$

由此可以得到待测噪声的声压级为：

$$L_{pm} = 10\lg(10^{0.1L_{pt}} - 10^{0.1L_{pb}}) \tag{12-25}$$

3. 声级平均值

噪声测量中往往围绕噪声声源在同一测量表面（指与声源距离相同的表面）上布置多个测点，逐点测量噪声级，然后用它们的平均值来表示待测的噪声级。与上述声级的合成与分解一样，声级的平均值也必须按照能量平均的方法来求。根据这一原则容易推导出声压级平均值 $\overline{L_p}$ 的计算公式为：

$$\overline{L_p} = 10\lg\left(\frac{1}{m}\sum_{i=1}^{m}10^{0.1L_{pi}}\right) \tag{12-26}$$

式中：$\overline{L_p}$ 为测量表面平均声压级；m 为总的测点数目；$L_{pi}(i=1, 2, \cdots, n)$ 为第 i 个测点的声压级。

总结以上有关声级的计算方法，可以归纳出如下几点。

(1) 声级的合成、分解等运算不是声级的直接相加或相减，而是在遵循能量叠加原则下的对数运算。

(2) 对于两个独立的声源，设它们的声压级分别为 L_{p1} 和 L_{p2}，其中 $L_{p1} \geqslant L_{p2}$，则它们共同产生的总声压级 $L_{pt} = 10\lg(10^{0.1L_{p1}} + 10^{0.1L_{p2}}) \leqslant 10\lg(2 \times 10^{0.1L_{p1}}) = L_{p1} + 10\lg 2$。若记 $L_{pt} = L_{p1} + \Delta L_p$，则在任何情况下，$\Delta L_p \leqslant 10\lg 2 = 3.01$，而且可以推算，随着 L_{p1} 与 L_{p2} 之间差值的增加，ΔL_p 将减少。

(3) 一般情况下，由于同一声源多测点的声压级平均值不等于其算术平均值，因而不能直接采用算术平均的计算方法求取。但是在工程测量中，当各个测点的声级相差不大于 5dB 时，为简便起见，有时也按照算术平均法来计算声级平均值，其误差小于 1dB。

12.3.3 噪声评定值

1. 响度级

人耳对声音的感受不仅与声压有关，而且还与频率有关，例如，声压级相同而频率不同的声音，频率高的听起来就响些。响度级正是根据人耳的这种听觉特性而提出的噪声评定值，它选取 1000Hz 的纯音为基准声，如果待测的声音听起来与某一基准声一样响，则该基准声的声压级分贝值就是待测的声音的响度级，其单位为 phon。举例来说，响度级为 85phon 的声音听起来与声压级为 85dB、频率为 1000Hz 的纯音一样响。

利用上述与基准声进行比较的方法，可以得到如图 12.16 所示的整个听觉范围内的等响曲线。等响曲线已被国际标准化组织（ISO）所采用，也称为国际标准等响曲线。

图 12.16 中同一条曲线上的各个点对应着不同的声压级和频率,但具有同一响度级。等响曲线反映了人耳对高频声音较为敏感的听觉特性,如对于声压级同样为 60dB,而频率分别为 100Hz 和 1000Hz 的声音,前者的响度级是 50phon,而后者的响度级为 60phon。

2. 计权声级

噪声通过一种专门设计的频率修正(听觉特性修正)电路后,某些频率成分将被衰减。在噪声测量中,这种电路叫频率计权网络,用带有频率计权网络的仪器测得的噪声值为计权声级,统称噪声级。常用的计权网络有 A、B、C 3 种,它们的衰减特性曲线如图 12.17 所示,相应的计权声级分别记为 L_A、L_B 和 L_C,单位为 dB。

A 计权网络:模拟人耳 40phon 等响曲线设计,主要衰减人耳不敏感的低频段声音,对中频段声音有一定的衰减。

B 计权网络:模拟人耳 70phon 等响

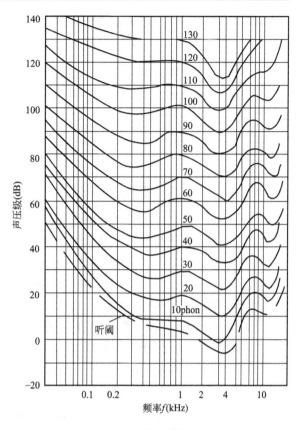

图 12.16 等响曲线

曲线设计,仅对低频段声音有一定的衰减。

C 计权网络:模拟人耳 100phon 等响曲线设计,对整个听觉频率范围内的声音基本上无衰减,有时把 C 计权网络的测量结果叫做总声压级。

可见,在上述 3 种计权声级中,A 声级能够最好地反映人耳的听觉特性,是目前最常用的噪声表示值,广泛用于各种噪声规定值和基准值的表示。对于强度不随时间变化的稳定噪声,可以直接用 A 声级评定,但是对于不稳定的噪声需要用统计声级评定。

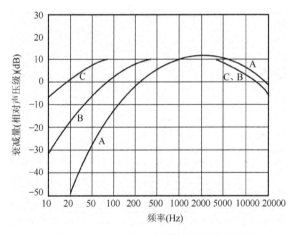

图 12.17 A、B、C 网络的衰减特性曲线

3. 统计声级

统计声级是一种在一定的时间内,对不稳定噪声的各个测量值进行统计、分级评定的表示值,记做 LA_n,单位为 dB。实际测量时,在一定时间内,以均匀的时间间隔测量噪声的 A 计权声级,然后从大到小依次排列,其中有 10% 的时间所超过的声级叫做峰值噪声级,用 LA_{10} 表示;50% 的时间所超过的声级叫做中间噪声级,相当于平均噪声级,用

LA_{50}表示;90%的时间所超过的声级叫做环境背景噪声级,用LA_{90}表示。

4. 等效声级

等效声级评价值的提出是基于能量等效原则,它是指用能量相等的稳定声级评定某固定点连续变化的 A 声级。假设在一定时间内,对某连续变化声源的噪声级进行测量,共得数据 n 个,记为 $L_i(i=1, 2, \cdots, n)$,则该声源的等效声级 L_{ep} 可表示为:

$$L_{eq} = 10\lg\left(\frac{1}{n}\sum_{i=1}^{n}10^{0.1L_i}\right) \qquad (12-27)$$

12.3.4 声压和声强测量的基本原理

热能与动力工程中经常通过比较同类热力设备辐射的声功率来判断相应的设计与制造水平,对于多种动力机械还有强制的噪声限制要求,为此需要将设备作为一个噪声源进行声功率测定。但实际上,声功率级的数值并非直接测量得到,而是通过测量相应条件下的声压或声强换算而来。为此,国际标准组织分别颁布了有关声源声功率级测定方法的标准 ISO 3741—3748 和 ISO 9614—1。

ISO 3741—3748 标准规定测量声功率必须在消声室、半消声室或满足要求的混响室内进行,用传声器在不同位置测量声压,然后按规定的公式进行声功率换算。对此,我国也制定了相应的国家标准 GB/T 6881—6882。表 12-10 列出了规定的噪声测量方法及其适用的测试环境、声源体积和可以获取的测量结果。

表 12-10 声压法测量声功率级的相关条件

测量方法	测试环境	噪声特性	声源体积	获取的声功率级
精密法	消声室或半消声室	任意	小于测试室的 0.5%	A 计权及 1/3 倍或 1 倍频程
工程法	混声室	稳定、宽带、窄带或离散频率	小于测试室的 1%	1/3 倍或 1 倍频程
工程法	专用测试室			A 计权及 1 倍频程
工程法	户外或大房间	任意	体积不限,只受测试环境限制	A 计权及 1/3 倍或 1 倍频程
简测法	无专用测试室	稳定、宽带、窄带或离散频率		A 计权

在实际工程中,有些设备因体积大或质量重而无法安装到消声室或专用测试室中,也有些设备是大系统中的一个组成部分,无法单独运行,为此,可以用声强法进行现场测量。用声强法测量声源声功率有两种方式:分布测点法和扫描法。ISO 9614—1 是一部关于声强分布测点法的标准。

由上可见,噪声测量中最为基本的是声压和声强的测量。本节主要介绍声压和声强测量的基本原理。

1. 声压测量的基本原理

噪声测量中通常利用声-电效应进行声压测定。感应声压变化并实现电信号转换的元件称为传声器。根据不同的工作原理,传声器分为动圈式、压电式和电容式等类型。

1) 动圈式传声器

动圈式传声器的工作原理是使位于磁场中的线圈在声压的作用下产生运动,从而形成感应电动势,完成声-电信号转换。这种传声器的缺点是灵敏度较低,体积较大,易受电磁干扰,频率响应特性也不平直,而且对低频段声音衰减大,故已不常采用;优点是固有噪声小,能在高温下工作。

2) 压电式传声器

压电式传声器利用压电晶体受声压作用后产生的正压电效应实现声-电转换,其灵敏度高,频率特性好,结构简单,价格便宜,但工作性能受温度的影响较大。

3) 电容式传声器

电容式传声器的结构示意图如图12.18所示,它由膜片(振膜)4和后极板3组成电容的两个电极,两电极间预先加一恒定的直流电压,使之处于不变的充电状态。当膜片在声压作用下产生振动时,电极间距离发生变化,即电容发生变化,从而引起极板间电压的变化。这种传声器的灵敏度高,频带宽,输出性能稳定,但成本较高,且需要配备十分稳定的直流偏压和前置放大器。

2. 声强测量的基本原理

声强测量方法可以分为两类:一类是双传声器法,简称 p—p 法;另一类是将传声器和直接测量质点速度的传感器相结合,简称 p—μ 法。

1) p—p 法

如图12.19所示为 p—p 法声强测量原理中的对置式双传声器探头,传声器 A、B 的声学中心距离为 d。设两传声器声学中心的连线方向为 x,当声波沿 x 方向传播时,声场中介质的运动方程为:

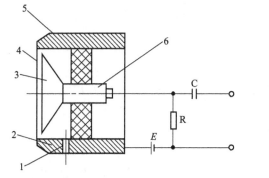

图 12.18 电容传声器的结构示意图
1—均压孔 2—外壳 3—后极板
4—膜片 5—绝缘体 6—导体

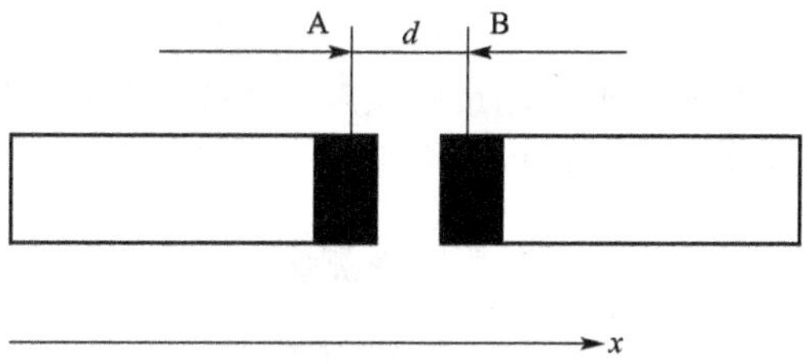

图 12.19 p—p 法声强测量原理

$$\frac{\partial p}{\partial x} = -\rho_0 \frac{\partial \mu}{\partial t} \tag{12-28}$$

则

$$\mu(t) = -\frac{1}{\rho_0} \int \frac{\partial p(t)}{\partial x} dt \tag{12-29}$$

式中:ρ_0、p 和 μ 分别为 t 时刻 x 处质点的密度、声压和振动速度。

当 d 远远小于声波波长 λ 时,式(12-29)可以近似表达为:

$$\mu(t)=-\frac{1}{\rho_0 d}\int[p_B(t)-p_A(t)]dt \tag{12-30}$$

用两传声器测量值 $p_A(t)$ 和 $p_B(t)$ 的平均值代表 $p(t)$，即：

$$p(t)=\frac{[p_A(t)+p_B(t)]}{2} \tag{12-31}$$

由此可得 x 方向上的瞬时声强为：

$$I_x(t)=p(t)\cdot\mu(t)=\frac{1}{2\rho_0 d}\cdot[p_A(t)+p_B(t)]\cdot\int[p_A(t)-p_B(t)]dt \tag{12-32}$$

上述即为双传声器法（p—p 法）测量声强的基本原理。除如图 12.19 所示的对置式探头外，还有并列式、串联式和背置式双传声器结构。

2) p—μ 法

p—μ 法声强测量原理如图 12.20 所示，这种声强探头由一对超声波发射器 1、一对超声波接收器 2 和一个传声器 3 组成。两个发射器发射的超声波束平行但方向相反，在等距离处设置各自的接收器。传声器布置在探头中间，用来测量声压。

设超声波的频率为 ω，声速为 c，发射器和接收器之间的距离为 d。当被测声场中没有其他声波存在时，两列超声波由发射器到接收器所经历的时间均为 $t_0=d/c$；当声场中存在其他声波且其传播的质点速度为 μ 时，则两列超声波由发射器到接收器所经历的时间各自为 $t_1=d/(c+\mu)$ 和 $t_2=d/(c-\mu)$，相位差为：

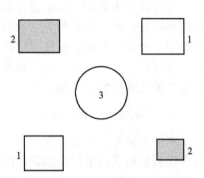

图 12.20 p—μ 法声强测量原理
1—超声波发射器
2—超声波接收器 3—传声器

$$\Delta\varphi=\omega\left[\frac{d}{c-\mu}-\frac{d}{c+\mu}\right]=\omega d\frac{2\mu}{c^2-\mu^2} \tag{12-33}$$

当 $\mu\ll c$ 时，有：

$$\Delta\varphi=\frac{2\omega d}{c^2}\mu \tag{12-34}$$

可见，通过测量两超声波传播的相位差就可以求出质点速度 μ，同时利用布置在探头中央的传声器可以测取声压 p，将声压 p 与质点速度 μ 相乘，即可获得待测声强。

12.3.5 噪声源的声功率测量

如前所述，通过测量声压或声强可以确定声源的声功率（以下简称声压法和声强法）。

在实际应用中，直接面临的问题是选择声压法还是声强法，进而在其中选择精密测量还是工程测量等，对此需要根据测量的目的、噪声源的特性以及测试的环境条件等因素来确定，同时还必须以相关标准为依据。一般，声压法对测试环境都有相应的要求，而声强法在理论上不受环境噪声的影响，具有更好的现场适应性。本节主要介绍声压和声强测量在噪声源的声功率测定中的具体应用，重点说明测量结果的处理方法。

1. 测量表面和测点布置

测量表面是指包围被测对象、布置有测点的表面组合。测量表面的形状取决于被测对象的外形、测点的位置和数目。理论上选取与被测对象结构外形一致的表面作为测量表面最为理想，但这样会给测量探头的布置和测量结果的处理带来不便。在工程实际中，对于外形变化不大的被测对象，通常都采用半球面、圆柱体表面或长方体表面等作为包络面，在上面布置测点，形成测量表面。对测量表面和测点布置的具体要求，在相关测量方法的标准中均有明确的规定，以下是两个相关的例子。

图 12.21 是国际标准中针对声压法测量推荐的半球面测量表面，适合的测试环境是半消声室或具有近似声学特性的大房间。标准规定该测量表面上的 10 个测点按等面积分布，具体位置如图 12.21 所示。

图 12.22 是国际标准中针对声强法测量推荐的半球面测量表面，适合现场测试环境。标准规定：测量表面离开被测对象的平均距离不小于 0.5m，划分的测量单元数 N（相当于测点数目）大于 10，每一单元对应的测量表面积 S_i 不大于 $1m^2$；当被测对象体积较大时，S_i 可以扩大到 $2m^2$，但测点数目 N 应大于 50。为了保证测量精度，现场风速不得超过 2m/s，探头距离高温物体 20mm 以上。

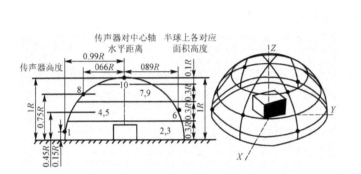

图 12.21 声压法测量声功率的传声器等面积分布位置示意图

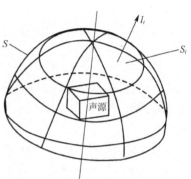

图 12.22 分布测点声强法测量声功率的测量表面

2. 声压法测量结果的处理

1) 背景噪声的修正

利用声级计进行噪声测量时，如果周围环境存在其他声源，则声级计读数中将包含被测噪声以外的噪声，这一噪声称做背景噪声。因此，假设声级计的直接读数为总噪声，则被测噪声的测量结果应从总噪声中剔除背景噪声之后才能得到。

为了获得较精确的测量结果，一方面，应尽可能在较低的背景噪声下进行测量；另一方面，如果总噪声与背景噪声之间的差值小于 10dB，则应该对各个测点的声压级测量结果进行修正，修正公式为：

$$L_{pi} = L_{pi0} - K_1 \qquad (12-35)$$

式中：L_{pi} 为待测声源在测点 i 上的实际声压级；L_{pi0} 为声级计在测点 i 上测得的总噪声压级读数；K_1 为背景噪声修正值，其具体数值见表 12-11。

背景噪声通常在被测对象开始运行之前和停止运行之后，按相应的测点进行测量。

2) 测量表面平均声压级计算

$$L_{pm} = 10\lg\left(\frac{1}{n}\sum_{i=1}^{n} 10^{0.1L_{pi}}\right) \qquad (12-36)$$

表 12-11 背景噪声修正值 K_1

总噪声声压级与背景噪声声压级的差值(db)		<3	3	4	5	6	7	8	9	10	>10
修正值 K_1	工程法	测量无效				1.0	1.0	1.0	0.5	0.5	0
	简易法	测量无效	3	2	2	1.0	1.0	1.0	0.5	0.5	0

式中：L_{pm} 为测量表面的平均声压级；n 为总的测点数。

3) 噪声声功率级的换算

当声压级测量是在专门的声学实验室或具有同等声学特性的空间环境中进行，而且被测声源的尺寸相对于测试的环境空间足够小时，可以根据表 12-7 所列的公式计算被测噪声的声功率级。

当声压级测量在符合条件的普通实验室内进行时，噪声声功率级的换算需要按下列两种方法进行修正。

(1) 环境修正法。被测噪声的声功率级与声压级之间的换算关系为：

$$L_w = (L_{pm} - K_2 - K_3) + 10\lg\frac{S}{S_0} \quad (12-37)$$

式中：L_w 为被测噪声的声功率级；L_{pm} 为被测噪声的平均声压级；K_2 为测量环境(指场所)修正值；K_3 为测量环境温度和气压修正值；S 为测量表面面积，m^2；S_0 为基准面积，$S_0 = 1m^2$。

修正值 K_2 可根据式(12-38)计算，也可从图 12.23 的曲线中查取，即：

$$\begin{cases} K_2 = 10\lg\left(1+\dfrac{4}{A/S}\right) \\ A = 0.16\dfrac{v}{t} \end{cases} \quad (12-38)$$

式中：A 为实验室房间的吸声量，m^2；S 为测量表面面积，m^2；V 为房间体积，m^3；t 为房间的频带混响时间，s。

修正值 K_3 按下式计算为：

$$K_3 = 10\lg\sqrt{\frac{293}{273+T} \times \frac{p}{100}} \quad (12-39)$$

式中：T 为测量环境的温度，℃；p 为测量环境的气压，kPa。

应该注意的是，工程法和简易法对测量环境的要求是不同的。工程法要求测量环境满足条件 $A/S > 6$，即环境修正值 $K_2 < 2.2dB$(图 12.23)，否则测量环境不符合要求；而简易法只要求测量环境的 $A/S > 1$，即环境修正值 $K_2 < dB$。

(2) 标准声源法。标准声源法是指预先在声学实验室测得标准声源的声功率级 L_{w0}，然后将该标准声源带到被测声源的工

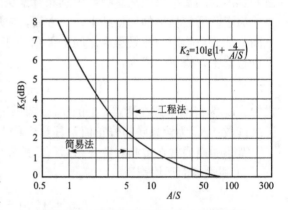

图 12.23 环境修正值 K_2 与 A/S 的关系

作现场,先后测量标准声源和被测声源在同一位置、相同测量表面上的平均声压级,最后按下式计算被测噪声的声功率级 L_w,即:

$$L_w = L_{w0} + L_{pm} - L_{p0m} \tag{12-40}$$

式中:L_w 为被测噪声的声功率级;L_{w0} 为标准声源的声功率级,通常在声学实验室内进行测量;L_{p0m}、L_{pm} 分别为标准声源和被测声源在测量现场测得的平均声压级。

3. 声强法测量结果的处理

1) 声强值换算

在实际的声强测量中,测取的是每一测量单元的声强级 L_i($i = 1, 2, \cdots, n$)。为了进行声功率计算,需要先将声强级 L_i 换算成声强值 I_i,由式(12-15)可得:

$$I_i = I_0 10^{0.1 L_{1i}} \tag{12-41}$$

式中:$I_0 = 10^{-12} \text{W/mm}^2$,为基准声强。

2) 声功率计算

由声强的定义可得,每一测量单元的声功率 W_i 为:

$$W_i = I_i S_i \tag{12-42}$$

式中:S_i 为测量单元的表面积。

由此可得被测声源的总声功率级 L_w 为:

$$L_w = 10 \lg \frac{W}{W_0} = 10 \lg \sum_{i=1}^{N} \frac{W_i}{W_0} \tag{12-43}$$

式中:N 为测点数目;$W_0 = 10^{-12} \text{W}$。

12.3.6 噪声测量仪器

测量噪声的仪器很多,以下介绍的是其中几种基本而常用的测量仪器。

1. 声级计

声级计是噪声测量中最常用的仪器,它不仅可以单独用于噪声声压级测量,而且还可以和相应的仪器设备配套,用于频谱分析和振动测量等。根据不同的测量精度,声级计有普通声级计和精密声级计两类。

如图 12.24 和图 12.25 所示,声级计通常由传声器、放大器、衰减器、计权网络、检波电路以及指示表头等部分组成,其工作原理是将被测声波的声压信号通过传声器转换成为电压信号,经放大器进行放大,并由衰减器调整量程后,再经过计权网络修正、检波,最后由表头显示相应的噪声级数值。

图 12.24 声级计的基本组成

1) 传声器

如前所述，传声器是一种声——电信号转换器件，有动圈式、压电式和电容式等种类。通常，动圈式和压电式传声器用于普通声级计，电容式传声器用于精密声级计。

2) 放大器和衰减器

声级计中的放大器用来放大传声器的输出信号，其基本要求是高增益，在声频范围（20～20000Hz）内线性好，固有噪声低，工作性能稳定。声级计中的衰减器用来控制指示表头的显示量程，通常每一挡的衰减量为10dB。

3) 计权网络

在精密声级计中，一般装有 A、B、C 共 3 种标准计权网络。当旋钮指向计权位置时，计权网络便被接入输入放大器和输出放大器之间，进行相应的计权声级测量。由于各计权网络对不同频段声音的衰减情况不同，因而同一噪声用不同计权网络测量的结果可能不同。利用计权网络的这种特性，在噪声测量中，只要测出同一噪声的 L_A、L_B 和 L_C 这 3 种计权噪声级，就可以对该噪声的频率特性做出粗略的估计。例如，当 $L_A < L_B < L_C$ 时，被测噪声具有低频特性；当 $L_A = L_B < L_C$ 时，被测噪声具有中频特性；当 $L_A \approx L_B \approx L_C$ 时，被测噪声具有中、高频特性。

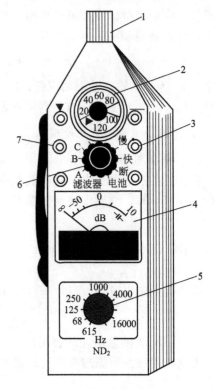

图 12.25 带 ND_2 型精密声级计外形图
1—电容传声器　2—衰减器　3—放大器输出
4—指示表头　5—滤波器旋钮
6—计权网络旋钮　7—外接滤波器

4) 指示表头

声级计的指示表头上有"快"、"慢"两挡，它们表示表头的阻尼特性，有时也称为动特性。"快"挡用来测量随时间起伏变化小的噪声。在"快"挡上的指示读数波动大于4dB时，应该换用"慢"挡。

使用声级计时应注意定期标定，以保证测量精度。标定用的标准声源以活塞式发声器为主，其工作方式是用一恒速微型电动机通过凸轮推动两个对称活塞进行往复运动，压缩空腔容积，从而产生正弦声波，该声波的声压级恒定，等于124dB。

2. 声强测量仪

声强测量仪主要由两大部分构成：声强探头和信号处理系统，其中信号处理系统的硬件构成因信号处理方式的不同而异。图 12.26 为声强测量仪的系统组成框图，其中的信号处理部分由信号数字化仪和计算机数据采集与处理系统组成。

1) 声强探头

如前所述，声强探头主要有两类：双传声器声强探头和超声波声强探头，分别应用 p—p 法和 p—μ 法测量声强。目前工程上应用较多的是双传声器声强探头，图 12.27 是这种探头的结构示意图。

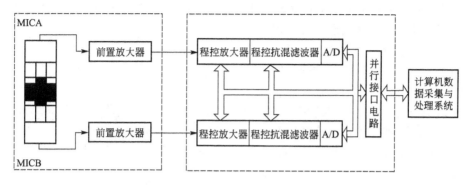

图 12.26 声强测量仪的系统组成框图

2）信号数字化仪

信号数字化仪由程控放大器、程控抗混滤波器以及 A/D 转换器等组成。程控放大器的增益能自动调节，以保证来自声强探头的前置放大器的信号大小能够满足 A/D 的输入要求，实现自动测量。加在放大器与 A/D 之间的低通滤波器是为了防止 A/D 采样时的频率混淆；选用程控模式同样是为了实现整个系统自动测量的需要。

3）声强分析模块

目前市场上销售的双传声器式声强测量仪的声强信号分析处理方式主要有两类：采用模拟电路直接处理和采用 FFT 间接计算。

直接处理方法利用双传声器探头输出的信号，按照 p—p 法原理，采用加、减、积分以及乘法电路，结合模拟或数字滤波器，获取声强信号。这种方法的主要优点是信号处理实时性好，但全套仪器的价格比较昂贵。丹麦 B&K 公司的 B&K4433 型和 B&K3360 型声强测量仪上都采用了这种直接处理的方法。

间接处理方法中的 FFT 算法有两种实现途径：一是采用专门的 FFT 分析仪，如日本小野测器的 CF-6400 声强测试分析系统；另一种是在微机上采用专用软件。但在微机上进行 FFT 运算的速度不及专门仪器快，更比不上直接法，测量的实时性受到影响，仅适用于测量相对平稳的声场。

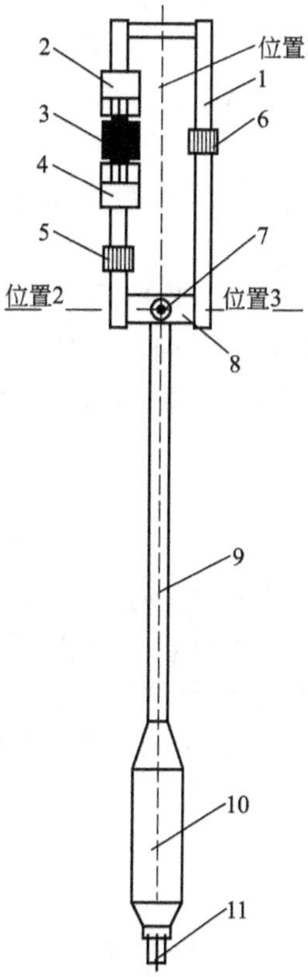

图 12.27 双传声器声强探头的结构示意图
1—前支架 2—A 通道传声器 3—定距柱
4—B 通道传声器 5、6—锁紧螺母
7—锁紧杆 8—后支架 9—连接杆
10—手柄前置放大器 11—长导线

3. 频率分析仪

频率分析仪是用来分析噪声频谱的仪器，主要由带通滤波器和放大器组成，其工作方式是先利用一组带通滤波器将被测噪声中所含的不同频率分量逐一分离，再经内部放大器放大后进行测量，测量结果可从指示表头读出，也可从外接信号记录仪直接获取频谱图。

频率分析仪中的滤波器有 1 倍频程或 1/3 倍频程的带通滤波器和恒定窄带宽带通滤波器。减窄频带就可以更详细地测定噪声的频率分布,有利于观察频谱的峰值。图 12.28 所示为利用 3 种不同的带通滤波器在同一测点上对同一声源进行测量的结果。

上述结果表明,采用不同的带通滤波器测量同一噪声时,即使测量频率或中心频率相同,但各自测得的声压级也是不同的。由于能量叠加的结果,宽频带声压级一般总是大于窄频带声压级。由此可以获得提示,即对两个以上噪声源的频谱图进行比较分析时,如果它们之间的测量频程或带宽不同,那么就应该先将它们换算成同一频程或带宽下的声压级(通常是按能量叠加原理将窄频带声压级换算为宽频带声压级),然后再进行比较。

在噪声频谱分析中还经常将声级计或传声放大器与滤波器加以组合构成频谱仪,这样既可用于噪声级测量,也可用于频谱分析。

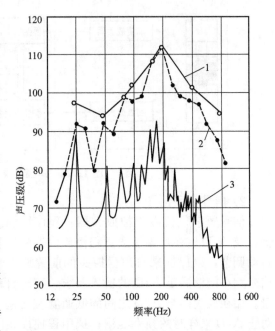

图 12.28　不同的带通滤波器的测量结果比较
1—1 倍频程　2—1/3 倍频程　3—某恒定带宽

小　结

汽车作为一种交通工具已深入到人类生活的各个领域,汽车的普及一方面极大地改善了人们的出行条件,促进和加快了物资的流通,但另一方面也带来了空气污染、噪声、交通事故和电波干扰等社会公害。本章主要简述了汽车公害中的两个最主要的方面,即噪声污染和尾气污染的测试方法及测量原理。

习　题

12-1　论述色谱分析仪在气体组分鉴别和含量测量中的应用、工作原理及具体应用时需要注意的主要问题。

12-2　简述不分光红外分析仪的工作原理和用途特点。

12-3　综述 CO、CO_2、HC 及 NO 等燃烧气体排放组分含量的测量方法。

12-4　比较分析吸收式和透光式烟度测量方法的特点。

12-5　简述下列物理量的定义并分辨相互间的关系:声压、声压级、声强、声强级、声功率、声功率级、响度、响度级、计权声级(A 声级、B 声级、C 声级)等。

12-6　在噪声测量中,声功率级不是直接检测量,而是通过测量声压级或声强级换算而来的,请问:

(1) 声压法和声强法测量各有什么特点?

(2) 为什么总是用声功率级作为固定式机械设备噪声的评价值,而不是声压级?

12-7 什么是频程？1倍频程与1/3倍频程有什么区别？

12-8 车间内有3台压气机，单台压气机的噪声（A声级）为90dB，求3台压气机同时工作时的噪声级是多少？

12-9 将一台柴油机放置在广场上进行噪声测量，在以柴油机中心位置为球心、半径为1m的半球球面上布置8个测点，测量得到的A声级分别为80dB、81dB、83dB、80dB、81dB、83dB、82dB、81dB，求该柴油机的平均声压级和声功率级；当测量球面半径变为2m时，平均声压级的测量值将变成多少？

参 考 文 献

[1] 宋宝玉. 汽车与发动机试验及测试技术 [M]. 哈尔滨：哈尔滨工业大学出版社，1994.
[2] 李杰敏. 汽车拖拉机试验学 [M]. 北京：机械工业出版社，2003.
[3] 严兆大. 热能与动力机械测试技术 [M]. 北京：机械工业出版社，2000.
[4] 费业泰. 误差理论与数据处理 [M]. 北京：机械工业出版社，2002.
[5] 贾民平. 测试技术 [M]. 北京：高等教育出版社，2001.
[6] 罗次申. 动力机械测试技术 [M]. 上海：上海交通大学出版社，2001.
[7] 黄素逸. 动力工程现代测试技术 [M]. 武汉：华中科技大学出版社，1999.
[8] 吕崇德. 热工参数测量与处理 [M]. 北京：清华大学出版社，2001.
[9] 赵新民. 智能仪器原理及设计 [M]. 哈尔滨：哈尔滨工业大学出版社，1999.
[10] 徐大中. 热工测量与实验数据处理 [M]. 上海：上海交通大学出版社，2001.
[11] 叶大均. 动力机械测试技术 [M]. 上海：上海交通大学出版社，2001.
[12] 郑正泉. 热能与动力工程测试技术 [M]. 武汉：华中科技大学出版社，2001.
[13] 王子延. 热能与动力工程测试技术 [M]. 西安：西安交通大学出版社，1998.
[14] 蒋洪明，张庆. 动态测试理论与应用 [M]. 南京：东南大学出版社，1999.
[15] 张敬国. 轮机工程测试技术 [M]. 武汉：华中理工大学出版社，1999.
[16] 张秀彬. 热工测量原理及其现代技术 [M]. 上海：上海交通大学出版社，1995.
[17] 薛文达. 传感器应用技术 [M]. 南京：东南大学出版社，1998.
[18] 张迎新. 非电量测量技术基础 [M]. 北京：北京航空航天大学出版社，2002.
[19] 严钟豪. 非电量电测技术 [M]. 北京：机械工业出版社，2001.
[20] 吴正毅. 测试技术与测试信号处理 [M]. 北京：清华大学出版社，1991.
[21] 徐科军. 传感器与检测技术 [M]. 北京：电子工业出版社，2004.
[22] 丁镇生. 传感器及传感器技术应用 [M]. 北京：电子工业出版社，1998.
[23] 杜维等. 过程检测技术及仪表 [M]. 北京：化学工业出版社，1999.
[24] 严兆大. 内燃机测试技术 [M]. 杭州：浙江大学出版社，1997.
[25] 朱仙鼎. 内燃机工程师手册 [M]. 上海：上海科学技术出版社，2000.
[26] 蒋孝煜. 声强技术及其在汽车工程中的应用 [M]. 北京：清华大学出版社，2001.
[27] 孙渝生. 激光多普勒测量技术及其应用 [M]. 上海：上海科学技术文献出版社，1995.
[28] 朱崇基. 内燃机环境保护学 [M]. 杭州：浙江大学出版社，2001.
[29] 余志生. 汽车理论 [M]. 3版. 北京：机械工业出版社，2000.
[30] 陈家瑞. 汽车构造 [M]. 4版. 北京：人民交通出版社，2003.
[31] 张铁生. 汽车安全、节能与环保 [M]. 北京：国防工业出版社，2004.
[32] 靳晓雄. 汽车噪声的预测与控制 [M]. 上海：同济大学出版社，2004.
[33] 汽车标准汇编(第一卷)整车 [G]. 中国汽车技术研究中心标准化研究所，2000.
[34] 汽车标准汇编(第三卷)发动机 [G]. 中国汽车技术研究中心标准化研究所，2000.
[35] 汽车工程师手册编委会. 汽车工程师手册(试验篇) [M]. 北京：人民交通出版社，2001.
[36] 汽车工程师手册编委会. 汽车工程师手册(基础篇) [M]. 北京：人民交通出版社，2001.
[37] 汽车标准汇编(2001) [G]. 中国汽车技术研究中心标准化研究所，2001.
[38] 汽车标准汇编(2002) [G]. 中国汽车技术研究中心标准化研究所，2002.
[39] 汽车标准汇编(2003) [G]. 中国汽车技术研究中心标准化研究所，2003.
[40] 汽车标准汇编(2004) [G]. 中国汽车技术研究中心标准化研究所，2004.